남경태의 가장 독창적 역사 읽기

종횡무진 한국사 1

일러두기

*이 시리즈는 《종횡무진 한국사 1, 2》, 《종횡무진 동양사》, 《종횡무진 서양사 1, 2》로 구성되어 있으며, 본문에 서로 관련된 내용이 표시되어 있습니다. (예: 《종횡무진 한국사》 1권 00~00쪽 참조)

남경태의 가장 독창적 역사 읽기

종횡무진 한국사

1

단군에서 고려까지

남경태 지음

Humanist

지은이의 향기가 나는
종횡무진 시리즈가 되기를 바라며

깊으면 좁아지고 넓으면 얕아지게 마련이다. 그럼 깊으면서도 넓을 수는 없을까? 16년 전 종횡무진 시리즈를 시작할 때부터 늘 나를 괴롭혀온 질문이다.

'종횡무진'이라는 표제가 말해주듯이, 이 시리즈는 전문가용 학술서가 아니라 역사에 관심이 있는 일반 독자를 위한 대중서다. 하지만 넓어지면 얕아진다는 대중서의 '숙명'을 피하기 위해 나는 일반 대중서에는 없는 요소들을 과감히 끌어들였다. 구어적인 서술 방식이라든가 빠른 진행은 대중서 특유의 생동감을 불어넣으려는 시도였지만, 대담한 사건 연결이나 인물 비교는 역사 교과서나 대중서에서 볼 수 없는 역사적 상상력을 동원한 결과였다. 이렇게 두 마리 토끼를 쫓을 수 있었던 이유는 역사를 단순한 사실의 나열로 보지 않고 추리와 추측을 가미했기 때문이라고 자부한다.

대개 대중 역사서를 쓰는 사람들은 어떻게 하면 역사를 쉽게 정리할 수 있을까를 고민한다. 말하자면 역사의 교통경찰과 같은 역할을 자임하는 것이다. 하지만 이 시리즈에서 내가 하고자 한 역할은 교통경찰을 넘어 오케스트라의 지휘자였다. 교통경찰은 교통을 소통시켜주면 그것으로 임무가 끝나지만, 오케스트라의 지휘자는 작품을 끊임없이 재해석해야 한다. 나는 역사라는 과거의 작품을 해석하고 재해석해 역사 오케스트라의 지휘자가 되고자 했다.

그것은 쉽지 않은 길이었다. 다른 책들도 그렇지만 특히 한국사의 경우 많은 독자가 잘 아는 데다 관심도 높기 때문에 자칫 잘못 해석할 경우 오해와 비난을 부를 수도 있다. 그 위험에서 벗어나는 데는 역시 나의 '신분'이 유리했다. 전문 연구자나 학자였다면 과감한 추리가 가미될 경우 누군가 뒷덜미를 잡아당기는 듯한 기분이었겠지만, 대중서 지은이라는 신분은 학계의 선배라든가 학문적 질책을 가할 사람이 없는 탓에 상당히 자유로웠다. 다만 지나치게 방종하지 않도록 주의하고 내적인 규제의 선만 넘지 않으려고 노력했다.

물론 이런 고충을 독자 여러분이 굳이 이해하고 양해해줄 필요는 없다. 독자들은 단지 책을 통해 지식을 얻거나 흥미를 느끼면 그만이다. 그러나 지식과 흥미에도 여러 가지 차원이 있다. 지은이의 의도를 정확하게 따라잡으며 책을 읽는 것도 깊은 지식과 흥미를 포착하는 하나의 방식이 될 것이다.

지금까지 인문학을 주제로 여러 권의 책을 썼고 많은 책을 번역했다. 무엇보다 종횡무진 시리즈만큼 애정과 관심을 쏟고 정성을 기울인 책은 없다. 분량만도 전부 합쳐 원고지 1만 매에 달하는데다 다루는 주제도 통사이기 때문에 많고 넓다. 앞으로도 이런 거대한 주제를 방대한 분량으로 엮어내는 작업은 못할 것 같다. 그래서 새로운 교열을 거쳐 한꺼번에 출간하는 것을 이 종횡무진 시리즈의 최종판으로 삼고자 한다.

베스트셀러였던 적은 없지만 그래도 지금까지 독자들의 꾸준한 사랑을 받는 것으로 보아서는 역사 교과서의 지루함과 엄숙주의를 거부하는 사람들이 상당수 있다는 이야기다. 이 책은 '종횡무진'이라는 표제처럼 좌충우돌하며 자유분방하게 역사를 서술하면서도 교과서에 나오는 지식과 정보를 최대한 수용하려 애썼기 때문이다.

전 세계를 통틀어도 동양사, 서양사, 한국사를 한 사람이 책으로 엮어낸 사례는 드물 것이다(무엇보다 한국사가 포함되어 있으니 외국인은 불가능할 것이다). 하지만 이 시리즈는 그런 형식적인 특징에 만족하지 않는다. 독자들은 이 시리즈에서 한 사람의 지은이가 가진 일관된 사관과 역사 서술을 읽어내고 그것을 중심으로 공감이나 비판의 시선을 던져주기를 바란다. 그래야만 한 사람의 지은이가 시리즈를 완성한 보람이 있을 것이다.

디지털 시대를 맞아, 텍스트를 위주로 할 수밖에 없는 책은 낡은 매체로 보일지도 모른다. 그러나 나는 소설을 영화로 만든 것 중에서 원작을 능가하는 작품은 보지 못했다. 아무리 훌륭한 영화감독이라 해도 소설을 읽는 독자의 마음속에 세팅된 무대와 캐릭터를 완벽하게 재현하지는 못하기 때문이다. 더욱이 소설이 아니라 인문학이라면 말할 것도 없고, 앞으로도 텍스트의 근본적인 미덕은 변치 않을 것이다.

지은이의 향기가 나지 않는 책은 가치가 없고, 좋은 텍스트는 다른 어떤 매체보다 지은이의 향기가 진하다. 앞으로도 독자들이 이 종횡무진 시리즈에서 지은이의 체취를 느껴주기를 바라는 마음이다.

2014년 겨울
지은이 남경태

차례

종횡무진 한국사
1

2부 화려한 분열

3부 통일의 바람

6부 표류하는 고려

종횡무진 한국사 2

종횡무진 동양사

종횡무진 서양사 1

종횡무진 서양사 2

지금, 비판적 한국사가 필요한 이유

사람과 땅

우리의 교육 과정에는 국사國史라는 과목이 있다. 그냥 역사가 아니라 굳이 나라[國]라는 말을 앞에 붙이는 이유는 무엇일까? 원래 역사에는 국적이라는 게 없다. 나라 자체가 역사의 산물이기 때문이다. 국사를 영어로 표현하면 'national history'가 될 텐데, 여기서 nation이라는 말도 근대에 정립된 개념이므로 history의 수식어로는 어울리지 않는다.

최초의 역사가로 불리는 고대 그리스의 헤로도토스가 《역사》라는 책을 쓸 때부터 역사는 '지나간 이야기'라는 뜻일 뿐 특정한 국적이나 국경을 가지는 게 아니었다. 영국사나 프랑스사라는 말을 쓰기는 하지만, 그 경우 영국이나 프랑스는 나라 이름이라기보다 땅이나 지역을 가리키는 뜻에 가깝다. 영국이나 프랑스가 정식 국호로 사용되기 시작한 것은 근대에 와서의 일이다.

결코 보편적인 용어가 아님에도 불구하고 우리에게 국사라는 말이 익숙하게 들리는 이유는 무엇일까? 그것은 우리 역사가 세계 많은 나라의 보편적인 역사와 다르기 때문이다. 우리는 단일민족—실은 '비교적 동질적인 민족'이라 해야겠지만—이 수천 년 동안 한곳에서 붙박이로 살아온, 세계사적으로도 무척 드문 경우에 속한다. 그래서 우리 역사는 국사라는 명칭이 비교적 잘 어울리는 게 사실이다.

그러나 그런 우리 역사에서도 더 중요한 것은 지역사의 관점이다. 국사가 '사람(민족)의 역사'를 가리킨다면 지역사는 '땅의 역사'라는 의미가 더 강하다. 즉 지역사는 하나의 민족에 초점이 맞추어진 게 아니라 그 땅에 살아온 여러 민족과 다양한 문명의 역사를 포함한다. 따라서 땅의 역사는 사람의 역사를 포함한다. 예를 들어 인도사라고 하면 '인도인'의 역사라기보다 '인도라는 땅'의 역사를 가리킨다.

우리는 흔히 단일민족의 역사를 자랑으로 내세우지만, 실은 그런 게 자랑거리일 수도 없을뿐더러 알고 보면 사실도 아니다. 우선 단일민족의 근거가 되는 단군도 특정한 개인이라고 보기는 어려울 뿐 아니라 단군이 등장해 나라를 세우기 이전부터 한반도에는 '원주민들'이 초보적인 문명을 이루며 살고 있었다. 그러니까 유전적으로나 문명적으로나 지금 우리 민족 전체가 특정한 조상의 후손인 것은 아니다. 또한 우리 역사의 무대에서 주역으로 활동한 사람들 중에는 우리 민족만이 아니라 다른 민족들도 있었다. 세월이 흐르면서 그들은 자연스럽게 우리 민족과 갈라서기도 했고, 우리 민족의 일부로 편입되기도 했다. 우리 역사의 진정한 모습을 이해하기 위해 사람보다 땅에 초점을 맞추어야 하는 것은 그 때문이다.

단군이 하늘(외부)에서 내려와 선진 문명을 전한 것이라든가, 중국 한 제국의 침략으로 한반도의 역사시대가 개막된 것은 우리 역사가 처음부터 지역사의 일부로 출발했다는 증거다. 게다가 중국 대륙이 분열된 시기에 한반도에서는 고대 삼국이 발달하고, 중국이 통일되면 한반도에도 단일 왕조가 성립하는 역사적 반복은 우리 역사가 동북아시아 문명권의 중심인 중국의 역사와 불가분한 관계에 있었음을 말해준다. 그렇기 때문에 '사람의 역사'에 집착하면서 '겨레'나 '한 핏줄' 같은 감성적 구호를 지나치게 강조하는 것은 옳지도 않을뿐더러 얻는 것보다 잃는 게 많다.

우리는 지금까지 이른바 '민족사'라는 구호 아래 우리 역사를 단일민족의 역사로 포장하는 데 익숙했다. 그런 관점을 굳이 그르다고 단정할 수는 없겠지만, 어쨌든 그런 색깔의 역사서는 얼마든지 있으니 이 책에서는 '비주류'를 택하기로 한다. 즉 이 책은 '한민족의 역사'보다 '한반도의 역사'에 중점을 둘 것이다.

역사와 시사

역사를 배우는 가장 큰 목적이 오늘을 제대로 이해하기 위해서라는 것은 초등학생도 잘 안다. 하지만 역사에서 어떻게 오늘을 끌어낼 수 있는지는 역사학자도 잘 모른다. 그 어려움의 원인은 역사를 통사적으로 파악해야만 오늘을 제대로 이해할 수 있기 때문이다. 베이징의 나비 한 마리가 뉴욕의 날씨를 변화시킬 수 있다는 것은 현대 과학의 이론만이 아니다. 특정한 사건의 배경에는 그전까지의 모든 사건이 직간접적으로 연관되어 있으므로, 역사는 반드시 흐름으로 인식해야만 정체를 파악할 수 있고 아울러 오늘의 문제와도 접목시킬 수 있다.

역사 속에서 특정한 개념이나 인물을 끄집어내 오늘의 시사와 비교하는 것은 어렵지 않다. 예를 들어 조용조라는 고대의 조세제도를 오늘날의 재정 정책과 비교한다거나, 과거제라는 관리 임용 제도를 오늘날의 국가고시와 대조해 장단점을 분석할 수도 있다. 또한 신라의 김춘추와 지금의 외교관을, 조선의 황희와 지금의 국무총리를 비교해보는 것도 나름대로 흥미로울 것이다. 그러나 그렇게 한다고 해서 흔히 말하는 '역사의 교훈'이 곧바로 읽히는 것은 아니다. 역사 속의 개별적인 사건이나 인물은 사진처럼 그 모습 그대로 가치를 지니는 게 아니라 영화 속 장면처럼 전체적인 스토리의 한 구성 부분이 되어야만 유의미하다. 영화를 주요 장면의 사진들로만 관람한다면 영화 감상이 아니라 영화 포스터 감상이 되듯이, 역사를 사건과 인물의 나열로만 이해하는 것은 올바른 역사 이해가 아니다.

마찬가지로, 역사적 사건의 원인을 다른 특정한 사건이나 인물에게서 찾는 방식도 문제가 있다. 이를테면 고려의 무신들은 문신이 지배하는 체제에서 푸대접을 받았기 때문에 정변을 일으켰고, 조선의 조광조는 수구적 훈구파의 역공 때문에 개혁의 날개를 접을 수밖에 없었다는 식으로 보는 게 그런 예다. 물론 틀린 견해는 아니지만, 그게 전부라면 그전에 먼저 고려 중기가 왜 문신들의 세상이 되었는지, 또 조광조의 꿈(사대부 세상)은 왜 그가 실패한 지 불과 수십 년 뒤에 실현되었는지에 관해 또다시 설명해야 한다. 이처럼 하나를 설명하기 위해 또 다른 설명이 필요해진다면 결국 설명의 끝없는 연쇄만 낳을 뿐이다. 이런 목적론과 순환론에서 벗어나려면 통사적 이해가 선행되어야 한다. 학위를 얻기 위해 개별적인 경우를 집중적으로 연구해야 하는 역사학자가 아니라면, 역사는 숲을 보고 나서 나무를 보는 순서로 접근해야 한다.

이 책은 우리 역사의 숲을 개괄함으로써 나무를 알고, 나아가 역사를 통해 오늘을 진단할 수 있는 관점을 제시할 것이다. 우리 역사상의 아무리 작은 사건이라 해도 그 자체로, 또는 인접한 다른 사건들만 가지고 남김없이 설명할 수 있는 것은 없다. 이를테면 고구려가 중국으로 뻗지 못하고 한반도로 수그러들 수밖에 없었던 이유, 후발 주자인 신라가 삼국 통일을 이룬 모순, 고려가 고구려의 후예임을 표방하면서도 실상은 신라 정권의 연장에 그치고 만 역설, 조선이 초기의 왕국화 프로젝트에도 불구하고 중기 이후 사대부 국가로 변질되면서 퇴행으로 빠져든 질곡, 그 사대부 체제의 절정이 말기에는 세도정치로 나타나고 끝내 나라를 남의 손에 내어주는 지경에까지 처하게 된 과정, 그리고 그 후유증이 오늘날 우리 정치 무대에까지 연장되고 있는 현상 등은 모두 개별 사안을 별도로 살펴보는 것보다 통사적인 관점을 유지해야만 제대로 이해할 수 있는 사실들이다.

현실과 사상

원래 역사는 두 가지 방향에서 서술되어야 한다. 하나는 현실의 흐름이고, 다른 하나는 지성의 흐름이다. 현실의 역사와 지성의 역사는 각기 나름대로의 일관성coherence을 가지고 있으면서도 서로에 대해 대응성correspondence을 가지고 있다. 쉽게 말해 현실의 역사를 그냥 역사라고 부르고 지성의 역사는 사상사(철학사가 대표적이다)라고 부르지만, 실은 두 가지가 한데 뭉뚱그려져야 온전한 역사라고 할 수 있다. 현실에서 지성이 나오고 지성은 또 현실을 이끌기 때문이다.

우리 역사만이 아니라 동양사 전체에서 지성이란 곧 유학으로 대표된다. 중국에서 주나라가 탄생한 기원전 12세기에 유학의 초보 이념인 예禮가 생겨났고, 여기에 공자가 인仁의 개념을 보태 유학이 성립되었다. 예는 조상에 대한 제사에서 나온 개념이고, 인은 국가 경영의 원리이므로, 유학은 종교와 정치가 합일된 개념이다. 동양 사회가 제정일치적이고 정치적 지향이 강한 역사를 전개해온 이유는 그 때문이다. 이처럼 일찌감치 지배 이데올로기가 확립되었기에 동양의 역사와 우리 역사에서는 유학을 언급하지 않고서는 어떠한 설명도 불가능할 정도다.

지금은 유학이라고 하면 동양철학의 한 분야로 여기지만, 수천 년 동안 유학은 우리 사회의 정치와 일상생활을 지배하는 강력한 이데올로기이자 생활윤리였으며, 학문적으로도 단지 철학에 그치는 게 아니라 '학문 일반'을 가리키는 의미였다. 특히 유학은 중화사상이라는 또 다른 옷을 입고 우리 역사의 안과 밖에 대해 거의 전일적인 영향력을 행사해왔다. '철학사'가 아닌 만큼 이 책에서 별도로 유학을 깊이 논의하는 부분은 많지 않겠지만, 적어도 유학의 어두운 그림자가 우리 역사 전체를 관류하면서 중요한 고비마다 역사를 퇴보시킨 자취는 분명하게 확인할 수 있을 것이다.

그런 정신사적 측면이 포함된 탓에 이 책은 불가피하게 '비판적 한국사'의 모습을 취하게 되었다. 역사를 함부로 평가할 수는 없겠지만, 전반적으로 우리 역사에 빛보다 그늘이 많았음을 부정할 수는 없다. 그렇게 된 가장 중요한 이유는 바로 지배 이데올로기가 잘못 구성되고 채택된 데 있다. 중화 질서를 근간으로 삼는 유학을 받아들임으로써 우리 역사는 내내 중화의 굴레에서 벗어나지 못했다. 중화 세계가 번영한 고대에는 상대적으로 선진 문명을 누릴 수 있었으나, 중화 세계가 쇠락하고 비중화 세계(동북아시아에서는 중국 북방 민족과 일본을 가리키지만, 세계적으로는 중국과 한반도를 제외한 전체를 가리킨다)가 도약하는 시대를 맞으면서 한반도는 중화 세계의 온갖 모순이 집약되는 '하수 처리장'으로 전락하고 말았다. 심지어 중화의 본산인 중국마저 유학을 포기하는 상황에서도 한반도의 지배층은 중화의 끝자락을 단단히 움켜쥐고 있었던 탓에 소중화小中華라는 정신병적 늪에 빠져들기도 했다.

물론 그 모든 문제를 유학이라는 지배 이데올로기의 탓으로만 돌릴 수는 없다. 또한 유학이 이념으로 채택된 데는 나름의 역사적 필연성이 있다고 말할 수도 있다. 그러나 적어도 우리 역사의 중요한 고비마다 유학 이념이 늘 질곡의 요소로 작용했다는 것은 부인할 수 없는 사실이다. 유학 이념에 물든 지배층의 무능과 무책임에서 온갖 모순이 비롯되었음에도 불구하고 왕조 교체나 체제 변화가 적었던 이유는, 유학이(특히 조광조의 시대 이후) 전 사회적인 조직 원리로 자리 잡으면서 피지배층에게 복종과 충성, 일종의 국가 유기체적이고 국가 지상주의적인 맹신을 불어넣은 전통에서 찾을 수 있다.

사실 현실의 역사든 지성의 역사든, 역사를 평가하는 일은 쉽지 않을뿐더러 위험하기도 하다. 하지만 그렇다고 해서 역사에 대한 평가를 마냥 미루면 결국 후대에게 더 어려운 숙제를 남기게 될 뿐이다. 민족적 자부심을 느끼는 것을 역사 읽기의 목적이라고 여기는 사람이라면 이 '위험하고 무모한' 비판적 한국사에서 얻을 것은 별로 없다. 그러나 역사를 반성적 거울로 삼아 우리의 참모습을 보려 하는 사람이라면 이 책을 요긴한 참고서로 활용할 수 있을 것이다.

1부

깨어나는 역사

조선은 우리 역사의 시작이자 끝이다. 역사라기보다는 신화라고 해야겠지만, 5000년 전쯤
에 단군이라는 외래인 집단이 한반도 원주민들을 복속시키고 고조선을 세우면서 역사의
문이 열린다. 이후 2000년 동안 한반도 문명권은 기자조선과 위만조선을 거치며 조금씩
신화에서 탈피하는 한편 중국사와의 접촉을 계기로 '알려진 역사'를 시작하게 된다. 중화
문명권의 변방으로 출발한 한반도는 중심인 중국 한의 힘이 약해지는 시기를 맞아 도약의
기회를 만난다. 그것이 삼국시대의 시작이다.

1장

신화에서 역사로

출발점이 분명한 역사

역사가의 입장에서 본다면 시조始祖를 둔 민족만큼 부러운 게 또 있으랴? 시조가 있으면 민족의 기원과 역사의 시작이 분명하다. 다만 그렇게 분명한 시작은 역사가들에게 의지할 만한 출발점을 주지만, 그와 더불어 커다란 숙제도 안겨준다. 출발점 자체를 해명해야 할 뿐 아니라 그 이전의 역사는 미궁에 빠져버리기 때문이다.

―《기원의 역사》에서

우리 역사는 처음이 아주 분명하다. 단군檀君이라는 민족의 시조가 있기 때문이다. 세계 어느 나라, 어느 민족의 역사를 보아도 우리 역사만큼 시조가 분명한 경우는 드물다. 그래서 단군은 국조國祖로 불리기도 한다.

다른 나라의 역사에도 시조에 해당하는 존재가 있다. 그러나 대부분 인간이 아니라 신이라는 점에서 우리와 다르다.

고대 이집트인들은 땅의 신 게브와 하늘의 여신 누트가 결혼해 오시리스를 낳았고, 오시리스가 누이인 이시스와 결혼해 민족의 시조에 해당하는 호루스를 낳았다고 믿었다(그래서 이집트의 역대 파라오들은 모두 호루스의 환생으로 자처했다). 또한 고대 그리스인들은 하늘의 신 우라노스와 땅의 여신 가이아가 크로노스를 낳았고, 크로노스가 레아와 결혼해 올림포스의 최고 신 제우스를 낳았다고 생각했다.* 호루스와 제우스는 인간이 아닌 신이지만 이집트 세계와 그리스 세계를 창조했으므로 사실상 두 민족의 시조라고 보아도 될 것이다(민족의 시조란 원래 '일반 백성'인 경우가 없고 신이거나 최소한 지배자의 신분이다).

이렇듯 신이 다스리는 세계가 먼저 출현하고 그다음에 인간이 주역으로 등장하는 시대, 즉 역사시대가 개막되는 게 신화의 기본 골격이다. 그런 점에서 단군왕검檀君王儉이라는 '인간'이 주인공인 우리의 단군신화는 확실히 특이한 데가 있다. 여느 신화와 단군신화가 다른 점은 또 있다. 그것은 바로 '건국'을 초점으로 하는 신화라는 점이다.

그리스도교의 경전인 《구약성서》에서 신이 맨 먼저 하는 일은 빛과 어둠을 나누고 하늘과 땅을 가르는 것이다. 그리스도교만이 아니라 대다수 신화는 세계를 만드는 일부

● 이집트와 그리스의 신들은 민족만이 아니라 세상 자체를 만든 창조자이므로 처음부터 근친혼을 통해 자식들을 낳을 수밖에 없었다. 이집트 신화의 게브와 누트는 쌍둥이이며, 그들의 부모인 슈(공기의 신)와 테프누트(습기의 여신)도 쌍둥이 남매다. 다만 슈와 테프누트는 태양신 라(레)가 혼자 힘으로 낳았다. 그리스 신화에서도 가이아만 카오스 속에서 홀로 태어났을 뿐 우라노스는 그의 아들이자 남편이며, 크로노스와 레아도 오누이 사이다. 그러나 단군신화에서는 동물을 등장시킬지언정 그런 근친혼이 없다. 이는 유학 이념의 영향일 것이다. 유학에서는 현대까지도 동성동본을 금지할 정도로 친족 개념이 분명하니까. 그렇다면 단군신화는 알려진 실제 시기(기원전 2333년으로 추정)보다 훨씬 후대에 생겨났을 것이다. 이에 관해서는 조금 뒤에 보기로 하자.

터 시작한다. 앞에 소개한 이집트 신화와 그리스 신화에서 하늘의 신과 땅의 신이 결혼하는 이야기는 곧 천지창조를 가리킨다. 또 페르시아의 주신인 아후라 마즈다는 우주의 질서를 만들었고, 바빌로니아의 신 마르두크는 혼돈의 괴물 티아마트를 제압해 최고 신의 지위에 올랐다. 멕시코의 아스테카 신화는 신들의 희생으로 태양이 출현하는 것부터 시작하며, 일본의 신화에서는 아버지 신이 눈을 닦을 때 태양의 여신이 생겨났고 창에서 떨어진 바닷물이 일본 열도를 이루었다고 한다.

그런데 묘하게도 단군신화에는 세계를 만드는 과정이 없고, 이미 존재하는 세계에 지배자가 등장해 나라를 세우는 것으로 시작한다. 군주가 백성을 다스리는 지배-피지배 관계가 신화의 시작이라면, 단군신화는 상당히 계급적인 신화라고 할 수 있다(처음부터 지배자의 권위를 당연시하고 있다는 점은 다분히 유학 이데올로기를 연상시키는데, 이것은 단군신화가 후대에 만들어졌거나 대폭 각색되었다고 볼 수 있는 증거다).

단군은 범상한 인간이 아니라 신의 혈통을 이어받은 인물이다. 그의 아버지 환웅은 천제天帝인 환인의 서자였다. 하늘에서도 서자는 차별을 받았을까? 그는 일찍부터 하늘 세상보다 인간 세상에 관심을 보였는데, 그 관심에 대한 보상으로 아버지에게서 바람과 비와 구름을 관장하는 천부인天符印 세 개를 받고 태백산이라는 땅으로 내려와 신시神市를 세운다(태백산은 오늘날 한반도 북부 또는 랴오둥遼東으로 추정되고 있다). 신의 도시라 해도 '시민들'은 있었을 테니 환웅이 최초의 인간은 아니다. 우리 민족의 혈통상 조상은 환웅이 도시를 세웠을 무렵 그곳에 이미 살고 있었던 시민들일 것이다.

곰족과 호랑이족   고구려 중대에 그려진 각저총 벽화의 씨름 장면이다. 희미하지만 왼쪽의 나무 아래에는 단군신화의 두 주인공인 곰과 호랑이가 그려져 있다. 이로 미루어 단군신화는 고구려시대까지도 전승되었음을 확인할 수 있다. 신화의 곰과 호랑이가 당시 두 부족의 상징이었다면, 이 씨름의 승자는 곰족의 대표 선수가 아니었을까?

어쨌든 신의 아들로서 신의 도시를 세웠는데 홀아비의 몸으로 다스릴 수는 없다. 그래서 환웅은 아내를 구한다. 하지만 범상한 여인이 그의 아내가 될 수는 없는 일, 그의 아내는 희한하게도 사람이 아닌 동물 출신이다. 마침 사람이 되고자 하는 곰과 호랑이가 있어 환웅은 그들에게 쑥과 마늘을 주고 인내력을 시험한다. 결국 100일 동안 햇빛을 보지 않고 지루함을 견딘 곰이 승리해 인간 여성이 되었고, 환웅은 사람의 몸으로 변신한 다음 그 여성과 결혼해 아들을 낳는다. 바로 단군왕검이다('왕검'은 '임금'의 고어라는 설이 있는데, 어쨌든 한자와는 무관한 음차어다).

아버지 환웅은 하늘에서 내려온 반인반신이지만, 단군은 인간이므로 이집트나 그리스 신들의 경우와는 엄연히 다르다. 비교하자면 그 신들보다는 로마의 건국자인 쌍둥이 형제 로물루스와 레무스에 가깝다. 쌍둥이는 어머니가 인간 세상의 공주이고 아버지는 전쟁의 신 마르스이기 때문이다. 그러나 로마의 쌍둥이는 마르스의 자식답게 로마를 건설하자마자 곧바로 인근 부족과의 싸움질에 몰두한 반면, 단군은 고조선(고조선의 '古'는 후대의 이씨 조선과 구분하기 위한 것일 뿐 당대에는 그냥 조선이었을 것이다)이라는 나라를 세우고 평화롭게 다스리는 데 주력한다.

지배자로 왔으나 정복자는 아니다! 이 점은 한 가지 중요한 사실을 말해준다. 바로 단군이 농경 문명에 적합한 건국 시조라는 점이다. 로마가 세워질 무렵(기원전 753년으로 전해진다) 로마 인근에는 여러 부족이 저마다 도시를 세우고 활기차게 문명을 건설하고 있었다. 그러나 단군은 로마의 쌍둥이에 비해 훨씬 안정된 권력을 누렸다. 우선 주변에 특별한 경쟁자가 없었다. 게다가 단군의 아버지 환웅이 지상에 가져왔다는 천부인은 새로운 농경 문명과 관련된 도구나 농법일 것이다. 그 덕분에 단군은 자신의 백성들, 즉 한반도 원주민에게 선진 농경 문명을 전할 수 있었다.

단군이 신이 아닌 인간이라는 점, 그리고 농경 문명을 백성들에게 전해주었다는 점은 단군신화를 출발점으로 삼는 한반도 문명의 대략적인 성격을 결정한다. 단군은 인간의 신분이므로 한 민족의 '조상'이 되기에 아주 적합하다. 또 농사에 뭐니 뭐니 해도 땅이 가장 중요하다. 단군이 나라를 세운 것은 곧 농토를 확보했다는 의미다. 농사 기술과 농토를 물려준 조상, 이것은 곧 한반도 문명이 장차 조상 숭배와 농경을 토대로 하리라는 것을 예고하고 있었다.*

그런데 중요한 사실이 한 가지 더 있다. 인류 문명은 세계 어디

● 오늘날 그런 문명의 자취는 이를테면 남아 선호 사상과 효 사상에서 볼 수 있다. 전자는 고질적인 사회적 병폐로, 후자는 전통적 미덕으로 간주되지만, 사실 두 가지는 한 뿌리에서 나왔다. 농업 사회에서는 아들이 아버지에게서 농사 기술과 농토를 물려받는다. 다른 말로 바꾸면 노동수단과 노동대상, 즉 모든 생산수단을 아버지에게서 물려받는 셈이다. 그러니 부모의 입장에서는 아들을 딸보다 우선시하는 게 당연하며, 자식의 입장에서는 부모에 대한 효도를 어느 덕목보다 중시하는 게 자연스럽다(이런 현실적 이해관계를 이념적으로 고급스럽게 포장한 게 바로 유학이다).

서나 수렵-채집의 떠돌이 생활을 청산하고 농사를 짓기 시작할 때 발생했다. 따라서 모든 문명은 당연히 농경을 기본으로 한다(문명의 탄생 자체가 정주 생활을 전제로 해야만 가능하니까). 그렇다면 단군이 한반도 토박이들에게 농경 문명을 전했다는 사실 자체는 그다지 새삼스러운 일이 아니다. 중요한 것은 그냥 농경 문명이 아니라 첨단의 선진 농경 문명이었다는 점이다. 그게 무엇일까?

그것은 미작 농경일 것이다. 단군이 고조선을 세우기 이전에도 한반도에는 원주민이 살았고, 초보적인 농경이 이루어지고 있었다. 그러나 쌀을 재배하지는 않았다. 역사적으로 쌀은 한반도에서 가장 늦게 경작된 작물이다. 태곳적 한반도인들은 조·기장·보리·콩 등을 먼저 경작했고, 이를 바탕으로 원시적 농경 문명을 일구었다. 그런 한반도인들에게 단군은 미작 농경을 권하고 퍼뜨렸던 것으로 보인다. 그렇지 않았다면 단군이 토착 주민들에게서 지배자로 인정받기란 어려웠을 것이며, 감히 천제의 후손이라고 자처하기도 쉽지 않았을 것이다. 그의 아버지인 환웅이 가져온 것은 바로 쌀농사와 관련된 중요한 요소들(바람·비·구름)이다.

하지만 어떻게 그럴 수 있었을까? 쌀은 원래 아열대성 작물이다. 동남아시아에서 일찍부터 쌀을 재배할 수 있었던 이유는 기후 조건에 맞았기 때문이다. 또한 황허 문명의 발상지인 중국의 중원 지역도 한겨울 평균 기온이 영하로 내려가지 않고 강우량도 연중 일정하기 때문에 미작에 적합한 기후 조건이다. 그에 비해 한반도는 기온이 낮을뿐더러 비가 연중 특정한 시기에 집중적으로 내리기 때문에 저수 시설이 없으면 논농사에 필요한 많은 물을 대기 어렵다. 게다가 한반도는 예나 지금이나 평야가 적고 산지가 많다. 반도 남부는 북부에 비해 좀 덜하지만 여기도 역시 논농사를 지을 만한 대규모 농토가 부족하다. 더구나 단군이 고조선을 세운 곳은 더 춥고 더 평야가 부족한 반도 북부의 평양이다(이 평양은 지금의 평양과 다른 곳으로 추정되지만 랴오둥에서 한반도 북부까지의 어느 지점인 것은 분명하다).

요컨대 미작 농경은 한반도의 지리적 조건에 맞지 않는다는 이야기다.● 따지고 보면 이후 역사시대 내내 우리 민족이 가난을 벗어나지 못한 이유는 처음부터 여건에 맞지 않는 미작 농경을 주업으로 삼은 데 있었는지도 모른다. 그렇다면 단군신화가 미작 농경을 암시하고 있다는 것은 어떻게 보아야 할까?

신화의 내용에서는 닮은 점이 없지만 문명의 성격에서는 단군신화와 대단히 비슷한 게 중국의 건국신화다. 중국은 삼황오제三皇五帝 시대에 초보적인 농경술이 발달했다(《종횡무진 동양사》, 28~30쪽 참조). 삼황의 시대에 농경이 발명되었고, 뒤이은 오제의 시대에는 농법이 완성되었다.●● 곧이어 하夏나라를 세

● 한반도의 미작 농경이 단군 이전에 전혀 없었던 것은 아니다. 1998년 충북 청원의 선사시대 유적에서는 1만 3000년 전의 볍씨 수십 개가 탄화미의 상태로 발견되었다. 하지만 그것으로 한반도 일대에서 쌀농사가 본격적으로 행해졌다고 보기는 어렵다. 여주와 김포, 부여, 평양 등지에서 발견된 탄화미는 단군 시대와 엇비슷한 기원전 2000~기원전 1000년대의 것이었다. 한반도에서 쌀이 주식으로 자리 잡은 시기는 삼국시대 후기로 알려져 있다.

●● 동남아시아처럼 기후 조건 자체가 유리한 경우가 아니라면, 쌀농사는 무엇보다 계절의 변화를 알게 해주는 역법(曆法)이 중요하다. 중국에서는 오제의 첫 왕인 황제의 시대에 역법이 만들어졌다고 전하는데, 그 덕분에 중국은 동남아시아 문명보다 훨씬 선진적인 문명을 만들고 일찍부터 왕조 시대를 열 수 있었다. 지금은 누구나 컴퓨터로 달력을 쉽게 열람할 수 있지만 과거에는 천체의 운행을 알지 못하면 달력을 만들 수 없었다. 달력이 없다면 왕의 생일 같은 행사도, 군대가 모이고 이동하는 날짜도 확정할 수 없을 테니 국가 체제가 성립할 수 없다. 단군은 중국의 역법을 가져와 한반도인들에게 전해주었을 것이다. 달력이 있어야만 고조선이라는 국가 체제가 생겨날 수 있었을 테니까.

운 우禹는 황허의 치수治水에 성공함으로써 중국의 왕조시대, 즉 본격적인 역사시대를 열었다. 요컨대 중국의 건국신화는 중국이 미작 중심의 농경 문명으로 자리 잡는 과정을 말해주는 것이다. 그렇다면 단군신화는 그런 중국의 건국신화를 본떠 후대에 만들어진 게 아닐까? 단군신화의 그 '분명한 출발점'은 어느 시기엔가 신화가 창조되었다는 증거가 아닐까? 아니 그보다 단군은 신화 속의 인물이든 실존 인물이든 중국에서 한반도로 와서 미작 농경 문명을 전래한 인물이 아닐까? 단군을 우리 민족의 시조로 여긴다면 단군이 중국에서 왔다는 추측에 불편함과 거부감을 느낄 수도 있다. 하지만 그것은 잘못된 생각이다. 수천 년 전 문명이 싹틀 무렵 중국과 한반도에 살았던 사람들은 민족적 정체성이 없었고 서로 구분하지도 않았기 때문이다. 무엇보다 당시에는 중국과 대한민국 같은 나라도 없었다. 과거 역사를 오늘의 관점에서 해석하면 큰 역사 왜곡을 빚게 된다(2000년대부터 중국이 정책적으로 추진하는 이른바 동북공정이 바로 그런 역사 왜곡이다).

누락된 시대

단군신화를 기점으로 잡는다면 이후 한반도 역사에는 상당히 긴 누락 기간이 생긴다. 서력기원으로 셈하면 단군이 고조선을 세운 시기는 기원전 2333년으로 알려져 있다(후대에 문헌상으로 추정한 연대인데, 흔히 우리 역사를 '반만년 역사'라고 부르는 근거가 여기에 있다). 이 시기는 중국의 오제 가운데 요堯임금의 시대에 해당한다. 고조선의 창건 연대를 정확히 알 수는 없지만 일단 기원전 24세기까지 거슬러 올라간다고 가정하고 역사를 추적해보자.

고조선이 세워진 이후 중국과 한반도의 역사는 사뭇 달라진다. 중국의 경우 요임금과 순임금으로 신화적인 오제 시대가 끝나고 우임금이 하나라를 열어 왕조시대를 시작한다. 하지만 하나라는 나라의 명칭만 전해질 뿐이다. 그 뒤를 이은 은殷나라는 갑골문의 유물로 알려졌는데, 대략 기원전 17세기부터 기원전 12세기쯤 존속한 왕조다. 은을 계승한 주周나라에 이르러 비로소 중국의 역사시대가 개막된다. 주나라가 탄생한 시기는 기원전 12세기 말로 추측되는데, 바로 이 무렵에 단군이 한반도 역사에 다시 등장한다. 고조선을 건국하고 나서 무려 1000여 년이 지난 시점이다.

그 오랜 기간 동안 단군은 무엇을 했을까? 신화에 따르면 단군은 도읍을 평양에서 아사달로 옮기고 수백 년 동안 나라를 더 다스린 뒤, 중국 주나라의 무왕武王(재위 기원전 1111~기원전 1104)이 기원전 1122년에 동방으로 보낸 기자箕子에게 왕위를 물려주고 아사달로 들어가 은거했다고 한다. 이후 그는 아사달에서 1908세의 나이로 죽었다고 전한다. 이건 물론 사실이 아닌 신화다. 하지만 신화 속에서도 역사의 흔적을 찾아볼 수 있고, 또 달리 '비빌 언덕'이 없는 우리로서는 그렇게 할 수밖에 없다. 그렇다면 기원전 24세기에 등장한 단군이 기원전 12세기까지 1000년 이상 고조선을 다스렸다는 신화는 어떤 역사를 담고 있을까?

우선 단군이 그토록 오랜 기간 왕으로 나라를 다스렸고 2000년 가까이 살았다는 이야기를 어떤 식으로든 해석하고 넘어가는 게 좋겠다. 사실 세계적으로 보면 그런 '장수 만세' 설화는 드물지 않다. 점토판으로 전하는 수메르의 왕들도 200~300년씩 재위한 기록을 많이 남겼을 뿐 아니라 《구약성서》에도 '최초의 인간' 아담

고대의 왕명록　메소포타미아의 점토판에 기록된 고대의 왕명록이다. 연대로 치면 우리의 단군에 앞선 시대의 왕들인데, 이들 역시 단군에 못지않게 수백 년씩 장수한 것으로 기록되어 있다. 이는 실제로 그랬다는 뜻이 아니라, 이들을 대표자(혹은 건국자)로 하는 왕조들이 수백 년 동안 존속했다는 뜻일 터이다.

에서부터 노아에 이르기까지 800~900년씩 장수를 누린 인물들이 연달아 등장한다(그에 비해 비슷한 시기에 이집트 파라오들은 거의 정상적인 재위 기간으로 기록되어 있는데, 이집트 문명이 당대 세계 최고의 선진 문명이었음을 말해주는 증거다). 단군처럼 1908년이나 산 인물은 신화 중에서도 거의 최고 기록에 해당하지만, 어쨌든 그런 내용의 신화는 흔히 볼 수 있다.

그 내용 자체는 사실이 아니겠지만 그렇다고 해서 아무것도 건질 게 없을 만큼 허무맹랑한 이야기는 아니다. 수메르의 왕들과 아담의 자손들은 실제로 장수한 게 아니라 각각의 시대를 대표하는 역할을 했을 가능성이 짙다. 예컨대 아담이 930년을 살았고, 그의 아들 셋이 912년, 또 셋의 아들 에노스가 905년을 살았다는 《구약성서》의 이야기는 실제로 그 '개인들'이 그렇게 장수했다는 뜻이 아니라 아담과 셋과 에노스가 각각 930년, 912년, 905년에 달하는 각 시대의 '건국자'라는 뜻일 것이다. 아직 왕조의 개념도 없고 문자의 발달도 미약한 때였으니 특별한 사건이 없었다면 굳이 지배자의 이름을 바꿀 필요는 없었을 것이며, 더욱이 후대의 평범한 지배자들은 자연스럽게 한 시대의 획을 그은 선배이자 영웅의 이름을 계속 간직하려 했을 것이다(이집트의 파라오들이 호루스의 환생임을 자처한 것도 같은 맥락이다). 후대의 서양 역사에서도 볼 수 있듯이, 고대에는 아들이 아버지의 이름을 물려받는 게 하나의 전통이었다.*

그렇다면 단군도 특정한 개인이라기보다 지배 집단의 이름이거나 지배 집단을 가리키는 용어였을 것이다. 그러던 것이 후대에 전승되면서 마치 특정인의 이름인 것처럼 바뀌었을 테고, 더 후대에는 건국 시조로 섬겨지게 되었을 것이다.

단군이 고조선을 건국한 이후 기자에게 왕위를 넘길 때까지의 1000여 년 동안 단군이 어떤 일을 했고 고조선이 어떻게 변화했는지에 관한 기록은 없다. 즉 이 시기는 한반도 역사에서 누락된 공백기다. 이렇듯 나라를 세운 시기에 관한 기록이 있는 데 비해 그 후의 기나긴 시기에 관한 기록이 일절 전하지 않는다는 것은 단군신화가 후대에 창조되

● 잘 알려진 사례는 로마 시대에 율리우스 카이사르의 양자였던 옥타비아누스의 경우다. 그는 원래 이름이 가이우스 옥타비아누스였으나 양아버지가 죽자 재빨리 그 이름을 자기 이름 속에 끼워 넣어 가이우스 율리우스 카이사르 옥타비아누스로 바꾸었다. 나중에 그는 원로원에서 아우구스투스라는 존칭을 받아 다시 한 번 개명하게 된다. 아버지의 이름을 잘 써먹은 경우다. 그 밖에 고대 아시아의 사르곤, 키루스, 알렉산드로스 또는 중세 서유럽의 왕명으로 자주 등장하는 샤를(카를, 찰스, 카롤루스)이나 앙리(하인리히, 헨리, 엔리케) 등의 이름도 모두 위대한 조상의 이름을 후손이 대대로 써먹은 사례다.

었음을 말해주는 또 다른 증거다. 하지만 그래도 중국의 연대와 맞추려 노력한 흔적이 보이는 만큼 단군신화의 기본 골조는 무척 오래전부터 전해지고 있었을 것이다. 지금 우리에게 단군의 이야기를 전해주는 것은 고려시대의 문헌이지만, 단군신화는 그보다 훨씬 오래전에 만들어졌다고 볼 수 있다. 그렇다면 단군신화는 언제 생겨난 것일까?

지금까지 말한 단군신화의 성격을 정리해보면 그 시기를 얼추 짐작할 수 있다. 첫째, 단군은 환웅의 아들이라는 신분으로 웅녀와 결혼해 한반도 토박이들을 다스렸다. 둘째, 단군은 그 토박이들에게 미작 중심의 농경 문명을 전달했다. 셋째, 단군은 개인의 이름이 아니라 지배 집단과 관련된 명칭이다. 넷째, 단군은 중국에서 주나라가 성립할 때까지 한반도 역사를 이끌었다.

첫째는 단군 이전에도 한반도에 사람들이 살고 있었음을 말해

준다. 단군은 이집트나 그리스의 신들과 달리 세상을 창조한 게 아니라 '기존의' 인간 세상을 다스리기 위해 하늘에서 온 존재다. 여기서 하늘은 한반도가 아닌 다른 곳을 뜻한다고 보면 단군은 한반도의 외부에서 온 지배자라고 추측할 수 있다(물론 당시에는 내부와 외부의 구분이 모호했으므로 이민족이라는 시각도 없었을 것이다). 단군의 어머니가 한반도 원주민이 아닌 '웅녀'라는 사실도 그 점을 강조해준다.

민족의 조상　대한민국 정부에서 공식 지정한 단군의 표준 영정이다. 실물과는 무관하지만 어느 모로 보나 지배자의 풍모다. 이렇게 '지배자/건국자'가 우리 민족의 조상이라는 것은 우리 역사가 처음부터 계급적 성격과 국가주의적 요소를 지녔음을 말해준다.

이 추론에 둘째의 내용을 더하면 단군은 오래전부터 미작 농경이 발달해 있던 중국 방면에서 온 인물이라는 이야기가 된다(중국의 중원이 황허라는 인류 문명의 발상지였으므로 충분히 가능하다). 그전부터 한반도에 살고 있었던 사람들(우리 민족의 진짜 조상)은 미작 농경을 하지 않았으며, 문명의 단계도 아주 낮았을 것이다. 게다가 단군의 아버지 환웅이 천제 환인의 '서자'라는 사실은 단군의 뿌리가 외부에 있다는 것을 상징한다.

또 셋째는 단군이 한반도인들을 다스리기 시작한 이후 오랫동안 자기 고향에 해당하는 지역과 별다른 교류를 하지 않았다는 뜻이다. 고향을 등진 기간이 실제로 1000여 년이었는지는 확실치 않지만, 어쨌든 상당한 기간 동안 지배 집단이 (단군이라는) 똑같은 이름으로 불릴 만큼 그 성격은 크게 바뀌지 않았다. 따라서 단군 집단은 애초부터 중국에서 삶의 기반을 완전히 잃고 동쪽으로 대

부여

고조선 전기 문화권
고조선 후기 문화권

예맥

▲백두산

라오허강

고조선

●산하이관

●평양

동 해

주

황 해

진

고조선 시대의 한반도　한국인들은 고조선을 최초의 국가로, 단군을 고조선을 세운 시조로 받아들인다. 그러나 고조선이 언제 건국되어 발전했는지는 정확하지 않다. 농경이 발달하고 있던 청동기 시대에 자신들을 하늘의 자손이라고 밝힌 새로운 지배층이 등장했고, 이들이 중심이 되어 이 땅에 첫 나라를 세웠다고 보는 게 맞지 않을까.

규모로 이주해온 무리일 것이다. 마지막으로 넷째는 주나라가 세워진 기원전 12세기 무렵에 단군 지배 집단이 고조선의 지배자라는 자리에서 밀려났다는 뜻이다. 이것은 한반도가 다시 중국 역사와 접촉하게 되었음을 나타낸다.

이상은 물론 해석과 추측에 불과하지만, 그것을 통해 단군신화의 탄생 시기를 짐작해볼 수 있다. 단군신화는 중국에서 밀려난 어느 부족이 동쪽으로 와서 현지의 원주민(한반도인)에게 미작 농법을 전하고 그들을 다스리는 지배 집단이 되는 과정을 담고 있다. 그렇다면 단군 신화가 만들어진 시기는 적어도 주나라 성립 이후이며, 그 지은이는 단군의 '진짜 후손'들, 즉 고조선의 지배 집단일 것이다. 그들은 직계 조상인 단군의 업적을 기리기 위해 당시까지의 역사 기록을 토대로 신화를 만들었을 테고, 비록 평화로운 정권 교체였다고는 해도 주나라 계통의 새로운 지배 집단에 대해 부정적이었을 것이다.*

● 단군의 후손이 구술로만 조상 신화를 남긴 게 아니라면 그들은 문자를 사용했을 것이다. 그런데 한반도에 한자가 전래된 시기는 삼국시대이며, 아무리 거슬러 올라가도 기원전 2세기를 넘지 않는 것으로 추정된다. 그러나 문명이 존재하는데 문자가 없을 수는 없으니까 단군조선에서도 모종의 문자를 사용했을 것이다. 과연 어떤 문자였을까? 일설에 따르면 우리의 옛 글자에 가림토라는 게 있었다고 한다. 이것이 나중에 훈민정음의 토대가 되었다는 설도 있으나 사실로 믿기는 어렵다. 어쨌거나 당시에 사용하던 문자는 한자를 변형해 만들었을 것이다. 중국의 한자도 최종적으로 정형화된 시기는 기원전 3세기 말 진시황의 시대였고 그 이전까지는 지방마다 쓰는 글자와 문법이 달랐다. 고조선 문자는 그런 한자의 변종 가운데 하나였을 것이다. 그렇다면 그 고조선 문자가 우리 고유의 문자냐 한자냐를 논하는 것 역시 쓸데없는 일이다.

그렇다면 단군은 어떻게 되는 걸까? 단군은 우리 민족의 시조일까, 아닐까? 그럴 수도, 아닐 수도 있다. 단군이 그전부터 한반도에 살고 있던 우리의 '진정한 조상들'을 다스린 지배 집단일 뿐이라고 보면 그는 우리 민족의 시조가 아니다. 그러나 그 아득한 옛날에는 이주민과 원주민의 구별이 뚜렷하지 않았다. 더욱이 원주민이라고 해도 동질적인 집단이었던 것은 아니고 수많은 부족 간에 단일 민족의식 같은 것은 전혀 없었다(단군의 고조선 건국과 지배를 '정복'이라고 부를 수 없는 이유가 그 때문이다). 그렇게 본다면 한반도에 선진 문명을 전하고 최초의 나라를 세운 단군은 우리 민족의 시조가 될 자격이 충분하다.

이렇게 보면 이렇고, 저렇게 보면 저렇다. 결국 단군을 민족의 시조로 볼 것이냐, 말 것이냐는 역사적으로 전혀 중요하지 않은 문제라는 이야기다. 그러므로 오늘날에도 걸핏하면 종교와 역사학계에서 벌어지는 단군을 둘러싼 '역사 논쟁' 따위에 쓸데없이 힘을 낭비할 필요는 없겠다. 그냥 민족 신화라 여기고 넘어가면 된다.

어쨌든 중국에 주나라가 성립하는 것과 동시에 한반도에서 단군의 시대는 갔고 기자의 시대가 왔다. 무혈로 정권을 산뜻하게 접수한 기자는 어떤 인물일까?

두 번째 지배 집단

기자는 원래 중국 은나라의 신하였다. 은나라의 마지막 왕인 주왕紂王은 역사상 유명한 폭군이다. 오죽하면 호사스러운 술잔치를 뜻하는 주지육림酒池肉林과 잔인한 형벌을 뜻하는 포락지형炮烙之刑이라는 말이 그에게서 나왔을까? 그런 자에게 충신의 말이 통할 리 없다. 기자는 주왕에게 충언을 했다가 그만 미움을 사서 옥에 갇힌다. 그러나 결국 무왕의 쿠데타로 은나라가 무너지자 기자도 석방된다.

새로 주나라의 문을 연 무왕은 은나라의 정치범인 기자를 어떻게 대했을까? 당시 기자는 높은 경륜과 뛰어난 학덕으로 이름이 높았으니 무왕은 그를 자기 사람으로 쓰려 했을 것이다. 하지만 충신은 두 임금을 모시지 않는 법, 기자는 새 정권을 받아들이지 않는다. 그래도 무왕은 통이 큰 군주였던 모양이다. 그는 기자를 벌하는 대신 먼 곳으로 떠나라고 명했는데, 기자가 선택한 곳은 바로 한반도가 있는 동쪽 땅이었다(중국의 사서에는 당시 무왕이 기자를 조선 왕으로 책봉했다고 되어 있지만, 중국이 한반도에 관심을 보이기 시작하는 것은 한참 뒤인 기원전 3세기에 대륙 통일을 이룬 뒤부터이므로 후대에 덧붙인 이야기일 것이다).

결국 기자는 자신을 따르는 무리를 이끌고 고조선으로 오게 되었다. 기자와 단군은 별다른 충돌 없이 평화적인 정권 교체를 한 것으로 보인다. 여기에는 문명의 본토이자 단군 집단의 면 고향인 중국에서 주나라 왕의 허락을 받고 기자가 왔다는 사실이 무시하지 못할 권위로 작용했을 것이다. 어쨌든 이 정권 교체로 오랜 사직을 이어오던 단군조선은 무대 뒤로 퇴장하고 다시 새로운 고조선이 성립되었다. 이 고조선을 당시 사람들은 뭐라고 불렀을지 모르지만 우리는 편의상 기자조선이라고 부른다.*

오늘날 국내 역사학계에는 기자조선의 존재를 부인하거나 축소하려는 경향이 있다. 물론 단군을 한반도의 토착 세력으로 여긴다면 기자가 외부로부터 와서 단군조선을 대체했다는 게 찜찜하게 여겨질 수도 있다. 그러나 앞서 보았듯이 단군의 경우에도 한반도 토박이라고 말할 수는 없다. 무엇보다도 까마득한 고대에 토박이냐 아니냐를 엄밀하게 따질 수는 없고 또 그럴 필요도 없다. 내외의 경계가 뚜렷해야만 그런 구분이 가능할 텐데, 그 시대에는 중국에도 한반도에도 그런 민족적 경계나 강역상의 구분이 전혀 없었기 때문이다. 사실 단군조선도, 기자조선도 한반도의 상당 부분을 영역으로 삼은 영토 국가는 아니었다. 고만고만한 여러 부족 집단이

● 오늘날 역사학자들은 일반적으로 단군조선이나 기자조선, 그리고 나중에 나오는 위만조선이라는 용어를 잘 쓰지 않고 고조선이라고만 표현한다. 지배 집단만 교체되었을 뿐 고조선의 기본 성격과 체제는 크게 달라지지 않았다고 보기 때문이다(기자조선이나 위만조선이 중국계이므로 '민족적 자존심'에 거슬린다고 여기는 태도도 있는 듯하다). 하지만 그렇게 아무런 구분도 하지 않을 경우에는, 단군조선-기자조선-위만조선으로 진행하면서 고조선과 중국의 연계가 더욱 밀접해지는 추세를 파악하기 어렵다. 당시에 정권이 교체되었을 때 별도로 국호를 정했는지는 알 수 없지만, 여기서는 편의상 지배 집단의 명칭을 앞에 붙이는 방식으로 세 고조선을 구분하기로 한다.

책봉과 가르침의 교환 주 무왕이 기자를 조선 왕에 책봉하는 장면이다. 한응검이 평양 인현서원에서 모사한 것으로서 마루 한가운데 두 인물 중 왼쪽이 기자이고 오른쪽이 무왕이다. 무왕은 기자를 책봉함으로써 정치적 서열에서 앞선다는 것을 과시했지만, 그 대가로 기자는 무왕에게 홍범구주라는 정치적 지혜를 전했다.

많았는데, 그중에서 어쩌다 우연히 후대에까지 흔적을 남기게 된 부족이었을지도 모른다. 역사적 근거에서 기자조선의 존재를 거부하는 것은 있을 수 있지만, 만약 기자가 중국계라고 해서 기자조선의 존재를 부인한다면 과거 역사를 오늘의 관점에서 바라보려 하는 잘못을 저지르게 된다.

초기 건국 과정만 전해지는 단군조선과 달리 기자조선에 관해서는 약간이나마 정보가 있다. 두 고조선 사이의 시차가 1000여 년에 달하기 때문이다.

무왕은 기자를 떠나보내기 전에 그에게서 나라를 다스리는 경략을 한 수 배운다. 《서경書經》에 전하는 홍범구주洪範九疇인데, 원래는 옛 하나라의 우임금이 만들었다는 아홉 가지 큰 법 혹은 세상이 돌아가는 이치다. 무왕에게 준 가르침은 기자 자신에게도 요점 정리를 하는 데 큰 도움이 되었던 모양이다. 기자는 그것을 토대로 고조선에 와서 팔조법금八條法禁을 만들어 시행한다. 지금까지 전하는 것은 여덟 개 조항 중 세 조항밖에 없지만, 남을 해치거나 도둑질을 하면 벌을 받는다는 조항이다.

팔조법금이라니까 이름은 그럴듯하게 들릴지 모르지만 실상 그 내용은 지극히 평이하다. 아무리 수천 년 전이라 해도 불과 여덟 개 조항으로 치안을 유지할 수 있었다면, 당시 고조선은 상당히 단순한 사회였고 세력권도 그리 넓지 않았을 것으로 추정된다(굳이 비교하면 팔조법금보다 600년가량 앞선 바빌로니아의 함무라비 법전은 282개 조항으로 구성되어 있다). 따라서 이름으로만 기자조선으로 구분할 수 있을 뿐, 사회체제는 선대의 단군조선과 별반 다르지 않았을 것이다.

그런 탓에 기자조선도 역시 단군조선의 경우처럼 처음 성립한 시기에 관한 기록만 있을 뿐 이후 어떤 변화와 발전 과정을 거쳤는지에 관해서는 전혀 알려진 바가 없다. 다만 시기 구분상으로 신석기시대에 머물러 있었던 단군조선과 달리 기자조선 시대부터 한반도는 청동기 문명으로 접어들게 된다. 그 밖에 기자조선에 관한 상세한 사항은 알 수 없다. 기자 개인은 단군에 비해 실존했을 가능성이 훨씬 높은 인물이지만, 그 시대의 고조선은 단군 시대처럼 여전히 미스터리에 싸여 있다. 반면 한반도에 기자조선이 성립하던 시기부터 중국의 역사는 구름 속에서 완전히 벗어난다. 먼저 중국의 변화부터 간단히 살펴보자.

300여 년 동안 중원 일대를 지배한 주나라는 주변 세계가 점차 문명의 빛으로 밝아짐에 따라 영향력이 줄어든다. 급기야 주나라 왕실은 기원전 771년 견융의 침입을 받아 도읍을 하오징鎬京에서 동쪽의 뤄양洛陽으로 옮기면서 왕실만 간신히 보존하는 약소국으로 전락한다. 이 사건을 주의 동천東遷이라고 부르는데, 이것을 신호탄으로 중국에서는 춘추전국시대가 개막된다. 이때부터 진시황이 대륙을 최초로 통일하는 기원전 221년까지 약 550년 동안 중국은 통일적인 구심점이 사라지고 제후국들이 주름잡는 기나긴 분열 시대를 보낸다. 제후들은 상징적으로는 주나라 왕실을 섬기나 사실상의 독립 군주나 다름없다.

이 화려한 분열의 시대에 중국 문명은 (이후 두 번 다시 그런 시대가 없었다고 할 정도로) 비약적인 발전을 이루었으며, 오늘날까지 이어지는 동양 사상의 뿌리도 그 무렵에 생겨났다. 그중에서도 으뜸은 바로 유학 이념의 탄생이다. 유학은 공자孔子(기원전 551~기원전 479)가 창시한 것으로 되어 있지만, 수천 년 동안 동양 사회의 모든 부분에 지대한 영향력을 미치는 거대한 학문 체계가 어느 한 순간에 개인에 의해 만들어졌을 리는 없다. 유학 이념의 뿌리는 주나라가 성립한 기원전 12세기, 더 멀게는 중국 문명의 탄생기까지 거슬러 올라간다.

탄생 시기부터 오늘에 이르기까지 유학의 핵심은 줄곧 충효 사상에 있다. 유학은 인간 세계가 수직적인 질서로 짜여 있으며, 하위 질서가 상위 질서에 복종하고 충성해야 한다고 가르친다. 국가 이데올로기로서의 유학이 체계화되는 것은 기원전 2세기 한漢 제국 시대의 일이지만, 충효의 기본 이념은 그보다 훨씬 전부터 중국 사회에 존재했다(그랬기에 분열기인 춘추전국시대에도 각 제후는 내내 명목상으로나마 주나라 왕실에 대한 충성심을 유지했고, 결국에는 대륙의 정치적 통일을 이룰 수 있었던 것이다). 왜 그럴까? 중국은 전형적인 농경 문명의 사회이기 때문이다. 그것도 고대 이집트의 대추야자 농사, 고대 그리스의 올리브나 포도 농사와 달리 노동력이 많이 필요하고 재배 기술이 중요한 쌀농사의 문명이다. 앞서 말했듯이 미작 농경에서는 무엇보다 조상으로부터 물려받은 농토와 농사 기술이 중요하다. 따라서 조상을 신격화하고 종교화하는 사상이 생겨나는 것은 지극히 자연스러울 수밖에 없다.

그렇다면 유학 이념의 뿌리는 중국에서 황허 문명이 발생한 기원전 3000년경부터 있었다고 보아야 한다. 그 이념이 사회의 발전과 더불어 점차 체계화된 것이 바로 예禮 사상이며, 이것을 모태로 성립한 국가가 바로 주나라다. 아직 유학이라는 명칭이 생기기 전이지만 주나라는 그것을 중화의 개념으로 발전시켰다. 중화가 있으면 비중화, 즉 '오랑캐'도 있다. 주나라는 문명이 발달한 주나라만이 중화 세계이고 사방의 다른 민족과 문명은 야만으로 규정했다. 황제를 하늘의 아들이라고 부르는 천자天子 사상이 생겨난 것도 바로 주나라 때다. 훗날 공자가 주에서 발달한 예의 개념에 인仁의 개념을 더해 유학을 창시했지만,• 유학 이념을 사실상 완성한 것은 주나라였다. 공자가 늘 주나라를 이상적인 국가의 모델로 삼았던 이유, 나아가 그 이후에도 수천 년 동안 중국을 비롯한 동양 사회에서 내내 주나라를 받들자는 존주尊周 사상이 유지되었던 이유는 바로 거기에 있다.

한편 그렇게 중국의 역사가 기틀을 잡아가는 시기에 한반도의 역사는 다시 기나긴 침묵 속에 빠져든다. 주나라와 기자조선이 성립한 기원전 12세기부터 중국

● 유학의 '예'란 조상을 숭배하는 제사 의식에서 나온 개념으로 사직(社稷)이 관습을 낳았다(사직에서 가장 중요한 인물은 왕이다). 여기에 공자가 추가한 '인'이란 곧 정치의 원리다. 따라서 유학은 처음부터 제정일치의 사상으로 발전했다. 단군신화에서 유학의 색채가 엿보이는 것은 바로 그 점에서다. 단군이 하늘에서 내려온 신의 아들이라는 것, 백성들에게 미작 농경을 비롯한 선진 문명을 전달했다는 것, 시대에 걸맞지 않게 일찍부터 나라를 세우고 백성들을 다스렸다는 것 등의 내용은 원시적인 유학 이념의 구현이다. 그런 이유에서도 단군신화는 중국에서 주나라가 성립된 이후 만들어진 것으로 추측할 수 있다.

의 전국시대가 끝나는 기원전 221년까지 약 1000년 동안 한반도에는 여전히 고조선이 계속 존재했다는 것만 확인할 수 있을 뿐 어떻게 존재했는지는 알려지지 않는다(사실 고조선이 존속한 것도 확실하다고 볼 수 없다). 단군조선의 경우 하다못해 단군이 2000세 가까이 살면서 다스렸다는 신화라도 전하지만, 기자조선은 얼마나 그 사회체제가 유지되었는지조차 알 수 없다. 변화의 기록이 없으므로 그 기간 동안 고조선이 기자조선의 체제로 존속했다고 가정할 수밖에 없다. 하지만 중국 대륙이 유사 이래 처음으로 통일을 이루고 정치적 지도가 확정되면서 드디어 고조선에도 변화의 바람이 불어닥친다.

춘추전국시대에 중화의 본산인 주나라는 점점 약화되었지만, 주나라가 씨를 뿌린 중화 문명권은 크게 확대되었다. 황허 문명이 탄생한 이래로 오랫동안 중원 일대에만 국한되었던 중화 문명권은 제후국들이 저마다 세력을 확장함으로써 화북과 화중을 아우르게 되며, 춘추시대 말기에 초楚·오吳·월越 등 남방의 제후국들이 흥기하면서 양쯔 강 이남의 강남까지 퍼져나간다.

그 과정의 완결이 기원전 221년 진시황의 대륙 통일이다. 이제 중국 대륙은 전체가 하나의 문명권으로 통합되었다. 그러나 우리에게 더 중요한 변화는 남쪽보다 북쪽의 확대다. 중원의 북부에는 고비 사막이 버티고 있으므로 북상하는 중화 문명은 자연히 동북쪽으로 방향을 틀어 랴오둥 방면으로 팽창한다. 전국 7웅 가운데 하나인 연燕나라가 자리 잡은 지역이 바로 이곳이다. 고조선이 다시금 역사에 등장하는 시기는 가장 가까운 중국의 제후국인 이 연나라와 얽히면서부터다(나중에 보겠지만 이 지역을 근거지로 하는 연나라는 삼국시대까지 한반도 문명권에 지속적인 영향을 미치게 된다).

중국과의 접촉

중국 대륙을 최초로 통일한 인물은 진시황이었지만 진은 불과 14년 만에 멸망한다. 곧이어 유방의 한이 항우의 초를 물리치고 새로운 통일 제국을 열게 되므로 실질적인 중국 최초의 제국은 한이다. 통일을 이루었다지만 아직 신생 제국의 힘으로서는 춘추전국시대에 확장된 드넓은 대륙을 직접 통치하기란 불가능하다. 그래서 한 고조 유방은 기존의 제후 세력들에게서 복종과 충성을 약속받는 대가로 그들에게 봉토를 주어 다스리게 한다. 이 제도를 군국제郡國制라고 부르는데, 말하자면 중국식 봉건제의 원형이 만들어진 셈이다(강한 권위를 지닌 진시황은 그보다 더 중앙집권적 성격이 강한 군현제郡縣制를 실시했다).

이 새로운 체제하에서 제후들은 황제에 의해 '왕'으로 임명되었다(진과 달리 지방이 '현縣'에서 '국國'으로 격상되었으니 지배자도 당연히 왕이 된다). 실제로 왕들은 자기 영토 내에서 사실상의 자치권을 누렸으며, 중앙정부에 조세와 공물을 정기적으로 바치고 외적의 침략을 막으면 될 뿐 중앙정부로부터 별다른 간섭을 받지 않았다. 중원 동북방에 자리 잡은 연나라 역시 그런 권리와 의무를 지니고 있었다(전국시대 강력한 국가였던 연은 진시황이 멸망시켰으나 왕실만 없어졌을 뿐 이후에도 지방정권의 형태로 존속했다). 연나라가 있는 곳에서 동쪽으로 조금만 더 가면 랴오둥 반도인데, 이곳은 고조선의 영향권이다. 따라서 연나라는 어떤 식으로든 고조선과 만나지 않을 수 없었다. 예정되어 있던 그 접촉을 가속화한 것은 한 제국 중앙정부의 정책 변화다.

신생 제국이었다가 점차 안정을 찾으면서 자신감을 얻은 한 정부는 변방의 왕들에게 압력을 가하기 시작한다. 원래 제국은 중앙 집권적 구심력과 봉건적 원심력을 둘 다 필요로 한다. 중앙정부는 물론 구심력을 선호하지만 워낙 넓은 영토에 중앙의 지배력을 균일하게 관철시킬 방도가 없으므로 타협책으로 봉건제를 채택할 수밖에 없다. 그러나 황제의 권위가 강력하면 중앙에서는 언제든 구심력이 더 크게 작용하게 마련이다. 반면 변방의 왕들은 원심력에 의해 움직이게 된다. 따라서 한 황실의 압력이 거세지자 연나라는 더 바깥의 고조선을 호시탐탐 노린다.

그럼 연나라의 목표가 된 고조선의 그 무렵 정세는 어땠을까? 기자조선이 성립한 이후 한반도 역사에 별다른 변화는 없었지만, 그래도 1000년에 달하는 오랜 기간에 아무런 일도 없었을 리 없다. 그 시기에 고조선은 서서히 문명의 빛을 더해가고 세력권도 조금씩 넓혀갔을 것이다. 특히 기원전 4세기에는 한반도 문명도 철기시대로 접어들기 때문에 이때부터는 제법 사회체제도 발달하고 영토의 개념도 구체화되었을 것이다(고조선 이외에 수많은 부족국가가 공존하는 상황이었을 것이다). 그러나 아직 고조선의 힘은 선진 문명권 중국의 강력한 제후국인 연나라를 당해내기란 어려웠다.

그러던 차에 드디어 문제가 터졌다. 연나라 왕 노관이 한 황실의 배척을 견디지 못하고 북방의 흉노 제국으로 망명해버린 것이다. 졸지에 우두머리가 사라지자 연나라는 뿌리부터 흔들렸고, 장수들은 뿔뿔이 흩어졌다. 노관을 모시고 있던 위만衛滿이라는 자는 흉노 대신 동쪽의 고조선을 택했다. 고조선의 입장에서는 또다시 1000년 만에 맞게 된 대륙의 선진 세력이다(《삼국사기》에서 김부식은 "진이 망하고 한이 일어나는 난리에 중국인들이 많이 해동으로 도망해왔다."라는 옛 기록을 인용하고 있는데, 어떤 기록인지는 밝히지 않았으나 당시에는 중국의 일반 백성들도 난리를 피해 한반도 쪽으로 대거 이주한 듯하다).

그 무렵 고조선을 다스리고 있던 준왕準王은 위만에게 벼슬을 내주며 환대했으나 위만의 야망은 고조선의 관직에 그치지 않았다. 그는 왕위 찬탈의 기회를 노렸다. 이후의 사정은 그에게 유리하게 전개되었다. 위만의 성공 사례에 자극을 받은 연의 하급 관리와 유민 들이 잇달아 짐을 꾸려 고조선으로 온 것이다. 게다가 산둥을 터전으로 하는 제齊나라나 멀리 중원 부근에 있는 조趙나라의 백성들마저 동방 길을 택하면서 고조선으로 오는 유민의 수는 급증했다.

이제 굴러온 돌이 박힌 돌을 빼내는 것은 시간문제였다. 원래 준왕은 위만에게 서쪽 변방의 수비를 맡겼는데, 그 의도는 동쪽으로 오는 중국의 유민들을 차단해달라는 데 있었다. 하지만 그것은 고양이에게 생선을 맡긴 격이었다. 오히려 고향 사람들의 이주로 세력을 키운 위만은 주인을 내몰고 고조선의 왕위에 올랐다. 기원전 194년의 쿠데타, 이것이 우리 역사상 최초로 연대가 확실히 알려진 사건이다. 준왕은 뱃길로 남쪽으로 달아나 한반도 중부의 어느 곳(지금의 경기도 광주, 충청남도 직산, 전라북도 익산 등 여러 가지 설이 있다)에서 새로 나라를 세웠으나 오래가지는 못했다.●

이제 고조선은 한층 더 중국과 밀접해졌다. 단군조선과 기자조선 시대에는 지배 집

● 그가 어떤 나라를 세웠느냐는 것보다 더 중요한 사실은 고조선에 남은 그의 자식들이 한(韓)씨 성으로 불렸다는 점이다. 실제로 준왕은 망명지에서도 자신을 한왕(韓王)이라 칭했다. 한반도의 가장 오래된 토착 성씨이자 가장 한국적인 성이라 할 한씨는 청주를 본관으로 하는데, 그 기원이 바로 준왕이다(그렇다면 그가 정착한 곳은 오늘날 충청남도 직산이었을 가능성이 크다). '韓'은 원래 춘추전국시대 제후국의 하나였다가 진시황에게 멸망을 당했다. 그 한이 고조선의 준왕과 어떤 관계가 있는지는 모르지만, 어쨌든 '韓'이 우리 민족을 가리키는 글자가 된 것은 준왕과 관련이 있다.

한 무제의 꿈　한 무제가 파견한 서역 원정대의 모습이다. 그는 개국 초부터 한 제국을 괴롭히던 흉노를 몰아내기 위해 군사를 일으켰지만, 고대부터 중앙아시아로 통하는 길로 널리 알려진 비단길을 원정하려는 야심이 있었다. 그 화려한 대외 정복의 일환으로 랴오둥과 한반도에는 네 개의 군이 설치되었는데, 한 무제의 주력 사업과는 무관했다.

단만 이주민이었으나 위만조선 때부터는 관리와 백성 들의 상당수가 중국 출신이었다. 우리 역사에서 고조선은 엄연한 독립국이지만 당시 한 황실에서는 고조선을 독립국이라기보다 제국의 동북쪽 변방에 위치한 일개 지방으로 여겼을 것이다. 하지만 그래도 제국에 반기를 든 유민들이었기에 위만조선을 보는 한 제국 중앙 정부의 눈길은 곱지 않았다. 다만 한의 조정으로서는 아직 동북 변방에 관심을 기울일 만한 처지가 못 되었다. 흉노 때문이었다.

지금 우리에게 한자漢字와 한족漢族 등 중국적인 것을 대표하는 이름으로 전할 만큼 한은 중국 역사의 뿌리가 되는 제국이지만, 실상 개국 초에는 중원 북방의 흉노 제국에 조공을 바치는 처지였다. 그러나 개국한 지 50여 년이 지나 제국이 안정되는 한 무제武帝(재위 기원전 141~기원전 87)의 시대에 이르면 그 관계가 역전된다. 무제는 흉노와의 해묵은 빚을 청산하고 흉노를 멀리 서쪽으로 쫓아버렸다(이 흉노의 민족이동은 수백 년 뒤 유럽에서 로마 제국을 무너뜨리는 세계사적 변혁을 불렀다.《종횡무진 동양사》, 112~113쪽 참조). 최대의 강적을 물리쳤으니 그다음은 탄탄대로다.

무제는 이참에 중국의 주변 세계를 모두 중화 질서 속에 편입하려는 원대한 전략을 구사한다.● 동북방의 고조선 역시 그 구도에 포함되었다. 그로 인해 1000년 이상이나 존속했던 단군조선이나 기자조선과는 달리 위만조선은 문을 연 지 불과 한 세기도 못 되어 존망의 위기를 맞았다.

● 한 무제의 이 같은 구상은 이후 중국의 모든 한족 제국에 하나의 전범이 된다. 나중에 보겠지만 수 양제, 당 태종, 명 영락제 등 중국의 역대 황제들은 한 무제처럼 대륙을 통일한 뒤 곧바로 북변 정리를 첫 번째 과제로 삼았다. 그때마다 중국의 관점에서 동북 방면의 이민족에 속하는 한반도의 왕조들도 진통을 겪게 된다.

지배인가, 전파인가

위만조선은 어차피 한 제국 초기 지방 권력의 공백을 틈타 성립한 나라였기에 처음부터 한시적 수명밖에 누리지 못할 운명이었다. 언제라도 제국이 안정된 기반 위에 오르면 동북 변방에 위치한 위만조선은 즉각 제국의 토벌 대상이 될 터였다. 과연 한 무제는 흉노를 멀리 내쫓은 다음 곧바로 동북방으로 시선을 돌렸다. 그에게 고조선은 천자에 대한 충성을 팽개치고 반기를 든 나라일 뿐 아니라 랴오둥의 패자로 간주하면서 부근의 중계무역을 독점하고 있는 얄미운 존재였다. 더구나 자칫 흉노의 잔당과 결합한다면 간신히 꺼놓은 불씨를 다시 타오르게 만들 수도 있는 골칫거리이기도 했다.

이윽고 한 무제는 칼을 뽑았다. 기원전 109년 그는 5만 명의 대군을 파견해 고조선 정벌을 명했다. 한 갈래는 만리장성이 끝나는 산하이관을 통해, 다른 한 갈래는 산둥에서 뱃길을 통해 랴오둥을 공략하려는 구상이었다. 한편 위만의 손자로 3대째 고조선을 다스려온 우거왕右渠王은 이미 전쟁을 예상하고 만반의 준비를 갖추고 있었다. 한 조정에 입조하라는 요구를 단호히 거부한 것은 결전의 의지를 분명히 보여주는 자세다. 그에게 타협의 의지가 전혀 없었다는 것을 보여주는 사건이 있다. 고조선에 온 한의 사신이 어느 장수와 다툼을 벌이다 그를 죽이는 사건이 일어나자 우거왕은 중국 사신을 처형해버렸다. 결국 이 사건은 선전포고가 된다.

우거왕은 과연 항전의 의지만큼 승산에 대한 믿음도 있었을까? 그것은 확인할 길이 없으나, 고조선은 예상외로 오래 버텼다. 한의 군대는 고조선의 수도인 왕검성을 1년 이상이나 공략한 끝에 가까스로 고조선을 정복할 수 있었다. 중국 역사에서 이 사건은 변방 정리 작업에 불과한 작은 일이었지만, 한반도 역사에서는 엄청난 격변이었다. 이로써 단군조선 이래 2000년 동안 존속해오던 고조선이 멸망했기 때문이다.

고조선의 땅이 한의 영토로 바뀌었으니 당연히 제국의 행정 체제에 따라 재편되어야 했다. 한은 건국 초에 중앙정부의 힘이 약한 탓에 군국제를 기본 체제로 취했지만, 무제 시대에 이르러 제국이 안정되면서 군국제의 성격도 달라졌다. 명칭은 그대로였으나 이때부터 군국제는 사실상 진시황의 군현제에 못지않게 중앙집권적으로 바뀌었다. 그에 따라 제국의 중앙정부는 랴오둥과 한반도 북부 지역을 네 개의 군으로 편성했다. 이로써 낙랑樂浪, 진번眞番, 임둔臨屯, 현도玄菟의 한4군이 설치되었다.**

** 한 무제가 고조선만을 통제할 목적으로 한4군을 설치한 것은 아니다. 무제 때 한의 영토가 크게 팽창했는데, 주요 정복지마다 한4군과 같은 군들을 두어 변방의 방어에 힘썼다. 예컨대 월남, 즉 지금의 베트남에는 아홉 개의 군을 설치했으니 말하자면 베트남 역사에서는 한9군인 셈이다.

낙랑의 유물   한나라는 랴오둥과 한반도 북부 지역에 4군을 두어 중국식으로 다스렸다. 4군 중 가장 오래 존속한 것은 낙랑군이었고, 사진은 평양 근처에서 발견된 낙랑의 유물인 금제교구다. 권위의 상징인 용은 아주 이른 시기(1~2세기)부터 장식으로 표현되었음을 알 수 있다.

한4군의 정확한 위치에 관해서는 거의 알려져 있지 않다. 넓게 보면 랴오둥에서 오늘날 한반도 북부에 이르는 지역임은 분명하지만, 각 군의 위치는 확실하지 않다(한반도 남부에도 있었다는 주장이 있으나, 일찍이 준왕도 거기서 새 왕조를 열었던 것을 고려하면 당시 남부는 아직 힘의 공백지로 남아 있었을 가능성이 크다). 다만 낙랑군은 현재의 평안남도와 황해도 일대였을 것이 거의 분명하다. 낙랑군을 기준으로 추측해보면, 진번군은 기원전 82년에 낙랑군과 통합되는 것으로 미루어 낙랑의 북부, 즉 압록강 하류와 랴오둥 부근인 듯싶다. 그렇다면 임둔군과 현도군은 낙랑-진번의 동쪽, 그러니까 만주 남부와 오늘날 한반도의 동북부까지 아우르는 지역일 것이다. 적어도 한4군 가운데 낙랑군이 가장 한반도 북부와 가까웠던 것만은 분명하다. 기원전 82년에는 임둔군도 현도군에 통합되어 4군은 2군으로 축소되며, 7년 뒤에는 현도군이 옛 고조선 세력의 저항을 받아 북쪽의 만주로 밀려나면서 한반도에는 낙랑군만이 남게 된다.

우리 역사에서 한4군은 고대에 겪은 민족적 치욕 정도로 간주될 뿐 별로 중시되지 않고 있다. 물론 당시 고조선 백성들 중에도 그것을 치욕으로 여긴 사람이 상당수 있었을 것이다. 고조선이 중국 문명의 전통적 영향력을 받아온 것은 사실이지만, 그렇다 해도 중국 왕조의 직접 지배를 받은 적은 없었기 때문이다(그전까지는 중국에 통일 제국이 없었으므로 그럴 수 있었다). 더구나 기원전 2세기 라면 어느 정도 원시적인 민족의식도 생겨났을 테니 한의 지배에 대한 저항감은 팽배했을 것이다.

하지만 그렇다고 해서 한4군이 우리 역사의 태동기에 한 역할 까지 간과해서는 안 된다. 역사적 사건 대부분이 그렇듯이 한4군 의 지배 역시 양면적이다. 정복지를 지배하는 체제였던 만큼 피정 복민에 대한 상당한 정치적 억압이 따른 것은 사실이겠지만, 그와 동시에 그 지배를 통해 중국의 선진 문명이 한반도에 이식되는 과정이 더욱 가속화되었던 것도 중요하다.

특히 4세기 초반까지 존속한 낙랑군은 한반도에 왕조시대가 개 막되는 데 결정적인 기여를 한다. 기록에는 전하지 않지만 중국 의 사상(유학)과 문자(한자)가 전래된 것은 바로 낙랑이라는 중국 의 전초기지를 통해서였을 것이다. 낙랑군이 없었다면 과연 고구 려가 한반도의 왕조시대를 열 수 있었을까? 그런 점에서 한4군의 존재는 우리 고대사의 질곡이 아니라 오히려 발전의 계기를 제공 했다고 보아야 하며, '사람의 역사'보다 '땅의 역사'를 중시한다면 우리 역사의 일부로 편입되어야 마땅하다(더욱이 군국제의 속성이 그렇듯이 한4군은 중앙정부로부터 거리상으로 먼 만큼 일종의 자치국가적 성격을 지니고 있었다).

고조선의 멸망으로 한반도 역사는 이제부터 중국의 역사와 떼 려야 뗄 수 없는 연관을 가지게 되었다. 실은 그전까지 고조선의 변천 과정에서도 그런 흐름을 읽을 수 있다. 단군조선, 기자조선, 위만조선을 거치면서 고조선은 조금씩 중국 문명권에 가까워졌 다. 물론 지리적으로 가까워졌다는 게 아니라 중국 문명권과 한반 도 문명권이 각각 확대되면서 자연스럽게 접촉하기에 이르렀다

● 이런 점에서 우리와 비슷한 고대사를 가진 나라가 영국이다. 고대에 브리타니아(영국)는 원래 켈트족이 살던 지역이었으나 당시의 역사는 전하지 않는다. 고조선이 한의 침공을 받으면서 비로소 역사의 무대에 등장하듯이, 브리타니아도 로마가 해협을 건너 침략하면서부터 비로소 '알려진 역사'를 시작하게 된다(공교롭게도 그 시기는 기원전 1세기 무렵으로 서로 비슷하다. 한 무제의 역할을 한 사람은 율리우스 카이사르인데, 무제와 달리 그는 직접 군대를 거느리고 브리타니아를 공략했다). 고조선이 저항 끝에 멸망하고 한4군이 설치되면서 한반도가 중국의 선진 문명권에 편입되었듯이, 브리타니아도 필사적으로 항전하다가 로마의 속주가 되면서 라틴 문명권에 들어갔다. 그러나 한4군을 애써 무시하려는 우리와 달리, 오늘날 영국인들은 로마의 지배에 항거한 민족사를 자랑스럽게 여기면서도 로마 문명의 세례를 받은 것 역시 중요한 역사적 계기였다고 생각한다.

는 뜻이다. 메이저 문명과 마이너 문명이 만났으니 어느 쪽으로 통합이 이루어질 것인지는 뻔하다. 위만조선의 멸망을 문명사적으로 보면, 상대적으로 독자적 발전을 해오던 고조선의 소문명권이 통일 제국을 이루고 본격적으로 문명의 전파에 나선 중국의 대문명권에 통합된 것에 해당한다. 그래서 한의 고조선 정복은 침략과 지배라기보다 문명의 무의식적이고 자연스러운 확산이라고 볼 수 있다.●

2장

왕조시대의 개막

마이너 역사

신화로 시작해 역사를 남긴 고조선과 더불어 한반도 역사의 가장 초기 시대도 끝났다. 기원전 2333년이라는 단군기원을 그대로 믿기는 어렵지만 적어도 고조선의 역사가 상당히 오래 지속되었다는 결론은 가능할 것이다. 그래서 그 시대를 뭉뚱그려 고조선시대라고 부르는데, 어떤 면에서는 달리 이름을 지어 붙일 만한 게 없기 때문이다.

고조선의 정체가 명확하다면 고조선이 우리 역사에 남긴 흔적도 상당히 뚜렷해야 한다. 그런데 고조선은 언제 있었다가 사라졌나 싶을 만큼 자취가 묘연하다. 세 고조선은 다 건국 시기에 관해서만 신화나 약간의 역사 기록을 통해 전해질 뿐 어떤 성격을 취했고 어떻게 존속했는지는 전혀 알려지지 않는다. 더구나 다른 민족의 신화는 역사 이전 시대의 전설이라는 점이 분명하지만 고조선의 경우 신화인지 역사인지조차 확실하지 않다. 또한 고조선이 최종적으로 멸망한 이후 한반도 역사에 등장하는 왕조들은 고조선을 계승하지도 않았고 문명적 연속성도 별로 보이지 않는다. 그렇다면 우리 역사에서 고조선은 어떤 의미일까? 단군이라는 상징적인 시조를 배출한 것뿐일까?

다행히도 구름에 휩싸인 듯 불분명한 고조선시대와는 달리 바로 뒤이어 전개되는 우리 역사는 고조선에 비하면 햇빛처럼 환하다. 이때부터 우리 역사는 삼국시대로 접어들기 때문이다. 공식적인 건국 시기를 보면 고구려, 백제, 신라는 모두 고조선(위만조선)이 멸망하고 불과 수십 년 뒤에 등장한다. 그러나 고대 삼국을 창건한 세력들은 전혀 고조선을 계승하려는 의지가 없었으며, 심지어 고조선의 존재와 역사를 알고 있었던 것 같지도 않다. 왜 그랬을까?

앞서 보았듯이 고조선은 처음부터 외래 문명이었으며, 두 차례 명패를 바꾸어 달면서 계속 중국 문명과의 친화력을 높여갔다. 중국 문명과 일체화되었다고는 할 수 없지만 뿌리의 동질성은 내내 유지했고, 적어도 중국 문명권의 변방과 같은 역할을 했다고 할 수 있다. 그러다가 결국에는 한이 팽창하면서 제국의 군으로 편입되었다. 이것으로 고조선 문명은 중국 문명의 일부가 되었다. 그렇다면 이후 한반도 역사에서 고조선의 위상이 낮았던 것은 당연할 것이다. 결과적으로 보면, 고조선의 역사적 역할은 한반도에 중국의 선진 문명을 수입하는 창구였다. 고조선의 멸망은 곧 그 역할이 효용을 다했음을 의미한다. 즉 고조선은 원래 왔던 곳으로 되돌아간 것이다. 바꾸어 말하면, 바로 이 무렵에 동북아시아 세계가 중국을 중심으로 하는 동질적인 문명권으로 탄생했다고 볼 수 있다.

이렇게 구축된 동북아시아의 기본 질서와 구도는 20세기 초반 청 제국이 멸망할 때까지 무려 2000년 동안이나 달라지지 않았다. 다만 그 메이저 문명권 내에서 몇 개의 마이너 문명이 성장하고 발전했는데, 그중 하나가 바로 한반도 문명이다.*

따라서 이제부터 한반도의 역사는 중국의 역사와 불가분한 관계를 가지게 된다. 하지만 그렇다고 해서 중국의 역사에 완전히 통합되는 것은 아니다. 고조선 정복을 끝으로 중국은 두 번 다시 한반도를 영토화하려는 시도를 하지 않고 영원한 변방으로만 묶어두기로 한다. 또한 한반도의 역대 왕조들도 중국과의 그런 모호한 관계—굳이 말하면 사대적이면서도 독립적인 관계—를 변함없이 유지하며, 중국 문명의 한 마이너로서의 역할을 충실히 이행하게 된다. 앞으로 살펴볼 한반도 역사의 어느 국면에서나 그런 관계를 확인할 수 있을 것이다.

고조선 문명은 한반도의 것도, 중국의 것도 아닌 어정쩡한 성격의 문명이었다(고대 삼국이 고조선을 계승하지 않았던 이유는 그런 점에도 있을 것이다). 실은 한반도의 문명이라거나 중국의 문명이라고 구분할 필요도 없다. 그러므로 고조선 역사는 한반도의 정식 역사라기보다 전사前史에 해당하는 것으로 보아야 한다. 고조선이 멸망하고 한4군이 설치되는 것을 계기로, 한반도 역사는 중국 역사

● 나중에 자세히 살펴보겠지만 중국에 대한 역대 한반도 왕조들의 사대주의도 이런 맥락에서 보아야 한다. 문명적 관점에서 중국 문명은 동북아시아 세계의 가장 밝은 빛이다. 따라서 이 빛을 중심으로 사방의 작은 문명들이 명멸하는 것은 지극히 당연하고도 필연적인 현상이다. 그런 점에서 중국의 천자와 중화 세계를 북극성에 비유하고 사방의 제후와 소문명권을 스물여덟 개의 별자리[二十八宿]에 비유한 사마천(司馬遷)의 유학적 세계관은 고대 동북아시아 세계를 올바르게 반영한 사관이라 할 수 있다.

의 일부로 편입되는 것과 동시에 독자적인 정체성을 확립할 수
있게 되었다. 달리 말하면 이제부터는 어느 정도 정체성이 명확한
역사를 전개하게 되었다는 이야기다. 그래서 사실상의 한국사는
이때부터 시작된다.

새 역사의 출발점

시대가 달라졌으니 새 출발점이 필요하다. 단군신화가 고조선시
대를 열었듯이 이제 한반도 역사의 새 시작을 맞아 새로운 건국
신화가 있어야 한다. 그래서 또 다른 건국신화가 생겨나는데, 이
번에는 고조선의 경우와 달리 건국자가 인간이라는 점이 처음부
터 명확하다. 말하자면 신화라기보다 전설이나 설화라고 해야 한
다. 신이 없으니까.

그 전설적인 주인공은 고구려를 세운 주몽
朱蒙(기원전 58~기원전 19)●과 신라를 세운 박
혁거세朴赫居世(기원전 69~기원후 4)다. 두 건국
시조가 모두 인간인 것은 분명하지만 '시조'
이기 때문에 가계家系가 확실하지는 않다. 그
래서 두 인물은 알에서 태어났다고 기록되었
다. 이런 난생설화卵生說話는 중국 고대사에
서도 볼 수 있는데, 이를테면 동북아시아 신
화의 기본 유형에 속한다. 생물학적으로 난
생일 가능성을 제외한다면, 난생으로 기록에
남은 이유는 두 가지로 해석할 수 있다. 첫

● 중국 측 사서와 김부식의 《삼국사기》에 '朱蒙'으로 표기되어 있어 주몽이라고 부르지만, 실제로 이 발음과 같았는지는 의문이다. 고구려시대에는 한자의 음만 따서 발음을 표기하는 이두문을 썼으므로 주몽의 이름은 그 밖에도 추모(鄒牟)·상해(象解)·추몽(鄒蒙)·중모(中牟)·중모(仲牟)·도모(都牟) 등으로 다양하게 표기된다. 그 가운데 가장 유력한 것은 '추모'다. 실제로 고구려인들이 세운 광개토왕릉비에는 '鄒牟'라고 기록되어 있다(김부식은 그 비석의 존재를 알지 못했다). 당시에는 한자의 발음이 지금과 달랐으므로 정확히 추모라고 불렀는지는 알 수 없다. 지금도 추모, 중모, 추몽, 주몽 등은 엇비슷한 발음이니까 당시의 발음도 그랬을 것이다.

째, 건국자의 아버지가 평범한 혈통이었다는 점을 의도적으로 삭제하기 위해서다. 둘째, 후대의 기록자가 왕가의 계보를 거슬러 올라가다 더 이상 기원을 찾지 못한 경우다. 전자가 기록자의 의도적인 역사 왜곡이라면, 후자는 역사 기록의 한계다(무엇이든 '맨 처음'은 미스터리로 남을 수밖에 없다).**

《삼국사기三國史記》에는 〈신라본기新羅本紀〉가 맨 먼저 나오지만 국가의 성립으로 보면 고구려가 먼저이므로 고구려의 건국신화를 살펴보는 게 올바른 순서다.

고구려의 건국자인 주몽은 천제의 아들 해모수가 유화라는 인간 여성을 수태시켜 태어난다. 유화는 아버지의 허락 없이 해모수와 사귄 죄로 집에서 쫓겨나 부여 금와왕의 궁중에서 해모수가 보낸 햇빛을 받아 주몽(정확히는 주몽이 들어 있는 알)을 낳는다. 이는 유화가 금와의 첩실로 들어가 그의 아이를 낳았다는 뜻일 터이다. 환웅처럼 천제의 서자라면 모를까, 인간의 서자를 건국 시조로 삼고 싶은 사람들은 없을 테니까(금와왕도 서자 출신이다).

주몽은 어려서부터 영특하고 활 솜씨가 뛰어나 금와의 아들들에게서 시기를 받았다고 전한다. 재능 있는 서자를 시기하지 않을 적자가 어디 있을까? 부여 왕자들에게서 생명의 위협을 느낀 주몽은 처자까지 팽개치고 남쪽으로 도망쳐 압록강 부근의 졸본에 고구려를 세운다. 고구려의 초대 왕이 되었으므로 훗날 그는 동명성왕東明聖王(재위 기원전 37~기원전 19)이라는 시호를 얻었다. 이때

** 두 설화를 전하는 최초의 문헌은 12세기에 편찬된 《삼국사기》인데, 그 저자인 김부식의 의도가 첫째인지 둘째인지는 알 수 없다. 1000여 년 전의 역사를 소상히 알 도리가 없었으리라고 보면 둘째 이유일 가능성도 있다. 하지만 고려가 신라를 충실히 계승한 왕조라는 점에 유의한다면 첫째 이유일 가능성이 크다. 즉 김부식은 삼국 가운데 신라의 건국이 가장 이르게 하기 위해 '다소 무리를 감수하고' 주몽보다 다만 몇 년이라도 일찍 출생한 인물을 찾으려 했을 것이다. 고구려와 백제에 비해 신라의 사료가 가장 많이 전해진 탓일 수도 있지만, 나중에 보듯이 신라의 초기 왕계가 고구려, 백제에 비해 훨씬 부실한 것을 보면 그 때문일 가능성은 적다.

주몽의 첫 부동산　주몽은 부여 왕자들의 탄압을 피해 남쪽의 졸본으로 내려왔으나 이곳도 역시 무주공산이 아니라 원주민들이 있는 땅이었다. 그래서 그는 사진에 나오는 것처럼 산꼭대기에 성을 짓고 고구려의 출범을 알릴 수밖에 없었다. 이 사진은 주몽이 처음으로 세운 것으로 알려진 오녀산성인데, 현재 중국 랴오닝 성에 있다. 그는 이 산성을 바탕으로 신생국 고구려를 크게 일으키게 된다.

가 기원전 37년, 그가 스물한 살 나던 해다.

물론 고구려가 성립할 당시 졸본 지역은 무주공산이 아니었다. 게다가 아무런 비빌 언덕도 없이 스물한 살의 젊은이가 우지끈뚝딱 나라를 세우기란 불가능했을 것이다. 마침 졸본에는 부호로 이름을 날리던 소서노召西奴라는 과부가 있었다. 그녀의 나이는 확실치 않으나 주몽보다 다소 연상이었던 듯하다. 애정이었을지, 정략이었을지는 모르지만 좌우간 그들은 결혼을 했고, 소서노의 재력은 주몽이 새 나라를 세우는 데 결정적인 역할을 했다.

문제는 소서노에게 비류沸流와 온조溫祚(?~기원후 28)라는 두 아들이 있었다는 사실이다. 《삼국사기》에는 그들 형제가 주몽의 아들이라고 되어 있으나 식민지 시대 민족사학자인 신채호申采浩

(1880~1936)는 그들이 소서노의 전남편 소생이라고 보았다. 형제는 결국 주몽의 계승자가 되지 못하고 남쪽으로 내려가 한반도 중부에 새로운 나라인 백제를 세우게 되는데, 그것을 보면 신채호의 주장이 옳을 듯싶다.

주몽의 왕위를 계승할 적자는 바깥에서 등장한다. 신생국 고구려가 차츰 안정을 찾아갈 무렵인 기원전 19년에 고구려 왕궁으로 느닷없이 한 젊은이가 찾아온다. 그는 바로 주몽이 부여에 두고 온 예씨 부인의 아들 유리다. 그가 태어나기도 전에 헤어진 탓에 정표로 남겨둔 부러진 칼을 맞추어보고서야 아들임을 확신한 주몽은 즉각 유리를 태자로 삼는다. 비류와 온조는 졸지에 낙동강 오리알 신세가 되어버린다. 아무리 유리가 주몽의 적자라지만 비류 형제가 주몽의 친자라면 20년 가까이 지나 한 번도 보지 못한 아버지를 찾아온 유리를 태자로 삼는 일이 가능했을까? 더구나 형제의 어머니 소서노는 고구려가 탄생하는 데 결정적인 공헌을 하지 않았던가?

유리가 태자로 책봉되는 데는 적지 않은 진통이 있었을 것이다. 어쨌거나 승자는 주몽과 유리 부자다. 비류와 온조는 굴러온 돌에 밀려나 고구려의 계승권을 포기하고 어머니 소서노와 따르는 무리를 데리고 남행열차를 타야 했으니까. 이들은 상당히 먼 거리를 행군해 지금의 한강 하류, 바로 서울이 있는 곳에 이르렀다. 큰 강을 눈앞에 둔 곳에서 형제는 의견이 엇갈렸다. 형 비류는 강을 건너 더 하류로 가자고 주장했고, 동생 온조는 지금 이 자리가 좋다고 맞섰다. 당시 그 일대는 낙랑과 말갈이 강성했고 마한에 속하는 여러 소국이 난립하던 곳이었다. 따라서 비류는 위험을 걱정했을 테고, 온조는 산자락을 뒤로하고 앞으로는 강이 휘감아 돌

● 온조는 원래 신하 열 명의 도움을 받았다는 뜻으로 국호를 십제라고 지었다가 나중에 백제로 고쳤다고 한다. 여기에는 몇 가지 이설이 있다. 인천으로 간 비류가 나라를 세우는 데 실패하고 돌아온 뒤부터 백제라고 고쳤다는 주장도 있고, 온조가 한강을 건너 오늘날 서울 송파구로 간 뒤 백제로 바꾸었다는 설도 있다. 하지만 당시 마한 연합국 내에는 백제라는 나라가 있었으므로 이 세력과 연합하면서 이름을 바꾸었을 것으로 추측된다. 한편 인천으로 간 비류에 관해서도 이설이 있다. 그가 세운 나라가 온조의 백제와 연맹을 이루면서 상당 기간 존속하다가 나중에 살림을 합치게 되었다는 주장이다. 모두 확인할 수 없는 이야기지만, 당시 국가라는 것을 어떻게 보느냐에 따라 가능하기도 하고 불가능하기도 하다고 할 것이다. 이와 비슷한 쟁점은 박혁거세의 경우에도 등장한다.

●● 건국할 당시에는 서라벌이라는 이름이었지만 편의상 처음부터 신라라는 명칭을 쓰기로 하자. 초기 신라를 뜻하는 서라벌, 서벌, 사로, 사라 등의 이름은 모두 음차어이며 신라와 뿌리가 같다. 고구려와 백제도 나라 이름은 한자로 표기되었을 뿐 한자의 뜻과는 무관하다.

●●● 박혁거세는 나중에 여섯 마을에 각각 이(李)·최(崔)·손(孫)·정(鄭)·배(裵)·설(薛)의 성씨를 내렸다고 하는데, 한자도 전래되지 않았던 당시에 신라가 과연 성씨를 썼는지는 의심스럽다. 신라에 한자가 널리 사용되는 때는 6세기 초 지증왕 때부터일 것으로 추측된다. 게다가 그 여섯 성씨들은 다 후대에 널리 사용되며, 지금까지도 우리나라에 주요 성씨로 남아 있다. 그렇다면 이것도 후대에 만들어진 이야기로 추측할 수 있다.

아가는 오늘날 서울 광진구 아차산 일대의 지세에 매료되었을 것이다. 어머니 소서노는 온조의 편을 들었다. 결국 비류는 따르는 무리를 이끌고 서쪽 미추홀(오늘날 인천)로 가서 나라를 세웠고, 온조는 한강변에 십제十濟라는 나라를 세웠는데 이것이 나중에 백제百濟로 업그레이드되었다.●

마지막으로 신라의 건국신화를 보자.●● 사실 연대로만 보면 박혁거세가 주몽보다 약간 앞선다. 그는 주몽보다 11년 앞선 기원전 69년에 '부화'했기 때문이다. 경주 부근에 있는 여섯 마을의 촌장들이 어느 날 하늘에 왕을 내려달라고 빌었다. 기도를 마쳤을 때 우물가에서 백마가 날아갔다. 그 자리에 가보니 붉은 알이 하나 있었다. 촌장들은 알에서 깨어난 아이가 장차 세상을 빛나게 하리라는 예감으로 혁거세赫居世라는 이름을 지어주었고, 바가지 같은 알에서 나왔다 해서 박朴씨 성을 붙여주었다(고대의 한자 명칭 대부분이 발음만 차용한 음차어인 데 반해 혁거세라는 이름은 뜻으로 풀이되는 것은 어딘가 이상하다). 그래서 지금까지 박씨는 중국에도 없는 한반도만의 토착 성씨다.●●●

공식 연대로는 박혁거세가 삼국의 건국자들 중 가장 앞서지만 그렇게 된 것은 순전히 고려시대에 《삼국사기》를 쓴 김부식의 공로다. 신라의 귀족 가문이었던 경주 김씨에다 신라 중심주의적 사관을 가졌던 김부식은 신라의 역사를 잔뜩 끌어올려 정통성을 강조했다. 그 덕분에 《삼국사기》에서 〈신라본기〉가 맨 앞에 배치될 수 있었다. 그렇다면 이것은 역사 왜곡일까? 하지만 단순히 볼 문제는 아니다.

상식적으로 보아도 중국 문명권에서 가장 먼 신라 지역에서 고구려와 백제보다 먼저 나라가 세워졌다는 이야기는 믿기 어렵다. 더구나 후대에 전개되는 삼국의 초기 역사에서 신라가 다른 두 나라에 비해 상당히 뒤져 있다는 점을 감안하면, 신라의 건국이 먼저라는 주장은 거의 신빙성이 없다(나중에 보겠지만 사실 삼국시대라는 용어 자체가 성립하는 시기도 신라가 나라꼴을 내기 시작한 법흥왕 이후, 즉 6세기부터다). 그런 점에서 보면 김부식의 행위는 분명히 역사 왜곡이다. 하지만 그렇다고 해서 그가 신라의 초기 역사를 완전히 날조했다고 볼 수는 없다. 《삼국사기》는 김부식이 왕명을 받고 여러 학자와 더불어 엄정하게 서술한 정사正史이며, 비록 사대주의 사관으로 도배되어 있기는 해도 없는 역사를 꾸며낸 흔적은 별로 없다. 그렇다면 《삼국사기》에 나오는 신라의 건국신화는 어떻게 보아야 할까?

우선 내용으로 볼 때 박혁거세 이야기는 신화 치고도 지나치게 신화적이다. 같이 알에서 나온 처지지만 주몽의 경우는 탄생을 둘러싼 정황만 제거하면, 즉 아버지가 누군지 밝혀지지 않았다는 것만 제외하면 그대로 역사라고 해도 좋을 만큼 스토리가 탄탄한 데 비해, 박혁거세는 태어날 때부터 왕위가 내정되어 있었으니 황당무계하기 이를 데 없다. 더욱이 박혁거세의 아내 알영부인關英 夫人의 경우는 한술 더 뜬다. 박혁거세가 13세에 사람들의 추대를 받아 왕위에 오른 뒤 5년이 지났을 무렵 용이 내려와 옆구리를 통해 여자아이를 낳는다. 닭의 부리를 입술 대신 달고 있던 그 아이는 사람들이 목욕을 시키자 부리가 빠지고 정상아로 돌아왔는데, 사람들은 이 신기한 여자아이를 박혁거세와 짝을 맺어준다.

김부식이 농간을 부린 게 아니라면 신라의 건국신화는 김부식 이전 시대부터 전해지던 이야기일 것이다. 그렇다면 그 제작 시기는 통일신라시대 초기가 아닐까? 또 각본과 연출을 맡은 것은 당시 신라의 왕실이 아닐까? 후발 주자로서 고구려와 백제보다 오래 살아남아 한반도 역사의 적통을 이어받은 데 대한 역사적 변명이 필요했던 게 아닐까?

한 나라가 시작한 시기는 원래 정확할 수 없다. 나름의 출발점은 있겠지만 나라라는 게 확실한 출발선에서 출발하는 육상경기도 아니고 몇 사람이 의기투합해서 만드는 동아리도 아니므로 딱히 언제 생겼다고 못 박을 수 없는 것이다. 더욱이 나라라 해도 오늘날과 같은 영토와 주권을 갖춘 나라가 아니기 때문에 어느 정도의 결집체를 나라라고 불러야 할지도 모호하다. 따라서 고구려, 백제, 신라가 정확히 언제 탄생했느냐는 식의 이야기는 역사 서술의 형식상 필요한 것일지는 몰라도 별다른 의미는 없다(어떻게든 기원을 서술해야 한다는 학자로서의 의무감 때문일 것이다). 그렇다면 신라가 기원전 69년 박혁거세의 탄생과 더불어 시작했다는 이야기는 그저 신라 왕실과 관련된 집안의 '가족사'가 그 무렵까지 거슬러 올라간다는 정도로 여기고 넘어가면 된다. 사실 신라의 경우에는 왕위 상속제가 자리 잡는 것도 훨씬 후대의 일이니까 가족사

우물이 낳은 부부 이 두 사진의 문 안에는 각각 우물이 하나씩 있다. 위쪽은 박혁거세의 알이
나타난 나정(蘿井)이라는 우물이고, 아래쪽은 용이 내려와 옆구리를 통해 그의 아내인 알영부인
을 낳았다는 알영정(閼英井)이다. 비교적 사실적인 고구려와 백제의 건국 이야기에 비해 신라의
경우 신화적인 냄새가 훨씬 강하다는 것은 그만큼 신라의 성립이 늦었음을 말해준다.

도 못 되겠지만.

어쨌든 고구려와 백제, 신라의 삼국은 이렇게 출발했다. 어디까지가 신화이고 어디부터가 역사인지는 정확히 알 수 없지만, 적어도 고조선에 비해서는 한층 명료하다. 하지만 당시 한반도에 그 세 나라밖에 없었던 것은 아니다. 당시에는 그들보다 강한 나라들이 주변에 많았다. 세 나라의 출발을 중요하게 여기는 이유는 이후 한반도 역사가 그 삼국이 쟁패하는 시대로 편제된다는 결과를 고려하고 있기 때문이다.

중국의 위기＝고구려의 기회

앞서 본 것처럼 고조선이 멸망하면서부터 한반도 역사는 독자적 정체성을 얻는 것과 동시에 중국 역사와의 관련성도 한층 커지게 되었다. 사실 고대 삼국이 건국될 수 있었던 것은 중국에서 변화가 일어나면서 동북아시아의 정세가 크게 달라진 덕택이 크다. 어떤 변화일까?

● 나중에도 보겠지만 이것은 중국 역대 왕조들의 기본 코스다. 중국의 통일 제국들은 건국한 뒤 초기에는 자리를 잡는 데 좀 고생하다가 30~40년쯤 지날 무렵 유능한 황제(이를테면 한 무제, 당 태종, 명의 영락제)가 등장해 기틀을 잡고 전성기를 맞은 다음 서서히 쇠락의 길을 걷고 멸망으로 치닫는 게 보통이다. 한 제국은 그 효시라는 점에서 중국식 제국의 전형을 확립한 셈이다.

한4군을 설치한 무제의 시대는 한의 최전성기이자 쇠락기의 시작이기도 했다.● 무제는 활발한 대외 정복 이외에도 역법을 통일하고 유학을 국가 이데올로기로 채택하며 각종 재정 정책을 시행하는 등 내치에서도 눈부신 업적을 올렸으나 한 가지 고질적인 '중국병'을 남겼다. 그것은 바로 외척과 환관의 발호였다. 외척과 환관은 춘추전국시대에도 있었지만, 그들이 병폐로 등장한 것은 한대부터다. 왜 그럴까? 통일 제국은 천자, 즉 황제 한 사람에게 모든 권력이 집중된다. 하지만 황제가 모든 국사를 처리할 수는 없다. 따라서 황제는 측근을 중용하게 되는데 황제가 가장 믿을 만한 가까운 측근이라면 바로 외척과 환관이 아닌가?**

아무리 무제가 유학을 장려했다고는 하지만 아직 유학에 뿌리를 둔 사대부가 관료 집단을 이룰 수 있는 사회체제는 아니었다(그것은 6세기에 과거제가 탄생하면서 가능해진다). 따라서 강력한 권위를 갖추고 자질도 유능한 황제가 연이어 등장하지 않는다면 모든 권력은 외척과 환관의 차지가 될 수밖에 없다. 그런데 권위란 유전되는 게 아니다. 결국 외척과 환관이 황실을 좌지우지하기 시작하면서 한은 점차 깊은 수렁 속으로 빠져들었다.

중앙정부가 이렇다 보니 자연히 변방에는 신경을 쓸 겨를이 없었다. 한반도에 고대 삼국이 성립할 수 있었던 것은 그런 조건 덕분이다. 앞서 본 것처럼 한4군이 둘로 축소되었다가 나중에는 낙랑군만 한반도에 남게 되는 것도 바로 그 시기의 일이다. 게다가 이 무렵부터는 낙랑군마저도 본국과의 통신이 거의 두절된 채 독립국처럼 처신하게 된다. 낙랑을 우리 역사에 포함시켜야 하는 것은 이 때문이다(우선 이름부터 낙랑군이 아니라 낙랑국으로 바꾸어야 할 것이다).

한편 수렁에 빠진 한은 쉽게 헤어 나오지 못했다. 급기야 9년에는 황실 외척인 왕망王莽(기원전 45~기원후 23)이라는 자가 중앙 권

** 외척으로 인한 정치 문란은 동양식 왕조의 고질적인 병폐인데, 그 핵심에는 축첩 제도가 있다. 축첩이 허용된 중국과 한반도 왕조에서는 황제나 왕이 많은 처첩을 거느리므로 아들을 많이 얻게 마련이다. 그 아들들은 전부 아버지가 황제나 왕이므로 결국 어머니 가문, 즉 외척에 의해 실력이 결정된다. 그래서 유력한 외척 가문이 중앙 정치를 주무르는 경우가 많았다. 축첩을 하지 않았던 서양의 왕조에서는 외척이 발호하는 현상이 드물었다. 환관도 중국 역대 정권을 괴롭힌 요소였으나 한반도 왕조는 환관을 많이 쓰지 않았기 때문에 환관의 피해가 거의 없었다.

력을 차지한 데 만족하지 않고 아예 자신이 새 나라를 세우는 사태가 벌어졌다. 나라 명칭도 그에 걸맞게 신新이었다. 이것으로 유방이 세운 한 제국은 일단 멸망했다. 신은 불과 몇 년 가지 못했고 23년에는 다시 한 황실이 복귀했지만, 한 번 체면을 구긴 한은 과거와 같은 동북아시아 질서의 강력한 중심이 되지 못했다(중국사에서는 이 새로운 한을 후한 혹은 동한, 앞서의 오리지널 한을 전한 혹은 서한이라고 부른다).

이러한 한의 위상 변화를 가장 잘 포착한 것은 삼국 중에서도 단연 고구려다. 사실 말이 삼국시대지, 당시 백제와 신라는 간신히 역사에 명패만 올려놓았을 뿐 나라라 할 것도 없는 처지였다. 고구려에 비해 대륙 문명권에서 먼 한반도의 중부와 남부는 그때까지 국가라 부르기도 어려울 만큼 작은 부족 연맹체가 난립하면서 문명적으로도 후진적인 상태였다. 하지만 이들 역시 한반도 역사의 일원이므로, 본격적인 삼국시대에 들어가기 전에 여기서 간단히 개괄해보자.

건국신화는 백제와 신라의 것만이 전해지지만 두 나라가 탄생할 무렵 한반도 중남부에는 건국신화조차 없는 수십 개의 부족국가가 있었다. 국가라고는 해도 실상은 수천 호의 가구로 이루어진 데 불과하니까 영토 국가라기보다는 도시국가, 말하자면 고대 그리스의 폴리스와 비슷했다. 그리스의 폴리스들이 이해관계에 따라 뭉치고 흩어졌듯이 한반도의 '폴리스'들도 서로 얽히면서 느슨한 연맹체를 이루었다. 그 연맹체를 대충 가름하면, 오늘날 충청도와 전라도에 해당하는 지역에는 마한馬韓, 경상도 지역에는 진한辰韓과 변한弁韓이 있었다. 이것을 합쳐 삼한三韓이라고 부르는데, 원래는 《사기史記》와 《한서漢書》같은 중국 측 사서에 등장하는 명칭이다. 이 '세 개의 한국'은 서로 간에 서열을 짓지 못하고 병립하는 데 만족했다. 그래서 나중에 이 지역의 정치적 통일은 연맹체 자체가 주도하는 게 아니라 연맹체의 일원으로 출발한 백제와 신라라는 '도시국가'가 주도하게 된다.

그들에 비해 고구려는 차원이 다른 국가였다. 물론 고구려도 아직 일정한 강역을 지니는 영토 국가는 아니었고 각 지역의 여러 부족이 연맹을 이루고 있는 수준에서 크게 벗어나지는 못했지만, 초기부터 하나의 국가로서 결집된 행동을 취할 정도의 위상은 뚜렷했다. 다만 변수는 중국이다.

한은 비록 중앙정부가 약화되고 있었으나 명색이 제국이었으므로 신생국 고구려에는 위협적 대상이었다. 주몽, 즉 동명성왕의 아들 유리왕琉璃王(재위 기원전 19~기원후 18) 대에 도성을 졸본성에서 더 후방인 압록강 중류의 국내성(지금의 중국 지린성의 지안)으로 옮긴 것은 일단 생존을 위해 불가피한 조치였다. 그러나 고구려의 장기적 생존은 적어도 한의 동북쪽 변방, 특히 랴오둥을 제압하지 못하면 보장될 수 없는 형편이다. 때마침 왕망의 집권 시기를 거쳐 후한이 들어서자 그 혼란을 틈타 고구려는 즉각 생존과 성장을 위한 작전을 개시했다.●

주인공은 고구려의 3대 왕인 대무신왕大武神王(재위 18~44)이다. 열다섯 살에 아버지 유리왕의 뒤를 이은 그는 곧바로 부여를 공략해 멸망시킴으로써 할아버지 주몽의 원수를 갚는 것으로 정복 사업을 시작했다. 이로써 고구려는 부여로부터 비롯된 과거의 뿌리와

● 당시 중국의 정세 변화를 포착하는 고구려의 순발력은 놀라울 정도다. 유리왕 시절에 이미 고구려는 중국과의 관계에서 순종적이지 않은데, 중국이 예전 같지 않다는 기미를 감지했기 때문일 것이다. 왕망은 12년에 흉노를 정벌하기 위해 고구려의 군사를 징발하려 한 적이 있다. 그때 유리왕의 지시가 있었는지는 확실치 않으나 고구려 병사들은 중국의 동원령을 따르지 않고 도망쳐버렸다. 오히려 그들을 응징하기 위해 추격하던 랴오시(遼西)의 한군이 역공을 받아 전멸했다. 고구려가 이렇듯 과감한 행동을 취할 수 있었던 이유는 왕망의 권력이 불안정하다는 점을 간파했기 때문일 터이다.

기병의 기동력　고구려는 초창기부터 강력한 기병대를 보유했던 것으로 추측된다. 그림에서 보는 것과 같은 기갑기병이 없었다면, 남으로 낙랑을 압박하고 북으로 랴오둥을 공략하는 대무신왕의 뛰어난 기동전은 불가능했을 것이다. 낙랑공주를 배신한 호동도 멜로드라마의 주인공이라기보다는 그림의 무사 같은 인물이었을지 모른다.

숙제를 모두 해결하고 신흥 강국으로 환골탈태했다. 여세를 몰아 대무신왕은 압록강 상류를 손에 넣고 주변 소국들을 치례로 정복해서 영토를 크게 넓혀갔다. 머잖아 고구려는 낙랑과 한반도의 주인 자리를 놓고 쟁패할 만큼 세력을 떨치게 된다.

　그러나 고구려의 진출 방향은 남쪽의 낙랑이 아니라 북쪽의 랴오둥이었다. 그래야 할 이유는 분명했다. 낙랑은 이미 한의 한 지방이 아니라 사실상 독립국이었으므로 고구려에 큰 위협이 되지 않는 데 비해, 랴오둥은 신생국 고구려의 생존을 위해 일단 제압해놓아야만 했던 것이다. 한편 랴오둥 태수(사실상 왕이나 다름없지만 형식상으로는 제국의 관리였다)의 입장에서 보면, 고구려가 부여를 마음대로 정복한 행위는 제국에 대한 반란이었다. 그래서 28년에

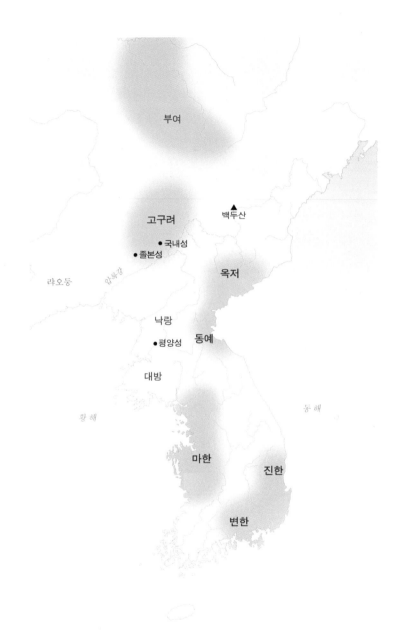

부여

백두산

고구려

• 국내성
• 졸본성

라오둥

압록강

옥저

낙랑

• 평양성

동예

대방

황 해

동 해

마한

진한

변한

낙랑의 지리적 의의   낙랑군은 한4군 가운데 가장 오랫동안 계속되며 고구려와 삼한 사이에서
완충지대의 역할을(낙랑이 고구려와 한반도 중남부를 구분해주고 있었다) 했다. 그러나 중국 왕
조가 바뀌면서 지배 체제가 약화되고, 토착민의 지속적이고도 거센 반항과 백제·고구려의 협공으
로, 313년 마침내 고구려에 병합되어 역사 속으로 사라졌다.

태수는 고구려를 선공했으나, 그에게는 불행히도 고구려의 기세는 욱일승천하는 중이었다. 결국 그는 본전도 건지지 못했고, 고구려는 제국의 군대를 물리쳤다는 자신감을 가질 수 있었다.

이렇게 서전을 승리한 다음에 비로소 대무신왕은 북으로 향하던 시선을 남으로 돌린다. 장기적으로 고구려가 제국의 위협에 당당히 맞서려면 무엇보다 중요한 게 '세 불리기'다. 그렇다면 적절한 목표는 남쪽의 낙랑이 될 수밖에 없다. 북수남진北守南進, 즉 북쪽을 수비하고 남쪽을 공략한다는 방침은 나중에 전성기 고구려의 기본적인 대외 노선이 되지만 원조는 바로 대무신왕 때 생겨난 것이다. 그에 따라 32년부터 대무신왕은 방향을 급선회해 낙랑에 대한 공격에 나섰는데, 그 과정은 유명한 호동왕자 이야기로 전해진다. 자명고만 멀쩡했더라면! 아니, 낙랑공주가 호동의 꾐에 넘어가지만 않았더라면! 고구려의 거센 공격을 받은 낙랑은 간신히 멸망을 면했으나 회복 불능의 상태에 빠졌다. 이후 낙랑은 313년에 최종적으로 멸망할 때까지 수백 년간 명맥을 유지하면서 북쪽의 고구려와 남쪽의 삼한 사이에서 완충지대와 같은 역할을 하게 된다.

고구려의 성장통

우리 역사상 최초의 정복 군주였던 대무신왕은 대외적으로나 대내적으로나 신생국 고구려를 크게 업그레이드한 왕이다. 특히 좌보와 우보라는 관직을 신설해 중앙집권 체제를 강화한 것은 고구려가 고대국가로서의 위상을 가지기 위해 반드시 필요한 조치였다(좌보와 우보는 고구려 고유의 관직인 대보大輔가 분리된 것인데, 조선의 좌의정과 우의정과 비슷했다).

왕이 전권을 가지는 것까지는 좋지만 모든 국사를 홀로 처리한다면 그것은 왕이 아니라 부족장일 뿐이며, 작은 규모의 국가에서만 가능하다. 게다가 당시 고구려에는 대가(한자로는 '大加'라고 쓰지만 당시에 어떻게 발음했을지는 확실치 않다)라는 씨족장들이 권력을 분점하고 있어 중앙집권이 시급한 과제였다. 그러므로 관직이 분화된 것은 초보적인 관료제 국가로의 발돋움이자 부족국가를 탈피해 왕국의 면모를 갖추게 되는 신호탄이었다.

그러나 고구려의 새 국가 체제가 안정을 찾으려면 대무신왕이 좀 더 오래 살아야 했다. 당시로서는 평균 수명이었지만 그가 44년에 마흔 살의 한창 나이로 죽은 것은* 아직 신생국의 태를 벗지 못한 고구려에는 안타까운 일이었다.

예나 지금이나 신생국의 가장 큰 과제는 무엇보다 안정적인 권력 승계다. 대무신왕의 아들은 태자로 책봉되고서도 나이가 어리다는 이유로 왕위에 오르지 못했다. 일단 삼촌(대무신왕의 동생)인 민중왕閔中王(재위 44~48)이 4년 동안 재위한 뒤 태자는 애초의 예정대로 왕위에 올라 모본왕慕本王(재위 48~53)이 되지만 그의 운명은 여전히 순탄하지 않았다. 불안정한 권력 기반을 다지려 한 걸까? 그는 아버지가 숙제로 남겨둔 랴오둥 정벌을 강행했다. 그 과정에서 귀족들의 반발을 샀다. 랴오둥의 몇 개 현을 공략하고 태수와 강화를 맺는 등 어느 정도 성과를 거두기는

● 옛날 사람들의 수명은 동서양을 막론하고 남자의 경우 근대에 이르기까지 40세 정도가 고작이었다. 하지만 모든 사람이 그랬다고 믿어서는 안 된다. 신생아의 사망률이 워낙 높은 탓에 평균을 계산하면 그렇게 되지만, 일단 '고비'를 넘기고 나면 중병에 걸리지 않는 한 오늘날과 비슷한 수명을 누렸을 것으로 추측된다. 의학이 발달하지 못했다는 점이 고대인들의 수명을 갉아먹었다면, 환경오염이 적었다는 점은 오히려 현대인보다 장수하는 데 유리했을 터이다.

했지만, 그는 결국 재위 5년 만인 53년에 귀족들에게 살해당하고 말았다.

　역사에는 모본왕이 폭군으로 기록되어 있으나 원래 쿠데타로 실각한 왕은 그런 평가로 남는 법이다. 혹시 그는 아버지 대무신왕이 이룩한 중앙집권적 행정 개혁의 희생물이 아니었을까? 대무신왕의 권위에 눌려 지낸 귀족들이 그의 젊은 아들에게 대신 화풀이를 한 게 아니었을까? 진실은 영원히 알 수 없겠지만, 만약 그랬다면 그들은 소기의 성과를 거두었다. 모본왕이 자신의 아들을 태자로 책봉했으나 귀족들은 그 대신 그의 일곱 살배기 사촌 동생을 왕으로 옹립함으로써 왕통을 비틀어버린 것이다. 이로써 건국 시조인 주몽 이래 직계 혈통으로 순조롭게 승계되어오던 고구려의 왕위가 처음으로 삐걱거렸다.

　그러나 결과적으로 귀족들의 선택은 좋았다. 일곱 살에 즉위한 고구려 제6대 태조왕太祖王(재위 53~146)은 93년 동안 재위했고 119세를 살아 고구려는 물론이고 한반도 역대 왕조의 모든 왕 가운데 가장 오래 재위에다 최장수를 기록한 왕이 되기 때문이다 (그의 기록을 능가한 왕은 가야의 김수로왕인데, 그의 경우는 태어날 때부터 신화의 냄새가 너무 짙어 믿기 어렵다). 게다가 태조왕은 오랜 치적에 걸맞게 많은 업적을 쌓아 고구려가 마침내 신생국이라는 딱지를 떼어내는 데 결정적으로 기여한다.

　대무신왕으로부터 시작된 고구려의 팽창 전략은 태조왕에 이르러 결실을 맺었다. 마치 자신이 아주 오래 살리라는 것을 알고 있는 것처럼 태조왕은 처음부터 전혀 서두르지 않았다. 어머니의 섭정이 끝나고 성년이 되자 그는 우선 주변에 아직 남아 있는 작은 나라들을 차례로 복속시켜 고구려의 강역을 최대로 확장했다. 당시 고구려의 국경은 서쪽으로 랴오둥 접경지대, 북쪽으로 부여가 있었던 만주, 동쪽으로 동해, 남쪽으로 청천강에 이르렀으니 이미 마이너의 수준이 아니었다. 하지만 고구려에는 태생적인 불안정이 있었다. 여러 나라가 분립하고 있는 동북아시아의 정세 속에서 고구려가 살아남으려면 어떻게든 계속 팽창해야만 했고, 팽창하려면 반드시 고구려의 진로를 가로막은 북의 랴오둥과 남의 낙랑을 손에 넣어야만 했다. 애초에 대무신왕이 한4군 가운데 남쪽과 북쪽에 하나씩 남은 두 군을 정복하려 한 이유도 바로 그런 정세 판단에서 비롯된 것이었다.

재위 56년째를 맞은 해(109)에 어느 정도 자신감을 얻은 태조왕은 드디어 랴오둥을 공략했다. 하지만 역시 제국은 썩어도 준치였다. 오히려 랴오둥 태수의 강력한 카운터펀치를 맞고 태조왕은 뼈아픈 첫 패배를 당한다. 다행히도 좌절의 시기는 길지 않았다. 태조왕에게는 오래전부터 그를 그림자처럼 따르며 크고 작은 정복 전쟁을 수행해온 인물이 있었다. 이제는 그 인물이 공식 무대에 등장할 때다. 바로 태조왕의 동생인 수성遂成이다.

한 번 이겼다는 자신감에서일까? 랴오둥 태수 채풍은 121년 초에 거꾸로 고구려를 침범해왔다. 그러나 이번에는 숨은 실력자 수성이 전면에 나서서 멋지게 수성守城에 성공했다. 고구려 대 랴오둥의 대결이 일대일 무승부를 이루었다 싶은 순간, 수성은 곧바로 역공으로 나섰다. 랴오둥군을 본거지까지 추격한 수성은 드디어 채풍을 잡아 죽이고 랴오둥 쟁탈전에서 우승했다. 이 사건에 약이 바짝 오른 중국인들은 《후한서》에 "고구려 사람들은 성질이 흉악 중국사 속의 고구려   아쉽게도 우리에게 알려진 고구려사는 대부분 중국 역사서에 전해지는 내용이다(김부식의 《삼국사기》도 중국 문헌에 크게 의존했다). 사진은 《삼국지》〈위지(魏志) 동이전〉에서 고구려를 다루고 있는 부분이다. 중국 삼국시대의 나라들 중 위는 오나 촉과 달리 고구려와 접경해 있었으므로 신경을 쓸 수밖에 없었다.

하고 급하며 힘이 세고 전투를 잘하고 노략질을 좋아한다."라는, 다분히 주관적인 혹평을 기록함으로써 화를 달랬다.

중국인들이 뭐라 하든, 고구려는 이제 생존이라는 과제를 확실하게 해결했다. 건국 이후 처음으로 고구려는 랴오둥을 제압했다. 더구나 랴오둥은 한 제국의 '현직' 군郡인 데다 인근의 소국들을 놓고 고구려와 경쟁하던 라이벌이었으니, 남쪽의 '전직' 군인 낙랑을 물리친 것보다 훨씬 가치가 컸다. 생존을 걱정하던 신생국 고구려는 어느덧 화려한 정복 국가의 싹을 틔우기 시작했다. 이런 기세로 나아간다면 머잖아 동북아시아 질서의 중심으로 성장할 수 있을 것이다.

하지만 문제는 바깥만이 아니라 안에도 있었다. 무릇 국가라면 대외적 성장과 대내적 안정 간의 균형이 필요하다. 시기와 상황에 따라 어느 한쪽에 힘을 결집할 수도 있지만, 때로는 지나치게 한쪽으로만 힘을 집중하면 자칫 균형을 잃고 쓰러질 수도 있다.

대외적 성공으로 한껏 주가를 높인 수성의 경우가 그랬다. 랴오 둥을 정벌하는 빛나는 전공을 바탕으로 그는 형인 태조왕을 능가하는 인기와 권력을 누렸다. 이것을 바탕으로 그는 점차 내치에도 일일이 간섭하기 시작했다. 여기에는 칠순이 훨씬 넘은 늙은 형의 말없는 양보가 있었으리라. 그러나 수성은 오랜 2인자의 생활을 겪은 뒤에 맛보는 권력의 달콤함에 취해 있었다. 용맹과 포악은 동전의 양면 같은 걸까? 그래서 예나 지금이나 군인이 정치를 하면 안 된다는 걸까? 전장에서 더없이 용맹했던 수성은 권력자가 되자 곧바로 포악한 심성을 드러냈다.

형은 혈육의 처지였으니 동생이 하는 일을 그냥 보아 넘겼을지 몰라도 태조왕의 신하들은 그럴 수 없었다. 수성이 왕처럼 처신하는 것을 두고 보지 못한 태조왕의 우보 고복장은 이윽고 146년에 태조왕에게 수성을 제거하자고 건의했다. 그러나 태조왕은 그럴 마음이 없었다. 혈육도 혈육이지만 이미 그의 나이는 한 세기를 1년 앞둔 99세였다. 그는 그럴 바에야 차라리 아우에게 왕위를 넘기는 게 좋겠다고 판단했다. 하긴, 그 아우도 이미 75세 노인이었다.

100세 노인은 박수칠 때 떠났다고 자부했을지 모르지만 칠순 노인의 생각은 달랐다. 실권이야 원래부터 가진 데다 형의 양위로 이제 정식 왕이 된 수성, 즉 차대왕次大王(재위 146~165)은 반대파를 모조리 제거해버리기로 마음먹었다. 고복장을 죽인 것은 예정된 수순이었으나 태조왕의 두 아들, 즉 자신의 조카들마저 제거한 것은 도를 넘어서는 만행이었다. 아직 대외적인 성공에 비해 대내적으로 왕권이 확실히 안정되지 못한 시기였으니 귀족들이 그 사태를 그냥 넘어갈 리 없었다. 결국 165년에 귀족의 우두머리였던 명림답부明臨答夫(67~179)가 차대왕을 살해하고 그의 동생 백고를 왕위에 옹립하니 그가 신대왕新大王(재위 165~179)이다. 그 공로로 당시 98세였던 명림답부는 지금의 국무총리 격인 국상에 임명되어 113세까지 권력을 누리면서 쿠데타의 단맛을 흠뻑 즐겼다.

한창 뻗어나야 할 시기에 자꾸 내정 불안에 발목이 잡히는 고구려, 그러나 고구려의 '성장통'은 아직 끝나지 않았다. 6대 태조왕부터 8대 신대왕까지 고구려의 왕계는 벌써 100년이 넘도록 연속해서 형제에게로 이어지고 있었다*(태조왕, 차대왕, 명림답부가 모두 100세 전후의 나이였다는 사실은 이 시기의 연대 기록에 문제가 있음을 말해주는데, 이에 관해서는 나중에 101~102쪽에서 백제, 신라의 경우와 한데 묶어 살펴보기로 하자). 신대왕은 죽은 형의 아들을 관직에 등용하는 회유책으로 들뜬 분위기를 가라앉히고, 왕위의 부자 상속제를 공포함으로써 왕통을 둘러싼 더 이상의 잡음을 없애려 했다. 그러나 모든 신생국이 그렇듯이 고구려의 경우에도 권력 승계의 문제가 쉽게 해결되지는 않았다.

● 형제 상속도 그 자체로는 왕위 계승 제도로 나쁘지 않다. 그러나 고대에는 부자 상속이 훨씬 진보적인 왕위 계승 방식이었다. 물론 전 왕의 아들보다 동생이 나이도 더 많고 경륜도 풍부할 테니 '검증된 지도자'일 수도 있다. 하지만 왕통이 직계로 이어진다는 것은 곧 그만큼 왕권이 강력하다는 것을 뜻한다. 형제와 같은 방계로 왕통이 이어질 경우에는 문제가 발생할 수밖에 없다. 우선 계속 왕위를 이어가야 할 형제가 결국에는 없어지고 만다. 게다가 형제를 왕으로 옹립하는 과정에서 귀족들의 간섭과 입김이 작용하게 되므로 그만큼 왕권이 약화될 수밖에 없다.

물보다 흐린 피

신대왕의 왕위는 그의 아들인 고국천왕故國川王(재위 179~197)이 계승했다. 이것으로 왕위 계승의 문제는 진정되는가 싶었다. 그러나 제도가 바뀌지 않았다면 왕위 계승권자가 될 수 있었던 고국천왕의 동생들에게도 과연 부자 상속의 의지가 있었을지는 의문이다.

그 문제로 들어가기 전에 먼저 당시 고구려의 상황을 말해주는 주요한 제도를 하나 보고 넘어가자. 후대에 고국천왕은 진대법賑貸法이라는 획기적인 제도로 잘 알려졌다. 194년에 처음 시행된 진대법은 사실 국상이었던 을파소乙巴素(?~203)**의 작품이다. 하지만 원래 어느 왕의 재위 기간에 있었던 모든 업적은 그 왕의 치적으로 기록되게 마련이므로(그래서 동서고금을 통틀어 오래 재위한 군주는 거의 대부분 치적도 많다) 그것은 고국천왕의 업적이기도 하다. 더욱이 을파소가 국상으로 중용된 데는 고국천왕의 확고한 지지가 있었다.

고국천왕은 즉위 초부터 거듭난 새 나라를 안정시킬 인재를 백방으로 찾고 있었다. 그가 낙점한 인물은 안류라는 사람이었으나, 안류는 자기보다 더 적임자가 있다며 시골에서 농사를 짓고 있던 을파소를 천거했다. 반신반의한 고국천왕은 을파소를 불러 우태라는 벼슬을 주겠다고 제안했으나 을파소는 의외로 거절한다. 그가 차마 입 밖에 내지 못한 말은 그 정도 벼슬로는 자신의 큰 뜻을 펼치기 어렵다는 것

●● 을파소의 조상은 유리왕 때의 대신이었던 을소(乙素)라고 전해진다. 그렇다면 을이 성인 것처럼 보이는데, 실은 어느 것이 성이고 이름인지는 확실하지 않다. 앞에 나온 명림답부도 마찬가지다. 고구려 초기 왕들도 실제 이름 - 무휼(대무신왕), 궁(태조왕), 백고(신대왕) - 이 전하지만 성은 표기되지 않았다. 중국 측 사료에는 주몽이 고(高)씨라고 되어 있으나 중국식 성으로 표기한 것일 뿐이므로 완전히 신뢰하기는 어렵다. 또한 《삼국유사》에는 주몽을 고씨라고 기록하면서도, 본래는 해(解)씨라며 초기 왕들의 성을 해씨로 표기한다. 당시 고구려는 성을 쓰지 않았거나 고구려어로 쓴 것이 한자로 음차되어 기록에 전하는 것일지도 모른다.

이었다. 그 심정을 알아챈 고국천왕은 그제야 을파소가 큰 인물임을 깨닫고 그를 국상으로 기용했다.

농사꾼이 졸지에 최고위직 관리가 되었으니 귀족들이 반발할 것은 당연하다. 왕이 그 점을 예상치 못했을 리는 없었을 것이다. 그렇다면 혹시 고국천왕은 단지 을파소의 사람됨을 높이 산 것만이 아니라 기존의 귀족 세력을 억누르고 새로 왕당파를 육성하기 위해 모험을 감행한 것은 아니었을까? 그것으로 아버지 대부터 이어져온 귀족들의 간섭과 견제를 끊으려 한 것은 아니었을까? 아닌 게 아니라 이미 190년에는 좌가려左可慮와 어비류於卑留가 이끄는 귀족의 반란이 일어난 적도 있었으니, 을파소를 기용한 데는 그런 정치적 배려가 컸다고 보아야 할 것이다.

을파소가 고안한 진대법은 일종의 빈민 구제법으로, 흉년이 들면 백성들에게 곡식을 나누어주는 것[賑]과, 식량이 떨어지는 봄에 국가가 농민들에게 식량을 빌려주고 가을에 추수한 곡식으로 갚게 하는 것[貸]을 내용으로 하는 제도다. 그러므로 진대법이 시행되려면 당연히 강력한 왕권이 전제되어야 한다. '빽' 하나 없는 을파소가 자신의 정책을 굳게 밀고 가기 위해서도 왕의 뒷받침이 필요하지만, 적어도 중앙정부가 각지의 곡식을 수집하고 배분할 수 있는 권한이 있어야만 진대법을 추진할 수 있기 때문이다. 따라서 진대법을 시행할 수 있다는 것도 고구려가 확고한 왕국으로 성장했음을 보여주는 증거다.

그러나 그토록 왕권 안정에 노력한 고국천왕이었지만 불행히도 그에게는 왕위를 상속시킬 아들이 없었다. 집을 멋지게 지어놓았는데, 들어가 살 사람이 없는 격이다. 게다가 그에게는 장성한 남동생이 셋이나 있었다. 다시 고구려의 왕위 계승에 먹구름이 끼기 시작한다.

결국 그가 죽자 문제가 터졌다. 하지만 문제를 더욱 키운 사람은 그의 아내였다. 과부가 된 왕비 우씨는 일단 남편의 죽음을 숨기고 시동생을 찾아갔다. 첫째 시동생 발기發岐를 유혹해 왕비의 지위를 계속 유지하겠다는 의도였다. 당시 고구려에는 형이 죽으면 시동생이 형수를 아내로 맞아들이는 옛 부여의 풍습이 남아 있었으니 그 자체로는 비상식적인 행동이 아니었다. 하지만 발기는 단호히 거절한다. 그는 아직 형의 죽음을 몰랐지만 형에게 아들이 없다는 건 누구나 다 아는 일, 따라서 그 자신이 누구보다 유력한 대권 후보였으니 굳이 우씨의 유혹과 제안을 받아들일 이유가 없다.

그러자 우씨는 다시 다음 시동생 연우延優에게 갔다. 연우의 입장은 형과 다르다. 어차피 대권과 무관한 처지에 호박이 넝쿨째 굴러 들어온 격이다. 두 사람은 곧장 궁으로 들어가 부부의 인연을 맺고 다음 날 아침 군신에게 왕의 죽음을 공표하면서 동시에 연우의 왕위 계승을 공식화했다. 이제 발등에 불이 떨어진 것은 발기다. 기회를 놓쳤다고 판단한 그는 랴오둥으로 가서 태수 공손탁公孫度(고구려 초기사에서 중요한 역할을 하는 랴오둥의 공손씨 정권을 개창한 인물)에게 몸을 의탁하고는 랴오둥의 병력 3만 명을 빌려 고구려를 침공했다. 명백한 반역이요 매국 행위지만, 왕족이 그런 행위를 했다는 것은 당시 고구려와 랴오둥의 구분이 얼마나 희미했는지, 또 고구려의 정체성이나 민족의식이 얼마나 희박했는지 말해준다.

차대왕에게 랴오둥의 본토를 내주고 서쪽 끝자락으로 밀려나 있던 랴오둥 태수는 손도 대지 않고 코를 풀게 되었으니 물론 대

매국의 대가　고구려는 주몽이 창건한 이래 꾸준히 남쪽으로 내려왔다. 수도를 옮길 때마다 조금씩 남하한 데서도 알 수 있다. 사진은 초기 고구려의 수도였던 지안의 환도성(국내성)이다. 지금은 흔적밖에 남아 있지 않지만, 이것은 원래의 환도성이 아니라 발기의 매국 행위로 공손탁에게 빼앗긴 뒤 산상왕이 다시 지은 환도성일 것이다.

환영이다. 그러나 연우에게는 나름대로 대책이 있었다. 나라를 배반한 형이 공격해오자 형을 배반한 동생은 막내 계수繼須를 보내 싸우게 했다. 과연 거짓말같이 전세는 순식간에 역전되었다. 결국 넷째에 쫓긴 둘째는 자살하고 첫째가 남긴 왕위는 셋째가 물려받아 고구려 제10대 왕인 산상왕山上王(재위 197~227)이 된다. 토끼를 잡았으니 이제 사냥개 따위는 필요 없다. 산상왕은 우씨를 멀리하고 따로 첩실을 두어 아들을 낳는데, 그 아들이 나중에 동천왕東川王(재위 227~248)이 된다. 집안으로 보아도, 개인적으로 보아도 욕될 수밖에 없는 과거와의 확실한 단절을 위해 산상왕은 198년 인근에 환도성을 새로 짓고 왕궁을 그곳으로 옮겼다.

　이것으로 어지러웠던 고구려의 왕계는 최종적으로 정리되고 부자간의 왕위 계승이 확립된다. 대무신왕이 죽으면서 부자 상속이 끊어진 지 무려 150년이 지난 시점이다. 이 무렵이면 이미 고구려의 역사는 250년 가까이 되지만, 사실 고구려가 고대국가의 체제를 완성한 것은 이 시기다. 그때까지의 기간은 부족국가의 수준을 넘어서기 위해 필요한 강역을 확장하고, 왕국으로서 가장 중요한 권력의 승계 제도를 매듭짓고, 행정제도와 관제를 비롯한 각종 제도를 갖춘 준비기라고 할 수 있다. 그러므로 실제 고구려 역사의 시작은 이제부터다.●

● 역사에는 주몽이 고구려를 기원전 37년에 건국했다고 되어 있지만, 그것은 명패만 세운 것일 뿐 '국가로서의 고구려'는 아니다. 무릇 고대국가의 기원이란 후대의 학자들이 왕계를 거슬러 올라가다가 더 이상 밝혀낼 수 없을 때를 가리키는 것에 불과하다(그래서 더 이상 '아버지'를 찾지 못할 때 알에서 태어났다는 식의 결론을 내린다). 서양의 역사가들은 왕조의 기원에 그다지 집착하지 않는 반면, 동양의 역사가들은 어느 나라를 언제 누가 건국했는지를 무척 세심하게 따지는 경향이 있다. 물론 확실한 기록이 전해지는 본격적인 역사시대에 접어들면 건국자를 소상히 밝히는 것도 중요하지만, 그렇지 않은 상고시대에 왕조의 기원과 건국자를 따지는 것은 무의미하다.

포위 속의 생존

지금까지 살펴본 고구려 초기사에서도 연대나 사실에서 부정확해 보이는 부분이 많았지만, 그나마 고구려의 경우는 한결 나은 편이다. 한반도 중남부로 오면 상고사를 가리고 있는 안개층은 더욱 두터워진다. 왜 그런지는 알기 어렵지 않다. 전등에서 멀어질수록 빛이 흐려지듯이 당시 동북아시아에서 가장 밝았던 중국 문명권에서 먼 중남부는 아무래도 반도 북부보다 어두울 수밖에 없다. 게다가 북부의 고구려와 낙랑이 동방으로 오는 문명의 빛을 흡수하고 차단한 탓에 북부의 정세가 안정되기 전까지는 그 빛이 남부에까지 퍼질 수 없는 형편이었다(그래서 백제와 신라의 역사가 선명해지는 시기는 고구려가 반도 북부의 확고한 패자로 떠오르는 4세기부터다).

하지만 지금 우리로서는 안개가 있으면 있는 대로 볼 수밖에 없다. 고구려가 나라의 꼴을 갖추는 2세기 말까지 한반도의 중남부에 둥지를 튼 백제와 신라는 어떤 업그레이드 과정을 거쳤을까?

건국신화에서는 신라가 앞서지만, 실제의 역사는 고구려 왕실의 혈통과 문명의 일부를 나누어 받은 백제가 역시 한발 앞서나간다. 그런 이유에서, 〈신라본기〉를 맨 앞에 배치한《삼국사기》와는 달리 백제를 먼저 살펴보는 게 올바른 순서다.

인천을 선택한 비류는 비록 자신의 위치 선정에서는 삐끗했지만, 온조가 터를 잡은 아차산 일대를 위험하게 여긴 판단에서는 옳았다. 온조는 나라를 세운 지 13년 만에 주변의 위협에 못 견디고 한강을 건너 오늘날 서울의 송파구로 터전을 옮겼기 때문이다. 온조는 아차산의 원래 거점을 위례慰禮라고 불렀는데, 강을 건너서도 그 이름을 바꾸지 않았다.* 그래서 후대의 역사가들은 하북 위례와 하남 위례로 구분한다(지금의 서울 송파구의 몽촌토성이 하남 위례성이었을 것으로 추측된다).

그러나 새 터전에서도 사정은 크게 나아지지 않았다. 나라를 세웠다고는 하지만 북쪽에 낙랑이 버티고 있는 데다 삼한 중에서도 가장 강성하고 규모가 큰 마한의 세력권 내에 자리 잡은 백제의 입장에서는 우선 영토의 확장이나 문명의 발전보다도 생존이 급선무였다.《삼국사기》에는 온조가 한강 하류의 위례로 '천도'했다고 되어 있으나, 사실은 천도라기보다 나라 전체가 이사한 셈이었다. 당시 백제는 변변한 강역조차 가지지 못한 도시국가에 불과했던

* 위례라는 명칭은 한강을 가리키는 '아리(阿利)'에서 나왔다는 설도 있고, 왕을 가리키는 백제어인 '어라하(於羅瑕)'에서 나왔다는 설도 있다. 아리는 한강의 '한'처럼 크다는 뜻이므로 수도의 명칭으로 적합했을 것이다. 또한 어라하는 중국 사료에 백제 왕의 호칭으로 나오는데, 실제 발음이 어땠을지는 알 수 없으나 이것 역시 '크다'는 뜻과 관계가 있다. 어쨌든 위례, 아리, 어라하 등의 명칭들은 다 한자로 전해지지만 한자의 뜻과 무관한 음차어인 것은 분명하다.

왕릉 대신 사당 고구려를 건국한 주몽은 묘가 있지만 그의 아들로 백제를 창건한 온조는 묘가 없다(실은 평양에서 발굴된 동명왕릉도 진짜 주몽의 시대에 축조된 것인지는 확인할 수 없다). 그 대신 온조는 사당을 얻었다. 사진은 고려시대에 온조를 배향하기 위해 세운 숭렬전이다. 온조가 하남 위례로 천도한 데 유념해 남한산성 내에 지었다.

것이다.

　그런 형편에서 백제가 취해야 할 가장 좋은 생존 방법은 무엇일 까? 백제는 서쪽으로 바다에 면하고 북의 낙랑, 동의 말갈, 남의 마한으로 삼면이 포위되어 있는 형국이다. 한 가지 다행스런 것 은 그 세 세력이 서로 이질적인 탓에 연합할 수는 없다는 점이다. 낙랑은 명색이 한 제국의 군이고, 말갈은 만주족의 갈래로서 유목 문명권에 속한 부족이며,[**] 마한은 한반도 남부의 토착 세력이기 때문이다. 그렇다면 백제가 나아갈 노선은 명백하다. 셋 중 한 세 력과 결탁하는 방법밖에는 없다.

　처음부터 기습 공격으로 백제와 상견례를 나눈 말갈을 제외하 면, 낙랑과 마한은 신생국 백제에 대해 비슷한 입장을 취했다. 군

●● 말갈이 나온 김에 지금까지 말하지 않은 한반도 동북부, 즉 오늘날 함경도와 강원도의 사정에 관해 간단히 언급하고 넘어가는 게 좋겠다. 이 지역은 삼국시대가 본격화되는 3세기 무렵부터 한반도 역사로 편입되지만, 당시까지는 한반도 문명권이라기보다는 반농반목(半農半牧) 성격의 만주 문명권이었다. 이곳의 부족국가로는 옥저(沃沮)와 동예(東濊)가 있는데, 옥저는 만주 동남부와 함경도, 동예는 옥저의 남쪽에서부터 경상북도 북부까지 퍼져 있었던 것으로 추정된다(민족적으로 두 나라의 주민들은 대부분 말갈이라고 볼 수 있다). 이 두 나라는 2세기 말경에 고구려에 복속되었다. 나중에 보겠지만 고구려가 신라에까지 영향력을 행사할 수 있었던 이유는 그 이전부터 지금의 경상북도까지 진출해 있었기 때문이다. 물론 서쪽 방면에서는 백제가 강성했으므로 고구려의 남하가 쉽지 않았다.

사를 일으켜 공격하자니 쉽지 않겠고 그렇다고 놔두자니 찜찜하다. 그래서 두 나라는 신생국 백제를 어느 정도 복속시키는 선에서 그 존재를 인정해주고자 했다. 쉽게 말하면 자기 휘하에 들어오라는 것이다.

셋 중 어디에 붙을까? 온조는 별로 고민하지 않고 정답을 찾아냈다. 우선 말갈은 논외다. 사납고 싸움을 즐기는 데다 문명의 성격이 다르고 특정한 국가 체제를 이루고 있지 않다. 그다음 낙랑은 중국 계열인 데다 온조 자신이 떠나온 고구려 쪽으로 향하는 방향에 위치해 있으니 동맹의 대상은 아니다. 따라서 답은 마한밖에 없다.

그래서 온조는 일단 말갈만을 노골적으로 적대시하는 한편, 낙랑과 마한에 대해서는 사신을 보내 친교를 맺었다. 하지만 속으로는 낙랑과 마한을 차별하고 있었는데, 이 점을 분명하게 보여주는 사례가 있다. 기원전 11년에 온조는 도성 북쪽에 방어용 울타리를 쳤다. 낙랑 태수가 사신을 보내 우리를 경계하는 게 아니냐고 따지자 온조는 내 집에 내가 담을 세우는데 무슨 참견이냐고 대차게 맞섰다. 반면 그로부터 16년 뒤 남쪽(지금의 안성)에 울타리를 친 것에 대해 마한 왕이 사신을 보내 항의하자 그는 군말 없이 울타리를 헐어버린 것이다.

이처럼 온조는 정세를 읽는 감각이 무척 뛰어났다. 낙랑과 마한은 아직 백제에 버거운 상대였으나 실은 저물어가는 해였다. 어차피 두 나라는 몰락할 터, 따라서 백제는 해가 지고 나면 어느 쪽 방향으로 진출할지를 미리 계획하고 있어야 했다. 그렇다면 백제가 선택할 방향은 남쪽밖에 없다. 온조가 낙랑을 뿌리치고 마한과 우호를 유지한 것은 그런 판단에서였다. 미래의 적에게 오히려 우호를 보이는 그의 전략은 장기적인 정세관이 없다면 불가능했을 것이다.

과연 온조는 마한의 약화가 가시화되자 곧바로 마한의 변방을 공략해 영토를 확장했다. 마한은 반격할 힘이 없었다. 마한이 최종적으로 병합되는 것은 4세기 중반 근초고왕 때의 일이지만 이미 온조 때부터 마한과 백제의 관계는 역전되기 시작했다. 그것을 계기로 온조는 적극적인 팽창 정책으로 전환해 치세 말기에는 북쪽으로 임진강, 동쪽으로 오늘날 춘천에 이르는 강역을 이루었다. 20년에 그는 마음먹고 전국 순시에 나섰는데, 기간이 무려 50일이나 걸렸을 정도다. 이제 백제는 신생국의 딱지를 떼고 왕국에 필요한 기본적인 요건, 즉 확고한 강역과 백성을 얻은 것이다.

건국 시조를 잘 둔 덕분에 온조의 후손은 바깥에 대해 어느 정도 안심하고 내치에 주력할 수 있었다. 예나 지금이나 신생국이 법과 제도를 갖추는 지름길은 선진국의 것을 모방하는 방법이다. 백제는 고구려에 뿌리를 두었으므로 자연스럽게 고구려의 관제와 행정제도를 모방했다. 백제 초기의 세부적인 제도에 관해서는 알려져 있지 않지만, 고구려처럼 좌보와 우보를 중심으로 편성된 관제나 죄인을 석방하고 사면해주는 제도 등은 확인된 바 있다.

백제가 안정을 확보하면서 주변 정세도 조금씩 달라졌다. 낙랑이나 마한과는 여전히 별다른 마찰이 없었다. 말갈은 잊을 만하면 백제의 변방을 침략해 골칫거리였지만 그것도 늘 있는 일이니 새삼스러울 것은 없었다. 달라진 것은 동쪽이었다. 60년 무렵이 되자 백제의 강역은 오늘날 청주까지 확대되기에 이른다. 거기서 백제는 처음 듣는 나라와 접촉하게 되는데, 바로 신라다.

이 무렵부터 2세기 말까지 100여 년 동안 백제의 대외 관계에서 가장 많이 등장하는 나라는 신라다. 그때까지 두 나라의 관계는 분명한 색깔이 없었다. 백제는 신라와 몇 차례 소규모 전쟁을 벌이는가 하면, 말갈이 신라를 침략하자 신라의 SOS를 받아들여 원군을 파견하기도 했다. 그러나 시간이 지나면서 점차 두 나라는 파트너라기보다는 라이벌임이 드러나기 시작했다.[•] 건국신화 하나 남겨 놓은 것 이외에는 아직 역사에 자취도 보이지 않아야 할 신라가 어떻게 한반도 중남부의 패권을 놓고 백제와 다툼을 벌일 만큼 성장했을까?

• 이 점에 관해 《삼국사기》에는 흥미로운 논평이 하나 있다(김부식은 연도별로 역사적 사건들을 서술하면서도 가끔씩 구미가 당기는 대목이 나오면 '論曰', 즉 '논하여 가로되'로 시작하는 개인적 논평을 달고 있다). 백제의 4대 왕인 개루왕 시절, 그러니까 155년에 신라의 한 반역자가 백제로 망명해왔다. 신라 왕(아달라왕)이 반역자를 압송해달라고 요청하자 백제가 단호히 거부하면서 양국 관계가 전쟁 일보 직전에 이르기까지 악화된다. 예나 지금이나 국제 관계에서는 충분히 있을 수 있는 일. 그러나 김부식은 춘추시대의 사례까지 들면서(이건 김부식의 특기다) 백제 왕의 악덕과 무지를 탓하고 있다. 이런 김부식의 왜곡된 백제관은 〈백제본기〉의 다른 부분에서도 확인된다. 그렇게 보면 영호남 지역감정의 뿌리는 무척 역사가 오랜 것인지도 모른다.

이주민 국가

고구려의 경우에도 그랬지만 신라의 경우에도 나라가 있기 전에 먼저 사람들이 있었다. 건국신화에서 보았듯이 박혁거세를 왕으로 옹립한 여섯 마을 사람들이 바로 그들이다. 그러나 따지고 보면 이들 역시 그 지역의 원주민은 아니다. 《삼국사기》의 맨 첫머리에는 조선(고조선)의 유민들이 와서 여섯 마을을 이루어 살았다고 되어 있다. 이 점은 신라라는 국가의 독특한 성격을 암시한다.

우선 앞에서 본 것처럼 건국신화도 독특하다. 신화적 성격이 유달리 강할뿐더러 같은 계통에서 출발한 고구려와 백제의 두 나라와는, 의도적이라고 여겨질 만큼 관련을 두지 않고 있다. 신라의 건국신화에서 신화적인 요소를 빼고 역사적인 요소만을 추출하면, 신라의 건국은 고구려와 백제는 물론 중국과도 무관해 보인다. 그러나 과연 밝은 문명권으로부터 가장 동떨어진 한반도 남동부에서 우연히 신라가 생겨나 초고속으로 성장했다는 게 가능할까? 그런 점을 감안한다면 박혁거세 신화에서 얻을 수 있는 추측은 두 가지다.

하나는 박혁거세가 신라 토박이가 아니라 외부인이라는 추측이다. 앞서 단군신화에서도 보았듯이 신화에서 하늘이란 대개 외부를 가리킨다. 따라서 박혁거세가 실존 인물이라면 그는 신라가 일어난 지역이 아닌 '다른 세계'에서 온 인물일 것이다. 여섯 마을의 주민들 자체도 원래는 고조선의 유민, 즉 외부에서 온 이주민이었으므로 외부인에 대한 시선이 그리 배타적이지 않았을 것이다. 그들이 박혁거세와 용의 몸에서 태어난 그의 아내를 이성二聖(두 명의 성인)이라 부르며 존경했다는 사실은 그 점을 뒷받침한다. 자신들과 같은 지역 출신이라면 당연히 혈통이 확인되므로(누구나 부모가 있으니까!) 10대 청소년에게 굳이 성인이라는 호칭을 주지는 않았을 것이기 때문이다. 아닌 게 아니라 박혁거세의 경우 신화적인 탄생 과정만 전해질 뿐 그가 왕위에 오른 13세 이전의 어린 시절에 관해서는 신화적인 기록조차 없다.

그게 아니라면 두 번째 추측은 박혁거세가 가공의 인물이라는 것이다. 알다시피 신라는 나중에 중국 당의 힘을 빌려 백제와 고구려를 멸망시키고 한반도에 단일 왕조시대를 열게 된다. 승자의 입장에서 출발기, 즉 초기 역사는 충분히 신화로 포장할 '권리'가 있다. 그렇다면 박혁거세 신화는 신라가 한반도 역사의 적자가 되는 7세기 이후, 혹은 적어도 삼국 중 하나로 명함을 내밀게 되는 6세기 무렵에 창조되었을 가능성이 있다(6세기 중엽 신라의 거칠부는 진흥왕의 명을 받아 신라의 역사를 다룬 《국사國史》라는 책을 저술하게 되는데, 이 책은 지금 전하지 않지만 혹시 이 책에서 건국신화를 지어냈을 가능성도 있다).

어쨌든 신화를 그대로 수용하면 신라는 기원전 57년에 13세 소년 박혁거세가 건국했다. 연도로 보면 고구려보다도 이르지만 당시 신라는 거의 촌락 규모에 불과했을 것이다. 백제의 경우와 비교해보면 더 분명히 알 수 있다. 온조만 해도 어느 정도의 신민들을 거느리고 나라를 열었으므로 처음부터 걱정한 것은 새 나라의 안위였다. 그러나 박혁거세는 그런 걱정을 하지 않는다. 아니, 할 필요가 없다. 신라의 문제는 오히려 '내부'가 부족하다는 데 있었기 때문이다. 백제는 그나마 가진 것을 남에게 빼앗길지 몰라 전전긍긍해야 했지만, 신라는 오히려 남을 적극 받아들여서라도 살을 붙여나가야 하는 형편이었다.

그래서 신라는 나라를 세우자마자 부지런히 외부로부터 인구를 유입했다. 일차 섭외 대상은 당연히 주변의 촌락들이다. 북부의 옥저와 동예 쪽에서 남하하는 사람들도 신라의 원주민들과 전혀 구분하지 않고 자연스레 뒤섞이게 한다. 심지어 일본 쪽에서 바다를 건너오는 유민들도 합류시켜 몸집을 불린다(일본이라는 이름은 7세기에 최초의 고대국가인 야마토가 들어섰을 때 생겼지만, 편의상 일본이라고 부르기로 하자). 앞에서 말한 고구려 호동왕자의 낙랑 공격이 벌어질 무렵에는 낙랑인 5000명이 신라로 이주하기도 했다.

《삼국사기》에는 신라 초기의 '이민사'를 실감나게 보여주는 기사가 나온다. 기원전 20년 마한에 파견된 신라의 사신이 마한 왕에게 꾸지람을 듣고 용감하게 신라의 입장을 변호한 적이 있었다. 김부식은 그 사신의 용기를 칭찬하기 위해 그 부분을 서술했지만, 우리가 눈여겨볼 것은 그 사건 자체보다 사건을 둘러싼 두 가지 정황이다. 우선 마한 왕이 화난 이유는 옥저와 동예의 유민들이 신라로 대거 유입되었기 때문이다. 또 그 용감한 신라의 사신은 바로 일본에서 건너온 왜인이었다. 사건의 주제나 행위자가 모두 신라의 외부인과 관련되어 있는 것이다. 북부의 유민들이 마한으로 가지 않고 그대로 남하해 신라로 흡수되고, 일본 출신의 인물이 신라의 관직에까지 임용될 정도라면 신라는 처음부터 이주민들의 '개방형' 국가로 출발했다고 보아도 좋을 것이다.●

물론 이주민들이 오기 이전에도 신라 지역에는 사람들이 살고 있었다. 그러나 그 원주민들, 순수한 토박이들의 자취는 찾아볼 수 없다. 그들은 자연스럽게 이주민들과 유전적으로 혼혈되고 문명적으로 융합되었을 것이다. 그래서 신라는 토박이가 없는 독특한 국가로 발전하게 된다. 모두들 고향을 떠나온 처지라는 공감대는 신라인들에게 오히려 주

● 당시 신라로 온 '북쪽 사람들' 중에는 스키타이 혈통을 가진 사람들도 있었다. 스키타이라면 오늘날 이란 북부에 살았던 고대 유목민족이니 믿을 수 없을 만큼 먼 거리다. 이들은 기원전 6세기 페르시아가 일어날 때 그들에게 밀려 고향을 잃고 동서 양 방향으로 이동했다. 서쪽으로 간 무리는 러시아까지 진출했고, 동쪽으로 온 무리는 무려 1만 킬로미터나 떨어진 신라까지 온 것이다. 엄청난 이동이지만 알고 보면 충분히 가능한 일이다. 유라시아 대륙 전체로 보면 한반도의 남동부 신라는 '땅끝'에 해당한다(사람이 살 수 없는 시베리아를 제외하면 사실상 유라시아의 동쪽 끝이다). 물론 작정하고 출발한 여행도 아니고(그래서 신라까지 오는 데 수백 년이나 걸린 것이다), 오는 도중에 곳곳에서 눌러앉은 무리도 많았겠지만, 최종적으로는 신라까지 올 수밖에 없다. 그들의 이동로에는 내내 강한 문명권들이 펼쳐져 있었으니까 그곳들을 모두 우회하고 나면 결국 한반도 남단에 정착하게 된다. 한 예로, 신라 금관의 사슴뿔 장식은 대표적인 스키타이 문화의 흔적이다.

체적인 생존 방식을 형성하게 했을 것이며, 나아가 외래의 것을 배타적으로 바라보지 않는 태도를 길러주었을 것이다.

초기 신라는 좋게 말하면 고구려와 백제에 비해 개방적이었고, 나쁘게 말하면 두 나라에 비해 민족의식이 부족했다. 하지만 그것은 이주민 국가의 필연적인 양면성이다. 나중에 신라가 중국 세력을 저항감 없이 끌어들여 삼국 통일을 이루는 데는 혹시 그런 신라 초기의 전통이 한몫하지 않았을까? 신라는 애초부터 고구려나 백제와 달리 한반도 외부에서 온 이주민들이 세운 나라라는 의식이 작용한 것은 아니었을까?

세 편의 건국신화

외래인 집단이 많았으니 신라의 초기 왕계가 고르지 못했던 것은 당연하다. 무엇보다 왕이라는 직함의 명칭부터 혼란스럽다. 건국자인 박혁거세는 거서간居西干을 칭호로 썼다. 그러나 그의 아들 남해왕南解王(재위 4~24)은 차차웅次次雄이라는 다른 호칭으로 불린다. 이렇게 거서간과 차차웅을 한 명씩 배출한 뒤 그다음 신라 왕들은 이사금尼師今이라는 직함을 가진다. 이사금이 4세기의 16대 흘해왕까지 약 300년간 사용되면서 자리를 잡는가 싶더니, 다음의 내물왕부터 22대 지증왕까지는 또 마립간麻立干이라는 호칭을 쓴다. 즉위 초부터 '왕王'이라는 중국식 명칭을 쓰는 것은 6세기 초반의 23대 법흥왕 때부터다(여기서는 왕으로 표기하기로 한다).

왕을 뜻하는 이 여러 명칭이 왜 사용되었는지, 그리고 각각의 뜻과 유래가 무엇인지에 관해서는 아직 논란만 분분할 뿐 확실히 밝혀지지는 않았다. 추측컨대 이사금이란 잇금, 즉 이의 숫자가 많은 사람이거나 아니면 임금의 옛말을 뜻하며, 마립간은 원래 머리라는 뜻으로 우두머리를 가리키는 용어라고 알려졌으나, 뜻은 그렇다 해도 왜 하필 그 시기에 이사금이나 마립간을 쓰게 되었는지는 알 수 없다. 앞서 본 것처럼 신라 초기에는 외래 이주민들이 상당히 많았던 만큼 왕통도 어지러웠을 것이므로 왕을 가리키는 그 여러 직함은 그런 상황을 반영하는 것일 터이다.

신라 초기의 왕위 계승을 보면 그런 사정을 더 명확하게 이해할 수 있다. 부자간 또는 적어도 형제간에 왕위 계승이 이루어졌던 고구려나 백제의 경우와는 달리 신라의 왕위 계승은 상당히 복잡하고 어수선하다. 일단 초반에는 그런대로 '건국이념'에 힘입어 부자 세습이 이루어진다. 하지만 유리왕儒理王(재위 24~57)이 즉위할 무렵에는 한차례 혼란이 예고된다. 남해왕의 아들 유리가 당시 높은 덕망으로 유명한 탈해에게 왕위를 양보하는 사태가 벌어진 것이다. 게다가 탈해도 한사코 거절해 사태를 더 복잡하게 만든다. 유리는 나이 많은 사람에게 왕위가 이어져야 한다는 아버지의 유언을 내세운다. 그러자 탈해는 그렇다면 나이를 조사해보자고 제안한다. 물론 달력이 없으니 나이도 알 길이 없다. 결국 두 사람은 떡을 깨물어 잇금의 수를 따지기에 이른다. 잇금이 많으면 나이가 많고 현명한 사람이라는 당시의 기준에 따른 것이다. 이 묘한 시합에서 유리는 잇금이 더 많은 탓에 신라의 3대 왕이 된다.

유리왕 대에 이르러 신라 사회의 모습이 어느 정도 드러나게 되므로 잠시 살펴보고 넘어가자. 옛날에 유리라는 이름을 가진 사람은 문학과 관련이 깊었거나 음악적 감성이 풍부했던 걸까? 〈황조가黃鳥歌〉라는 쓸쓸한 연가를 지어 한반도 최초의 서정시인이 된 사람이 고구려의 유리왕이라면, 신라의 유리왕은 태평성대를 노래하는 〈도솔가兜率歌〉를 지어 그에 못지않은 솜씨를 과시했다(한자로는 고구려의 유리琉璃와 신라의 유리儒理가 서로 다르지만 둘 다 이두문일 테니 발음이 비슷했을 수도 있다. 두 사람 다 1세기 초반의 왕들이다). 또한 신라의 유리왕은 행정에도 남다른 감각을 선보였다. 일찍이 건국의 토대가 된 여섯 마을을 6부로 만들어 각각 새로운 성씨를 부여했는가 하면(성씨가 귀족들에게 쓰이기 시작한 시기는 삼국시대 중반부터이므로 이 사실은 믿기 어렵다), 그전까지 고구려에서 본뜬 대보 정도의 초보적 직책밖에는 없던 관직을 새로 여러 개 만들고 6부의 원로들을 정식 관리로 기용했다.

문화를 사랑한 군주답게 유리왕은 오늘날에까지 이어지는 한가위 명절을 만든 것으로도 유명하다. 유리왕은 6부를 둘로 나누어 양편에 속한 여자들로 추석날 길쌈 대회를 열었다. 대회가 끝나고 벌어진 파티를 가배嘉俳라고 했는데, 여기서 가위, 즉 한가위라는 말이 나왔다는 사실은 잘 알려져 있다. 대회가 상당히 치열했던지 진 편의 한 여자가 〈회소곡會蘇曲〉이라는 슬픈 노래를 불렀다고 전한다. 노래는 전하지 않지만 그 관습이 없었다면 오늘날 우리는 최대의 명절과 사흘의 연휴를 잃게 되었을 것이다.

이렇듯 평화로웠던 유리왕의 치세가 끝나고 그 왕위를 이은 사람은 예약되어 있던 탈해다. 묘한 것은 이 시기다. 유리왕 때 신라 사회의 모습이 제법 사실적으로 알려진 것에 어울리지 않게 탈해왕脫解王(재위 57~80)의 치세에는 다시 새로운 신화가 탄생한다. 대개의 나라들이 신화라고 하면 건국신화 한 편이 있는 것과 달리 신라에는 또 다른 건국신화가 있다. 그것도 후속편은 하나가 아니라 둘이다. 신라는 아직 신화의 시대에 머물러 있는 걸까?

하나는 탈해의 탄생에 관한 신화다. 그는 왜국 동북방 1000리에 있는 나라의 왕궁에서 알로 태어났다고 한다. 다시 난생설화다. 알의 아빠는 알을 버리라고 했으나 그의 아내는 알을 궤짝(《삼국사기》는 궤짝[櫃]에 넣어 바다에 띄웠다고 기록한 반면,《삼국유사三國遺事》는 배에 궤짝[櫃]이 실려 있었다고 기록한다)에 넣어 바다로 보낸다.● 알은 동해를 건너면서 궤짝 속에서 부화되어, 오늘날 경상북도 포항 부근의 해변에서 어느 할머니에 의해 발견되었을 때는 이미 어린아이로 자라 있었다. 졸지에 아이 엄마가 된 할머니는 그 아이의 이름을 석탈해昔脫解라고 짓는다. 석昔이라는 성은 당시 까치가 궤짝 주변에 있었다고 해서 까치 작鵲 자를 간단히 줄인 것이라고 전하는데, 이두문이었을 테니 발음 관계가 더 중요할 것이다(혹시 과거에는 昔과 鵲의 발음이 비슷했는지도 모른다).

● 부모가 버린 갓난아기를 다른 사람이 발견해 영웅으로 키우는 이야기는 신화의 단골 메뉴다. 그리스 신화의 오이디푸스는 장차 아버지를 죽이고 어머니와 결혼하게 되리라는 신탁 때문에 부모에게 버려진 뒤 목동이 거두어 키운다. 로마 시를 창건한 로물루스와 레무스 형제도 아버지에게 죽을 뻔한 위기를 넘기고 여물통에 담겨 테베레 강을 떠내려가다가 목동이 발견해 늑대의 젖으로 키운다. 《구약성서》의 모세도 부모가 바구니에 넣어 강에 띄워 보냈는데, 이집트 공주에게 발견되어 궁정에서 자라게 된다. 하지만 갓난아기가 아닌 알을 부모가 버리고 남이 거두는 신화는 주몽과 탈해, 김수로 등 한반도 신화의 특징이다.

여기서 탈해의 성을 굳이 밝히는 데는 이유가 있다. 탈해로부터 비롯된 석씨는 이후 박씨와 더불어 신라 왕실의 성이 되기 때문이다. 그런데 신라 왕실의 성은 박씨, 석씨 외에도 김씨가 있지 않던가? 김씨가 오늘날 대한민국 최대의 성씨가 된 것도 바로 그 때문이 아니던가? 그러므로 신라는 박씨(혁거세), 석씨(탈해)에 이어 김씨의 건국신화도 필요하다.

과연 곧이어 마지막 신화도 등장한다. 알에서 태어나는 것은 이미 유행에 뒤졌고 이제 첨단의 신화는 탈해처럼 궤짝에서 태어나는 것이다. 탈해가 왕위에 오른 지 9년째 되는 해(65) 금성 서쪽의

또 하나의 시조 이주민 국가였던 만큼 신라는 건국 시조가 여럿일 수밖에 없다. 그림은 그중 하나인 김알지의 탄생 설화를 묘사하고 있다. 나뭇가지에 금궤가 걸려 있는 모습이 보인다. 17세기 화가인 조속(趙涑)의 작품인데, 조선은 고려와 더불어 신라를 계승한 왕조인데다 17세기라면 이른바 진경 산수화가 싹트기 시작할 무렵이므로 이런 그림이 그려질 수 있었다.

● 알지는 한자로 閼智라고 표기하는데, 역시 이두문이니까 중요한 건 뜻이 아니다. 그러나 이두를 알지 못한 김부식은 알지라는 이름이 총명하고 지략이 많은 아이라서 붙인 것으로 엉뚱하게 해석했다. 알지는 그냥 아기라는 뜻이었을 것으로 추측된다. 아기의 옛말은 아지인데, 'ㄹ'이 탈락하지 않은 상태이면 알지가 된다. 나중에 보겠지만 그 밖에도 김부식이 이두와 한자를 혼동한 경우는 《삼국사기》에서 많이 볼 수 있다.

숲에서 닭 우는 소리가 들린다. 사람들이 그곳으로 가보니 나뭇가지에 금색의 궤짝이 걸려 있다. 그 안에는 사내아이가 들어 있다. 탈해는 하늘이 아이를 주신 것이라고 기뻐하며 그 숲을 닭 우는 숲, 즉 계림鷄林이라 이름 짓고 아이에게는 금궤에서 나왔으니 당연히 금씨, 즉 '金'이라는 성과 '알지'라는 이름을 내린다. 그래서 가야의 김수로왕을 시조로 삼는 김해 김씨 이외에 모든 김씨의 시조는 김알지다.● 이후 김알지의 후손은 초기 신라에서 주로 왕실의 외척 세력을 이루다가 3세기에 미추왕을 시작으로 신라의 왕통을 이어가게 된다.

김알지 신화로써 길고 복잡한 신라의 신화 시대는 끝난다. 이주민 국가로 출범한 신라는 그에 어울리게 다양한 왕의 지향과 최소한 세 가지 왕가의 혈통을 가지고 있었다. 신화의 시대가 100년 전에 끝난 고구려와 백제에 비해 신라가 그 시대를 길게 끈 이유는 두 나라에 비해 문명의 수준이 약한 점도 있었겠지만 여러 혈통과 다양한 문명의 요소가 복잡하게 얽혀 있었기 때문이기도 하다.

여기서 또 한 가지 짚고 넘어갈 것은 탈해의 고향이다. '왜국 동북방 1000리'라면 어딜까? 우선 당시의 왜국은 지금의 일본 열도를 가리키는 말이 아니라는 점에 유의할 필요가 있다(일본 전체가 하나의 나라를 이루게 된 것은 16세기 말이다). 섬이라는 지리적 조건 때문에 일본은 1만 년 전부터 조몬 문명이라는 토착 신석기 문명을 유지해오다가, 기원전 3세기 무렵에 한반도로부터 청동기와 철기 문명을 한꺼번에 받았다(《종횡무진 동양사》, 82~83쪽 참조). 한반도 초기 삼국시대에 한반도인들에게 알려진 일본은 바로 금속기 문명이 전래된 일본인데, 지리적으로 보면 지금의 기타큐슈에 해당한다. 그렇다면 탈해가 탄생한 나라는 기타큐슈의 동북방 1000리를 가리키는 게 아닐까? 그럼 그곳은 어딜까?

기타큐슈에 전해진 금속기 문명은 곧바로 동쪽으로 이동해 혼슈의 서부, 그러니까 오늘날 교토와 오사카 일대로 퍼지게 되며, 이후 일본 역사는 이 지역을 중심으로 전개된다. 탈해가 탄생할 당시 이 지역은 수많은 소국이 분립하면서 서로 다투는 시대를 맞고 있었다. 반고班固가 쓴 《한서》에 나오는 "낙랑의 바다 한가운데에 왜인들이 100여 국을 이루고 있다."라는 표현은 바로 그런 상황을 가리킨다. 그렇다면 탈해의 고향은 바로 그 소국들 가운데 하나였을 것이다. 물론 탈해(혹은 그의 아버지)는 궤짝 대신 배를 타고 한반도 남동부로 왔을 것이며, 처음부터 환대를 받은 것을 보면 일부 따르는 무리도 동반했음직하다.

아닌 게 아니라 탈해는 즉위하자마자 호공瓠公을 최고 관직인 대보에 임명하는데, 호공이란 신라의 건국에 기여한 왜인 집단의 우두머리를 가리킨다. 앞에서 본 것처럼 박혁거세 시대에도 신라는 마한에 왜인 출신의 인물을 사신으로 파견할 정도였으니 이상할 것은 없지만, 탈해가 호공을 더욱 중용한 것은 자신과 동향인이기 때문이 아니었을까?

지금까지 본 것처럼 신라 초기 지배 집단은 대부분 이주민들이었으니까 탈해가 왕위에까지 오른 것도 특별한 일은 아니다. 다만 다른 세력들과 달리 탈해가 일본 출신이라는 사실은 한반도와 일본의 고대 관계가 상당히 밀접했음을 말해주는 강력한 단서다. 실제로 백제의 경우와 비교해볼 때 신라의 외적 조건에서는 일본이 중요한 역할을 한다.* 물론 당시 일본은 하나의 나라가 아니라 수많은 나라로 분열되어 있었고, 신라에 도움만이 아니라 피해도 많이 끼쳤다(왜구는 고대부터 동북아시아 해상에서 노략과 약탈을 일삼았다). 백제가 낙랑과 마한, 말갈에 시달린 반면, 신라는 건국 초부터 주로 북부의 말갈과 더불어 동해 방면에서 침략해오는 왜인들 때문에 큰 고통을 겪어야 했다.

* 《삼국유사》에 전하는 연오랑과 세오녀의 설화에서도 신라와 일본의 관계를 엿볼 수 있다. 아달라왕 시절인 157년 동해 바닷가에 사는 어부 부부인 연오랑과 세오녀는 갑자기 나타난 바위에 실려 일본으로 가서 왕이 된다. 그 후 신라에는 해와 달의 빛이 약해지는 괴변이 일어났는데, 일관(日官)은 연오랑 부부가 일본으로 가버렸기 때문이라고 풀이한다. 아달라왕이 부부를 귀국시키려 하자 연오랑은 명에 따르지 않고 그 대신 비단을 내주고 하늘에 제사를 드리라고 한다. 과연 그대로 하니 해와 달의 빛이 되살아났다고 한다. 이는 초기 신라가 일본 내의 몇몇 소국들을 중요한 동맹 세력으로 여겼음을 말해주는 설화다.

미스터리의 세기

탈해왕으로 한 번 삐딱선을 탄 신라의 왕계는 그다음부터 유리왕의 후손, 즉 박씨 세력에게로 돌아간다. 그러나 박씨 혈통이 파사-지마-일성-아달라까지 이어지다가 8대 아달라왕阿達羅王(재위 154~184)이 후사 없이 죽자 왕위는 다시 석씨 혈통으로 옮겨간다. 더구나 왕의 성씨가 여러 차례 달라지는데도 마찰이 있었다는 기록은 전하지 않는다. 이러한 초기 왕계로 미루어보면 2세기까지도 신라는 건국 당시의 이주민 국가의 성격이 유지되고 있었다는 추측이 가능하다. 하지만 건국한 지 무려 200년이 넘어설 무렵까지도 왕계가 고정되지 못했다면 사실 국가라고 보기에도 미흡한 수준이다. 그렇다면 앞에서도 말했듯이 신라의 건국 시기는 김부식의 역사 왜곡 덕분에 200년이나 길어졌을지도 모른다.

그런데 당시의 역사를 말해주는 유일한 공식 문헌인 김부식의 《삼국사기》는 바로 그 무렵, 그러니까 2세기의 왕계에서 알 수 없는 미스터리를 보여준다. 그것도 신라만이 아니라 고구려, 백제도 마찬가지다. 왜 하필 건국 초기도 아니고 세 나라가 생겨난 지 100년이 훨씬 지난 2세기에 그런 미스터리가 생겨났을까? 우선 미스터리의 내용을 보자.

먼저 고구려의 경우다. 앞서 보았듯이 고구려의 태조왕은 53년에 7세의 나이로 즉위해 146년까지 무려 93년을 재위했으며, 그 뒤에도 19년을 더 살아 119세로 죽었다. 기록상으로는 그가 한반도 역대 왕조의 왕들 가운데 최장수 챔피언이지만 그 오랜 수명은 쉽게 믿기 어려운 이야기다. 물론 당시에 119세까지 산 사람이 있었다는 게 전혀 불가능한 일은 아니지만 확률상으로 보면 대단히 희박하다고 할 수밖에 없다. 과연 그 사실史實은 사실事實일까?

상세히 따져보면 고구려의 건국 시기부터 2세기에 이르는 왕계 전체에 믿기 어려운 부분이 포함되어 있다. 여기서 덧셈 놀이를 조금 해보자. 건국 시조인 주몽이 사망한 해(기원전 19)부터 11대 동천왕(산상왕의 아들)이 즉위한 해(227)까지는 246년의 기간이다. 여기까지야 별로 이상할 게 없지만 문제는 세대수로 셈하면 그 기간 동안 고구려 왕계는 불과 여섯 세대밖에 안 된다는 점이다. 세대당 평균 재위 기간은 무려 50년에 가깝다. '수명'이라면 이해할 수 있지만 '재위 기간'이 연속으로 그랬다면 어딘가 수상하다.

사실 주몽에서부터 6대 태조왕까지는 네 세대인데 그중 4대 민중왕과 5대 모본왕의 치세가 짧았으므로 이 과정에는 전혀 이상할 것이 없다. 문제는 2세기의 왕들이다. 태조왕과 7대 차대왕(재위 146~165), 8대 신대왕(재위 165~179)은 모두 형제로서, 유리왕의 아들이자 대무신왕의 동생인 재사再思의 아들들이라고 되어 있다(신대왕의 경우 중국 측 사서에는 차대왕의 아들이라고 기록되어 있고 차대왕의 배다른 동생이라는 설도 있다). 즉 모두 유리왕의 손자라는 이야기다. 유리왕은 기원전 40년 무렵에 태어나 기원후 18년에 죽은 사람이다. 그렇다면 그의 아들 재사는 최소한 기원후 18년 이전에 태어난 사람이어야만 한다. 그런데 그가 얼마나 오래 살았기에, 또 얼마나 오래 젊음을 유지했기에 179년까지 산 아들(신대왕)을 둘 수 있단 말인가?

이렇게 보면 태조왕의 비정상적인 재위 기간에는 모종의 알려지지 않은 부분이 있다고 추측할 수 있다(거기에는 몇 명의 왕이 누락되어 있을 것이다). 또한 태조왕의 동생 수성(차대왕)이 일흔다섯 살에 즉위해 아흔네 살까지 재위하다가 명림답부에게 살해당했다는 기록에도 모종의 흑막이 있을 가능성이 짙다. 53년에서 179년까지 120여 년 동안 고령의 형제들 간에 왕위를 계승한 태조왕 – 차대왕 – 신대왕의 재위 기간에는 밝혀지지 않은 간단치 않은 사실이 숨어 있을 것이다(게다가 명림답부마저 100세를 넘겨 살았다는 것도 이 시기 역사에 관한 의혹을 더욱 증폭시킨다).*

그러나 고구려의 그 이례적인 '장수 만세'만 해도 백제의 경우와 비교하면 오히려 정상적이라고 해야 할 것이다. 백제 초기 왕계에서는 고구려의 경우보다 더욱 명백한 누락이 보이기 때문이다. 다시 한 번 주의 깊게 덧셈 놀이를 해보자.

온조의 아들인 백제의 2대 다루왕多婁王(재위 28~77)은 온조왕 28년(10)에 태자로 책봉되었고 18년 뒤에 즉위해 49년간 재위했다. 그렇다면 갓난아기 때 책봉을 받았다 해도 '18＋49＝67', 즉 최소한 67세 이상 수를 누린 게 된다. 여기까지는 좋다. 그런데 그 아들인 3대 기루왕已婁王(재위 77~128)은 다루왕 6년에 태자로 책봉되고 재위 51년이므로, 그의 수명은 '43(다루왕의 나머지 재위 기간)＋51', 최소한 94세 이상이 된다. 태어나자마자 태자로 책봉된 게 아니라면 100세가 넘었을 것이다. 약간 고개가 갸우뚱거려지지만 정작 문제는 그다음이다.

4대 개루왕蓋婁王(재위 128~166)은 언제 태자로 책봉되었다는 기록은 없으나, 거의 100세 노인인 기루왕의 아들이고 38년을 재위했다고 되어 있으니까 상식적으로 판단하면 그도 역시 최소한 70세 이상은 살았다고 보아야 한다(그것도 기루왕이 60세가 넘어서 개루왕을 낳았어야만 가능한 일이다). 이어서 5대 초고왕(재위 48), 6대 구수왕(재위 20), 7대 사반왕(나이가 너무 어리다는 이유로 즉시 폐위되었다)을 거쳐 8대 고이왕(재위 234~286)이 즉위하는데, 그는 놀랍게도 4대 개루왕의 둘째 아들(초고왕의 동생)이다. 그렇다면 고이왕은 아버지 개루왕이 그를 낳은 이후의 재위 기간(개루왕이 50세에 고이왕을 낳았다 하더라도 20), 초고왕의 치세(48)와 구수왕의 치세(20)를 지낸 사람이 된다. 즉 90세가 다 되는 노인의 몸으로 즉위한 것이다. 그런데도 고이왕은 무려 52년간이나 왕위에 있었다.

● 2세기 고구려 왕계의 또 하나 미스터리는 왕들의 탄생 연도다. 동명성왕부터 8대 신대왕까지 1세기에 태어난 왕들은 다 탄생 연도가 밝혀져 있다. 그러나 2세기의 왕들, 즉 고국천왕과 산상왕은 사망 연도(각각 197년과 227년)만 전해지고 탄생 연도가 없다. 전대의 왕들보다 후대의 왕들에 관한 기록이 더 모호하다는 것은 2세기 왕계를 더욱 믿기 어렵게 만든다. 이 문제를 달리 볼 수도 있다. 고구려, 백제, 신라 왕들의 탄생 연도는 5세기부터야 드문드문 전해지기 시작하는데, 그 점에 비춰보면 1세기까지 고구려 초기 왕들의 탄생 연도가 밝혀져 있는 게 오히려 이상한 일일지도 모른다.

103

가장 황당무계한 것은 신라의 경우다. 미스터리의 주인공도 2세기 왕인 7대 일성왕逸聖王(재위 134~154)이다. 그전까지의 신라 왕계를 살펴보자. 5대 파사왕婆娑王(재위 80~112)은 3대 유리왕의 둘째 아들이며, 재위 기간은 32년이다. 유리와 파사 사이에는 석씨인 4대 탈해왕이 23년간 재위했다. 또 6대 지마왕祗摩王(재위 112~134)은 파사왕의 아들이며, 재위 기간은 22년이다. 그런데 다음 일성왕은 놀랍게도 3대 유리왕(재위 24~57)의 맏아들이라고 되어 있다. 아버지는 57년에 죽었는데, 맏아들이 134년에 즉위했다는 게 가능한 일일까? 더구나 동생인 파사와 조카인 지마의 뒤를 이어 왕이 되었다는 이야기를 믿을 수 있을까? 만약 그렇다면 일성왕은 아버지 유리왕이 죽기 직전에 그를 낳았다 하더라도 최소한 77세에 즉위한 게 되는데, 이후에도 그는 20년을 재위했다. 그러나 《삼국사기》에는 탈해왕이 62세의 노인으로 즉위한 사실을 특기特記하고 있으면서도 일성왕이 더 고령으로 조카 지마왕의 뒤를 이어 왕위를 계승한 사실에 관해서는 특별한 언급이 없다.

고구려, 백제, 신라의 삼국이 모두 2세기에 왕계가 삐끗거린 이유는 무엇일까? 물론 왕계가 역사의 전부는 아니며, 왕들의 계보가 틀렸다고 해서 그 시대의 역사를 전혀 알 수 없는 것은 아니다. 그러나 고대에 왕계가 지니는 역사적 의미는 결코 쉽게 넘길 수 없는 문제다. 왕들은 각 시대의 중요한 지배자라는 점에서도 중요하지만 그보다 더 중요한 사실은 바로 그들이 고대의 달력이나 마찬가지라는 점이다(왕조시대에는 왕의 재위 연도를 기준으로 역사를 기록했다). 따라서 왕들의 계보가 틀렸다면 그에 따라 서술된 다른 기록들도 모두 연대가 잘못되었다는 이야기가 된다. 더구나 김부식의 《삼국사기》는 사마천의 《사기》를 본받아 기전체紀傳體의 서술

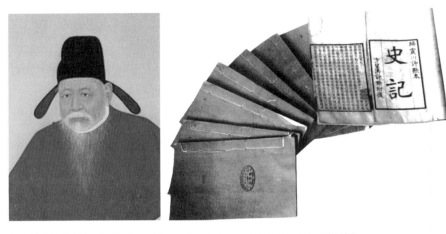

《삼국사기》의 참고서   김부식의 《삼국사기》는 내용과 체제에서 중국 역사서에 크게 의존했다. 왼쪽은 김부식의 영정이고, 오른쪽은 《삼국사기》만이 아니라 역대 중국과 한반도 왕조들의 표준적인 역사 서술 방식을 지시한 사마천의 《사기》다. 아쉽게도 김부식은 형식만 모방하는 데 그치고 《사기》의 엄정성까지는 모방하지 못했는데, 2세기 왕계가 엉터리인 게 그 증거다.

방식을 취하고 있는데, 기전체는 왕의 재위 연도에 따라 국가의 대소사를 기록하는 방식이므로 왕계가 틀리면 모든 게 틀려진다.

지금까지 보았듯이 《삼국사기》에 나오는 삼국 왕들의 계보는 2세기 무렵에서 틀렸다고 확신할 수 있는 부분이 공통적으로 보인다. 적어도 2세기가 당시 고구려, 백제, 신라의 모든 왕이 특별히 장수하는 세기였을 리는 없을 테니 여기에는 뭔가 역사상 누락이 있었다는 이야기다. 혹시 그것은 삼국이 함께 연동되어 있는 미스터리는 아닐까?

마지막 건국신화

2세기 왕계에 관한 미스터리는 하나 더 있다. 다만 그것은 '삼국'의 왕계가 아니므로 여기서 별도로 다룰 필요가 있겠다. 그것은 한반도 왕조의 마지막 건국신화와 관련된다. 주인공은 가야伽倻를 건국한 김수로왕金首露王(재위 42~199)이다. 김수로가 역사에 처음 등장하는 것은 신라의 파사왕과 연루되면서부터다.

《삼국유사》에는 신라의 탈해왕이 김알지를 얻고 나서 기쁜 나머지 그를 태자로 책봉했다는 기록이 전한다. 신라 왕계가 박씨에서 석씨로 옮겨왔으니 탈해가 굳이 박씨를 다시 후계로 삼지 않으려 한 것은 이해할 수 있는 일이다. 그러나 김알지는 유리왕의 아들인 파사에게 왕위를 양보했고, 그 덕분에 신라는 다시 박씨 왕계로 이어지게 되었다. 그는 왜 그랬을까? 새로운 성씨로서 왕위를 잇기에는 아직 힘이 부치다고 여긴 걸까? 아니면 신라의 왕위가 그만큼 보잘것없었다는 뜻일까? 그것도 아니라면 거기에는 알려지지 않은 무종의 '사건'이 있는 게 아닐까?

어쨌든 김알지의 양보는 초기 신라의 발전을 위해 좋은 약이 되었다. 파사왕은 신라 최초의 정복 군주였기 때문이다. 전대의 왕들이 주로 신생국의 생존과 방어에만 부심한 데 비해, 그는 즉위 초부터 군신들에게 병장기를 확보하는 데 주력하라고 명하면서 '공격적인 방어'에 나섰으며, 경주 지역을 벗어난 곳에 처음으로 성을 쌓기도 했다. 그럴 만도 한 것이, 그의 대에는 전통적인 외적들인 말갈(북), 백제(서), 왜구(동) 이외에도 남쪽의 가야라는 새로운 적수가 출현했다. 96년 대규모로 신라를 침공한 가야군을 맞아 파사왕은 직접 병사 5000명을 거느리고 출전했는데, 이것은 최초로 신라의 왕이 전투에 참여한 기록이다.

바로 이 시기에 파사와 김수로는 외교 사건에 연루된다. 102년 신라 인근에 있던 음즙벌과 실직곡이라는 두 나라가 서로 영토 다툼을 벌이다 신라의 파사왕에게 중재를 요청했다. 선뜻 어느 편을 들어주기가 곤란하다고 여긴 파사는 나이도 많고 지혜도 풍부한 가야의 수로왕에게 자문을 구해 사태를 해결했다. 그런데 문제는 그다음이다. 파사왕이 고마움을 표시하기 위해 6부에 수로왕을 접대하라고 명하자 다른 부들은 고위급 인사를 보냈는데 한지부라는 곳에서만 직급이 낮은 자를 보냈다. 분노한 수로왕은 그만 한지부의 수장을 죽여버렸다.

놀라운 일이다. 6부라면 초기 신라의 내각이나 다름없는 핵심 기관인데, 어떻게 가야의 왕이 그 책임자를 함부로 죽일 수 있었을까? 그리고 파사왕이 그 '주권 침탈 만행'에 대해 변변한 항변조차 하지 못할 정도였다면 수로왕의 권위는 대체 어느 정도였을까? 신라의 남쪽, 오늘날 경상남도 지역의 패자였던 가야는 한반도 초기 왕조사를 '삼국'시대에 머물지 않게 한다.*

또 하나의 나라가 한반도 역사에 등장하게 되었으니 또 하나의 건국신화가 필요할 것이다. 과연 가야도 역시 출발점은 신화다. 《삼국사기》는 가야의 건국자이자 김해 김씨의 시조인 김수로를 이름밖에 언급하지 않았지만 《삼국유사》에는 그의 신화가 기록되어 있다.

김수로의 신화는 건국신화의 기본 코스를

* 보통 삼국시대라고 하면 삼국이 존재하던 시대를 통틀어 가리키는 용어로 쓰지만 엄밀히 말하면 삼국이 성립한 초기보다 6세기 이후 삼국이 쟁패하는 시대에 해당한다. 굳이 나라의 수로써 한 시대의 이름을 붙이자면 5세기까지는 '이국시대' 또는 '사국시대'라는 이름이 어울릴 듯싶다. 신라는 고구려와 백제에 비해 여러 가지 면에서 뒤졌으므로 신라를 배제한다면 이국시대가 된다. 반면 신라를 끼워 넣는다면 그와 엇비슷한 국력을 유지하면서 6세기 초반까지 존속한 가야를 배제할 이유가 없으므로 사국시대가 된다.

김수로와 허황옥 수로왕릉이 정확히 언제 만들어졌는지는 알 수 없다. 수로왕의 후손인 김허수가 1580년(선조 13)에 수로왕비릉(허왕후 묘)과 함께 개축한 것이 현재의 모습으로 이어지고 있다. 미스터리 가득한 김수로왕과 허황후의 만남과 사랑 이야기를 통해, 아주 오랜 옛날부터 우리 조상들이 바다 건너 이민족들과 활발한 교류를 했다는 흔적을 알 수 있음은 분명하다.

충실히 따르는데, 그 내용은 박혁거세와 김알지의 신화를 섞어놓은 것과 비슷하다. 42년 가야 땅에 사는 아홉 부족의 족장들이 하늘의 명을 받고 산에 올라가 왕을 내려달라고 빌었다. 거북에게 왕을 내놓지 않으면 구워 먹겠다는 위협을 가하는 것이었는데, 좀 괴상한 기도였으나 효험은 있었다. 하늘에서 금빛 알이 여섯 개 내려와 거기서 나온 여섯 명이 각기 가야 6국의 왕이 되었다. 김수로는 그중 맏형으로 금관가야金官伽倻의 건국자다.

 김수로 신화의 특이한 점은 두 가지다. 하나는 그가 태어난 지 보름 만에 왕위에 올라 199년까지 무려 157년간이나 나라를 다스렸다는 점이다. 아무리 2세기가 미스터리의 세기라고 하지만 이 정도면 누가 보아도 사실이 아닌 신화다. 앞서 단군신화의 경우에서처럼 김수로의 오랜 재위 기간은 후계자들이 건국자의 이름으로 왕위를 계승했다는 사실이 신화적으로 기록된 결과일 것이다. 또 다른 하나는 그의 아내에 관한 점이다. 김수로는 멀리 서역의 아유타라는 나라에서 온 허황옥許黃玉(?~188)이라는 여자를 아내로 맞아들였는데, 아유타는 놀랍게도 인도라고 알려져 있다. 그녀 역시 남편처럼 오래 살아 188년까지 금관가야의 왕비로 살다가 157세로 죽었다.

아유타가 실제로 인도에 있는 나라였는지는 확실하지 않지만 어쨌든 허황옥이 서쪽에서 배를 타고 온 것만은 분명한 듯하다.* 또한 김수로가 알에서 나왔다는 것은, 주몽이나 박혁거세의 경우처럼 가야의 외부에서 온 지배자라는 뜻일 것이다. 여기에 허황옥까지 신화에 포함되므로 김수로는 박혁거세의 경우처럼 부부가 모두 외부인이었을 것이다. 다만 김수로의 출신지는 분명하지 않고 허황옥의 고향만 기록되어 있는 것을 보면 적어도 그들은 동향인이 아니었으리라고 추측할 수 있다(반면 박혁거세의 경우는 부부가 동향 출신일 가능성이 크다).

그럼 김수로는 어디서 온 인물일까? 물론 추측밖에 할 수 없지만, 적어도 알에서 부화되었다는 것을 사실로 믿지 않는다면 나름대로 짚어볼 만한 요소는 있다. 김수로가 새 나라를 어느 정도 안정시키고 궁궐을 새로 지어 이사할 즈음 한 인물이 그에게 도전을 해온다. 바로 나중에 신라의 4대 왕이 되는 탈

● 아유타에 관해서는 다른 추측도 가능하다. 《삼국유사》의 지은이 일연은 김수로 신화를 《가락국기(駕洛國記)》라는 책에서 읽었다는데, 이 책은 11세기의 이름이 알려지지 않은 승려가 쓴 것이라고 한다(물론 지금은 전하지 않는 책이다). 그 승려가 말한 아유타는 혹시 오늘날 타이가 아니었을까? 자신이 승려였던 만큼 그는 허황옥이 불교의 나라에서 왔다는 점을 강조하고 싶었을 것이다. 불교는 비록 인도에서 생겨났지만 오히려 인도에서는 얼마 퍼지지 못하고 동쪽으로 가서 동남아시아와 동북아시아로 전래되었다. 타이는 예나 지금이나 대표적인 불교 국가다. 게다가 타이에는 아유타야라는 나라가 있었다. 비록 14세기에 세워진 나라이지만 그 이름의 역사는 오래되지 않았을까? 또 중국 역사서에는 아유타가 섬라(暹羅)라고 표기되어 있는데, 중국어 발음은 신라(新羅)와 거의 같다. 신라를 나라 이름이 아니라 지역명으로 보면 가야를 포함한다. 그렇다면 까마득한 옛날에도 섬라와 신라는 어느 정도의 관계가 있었던 게 아닐까? 그것은 신라의 다문화적 성격을 보여주는 또 하나의 사례가 아닐까?

해였다. 김수로도 석탈해도 둘 다 젊은 시절이었으니 혈기가 부딪히지 않을 수 없다. 게다가 탈해는 감히 "왕의 자리를 빼앗으러 왔다."라고 하며 노골적으로 자신의 의사를 밝힌다. 두 사람은 곧 싸움에 들어갔는데, 후대의 손오공에 못지않은 탁월한 술법으로 치열하게 싸운다. 탈해가 참새로 변하면 수로는 매로 변하고, 탈해가 매로 변하면 수로는 독수리가 되는 식이다. 결국 탈해는 수로에게 한 수 뒤진다는 것을 인정하고 가야를 떠나 신라로 간다.

《삼국사기》에 나오는 탈해는 다파나국 출신이고 《가락국기》의 탈해는 완하국 출신이다. 그런 탓에 일연은 《삼국유사》에서 두 탈해가 다른 사람일 것이라고 판단했다. 하지만 두 탈해는 모두 알에서 나왔고 연대도 같으며, 김수로와 일전을 벌인 탈해도 신라로 갔다. 따라서 그들은 동일인이라고 보아도 무방할 것이다. 앞서 탈해는 일본 출신이라고 추측한 바 있다. 그렇다면 혹시 김수로 역시 일본 출신이 아닐까? 비록 고향은 서로 다를 수 있겠지만 함께 바다를 건너 서쪽의 한반도 남단에 자리 잡은 처지였기에 권력 다툼을 벌인 것은 아니었을까? 신라의 경우처럼 가야도 초기에는 일본 세력이 상당히 개입된 것은 아니었을까?

물론 추측에 불과하지만 가야가 이후 일본과 깊은 연관을 맺게 되는 것을 감안한다면 고대 한반도와 일본의 관계사의 일단을 밝히는 추측일 수도 있다. 적어도 한반도 남동부와 일본은 지금 우리가 생각하는 것보다 훨씬 밀접한 연관이 있었을 것이다. 물론 당시의 일본은 지금의 일본도 아니고 7세기에 어느 정도 고대국가의 면모를 갖춘 일본과도 무관하다. 지역적으로 쓰시마나 기타큐슈 혹은 혼슈의 서부 정도였을 것이다.

한 가지 주의할 점은 '오늘'의 관점에서 당시의 한반도-일본의 관계를 보아서는 안 된다는 것이다. 현대의 시각으로 과거를 보면 역사를 올바로 파악하기 어려울뿐더러 자칫하면 현재의 이해관계에 따라 역사를 왜곡하게 될 수 있다. 한때 일본 역사학자들이 주장하던 임나일본부설이나 일부 국내 사학자들이 주장하는 한반도 왕계의 일본 경영설은 내용으로 보면 정반대지만, 둘 다 지금의 시각에서 과거를 본 그릇된 주장일 뿐 아니라 극우적 역사관에서 나온 허구적 이데올로기다. 고대에는 한반도도 일본도 단일한 나라가 아니었고 민족적 정체성도 생겨나지 않았으므로, '두 지역'은 한 쪽이 상대를 지배하는 일방적인 관계를 취한 게 아니라 서로 자연스럽게 교류했을 것이다.

2부

화려한 분열

:

물이 위에서 아래로 흐르듯이, 문명의 빛은 밝은 데서 어두운 데로 퍼진다. 중국과 가까운 고구려는 가장 먼저 중국 문명을 전해받아 고대국가의 기틀을 갖춘다. 때마침 중국이 분열기에 접어들면서 중국의 정치적 지배에서 벗어난 고구려는 북조의 왕조들로부터 랴오둥의 소유권을 인정받는 대신 사대의 의무를 약속하고 한반도 방면의 진출을 모색한다. 그러나 고구려가 노리는 한반도 중남부에서는 백제와 신라가 신흥 세력으로 착실히 성장해가고 있다. 고구려의 강력한 압박 전술에 두 나라가 동맹으로 맞서면서 본격적인 삼국의 정립기가 시작된다.

3장

고구려의 역할

중국발 통신

다양한 미스터리를 남긴 2세기가 끝날 즈음 고구려와 백제, 신라, 가야 등 한반도의 왕조들은 그럭저럭 나라꼴을 갖추었다. 왕위 세습이 어느 정도 안정되고 관제를 비롯한 초보적인 제도들도 생겨났으니 이제부터는 버젓한 왕국이라 해도 된다. 별다른 일이 없었다면 이 나라들은 서로 이리저리 얽히고 올망졸망 살아가면서 서서히 발전해갔을 것이다. 하지만 세상에는 한반도만 있는 게 아니었다. 한반도의 서쪽에는 이곳보다 훨씬 크고 문명의 빛이 밝은 중국 세계가 있었다. 3세기부터 중국 대륙을 휩쓴 격변의 회오리는 한반도 역사에 또 한차례 변화의 계기를 제공한다.

　사실 한 제국은 이미 전한 말기부터 좌초하고 있었다. 왕망의 신을 타도하고 한 제국이 복귀하면서 간신히 한 황실을 유지할 수는 있었으나 전한 시대에 노출된 문제점은 전혀 개선되지 않았으므로 제국의 미래는 불을 보듯 뻔했다. 게다가 전한 시대에는 외척과 환관이 중앙 정치를 쥐고 휘두른 게 문제였지만 후한 시대에는 거기에다 지방 정치까지도 심하게 삐걱거렸다. 조정의 죄는 힘이 약해진 틈을 타서 지방 호족들이 자기 지역의 패자로 군림하기 시작한 것이다. 하긴, 후한의 문을 연 광무제光武帝 자신도 지방 호족 출신이었으니 누굴 탓할 일도 못 되었다.

건국이념이 살아 있던 얼마 동안은 그런대로 제국의 모양새를 유지할 수 있었다. 그러나 초기의 약발이 끝나자마자 후한은 곧 쇠락의 길을 걷는다. 그나마 다행스런 일은 정치가 무너진다 해도 나라 전체가 금세 무너지는 것은 아니라는 점이다. 정치의 폐해가 일반 백성들의 삶에 전달되기까지는 어느 정도 시간이 걸리기 때문이다. 잠시 번영과 안정이 찾아왔던 초기 50년 이후에도 후한이 100년이 넘도록 버틸 수 있었던 것은 그 덕분이 컸다.

그러나 외척과 환관 들이 중앙 정치를 망가뜨리고 호족들이 지방 정치를 말아먹은 데 따르는 폐해는 시간이 지나면서 결국 사회적 피라미드의 맨 밑에 있는 농민들에게까지 전해졌다. 그래서 일어난 게 황건黃巾의 난이다. 184년부터 전국 각지에서 노란 두건을 두른 농민들의 반란이 들끓자 이미 전국을 통어할 힘을 잃은 중앙 정부 호족들이 진압에 나설 수밖에 없었다. 그 대표적인 호족들이 바로 소설《삼국지》의 주인공들이 되는 위魏의 조조, 오吳의 손권, 촉한蜀漢의 유비다.

위, 오, 촉은 모두 한의 제후국들이었다. 그러나 황실이 무너지자 그들은 각기 황실의 적법한 계승자임을 자처하며 중국 대륙을 삼분했다. 다시 분열의 대륙풍이 불기 시작한다. 1000년 전 주의 동천 이후 전개되었던 춘추전국시대에 이어 중국의 2차 분열기다. 1차 분열기에 제후국들은 주 왕실을 예의상으로만 섬기면서 실은 자기들끼리 패권을 다투었다. 그러나 2차 분열기의 제후들은 아예 한 황실의 문을 닫아걸고 노골적으로 패권 다툼을 벌인다. 220년 조조의 아들 조비가 한의 마지막 황제인 헌제獻帝에게서 제위를 빼앗으면서 한 제국은 전한까지 합쳐 422년의 사직을 마쳤다. 천자가 사라졌으니 이제 제후들은 더 이상 제후의 껍데기를 쓰고 있을 필요가 없다. 제후는 왕이 되고 제후국은 왕국이 된다. 중국은 명실상부한 분열을 맞았다.

분열기의 서두는 삼국시대가 장식했다. 《삼국지》로 잘 알려졌듯이 삼국은 당대의 실력자인 위, 적통嫡統의 상속자인 촉, 전통의 계승자인 오로 정립했으나, 승부를 결정한 것은 적통과 전통이 아닌 실력이었다. 그러나 최종 승자는 위도 아니었다. 당대에 이루지 못한 조조의 야망은 아들이 제위에 오름으로써 성공한 듯했으나 곧이어 265년에 사마염司馬炎이 새로 진晉을 건국함으로써 중국의 삼국시대는 짧게 끝났다.

하지만 그것은 통일이 아니라 오랜 분열의 서곡에 불과했다. 이후 중국은 589년 수隋 제국에 의해 통일될 때까지 300여 년 동안 여러 왕조가 교체되는 혼란기를 맞게 되며, 더욱이 5세기부터는 화북과 강남에 각기 다른 왕조들이 병존하는 남북조시대로 접어들게 된다. 동북아시아 질서의 중심이 약화된 격변의 시대를 맞아 한반도 역사에도 중요한 전환점이 생겨난다.

대륙 국가의 성격

고구려는 특이한 나라다. 건국 시조로 보나 문명의 성격으로 보나 중국과는 상당한 차이가 있다. 그렇다면 분명히 한반도 역사에 속하는 왕조라고 해야겠지만 백제나 신라만큼 토박이 냄새는 나지 않는다. 그 이유는 지리적 위치 때문일 것이다. 고구려는 한반도 북부와 만주 남부, 랴오둥 동부에 두루 걸치고 있으므로 크게 보면 중국과 한반도의 사이에 위치해 있다. 그런 만큼 고구려는 중국과 한반도 양쪽의 역사를 이어주면서도 단절시키는 이중의 역할을 해야 할 운명이었다.[•] 이를테면 중국의 선진 문명을 수입하는 측면에서는 한반도의 우두머리이면서 동시에 중국의 동방 진출을 방어하는 측면에서는 한반도의 방패와 같은 역할이다.

그런 이중적 위상을 가지고 있었기에 고구려는 일찍부터 중국의 정세 변화에 가장 민감하게 반응했다. 앞서 보았듯이 후한 초기에 해당하는 대무신왕의 치세에 낙랑을 공격한 것이라든가, 태조왕 때 랴오둥을 공략한 것은 한 제국이 약화되었다는 정세 분석에서 나온 전략이었다. 이후 반도 남쪽에서 백제와 신라, 가야가 서로 아웅다웅 다투며 자라나던 무렵에도 고구려는 늘 시선을 대륙 쪽으로 향하고 있었다(당시까지는 낙랑이 고구려와 한반도 중남부를 구분해주고 있었기 때문이기도 하다). 이윽고 후한 말기에 접어들어 중국이 흔들리는 기색을 보이자 고구려는 한층

● 오늘날 우리는 고구려를 한반도 역사의 일부로 치는 데 반해 중국에서는 중국사에 포함시킨다. 오늘의 관점에서 과거를 보면 안 된다는 원칙에 따르면, 고구려는 우리의 역사이면서 중국사에 속한다고 보아야 할 듯하다(물론 역사 왜곡의 의도에서 출발하는 중국의 동북공정은 논외의 문제). 실제로 낙랑이 아직 멸망하지 않은 이상 중국 측에서 볼 때 고구려는 엄연히 한의 강역 안에 들어 있는 국가이며, 중국의 2차 분열기에 초기 고구려는 중국 측과 대체로 긴밀한 관계를 유지했다. 고구려가 분명하게 한반도 역사로 편입되는 것은 한반도 진출에 주력하게 되는 5세기 이후다.

활에 능한 민족　고구려가 한이나 위 같은 중국의 대국들에 맞설 수 있었던 이유 가운데 하나
는 활에 있다. 한반도인들은 예로부터 동이(東夷: '활을 잘 쏘는 동쪽의 오랑캐'라는 뜻)라는 별칭
을 가졌고, 고구려의 건국자인 주몽은 명궁으로 유명했다. 그림은 덕흥리 고분에서 발견된 고구려
의 활쏘기 대회 장면이다.

긴장의 고삐를 죈다. 중국의 위기는 곧 고구려의 기회다.

　하지만 그 기회를 현실화하기란 쉽지 않다. 오히려 고구려는 후
한이 말기적 증상을 보이는 시기를 틈타 독자적 기반을 구축한
랴오둥의 공손씨 세력과 치열한 경합을 벌여야 했다. 산상왕이 형
발기의 공격에 동생 계수를 보내 가까스로 막아낸 것도 그 과정
의 하나다. 아직도 고구려는 영토 확장이 아니라 생존 확보의 차
원에서 랴오둥과 싸워야 하는 처지였다. 그러다 후한마저 멸망하
고 중국에서 삼국시대가 시작되자 고구려는 전환점을 맞게 된다.
이 기회에 오랜 숙적인 랴오둥을 정벌하지 못하면 앞으로 영원히

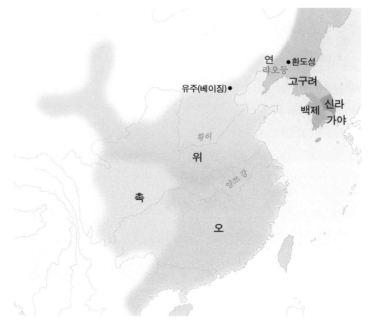

고구려의 진짜 상대　고구려는 한반도 북부와 만주 남부, 랴오둥 동부에 두루 걸친 나라였기에 일찍부터 중국의 정세 변화에 민감할 수밖에 없었다. 후한이 멸망하고 중국에서 삼국시대가 시작되자 고구려는 숙적 랴오둥을 정벌할 마음을 갖는다. 그런데 진짜 대적은 랴오둥이 아니라 서쪽의 중국 본체였다.

시달리게 될지도 모른다.

중국의 어지러운 정세를 관망하던 고구려에 드디어 행동 노선을 정할 계기가 찾아온다. 새로 정착된 부자 계승의 첫 수혜자인 동천왕에게 234년 위나라에서 화친을 맺자는 뜻으로 사신을 보내온 것이다. 원교근공遠交近攻이라 했던가? 멀리 있는 적과 화친하고 가까이 있는 적을 공격한다는 방책은 진시황만의 전매특허가 아니다. 위나라와 랴오둥을 사이에 두고 있는 고구려로서는 위가 내미는 손을 마다할 이유가 없다.

사실 당시 위는 오와 촉이 동맹을 맺고 거세게 도전하는 상황을 맞고 있었으므로 후방에 신경 쓸 겨를이 없었다. 그런 판에 랴오둥 태수 공손연公孫淵이 오나라와 위나라 사이에서 농간을 부리며 외교적 이득을 취하고 있었으니 분통이 터질 따름이었다(랴오둥은 후한 말부터 3대에 걸쳐 공손씨 가문이 독립 왕조처럼 지배하고 있었다). 적의 적은 나의 친구, 따라서 위로서는 랴오둥과 갈등 관계에 있는 고구려와 어떻게든 친해둘 필요가 있었다. 물론 고구려도 똑같은 처지였으므로 두 나라는 자연히 이해관계가 통했다. 과연 고구려는 위나라의 기대에 부응했다. 교활하게 저울질만 일삼는 공손연과 달리 동천왕은 2년 뒤에 오나라가 사신을 파견하자 곧장 그를 참수하고 그의 머리를 위나라에 보내 돈독한 신용을 과시했다.

하지만 공통의 이해관계를 토대로 하는 동맹은 그 이해관계가 사라지고 나면 더 이상 유지될 수 없는 법이다. 제갈량이 병사하고 촉나라의 힘이 현저히 떨어지자 대륙의 상황을 어느 정도 추스를 수 있게 된 위나라는 차츰 시선을 후방으로 돌리기 시작했다. 곧 현실화될 삼국 통일에 대한 사전 준비다. 그러던 차에 위나라로부터 독립을 선언하고 연나라 왕을 자칭한 공손연의 돌출 행동은 결국 명을 앞당기는 만용이 되고 말았다. 238년에 위는 4만 명의 대군으로 랴오둥을 공략해 3대 40여 년에 걸쳐 랴오둥의 패자로 군림한 공손씨 세력을 소탕했다.

이제 고구려는 새로운 상황을 맞았으니 즉각 전략을 바꾸어야만 했다. 그런데 동천왕은 여전히 위나라와의 동맹을 철석같이 믿었다. 위의 랴오둥 정복 전쟁에 1000명의 병력을 지원군으로 보내 체면치레를 한 것도 그 때문이다. 그러나 그것은 판단 실수였다. 고구려는 랴오둥의 주인이 바뀐 것을 환영해 마지않았으나 그 결과는 늑대가 물러간 숲에 호랑이가 나타난 격이었다. 공동의 골 칫거리였던 공손씨 정권이 몰락한 사건을 놓고 고구려와 위나라 양측의 견해는 정반대였다. 고구려는 애초부터 맺은 우호 관계를 유지하면서 기꺼이 위나라의 핵우산 밑에 들어가고자 했으나 위 는 고구려를 우산 밑에 잡아두기보다 아예 제거할 심산이었다. 위에 고구려는 처음부터 랴오둥과 같은 골칫거리일 뿐이었던 것 이다.

오랜만에 적법한 자격으로 왕위를 계승한 탓일까? 동천왕은 늘 중국의 정세를 정확히 파악하고 민감하게 반응한 선배들에 비해 지나치게 낙관적인 시국관을 가지고 있었다. 242년 랴오둥의 일 부라도 손에 넣기 위해 군사를 움직인 것은 그런 태도에서 나온 전략이다. 그러나 그는 곧 판단 실수의 대가를 호되게 치른다.

정복지 랴오둥이 어느 정도 자리를 잡고 난 뒤 위나라는 드디 어 마지막 우환을 제거하기로 마음먹었다. 선봉장은 랴오둥 정벌 때도 큰 전공을 세운 유주(지금의 베이징) 자사刺史(태수보다 한 급 아 래의 직책) 관구검毌丘儉이다. 그는 244년에 중앙정부의 명을 받아 1만 명의 군사를 거느리고 고구려를 침공했다. 그제야 동천왕은 사태를 알아차리고 2만 명의 군사를 모아 대응하는데, 여기서도 그의 낙관적 자세가 화를 부른다.

일단 시작은 괜찮았다. 본군 대신 유주군을 파견했고 규모도 랴 오둥 정벌군의 4분의 1밖에 안 되는 병력으로 미루어보면 위나라 는 랴오둥에 비해 고구려의 실력을 저평가한 듯했다. 병력에서 우 위에 있었던 고구려는 두 차례 맞붙은 전투에서 대승을 거두었다. 당시 동천왕은 "위의 대군이 우리의 소군만 못하다. 관구검은 위 의 명장이지만 지금 그의 목숨은 우리 손안에 있다."라며 호기를 부렸는데, 실은 그 성과에 만족하는 편이 나왔다.

자신감에 찬 동천왕은 직접 기병대를 거느리고 적의 명맥을 끊으러 갔으나 고구려군은 사각형의 방진으로 만반의 대비를 갖춘 관구검의 함정에 걸려들었다. 전쟁에서 승패를 좌우하는 것은 많은 전투에서 승리하는 게 아니라 중요한 전투에서 승리하는 것이다. 이 전투의 패배를 계기로 전세는 순식간에 역전되어버렸다. 급기야 동천왕은 수도인 환도성마저 적에게 내주고 지금의 강원도까지 달아나기에 이르렀다.•

매국노가 있으면 애국자도 있는 게 이치다. 아버지 산상왕은 최초의 매국노인 발기에게 호되게 시달렸지만 아들 동천왕은 최초의 애국자 덕분에 목숨을 건진다. 추격대가 다가오자 병사들마저 왕을 버리고 떠난 절체절명의 위기에서 밀우密友라는 병사가 결사대를 모아 항전하는 동안 동천왕은 간신히 몸을 피해 달아났다. 비록 한때의 만용으로 일을 그르쳤지만 동천왕은 역시 고구려 최초의 정복 군주답게 그릇이 컸다. 그는 미처 자신의 안전이 확보되지 않은 상황에서도 유옥구劉屋句를 시켜 밀우를 구해오게 했다. 전황은 여전히 열세였지만 이 사건으로 병사들의 사

만용의 대가   역시 위나라는 강했다. 동천왕은 위의 본군이 오지 않았다고 적을 얕잡아보았으나, 도성마저 적의 손에 빼앗길 만큼 호된 대가를 치렀다. 사진은 관구검이 고구려를 제압한 뒤에 세운 것으로 알려진 기공비의 일부인데, 지금은 한 뼘 크기의 작은 조각만 전해진다. 오른쪽 하단에 '討句麗(고구려를 토벌함)'라는 글귀가 보인다.

• 위나라로서도 이 전투는 큰 성공이었다. 위는 그것으로 고구려의 명맥을 끊었다고 여겼을 것이다. 위로서는 후방보다 전방의 오와 촉을 상대하는 데 전력을 기울여야 했으니까 그런 오판은 충분히 가능했다. 관구검은 이 승리를 기리기 위해 환도성에 기념비를 세웠는데, 그 비석의 일부가 20세기 초에 지안에서 발견되었다.

기가 상당히 회복되었다. 또 한 명의 애국자가 나와준다면 재역전의 계기도 잡을 수 있을 것이다. 이때 유유紐由가 세 번째 구국의 영웅으로 나섰다. 그는 추격대의 진영으로 가서 거짓으로 항복하는 체하다가 적장을 찔러 죽이고 함께 죽었다. 우두머리를 잃고 혼란에 빠진 틈을 타서 고구려군은 마지막 총공세에 나섰다. 결국 위의 군대는 서쪽의 낙랑으로 도피했다가 랴오둥으로 물러갔다. 동천왕은 세 애국자 밀우, 유옥구, 유유에게 식읍을 내리고 벼슬을 주어 포상했다.

이 전란으로 중국과 고구려가 장차 어떤 관계에 놓이게 될지는 명확해졌다. 고구려는 건국 이래 내내 랴오둥 세력에 시달렸지만, 진짜 대적은 그 서쪽 너머 중국의 본체였다. 한과 위, 이름은 달라도 중국의 한족 왕조들은 모두 고구려를 잠재적 동맹 세력이 아니라 정복해야 할 대상으로 여긴다는 게 확실해졌다. 이제 고구려로서는 생존을 위해서라도 저항해야 하는 입장이었다.

한편 중국은 중국대로 고구려에 대한 인식을 새로이 정립해야 했다. 물론 마음 같아서는 아예 멸망시켜 영토화하고 싶지만 한 차례의 접전에서 확인되었듯이 그게 쉽지 않다는 것을 인정해야 했다. 고구려는 랴오둥보다 멀고 랴오둥보다 강하다. 일찍이 만주와 한반도 지역이 무주공산이었을 때 한 제국은 4군을 설치해 지배할 수 있었지만 이제는 그런 지배 방식이 불가능해졌다. 그렇다면 최소한 고구려가 중국에 노골적으로 반기를 들지 않도록 하는 데 주력해야 한다. 고구려는 중국을 이길 수 없고 중국은 고구려를 먹을 수 없다. 이렇게 해서 중국과 고구려 사이에는 사자와 고슴도치 같은 기묘한 관계가 형성되었다.*

어쨌든 고구려로서는 대무신왕 시절부터 은근히 품어왔던 랴오

등 정복의 꿈을 일단 접을 수밖에 없었다. 그럼 이제부터는 어느 방면으로 진출해야 할까? 그 답을 암시하고 있는 것이 바로 고구려의 세 애국자인 밀우, 유옥구, 유유다. 여기서 중요한 것은 그들의 활약보다 그들의 출신지다. 《삼국사기》에는 그들이 동부와 하부 사람이라고만 기록되어 있는데, 구체적으로 어디를 가리키는 걸까? 동부와 하부란 고유명사가 아닌 보통명사지만 압록강 중류에 도읍을 정하고 있는 고구려의 관점에서 동부와 하부라면 어딘지 알기 어렵지 않다. 더구나 동천왕이 강원도까지 피신해왔을 시점에 그들이 구국을 위해 나섰다는 사실을 고려하면 더 확실해진다. 그들은 일찍이 고구려에 복속되어 있던 옥저 사람들, 즉 오늘날 함경남도와 강원도에 해당하는 지역에 살던 사람들인 게 분명하다.

● 동북쪽 변방을 대하는 중국 역대 제국의 전통적인 태도는 이 무렵에 형성된 것으로 보인다. 삼국시대에 중국은 세 나라가 정립하면서 앞다투어 영토 확장에 나선 덕분에 강역이 크게 팽창했다. 오는 월남에 이르는 지역을, 촉은 윈난과 쓰촨 일대를 손에 넣었으며, 화북을 장악한 위는 북방과 동북방을 개척했다. 랴오둥 정벌과 고구려 침략은 이 전략의 일환이다. 그러나 만주까지 손에 넣으려는 시도가 실패로 돌아감으로써 이후 중국의 역대 왕조들은 만주를 복속과 제어의 대상으로 볼 뿐 정복과 지배의 대상으로 여기지는 않게 된다. 따라서 만주에 관해서는 늘 모호한 자세를 취할 수밖에 없다. 이 '만주의 문제'가 최종적으로 해결되는 것은 만주 출신의 청 제국이 대륙을 정복하는 17세기의 일이다.

당시까지 평안남도가 낙랑의 지역이었던 탓에 동천왕은 곧장 남하하지 못하고 남동쪽으로 도망친 것이며, 그 과정에서 그 애국자들을 얻은 것이다. 측근 장수와 병사 들이 왕을 버리고 떠난 뒤에도 왕의 곁에서 끝까지 지켜준 애국의 삼총사였으니 동천왕이 염두에 둔 향후 진출 방향이 어디일지는 짐작하기 어렵지 않다. 바로 남쪽의 한반도다.

대외적으로는 중국의 침략에 대비해야 하고, 대내적으로는 남부에 새로운 지지 세력이 생겼다. 게다가 환도성마저 불타 수도의 기능을 할 수 없게 되었다. 따라서 이제부터 고구려는 남쪽으

로 진출해야 한다. 남쪽이라면 바로 낙랑이
에서 한반도 이내로 약간 남하한 곳으로 추
측된다. 당시 평양이라는 말은 고유명사가
있는 곳이다. 동천왕은 평양성(동황성이라고도
아니라 '벌판'이라는 뜻의 보통명사였다. 신
한다)을 새로 쌓고 도읍을 옮긴 뒤 낙랑을 바
채호는 평양을 펼쳐졌다는 뜻의 '펴라'라는
라본다.●
말이 한자어로 음차된 것이라고 주장했다.
평양의 옛 이름이 유경(柳京)이었다는 사실
이 그의 주장을 뒷받침한다. '柳'는 버드나
무인데, 여기서 '버드'는 '벌들'에서 받침이
남으로 기수를 돌려라
탈락한 말이다. 그렇다면 평양은 원래 특정
한 지명이 아니라 벌과 들, 즉 넓은 평야라
는 일반적인 단어였을 것이다.

일단 방침은 정해졌지만 고구려의 남행은 즉
시 이루어지지 못했다. 건국 이후 험난한 생
존과 팽창의 과정을 거쳤음에도 아직 고구려는 지리적 여건에 따
른 태생적인 불안정을 떨쳐내지 못했기 때문이다. 우선 고구려는
중천왕中川王(재위 248~270) 때인 259년에 아직까지도 정복의 미련
을 완전히 버리지 못한 위나라의 시험을 한 번 더 겪어야 했다. 게
다가 중앙 권력의 불안도 여전히 고구려의 발목을 잡고 있었다. 부
자 세습이 정착된 지 꽤 지났으나 아직 고구려의 왕위 계승은 매끄
럽지 못했다.

이럴 때 맏아들 계승이 몇 대쯤 계속해서 착실히 진행되었다면
그 불안은 어렵지 않게 제거되었을 것이다. 그러나 그런 운도 따
라주지 않아 맏아들 승계는 동천왕과 중천왕의 겨우 2대만 이어
졌다. 다음 서천왕西川王(재위 270~292)은 중천왕의 둘째 아들로
왕위를 이었는데, 기록에는 전하지 않지만 여기에도 모종의 진통
이 있었음직하다. 그 탓인지 서천왕은 만주의 한 부족인 숙신肅愼
을 정벌해 영토를 확장하는 대외적 성과를 거두었음에도 불구하
고 권력을 안정시키는 데는 실패했다. 두 동생이 왕권에 도전하는

역모를 꾸민 것이다. 다시 골육상잔인가? 서천왕은 급히 두 동생을 잡아 죽이는 극약 처방으로 사태를 진정시켰지만, 근본적인 원인은 여전히 왕위 계승이 부자만이 아니라 형제간에도 이어질 수 있다는 인식에 있었다. 결국 안으로 곪던 문제는 다음 왕인 봉상왕烽上王(재위 292~300) 대에 이르러 쿠데타로 터진다.

봉상왕은 즉위하자마자 일찍부터 '권력 불안 증후군'을 보였다. 숙신 정벌의 전공으로 전 국민적 인기를 모으고 있던 삼촌(서천왕의 동생) 달가를 살해한 것이다. 이 때문에 그는 불과 8년간 재위했으면서도 후대에 고구려 역사의 대표적인 폭군으로 알려지게 되지만, 형제 계승의 가능성이 아예 없었다면 과연 그가 그런 일을 저질렀을까? 곧이어 음모를 꾸며 자기 동생 돌고마저 죽이는 패륜을 저지른 것도 마찬가지로 해석할 수 있다.

그러나 외부의 상황이 시시각각으로 변하는 격변의 시기에 여전히 내부 불안정에 시달린다면 고구려의 미래는 암담할 수밖에 없다. 급기야 북서쪽에서는 신흥 강호로 등장한 선비鮮卑가 고구려를 침공해왔다.●● 명장 고노자高奴子의 선방으로 간신히 물리쳤으나 봉상왕은 힘이 부치는 것을 깨닫고 창조리倉助利를 국상으로 임명했는데, 결과적으로 그것은 그가 처음이자 마지막으로 조국에 기여한 일이 되었다(고노자를 왕에게 천거한 사람도 창조리였다).

거듭되는 외침에다 흉년과 기근이 이어졌

●● 여기서 대륙의 정세를 한번 훑고 넘어가는 게 좋겠다. 사마씨의 진이 삼국시대를 끝내고 잠시 통일 왕조로 군림했으나 이미 시대의 화두는 통일이 아니라 분열이었다. 특히 3세기 후반부터 화북 일대는 이른바 5호('다섯 오랑캐')로 불리는 북방 민족들이 주름잡게 되는데, 이들 중 하나가 선비족이다. 선비족의 근거지는 오늘날 몽골과 만주의 접경지대였으므로 5호 중 어느 부족보다도 고구려에 가까웠다. 게다가 봉상왕 시절에 선비족은 특히 발언권이 셌다. 진의 지배층이 벌인 팔왕의 난(291~306)에 끼어들면서 진 황실의 권력투쟁에 영향력을 행사하는 입장이었으니, 그들이 동방의 소국인 고구려를 얕본 것도 무리가 아니었다(만약 고구려를 침공한 선비족 군대가 주력군이었다면 고구려가 버텨내기 어려웠을 것이다). 이후 중국의 화북은 그 다섯 오랑캐가 열여섯 개의 나라를 세우고 각축을 벌이는 5호16국 시대로 접어들게 된다.

다. 그러나 위기 상황에서도 봉상왕은 여러 차례 궁궐을 수리하고 증축하는 데 여념이 없었다. 좋은 뜻으로 해석한다면 그의 의도는 어떻게든 왕권을 강화하기 위함이다. 그는 "임금이란 백성이 우러러보아야 하는 존재이므로 무엇보다 궁궐이 화려해야 한다."라고 강조했다. 그런 방책은 임진왜란 때 소실된 경복궁을 300년이나 지나서, 게다가 심각한 인플레까지 감수하면서도 굳이 중건하려 한 홍선대원군의 의도와 일맥상통한다.

사실 국가적 위기를 맞아 무엇보다 국왕을 중심으로 국력을 결집해야 한다는 주장은 일리가 있으며, 궁궐의 증축은 그것을 위한 좋은 수단이 될 수도 있다. 그러나 적어도 측근들의 동의마저 얻지 못하는 정책이라면 설사 옳은 일이라 할지라도 실패하기 십상이다. 대원군의 정책에 반대한 사람이 최익현이라면, 봉상왕에게 반대한 사람은 창조리였다. 조선의 신료답게 줄기차게 상소만을 거듭한 최익현과 달리, 창조리는 고구려의 신료답게 왕을 갈아치우는 쿠데타를 획책한다.

창조리가 낙점한 새 왕은 봉상왕에게 죽임을 당한 돌고의 아들 을불乙弗이었다. 비정한 큰아버지의 눈을 피해 머슴과 소금장수로 살아온 을불은 창조리의 비밀공작으로 팔자에도 없던 고구려의 왕위에 올랐다. 바람직스런 현상은 아니겠지만, 150년 전 명림답부의 경우에서 보듯이 고구려는 중앙 권력이 불안정한 고비마다 귀족들의 쿠데타가 발생해 도약의 계기를 만들어냈다. 이번에도 효과는 있었다. 15대 미천왕美川王(재위 300~331)이 된 소금장수 을불은 나라의 대내외적 우환을 한꺼번에 해결하는 개가를 올렸다. 우선 조카의 즉위를 본 봉상왕이 두 아들과 함께 자결함으로써 장차 권력 분쟁의 불씨가 사라졌다. 더 중요한 것은 대외 정책이다.

묘주의 초상   안악 3호분은 황해남도 안악군에 위치하고 있는 고구려 벽화 고분으로 고국원왕 때인 서기 357년에 만들어졌다. 당시 고구려의 생활 모습이 매우 잘 표현된 벽화 중 하나로 꼽힌다. 무덤 주인을 고국원왕으로 보는 입장과, 중국에서 망명해온 무장인 동수로 보는 입장의 오랜 논쟁으로도 유명하다.

　고구려 초기의 왕들은 늘 중국의 정세에 민감하게 대응했으나, 언제부턴가 그런 안목이 사라져버렸다. 그러나 미천왕에 이르러 그것이 부활했다. 그가 바라보는 중국은 혼돈의 도가니다. 팔왕의 난이 막바지에 이르렀을 무렵, 그러니까 진이 한을 계승할 만한 통일 제국이 못 된다는 사실이 명확해졌을 무렵, 미천왕은 고구려에 기회가 왔음을 감지했다. 그는 예전처럼 랴오둥에 미련을 두지는 않는다. 이제 전선은 북쪽이 아니라 남쪽에 구축해야 한다. 특히 모국인 한이 멸망한 지 80년이 넘었는데도 한4군의 하나가, 더구나 중국과 접경하지도 않는 중국의 군현이 아직까지 존속하고 있다는 것은 터무니없이 불합리하다. 미천왕의 눈앞에는 일찍이 동천왕이 품었던 따뜻한 남쪽 나라의 꿈이 어른거린다.

● 204년에 랴오둥의 공손씨 정권은 낙랑군 이남의 지역을 따로 떼어내 별도의 군을 설치했는데, 이것이 대방군이다. 낙랑군이 사실상의 독립국으로 탈바꿈하자 공손씨 정권으로서는 한반도 중부에 새로운 기지가 필요했기 때문일 것이다. 훗날 공손씨 정권이 위에 병합됨으로써 대방군도 명목상으로는 중국에 속하게 되었으나 한4군 출신의 낙랑군이 그랬듯이 대방군도 모국과 무관하게 독립국처럼 처신했다.

목표인 낙랑을 치기 전에 미천왕은 몸을 풀 겸 랴오둥의 현도(지금의 푸순)를 공략하고 서안평을 손에 넣었다. 예상대로 손쉬운 승리다. 곧이어 313년에 드디어 그는 대망의 낙랑 정벌에 성공했다. 자명고가 찢어진 지 무려 300년 가까이 지난 시점이었으니 때늦은 감이 있지만, 이로써 고구려와 한반도의 역사는 외세를 완전히 물리침으로써 신기원을 맞았다. 이듬해 미천왕은 낙랑 남쪽에 남아 있던 대방帶方*마저 정복해 백제와 접경하게 되었다. 바야흐로 삼국시대가 본격적으로 시작된 것이다.

4장

깨어나는 남쪽

백제의 도약

고구려가 중국의 정세 변화에 촉각을 곤두세우고 있을 무렵, 한반도 중부에서는 백제와 신라가 정식으로 첫 대면을 한다. 그러나 안타깝게도 양측의 상견례는 험악한 분위기였다. 고구려에서 명림답부의 쿠데타가 발발할 즈음, 그러니까 167년 신라는 3만 명에 가까운 대군을 이끌고 백제가 자리 잡은 한강 중류까지 치고 올라갔다. 다행히 신라군의 병력에 겁을 먹은 백제가 화해의 손짓을 보내 전투 상황으로까지 치닫지 않았지만 이 사태는 장차 백제와 신라가 어떤 관계로 엮이게 될지를 말해주는 예고편인 셈이었다.

사실 두 나라가 서로의 존재를 알게 된 것은 이미 100년 전부터다. 백제의 다루왕과 신라의 탈해왕 시절이던 64년에 두 나라는 오늘날 충청북도 보은에서 전쟁을 벌였다. 이후에도 백제는 신라를 여러 차례 공격해 괴롭혔다. 마치 당시에 백제와 신라가 한반도 중남부의 패권을 놓고 겨루고 있었던 것처럼 보이지만 실상은 그렇지 않다. 백제는 경기도와 충청도 일대를 장악하고 남쪽과 동쪽으로 영역을 확대하고 있었으나 신라는 아직 경상도 일대의 수많은 소국 중 하나에 불과했으며, 아직 자기 지역의 패자로 발돋움하지도 못한 상태였다(앞서 보았듯이 102년에 신라는 파사왕이 가야의 수로왕에게 중재를 구할 정도로 약소국이었다). 그러므로 백제는 신라를 목표로 삼아 공격하려 했다기보다 아직 무주공산이 많이 남아 있는 동쪽으로 진출하려 했고, 그 과정에서 작은 충돌이 일어난 것뿐이었다.

그런 점에서 《삼국사기》에 기록된 백제와 신라의 초기 다툼에서는 신라의 규모가 상당히 과장되어 있다고 보아야 한다. 당시 신라는 역사에 이름조차 누락된 여러 소국과 함께 위로는 진한, 아래로는 변한과 가야에 막혀 있었으므로 충청도 일대까지 진출할 힘은 없었다. 따라서 그 기록을 더 정확히 다듬는다면 백제가 장차 신라의 영토가 될 충청도 일대를 공략하는 과정에서 현지 세력과 빚은 마찰이라고 바꿀 수 있을 것이다.•

어쨌든 그로부터 100년이 지났을 때 신라가 한강 유역을 공략할 정도였다면 그동안 신라의 국력이 크게 성장한 것은 확실하다. 당시에 3만 명이라는 엄청난 대군이 실제로

도성으로 사용된 토성   오늘날의 관점에서 보면 고대 삼국 가운데 가장 혜안이 있었던 나라는 백제다. 현재 전국에서 가장 땅값이 비싼 서울 강남에 도읍을 정했으니까. 사진은 당시 백제의 도성이었을 것으로 추측되는 서울 몽촌토성이다. 도성에 어울리지 않게 흙으로 쌓은 성이지만 한강 유역에 쓸 만한 석재가 없었을 테니 나름의 최선을 다한 결과다. 쌓은 시기는 3세기로 고이왕 시대쯤 될 법하다.

동원될 수 있었는지는 의문이지만, 아무튼 상당한 규모였을 것이다. 과연 간헐적으로 조우한 100년 전과 달리 백제와 신라는 2세기 중반부터 치열한 다툼을 벌였다.《삼국사기》에도 이 무렵부터는 초기에 두 나라를 괴롭혔던 말갈 같은 외부 세력이 등장하지 않고 거의 두 나라의 관계만 소개되고 있다.

그러나 실상은 전쟁이라고 보기에 어려운 측면이 있다. 백제가 일방적으로 신라를 침공하고 신라는 방어하는 양상이었기 때문이다. 물론 백제는 신라를 압도하지 못했고 신라도 크게 패배하거나 밀려나지 않으면서 잘 버텼으나, 공격과 수비가 명확히 갈린 상황으로 미루어보면 아무래도 공격 측에 더 후한 점수를 주어야할 듯싶다. 바꾸어 말해 당시 백제와 신라의 힘에는 상당한 차이가 있었던 것으로 추측된다. 백제는 생존의 단계를 넘어 한창 뻗어나가는 팽창의 단계로 접어들었고, 신라는 아직 생존의 단계에 머물러 있었던 것이다.

그런 두 나라의 차이를 보여주는 사실이 하나 있다. 243년 정월에 백제의 고이왕古爾王(재위 234~286)은 커다란 제단을 설치하고 제사를 지냈다(고대국가에서 제사는 가장 큰 국가 행사다). 그전에도 백제의 왕실에서는 여러 가지 제사 의식을 거행했겠지만, 기록에 나오는 것은 이번이 처음일뿐더러 특히 주목할 것은 천지산천에 제사를 지냈다는 점이다. 하늘과 땅과 산과 강, 그중에서도 특히 하늘에 제사를 지낸다는 것은 백제가 주체적이고 독자적인 노선을 걷기 시작했다는 것, 오늘날로 치면 주권을 지닌 독립국이 되었음을 뜻한다. 건국한 지 200여 년이 지나 백제는 비로소 명실상부한 '왕국'이 된 셈이다(143~144쪽에서 보겠지만 고이왕이 천지산천에 제사를 지내고 관제를 정비한 데는 그럴 만한 이유가 있었다).

그 반면에 신라는 새 왕이 즉위한 이듬해에 제사를 지낸 기록이 여러 차례 전하는데, 제사 장소는 시조묘로만 국한되었다(고구려는 천제와 시조제를 함께 지냈다). 같은 제사이고 국가적인 대행사지만 하늘에 제사를 지낸 백제와 달리 신라가 건국 시조만을 제사 대상으로 삼았다는 것은 왕국의 면모를 갖춘 백제에 비해 부족국가의 체질을 완전히 벗지 못했음을 말해준다.

제사만이 아니라 다른 면에서도, 고이왕 때의 백제는 그전까지와 사뭇 다른 모습을 보이기 시작했다. 260년에 여러 가지 관제를 신설한 것도 그중 하나다. 백제 고유의 관직, 예컨대 좌평과 달솔, 은솔, 장덕, 시덕 등은 바로 그 무렵에 생겨났으며, 관직의 품계도 그때 정해졌다. 이렇게 고이왕 대에 이르러 백제가 여러 가지 변모를 보여주기 때문에 일부 학자들은 그 시기에 비로소 백제가 고대국가를 이루었다고 보기도 한다.•

고이왕은 또한 처음으로 북쪽의 정세에 눈을 뜬 왕이기도 하다. 노상 남쪽의 마한, 동쪽의 신라와 토닥거리기만 한 전대의 왕들과 달리 그는 선진 문명의 통로인 반도 북부를 바라보기 시작한 것이다. 관구검이 고구려를 침공한 245년에 고이왕은 북부의 어지러운 정세를 틈타 낙랑과 대방의 남부를 공략해서 상당한 영토와 백성을 확보하기도 했다. 이로써 백제는 황해도 남부까지 손에 넣었는데, 눈에 보이는 것보다도 더 큰 성과는 백제가 건국 이래 처음으로 북진을 시도했다는 데 있다.

사실 아직 뼈가 굵지 못한 백제로서 북진은 다소 무리였다. 고

• 한국 최초의 역사학 박사로 꼽히는 이병도(李丙燾, 1896~1989)가 그렇게 주장했는데, 타당성이 없지는 않다. 그러나 무엇을 고대국가의 기준으로 삼을 것이냐는 문제는 그리 간단하지 않다. 적어도 국가라면 일정한 영토와 백성, 왕계, 군대, 달력, 국호, 각종 제도 등의 요건이 필요한데, 그 요건들이 역사가들의 구미에 맞게 한꺼번에 생겨나는 게 아니기 때문이다. 따라서 언제부터 고대국가였느냐는 문제는 학술적인 주제는 되겠지만 역사의 본령은 아니다.

이왕은 성공리에 북진을 끝냈으나 그 후유증은 엉뚱하게도 그의 아들과 손자에게 닥쳐왔다. 아들 책계왕責稽王(재위 286~298)은 백제의 휘하에 들어온 대방을 지원하다가 고구려와 마찰을 빚었고 급기야는 낙랑의 침입으로 전사하는 비운을 당했다. 또 고이왕의 손자인 분서왕汾西王(재위 298~304)은 아버지의 원수를 갚으려 낙랑을 침공했다가 낙랑 태수가 보낸 자객에게 암살당했다.

하지만 2대에 걸친 백제 왕실의 비극은 오히려 북진의 결심을 더욱 굳히게 만들었다. 무엇보다 반도 남부는 이제 뻔한 지역이었다. 백제가 성장하려면 북쪽으로 어느 정도는 진출해야만 했다. 더구나 이미 북으로 옮기기 시작한 발길을 아무런 성과도 없이 되돌릴 수는 없는 일이었다. 북진의 성과를 보기 전에 먼저 신라의 3세기를 짚고 넘어가자.

생존이 미덕인 신라

먼저 고구려가, 그다음에는 백제가 차례로 고대국가의 틀을 갖추면서 한반도의 북부와 서부가 혼란스러워지는 것에 비해, 신라가 자리 잡은 동남부는 잠잠하기만 했다. 이주민 국가로 시작한 출발부터 그랬지만, 신라는 고구려와 백제에 비해 상당히 이질적이었다. 고구려와 백제가 중국 문명권의 영향을 받아 탄생했고 자라면서 자연스럽게 대륙을 향하게 된 것과 달리, 신라는 처음부터 대륙 문명과 별개로 형성되었을 뿐 아니라 성장기에 접어들어서도 그 이질성이 상당 부분 잔존해 있었다(그런 점에서 보면 신라는 오히려 고구려와 백제에 비해 한반도의 '토착' 문명을 이루었다고 할 수도 있다).

그런 이질성 중 하나가 단일한 성씨로 고정되지 않은 왕계다. 초기 신라에 영향을 준 게 중국의 농경 문명보다 중국 북부와 만주의 유목 문명과 일본의 해양 문명이라는 점을 감안한다면, 신라의 독특한 왕계는 유목 문명의 자취인지도 모른다. 유목민족의 국가에서는 지도자의 가계가 고정되어 있지 않고 여러 부족장이 돌아가며 왕위를 잇는 게 전통이기 때문이다. 유리와 탈해가 잇금으로 연장자를 가려 왕위 계승자를 정한 것이나, 탈해가 자신의 아들이 있었음에도 김알지를 계승자로 정하려 한 것도 그런 전통에 따른 관습으로 해석된다.

탈해가 한 차례 왕위에 오른 것을 제외하고 대체로 박씨 가문으로 계승되던 신라의 왕계는 9대 벌휴왕伐休王(재위 184~196)에 이르러 다시 석씨로 바뀐다. 전임자인 아달라왕에게 아들이 없었던 탓이지만, 다른 성씨의 왕위 승계에도 별다른 파장이 일지 않았다는 사실은 거꾸로 보면 아직도 신라의 왕권이 그다지 강력하지 않았고 왕권이 중시될 만큼 신라의 국력도 크지 못했다는 의미다.

그러나 고구려, 백제에 비해 뒤처졌다는 것은 장기적으로 보면 신라에 결코 마이너스 요인이 아니었다. '선발 주자의 벌금penalty'이라는 사회학의 용어를 거꾸로 뒤집어 말한다면 신라는 '후발 주자의 이득benefit'을 톡톡히 누렸다고 할까? 고구려와 백제는 건국 이후 생존과 성장을 위해 정복이라는 인위적인 수단으로 영토와 백성들을 늘려야 했지만, 신라는 굳이 그럴 필요가 없었던 것이다.

'생존이 곧 미덕'이라는 말은 당시 신라에 가장 어울리는 표현일 것이다. 고구려, 백제와 달리 신라는 그냥 존속하는 것만으로도 쉽게 성장할 수 있었으니까. 신라는 하나의 풀pool이었다. 처음에 신라와 엇비슷한 처지였던 주변의 소국들은 신라의 풀이 조금씩 커지면서 자연스럽게 그 쪽로 고여 들었다. 북쪽의 말갈이 백제와의 전쟁에서 지면 그 유민들은 신라로 내려왔다. 낙랑과 대방의 백성들도 난리를 피해 남쪽으로 오는 사람이 늘어났다. 심지어 일본에서조차 바다 건너 신라로 오는 발길이 끊이지 않았다(벌휴왕 시절에는 일본에서 기근을 피해 1000여 명의 유민들이 왔다는 기록이 전한다). 중요한 것은 신라가 그 외래인들을 적대시하기는커녕 전혀 낯설게 대하지 않았다는 점이다. 애초부터 토박이가 없는 이주민 국가였고 초기 왕계도 여러 외래인 세력이 얽혀 형성되었던 만큼 신라는 어느 민족, 어느 집단이 찾아오든 배척하지 않았다. 초기 신라가 성장할 수 있었던 가장 큰 동력은 바로 이 열린 태도에 있다.

이렇게 자연스러운 과정으로 힘을 키운 신라는 이윽고 백제의 공격을 일방적으로 당하는 처지에서 서서히 벗어나기 시작했다. 3세기 초반 내해왕奈解王(재위 196~230)은 직접 군사를 거느리고 백제의 공격을 물리쳤을 뿐 아니라 소극적인 방어 자세 대신 성을 쌓고 경계하는 적극적이고 장기적인 방어 태세로 전략을 바꾸었다. 이 과정에서 파사왕 이래 대가 끊겼던 정복 군주도 다시 등장했다. 내해왕의 뒤를 이은 조분왕助賁王(재위 230~247)은 231년 지금의 김천에 해당하는 감문국을 공격해 영토화하고, 다시 5년 뒤에는 영천의 골벌국을 병합했다(고구려나 백제의 초기 역사와 달리 생소한 소국들의 이름이 자주 등장하는 것은 신라 초기 한반도 남동부가 그만큼 부족국가의 단계에서 벗어나지 못했음을 말해준다). 김천은 경상북도의 남서부, 영천은 남동부이므로, 당시 신라의 영토는 지금의 경상북도 대부분으로 확대되었을 것이다. 바야흐로 신라는 한반도 남동부의 지역적 패자로 떠오르기 시작했다.

외형적으로 나라꼴을 갖추었다면 그다음 순서는 내부 정비다. 그중에서도 가장 중요한 과제는 왕계를 바로잡는 일이다. 이제 더 이상 박씨와 석씨가 탁구공처럼 왕위를 주고받는 식은 정식 왕국으로 거듭난 신라에 어울리지 않는다. 때마침 왕계를 손보기에 좋은 기회가 생겼다. 조분왕이 어린 아들만 남기고 죽은 것이다. 일단 왕위는 조분왕의 동생 첨해왕沾解王(재위 247~261)이 이었는데, 고구려의 경우에는 흔한 일이었지만 신라에서는 처음으로 형제 계승이 이루어진 사례다. 그런데 문제는 첨해도 겨우 15년 동안 재위하고 죽었다는 점이다. 그의 아들에 관해서는 기록이 없지만 있었다 해도 나이가 아주 어렸을 것이다. 첨해가 남긴 왕위를 이어받은 사람은 조분왕의 사위이자 신라 최초의 김씨 왕인 미추왕味鄒王(재위 262~284)이었다.

사위가 장인의 왕위를 이었다는 것은 확실히 특이한 일이다. 유목 문명권에서는 원래 모계 사회의 전통이 강했는데, 그 문명의 일부가 전해진 신라에서도 그런 흔적이 남아 있었을 가능성은 충분하다. 나중에 무함마드가 이슬람교를 창시할 때도 나오지만 중동의 유목민족들은 아들보다 사위가 장인의 지위를 상속하는 게 더 일반적이었다(《종횡무진 서양사》, 16장 참조). 하지만 신라의 경우에는 모계 사회의 전통보다도 왕실의 근친혼에서 비롯되었다고 볼 수 있다.

초기부터 신라 왕실에서는 박, 석, 김의 세 성씨 내에서만 통혼이 이루어졌으므로 근친혼이 많았다. 그러다 보니 자연히 아들과 사위의 구분이 애매해질 수밖에 없었다. 한 예로 조분왕과 내해왕의 촌수를 따져보자('촌수'란 훗날 유학이 전래되면서 생긴 개념이지만). 둘은 벌휴왕의 손자로서 사촌형제 사이지만 내해의 아내가 조분의 누나이므로 처남 – 매부 사이이기도 하다. 그런데 흥미로운 것은 조분의 아내가 내해의 딸이라는 사실이다. 그렇다면 조분은 내해의 처남이자 사위가 된다(아울러 내해의 아내, 즉 조분의 누나에게는 조분의 아내가 딸이자 동생의 아내, 즉 올케일 테니 서로 어떻게 대했을지 궁금하다). 조분은 조카딸과 결혼한 것이니 후대의 유학 예법으로 치면 반인륜적 행위를 저지른 셈이지만, 동서양을 통틀어 고대에는 그런 근친혼이 많았으므로 이해하지 못할 일은 아니다.

어쨌든 그런 근친혼 덕분에 신라 왕실에서는 아들과 사위가 얼마든지 같은 성씨일 수 있었고, 따라서 얼마든지 왕위 계승권자가 될 수 있었다.* 사위라 해도 어느 왕의 아들, 즉 왕족의 신분이었으니까 굳이 구분할 필요가 없었던 것이다(나중에 보겠지만 후대에 신라에서 여왕이 탄생하게 되는 사건도 바로 이 근친혼 관습에 뿌리를 두고 있다).

그러므로 미추왕의 즉위에서 중요한 것은 그가 사위로서 왕위를 이었다는 사실이 아니라 김씨 최초의 왕이라는 사실이다. 김알지를 시조로 삼아 김씨 성이 생긴 이래 신라 왕실에서 김씨는 주로 왕비 가문을 이루었을 뿐 직접 왕을 배출한 적은 없었다. 물론 이후 신라의 왕통을 감안하지 않는다면 별다른 치적도 남기지 못한 미추왕에 굳이 주목할 이유는 없다. 미추왕 다음으로 세 명의 석씨 왕인 유례와 기림, 흘해가 등장한 뒤 그다음 17대 내물왕부터 신라 왕통은 무려 500여 년 동안 김씨로만 이어지게 된다.

● 신라 특유의 갈문왕(葛文王) 관습은 여기서 비롯된다. 갈문왕이란 신라 초기에 왕의 아버지, 장인, 형제 등에 두루 주어지는 일종의 관직 같은 신분이었다. 쉽게 말해 왕위 계승권이 있으나 왕위에 오르지 못한 왕족들에게 현직 왕이 '위로'하는 의미에서 수여한 작위라고 보면 된다. 왕위에 오르지 못한 왕의 아버지를 추서하는 관습은 조선시대에도 있었고(2권에서 보겠지만 대원군이라는 지함이 그것이다) 유럽의 역사에서도 흔한 일이지만, 왕의 외가까지 전혀 차별 없이 대우한 경우는 드물다. 신라 왕실은 근친혼 때문에 아들과 사위가 모두 왕의 직계 후손이었고 따라서 친가와 외가의 구분이 모호했으므로 갈문왕 제도가 성립할 수 있었다.

김씨 왕의 시조　경주에 있는 미추왕의 능이다. 그전까지의 왕릉들이 거의 남아 있지 않은 데 비해 이 왕릉이 잘 보존된 이유는 바로 미추왕이 김씨 왕의 시조이기 때문이다. 그 뒤에도 신라 왕실은 얼마 동안 세 성씨들 간에 오락가락하지만, 4세기 중반 내물왕부터 신라 말기까지 500여 년 동안 김씨로 고정된다. 김씨 왕들은 자신의 4대 직계 조상들 이외에 김씨 시조인 미추왕릉에 도 반드시 제사를 지냈다.

　　그래서 이후 신라의 김씨 왕들은 제사를 한 번 더 지내야 했다. 시조인 박혁거세와 더불어 김씨 왕의 시조인 미추왕에게도 따로 제사를 지낸 것이다. 게다가 미추왕의 직계 후손은 재임 시에 특기할 만한 업적을 내지 못한 조상에게 '사후 업적'을 만들어 붙여 주기도 했다. 유례왕儒禮王(재위 284~298) 시절인 297년에 이서국이 신라의 수도까지 침략했을 때 미추왕릉 주변에 있던 대나무 잎들이 병사들로 변신해서 적을 물리쳤다는 전설이 그것이다. 이서국이라면 지금의 경상북도 최남단에 있는 청도에 해당한다. 이서국을 물리친 업적은 당연히 석씨인 유례왕에게 돌아가야 할 것이다. 그는 신라의 강역을 남쪽으로 확장하는 치적을 쌓았으면서도 김씨 후손의 역사 조작으로 죽은 미추왕에게 그 공로가 돌아 갔으니 죽어서도 억울하지 않았을까?

국제사회의 일원으로

신라가 뒤늦게나마 김씨로 왕권을 통일하고 단일한 왕계를 꾸리기 시작할 무렵, 백제는 이미 눈길을 북쪽으로 돌리고 있었다. 물론 신라와의 도토리 키 재기는 여전했지만 반도 북부의 상황 변화로 인해 백제는 동쪽보다 북쪽의 일이 더 궁금해지고 시급해진 것이다. 그 상황 변화란 말할 것도 없이 낙랑이 멸망한 사건을 가리킨다. 313년 고구려 미천왕이 낙랑과 대방을 한반도 지도상에서 지워버리기 전까지 백제와 고구려의 사이, 그러니까 지금의 평안남도와 황해도에 해당하는 지역은 중국 국적의 그 두 군이 차지하고 있었다. 하지만 군이 국적을 따지자면 그렇다는 이야기이고, 낙랑과 대방은 한이 무너지고 중국이 분열 시대로 접어든 이후부터는 사실상의 독립국으로 존속해왔다. 그런데 이제 그 지역이 고구려의 수중에 떨어진 것이다. 이것은 백제에 무엇을 의미할까?

　바보라도 알 수 있다. 백제와 고구려의 입장에서 보면 낙랑과 대방은 두 나라의 완충지대다. 이런 '공동 경비 구역'이 사라졌다는 것은 곧 이제부터는 두 나라가 직접 국경을 맞대게 되었다는 뜻이다. 백제로서는 아연 긴장하지 않을 수 없다. 그동안 동쪽의 신라와 벌였던 자잘한 영토 다툼은 앞으로 다가올 고구려와의 충돌에 비하면 사소한 것에 불과하다. 백제는 위기를 맞은 걸까, 아니면 기회를 얻은 걸까?

위기의 상황은 대개 기회의 상황과 비슷하다. 사실 상황 자체로만 보면 구별할 수도 없고 구별할 필요도 없다. 문제는 주체적 역량이다. 주체의 힘이 약하면 위기가 되고 힘이 강하면 기회를 만들 수 있다. 그럼 당시 백제의 힘은 어느 정도였을까? 하늘과 땅에 제사를 지내고 관제를 확립함으로써 명실상부한 독립 왕국으로 발전시킨 고이왕 시대를 계기로 백제는 한창 물이 오르는 중이었다. 비록 책계와 분서 두 왕이 북방과의 관계에서 살해당하는 비극을 겪었지만, 두 왕의 치세는 합쳐서 20년밖에 되지 않을뿐더러 한창 뻗어나는 백제에 그것은 좌절이 아니라 두 걸음 전진을 위한 한 걸음 후퇴였다.

게다가 개인적으로는 불행이지만 두 왕의 뜻하지 않은 죽음은 백제 전체를 위해서는 행운이었다. 그것을 계기로 백제 왕실은 자칫하면 큰 화로 번질 뻔한 한 가지 문제, 즉 권력의 문제를 해결했기 때문이다. 여기에는 앞서 말한 2세기의 미스터리가 연관된다.

고이왕이 즉위하던 3세기 중반 백제의 왕권은 두 계파로 나뉘어 있었다. 이 두 갈래의 혈통을 거슬러 올라가면 2세기의 왕인 개루왕에게 이어진다. 그에게는 최소한 두 명의 아들이 있었는데, 이들이 각 계파의 원조가 된다. 일단 맏아들(초고왕)이 왕위를 잇기는 했으나 둘째 아들의 세력도 만만치 않았다(기록에는 그 둘째 아들이 고이왕이라고 되어 있지만, 앞서 말했듯이 나이로 따지면 불가능하므로 고이왕은 둘째 아들의 후손일 것이다).

초고왕肖古王(재위 166~214)과 구수왕仇首王(재위 214~234)의 치세 70여 년이 지나도록 둘째의 세력은 계속 왕권을 노렸다. 이윽고 234년에 구수왕의 아들 사반왕沙伴王이 즉위하자 그들은 쿠데타를 일으켜 왕을 폐위하고 고이왕을 옹립했다. 사반왕이 퇴출된 것은 나이가 어리기 때문이라고 전하지만, 만약 그랬다면 왜 얼마 가지도 못할 왕위를 군이 계승시켰을까? 따라서 사반왕이 쫓겨나고 고이왕이 즉위한 사건은 개루왕의 둘째 아들을 조상으로 하는 계파, 즉 고이왕의 세력이 백제 왕실의 권력을 찬탈한 것으로 추측할 수 있다.

그렇다면 앞서 본 것처럼 고이왕이 새삼스럽게 백제의 관직을 정비하고 하늘과 땅에 대규모 제사를 지낸 이유도 충분히 이해할 수 있다. 예나 지금이나 쿠데타로 집권한 세력은 마치 나라를 새로 건국한 듯한 제스처를 취하지 않던가? 하지만 아들 책계와 손자 분서가 비명에 죽음으로써 고이왕의 지극 정성은 결국 실패로 돌아갔다. 그래서 그가 마련해놓은 국가 발전의 기틀은 다음 시대에 꽃을 피우게 되는데, 그 주인공은 원래의 첫째 계파인 구수왕의 아들(사반왕의 동생) 비류왕比流王(재위 304~344)이었다.●

모처럼만에 왕통을 바로잡은 탓에 비류왕은 내치에 주력하면서 왕권을 다지기에 힘썼다. 그가 재임한 40년 동안 백제의 백성들은 역대 어느 시절보다도 태평한 세월을 누렸을 것이다(그 기간에는 한 차례 반란 사건 이외에 전쟁을 벌인 기록도 없다). 그러나 한반도 중서부에 자리 잡은 백제는 마냥 그런 태평성대를 향유할 여건을 지니지 못했고, 백제의 지배층도 그런 점을 분명히 인식하고 있었다.

● 여기에도 또 한 번의 왕계 미스터리가 있다. 비류왕이 즉위한 해는 304년인데, 구수왕이 죽고 사반왕이 폐위되고 고이왕이 즉위한 해는 그보다 무려 70년이나 앞선 234년이다. 따라서 비류왕은 구수왕의 아들과 사반왕의 동생이 될 수 없고 구수왕의 손자이거나 증손자였을 것이다. 4세기까지도 왕계가 불확실할 만큼 백제의 초기 역사에는 불완전한 측면이 많다. 이 점은 고구려와 신라에 비해 백제 역사가 홀대받았다는 사실을 말해주는데, 그 이유는 두 가지로 추측해볼 수 있다. 우선 삼국을 통일한 이후 신라가 백제의 역사를 제대로 관리하지 않았을 가능성이 있다(나중에 보겠지만 신라는 백제를 늘 원수로 여겼으며, 오로지 백제를 제거하기 위해 중국 당과 손을 잡은 것이었다). 또한 경주 김씨였던 김부식이 신라 중심으로 삼국의 역사를 서술한 탓도 있다(《삼국사기》에는 〈백제본기〉가 가장 분량도 적고 내용도 빈약하다).

정중동! '정靜'의 시기에 '동動'을 준비하지 않으면 장차 다가올 것은 동에 그치는 게 아니라 '화禍'가 될 것이다. 그 준비의 첫째는 후방 다지기이고, 그 후방 다지기의 첫째는 신라와의 관계 개선이다. 그래서 322년에 비류왕은 신라에 화해의 손짓을 보낸다. 곧이어 신라도 사신을 보내오면서 두 나라는 사실상 정식 수교 관계를 맺기에 이른다. 과거에도 두 나라 사이에 유화적 분위기가 감돈 적은 간혹 있었지만 모두 일시적이고 제한적인 것에 불과한데 비해, 이번은 상당 기간 지속적인 관계가 될 전망이다.

건국 이후 줄곧 크고 작은 싸움으로만 일관해온 두 나라가 갑자기 왜 그랬을까? 이유는 알기 어렵지 않다. 공동의 이해관계가 생겼기 때문이다. 그리고 그 공동의 이해관계가 생긴 이유는 공동의 적이 출현했기 때문이다. 말할 것도 없이 그 적이란 바로 북쪽의 고구려다.

낙랑이라는 완충지가 사라진 이후 고구려는 한반도 중남부를 새삼스러운 시선으로 바라보고 있었다. 그때까지 생존을 도모하기 위해 서쪽의 대륙 정세에만 골몰해 있었던 고구려, 그러나 생존의 단계를 넘어 팽창의 단계로 접어들기 시작한 고구려의 눈에 처음으로 한반도 중남부, 그리고 그곳에 위치한 백제와 신라 두 나라가 들어온 것이다. 이러한 북방의 사태 변화는 자기 지역의 문제에만 집착해왔던 백제와 신라에 처음으로 국제 정세에 대한 인식을 일깨웠다. 두 나라는 이제 우물 밖의 세상에 눈을 돌려야 한다는 것을 자각하기 시작한다. 두 나라는 어느덧 공동 운명체가 되어 있었다. 따라서 서로의 접근은 필연적이었다.

비류왕의 후방 다지기에서 둘째 과제는 아직도 지금의 전라도 일대에서 명맥을 유지하고 있는 마한의 숨통을 완전히 끊는 일이었

덧쌓지 않고 타협을 이룬 듯하다. 344년 그
가 죽자 그의 아들 대신 분서왕의 아들인
계왕(契王, 재위 344~346)이 잠시 왕위를
계승했기 때문이다. 분서왕이 죽었을 때 계
왕은 나이가 어려 비류왕에게 왕위를 양보
한 바 있었으니, 두 정치 세력은 그때 평화
협상을 맺었을 것이다. 그러나 계왕이 3년
만에 죽고 비류의 아들 근초고가 왕위를 잇
는 것으로 '두 계파의 갈등'은 최종적으로
봉합되었고, 이후 백제의 왕통은 왕계의 혼
란을 겪지 않았다.

다. 그러나 이 과제는 늙은 비류왕 대신 그의 아들 근초고왕近肖古王(재위 346~375)의 몫이 된다.● 2세기 이후 사실상 백제의 영향력 아래에 있던 마한은 근초고왕의 정벌로 한반도 역사의 무대에서 완전히 퇴장했다.

후대에 근초고왕은 백제의 역대 왕들 중 가장 뛰어난 정복 군주로 꼽힌다. 하지만 그 명예는 마한 정복 때문에 얻은 게 아니었다. 아버지 비류왕 때부터 그랬듯이 이제 백제에 중요한 방향은 남쪽이나 동쪽이 아니라 북쪽이다. 따라서 마한 정복은 말하자면 본고사를 치르기 위한 예비고사에 불과하다.

만반의 태세를 갖추고 때를 기다리던 근초고왕에게 드디어 기회가 왔다. 369년 고구려의 고국원왕故國原王(재위 331~371)이 직접 2만 명의 대군을 거느리고 백제를 향해 남침해온 것이다. 오래전부터 예정된 사건이고 튼튼히 대비를 해두었으니 백제로서는 위기가 아니라 기회다.

지금의 황해도 백천에 주둔한 고구려군을 맞아 근초고왕은 우선 태자를 보내 공격하게 했다. 고구려의 힘을 한번 시험하려는 의도였을 것이다. 그러나 결과는 예상외로 백제의 압승이었다. 이 전쟁에서 백제는 고구려군 5000명을 포로로 잡고 고구려의 '남침 야욕'을 꺾었다.

고구려와의 사상 첫 접전에서 완승을 거둔 근초고왕은 자신감을 얻었고, 승리를 낙관한 고국원왕은 당황했다. 굳어진 확신과 싹트는 회의, 결국 이 차이가 최종 승부를 갈랐다. 2년 뒤 고국원왕은 다시 남진에 나섰으나 일취월장하는 백제의 힘은 2년 전과 또 달랐다. 예성강에서 매복 작전으로 서전을 승리한 근초고왕은 여세를 몰아 이번에는 직접 3만 명의 군사를 거느리고 고구려의 본토 공격에 나섰다. 선공을 했음에도 불구하고 후퇴만 거듭하게 된 고국원왕은 수도 평양까지 추격해온 백제군에게 화살을 맞아 전사하는 비운을 맞았다(앞에서 말한 대로 당시의 평양은 지금의 평양이 아니라 압록강 남쪽이었으므로 백제군은 거의 한반도 북부까지 북상한 것이다).

공교롭게도 고국원왕이 고국에 바친 마지막 기여는 바로 자신의 죽음이었다. 고구려로서는 다행스럽게도 고국원왕이 죽자 백제군은 그 성과에 만족하고 철수한 것이다. 그런데 그때 백제가 끝까지 고구려의 목을 죄었다면 어떻게 되었을까? 추측하기 어려운 가정이지만, 만약 근초고왕이 조금만 더 욕심을 냈더라면 왕을 잃은 고구려는 멸망했을지도 모른다. 일찍이 동천왕도 위나라에 몰려 수백 리 산길을 달아났으나 그래도 목숨을 부지한 탓에 국가 재건에 성공하지 않았던가?

소상한 내막은 알 수 없지만 근초고왕은 그 정도로도 대만족이었을 것이다. 사실 그

하사냐, 조공이냐 근초고왕 때 백제는 처음으로 일본과 정식 상견례를 나누었다. 그 기념일까? 근초고왕은 사진에 나온 칠지도(七支刀)라는 칼을 일본 왕에게 주었다고 한다. 날이 일곱 개라서 역사가들은 칠지도라는 이름을 붙였는데, 이름보다 중요한 것은 칼의 몸체에 백제가 일본에 선물한다는 글귀가 새겨져 있다는 사실이다. 이 때문에 일본의 역사가들은 백제가 일본에 바친 것이라고 주장한 반면, 한국 역사가들은 백제 왕이 하사한 것이라고 맞섰다. 당시에는 그냥 두 나라의 수교를 축하하는 기념품이었을 텐데, 지금의 학자들이 쓸데없는 해석을 붙이고 있다.

는 몇 차례나 완승을 거두었음에도 여전히 고구려에 대한 두려움을 떨치지 못했다. 그래서 수도로 귀환한 직후 그는 고구려의 보복에 대비해 평지에 있던 도성을 버리고 인근의 남한산에 산성을 쌓아 천도했다. 남한산성은 7세기에 신라 문무왕이 쌓고 조선시대에 증축된 것으로 알려져 있지만, 문무왕 시대에도 근초고왕이 쌓은 백제의 옛 도성을 토대로 했을 것이다.

승리의 대가는 무척 컸다. 당대의 관점에서는 고구려의 남진을 분쇄하고 북쪽의 영토를 개척한 게 가장 큰 성공이었겠지만, 역사적으로는 그보다 훨씬 중요한 성과가 따로 있다. 그것은 바로 백제가 동북아시아 국제사회의 일원으로 참가하게 되었다는 사실이다. 그전까지 백제는 반도 남쪽과 동쪽의 소국들과 실랑이를 벌이는 수준이었으므로, 문명적으로 보면 오히려 오지를 향해 팽창하려 했던 셈이다. 그러나 북쪽의 강호 고구려에 압승을 거두자 시야가 한층 넓어졌다. 그 시야에 맨 먼저 들어온 것은 넓은 중국 대륙이다.

372년에 근초고왕은 백제 역사상 처음으로 중국의 진晉(동진)에 사신을 보내 수교를 맺었다. 중국으로 가는 육로는 고구려에 막혀 있을 뿐 아니라 설령 트여 있다 해도 백제로서는 반도 북부와 랴오둥을 거쳐 'ㄷ' 자형으로 빙 돌아가는 격이니 사실상 없는 거나 마찬가지다. 그래서 수교 길은 당연히 뱃길이 된다. 그런데 뱃길이라고 하면 중국으로 가는 길만 있는 게 아니다. 서쪽으로 황해를 가로지르면 동진에 닿지만, 마침 마한 정

● 왕조시대가 빨랐던 한반도와 달리 당시 일본은 몇 개의 나라로 된 세계가 아니었다. 일본에 고대국가가 생긴 시기는 7세기지만 일본에서는 이후에도 수많은 호족 가문이 사실상 독립국을 이루고 쟁패하는 역사가 오래도록 전개된다(《종횡무진 동양사》, 221~233쪽 참조). 이런 점에서 일본은 한반도보다 중국과 비슷하게 별도의 '천하'를 이루고 있었다고 볼 수 있다(물론 규모는 중국보다 훨씬 작지만). 따라서 근초고왕이 수교한 '일본'도 실제 일본을 대표할 수 있는 세력은 아니었다. 앞으로 계속 언급될 일본도 일본 내의 일부 세력에 불과하다.

복으로 남해 뱃길이 트여 있으므로 동쪽으로 가면 일본으로도 갈 수 있다. 그래서 근초고왕은 일본과도 처음으로 외교 관계를 맺게 된다. 그 길로 일본에 간 첫 백제인이 아직기阿直岐라는 사람이다.* 이후 그의 추천을 받아 왕인王仁이 《논어》와 《천자문》을 일본에 전했으며, 그것을 계기로 일본도 한자 문화권에 속하게 되었다.

이처럼 백제의 성장은 백제의 국제화로 이어졌고, 나아가 동북아시아 문명권을 완성하는 역사적 변화를 낳았다. 그런 점에서 고이왕이 대내적으로 백제 왕국을 완성했다면, 근초고왕은 대외적으로도 백제 왕국의 존재를 알린 군주라고 할 수 있다.**

●● 근초고왕이 일본과 교류를 시작한 것은 우리 문헌이 아니라 일본 측 고대 문헌인 《고지키(古事記)》와 《니혼쇼키(日本書紀)》에 기록된 사실이다. 이 때문에 식민지 시대 일본의 한국사 학자인 이마니시 류(今西龍)는 근초고왕 이전까지의 백제 역사가 모두 후대에 위조된 것이라고 단언하기도 했다. 일본 역사서에 이름이 처음 등장하는 백제 왕이 근초고왕이라는 게 그 근거다. 하지만 《고지키》는 역사라기보다 신화에 가까우며, 정사를 표방한 《니혼쇼키》 역시 일본 중심적으로 모든 역사를 서술하고 있으므로 그대로 믿기는 어려운 책이다. 더욱이 일본 문헌에 등장하는지의 여부가 사실의 진위를 입증하는 기준이 될 수는 없으므로 이마니시의 주장은 터무니없다. 그러나 실제의 삼국시대보다 수백 년이나 늦은 12세기에 편찬된 《삼국사기》에 비해 7~8세기의 문헌인 《고지키》와 《니혼쇼키》의 기록이 어느 부분에서 더 정확할 수도 있다는 점은 염두에 두어야 한다.

5장

뒤얽히는 삼국

비운의 왕

이후의 역사까지 통틀어 보아도 백제의 최전성기는 4세기 후반 근초고왕 시대였다. 이 무렵 백제는 동쪽으로는 신라와의 해묵은 불화를 해소하고, 북쪽으로는 강국 고구려와의 실력대결에서 승리했다. 게다가 서쪽 바다 건너로는 중국의 강남을 지배하고 있는 동진과 수교하고(당시 중국은 통일 제국이 없고 남북조시대의 분열기였다), 남쪽 바다 건너로는 일본과도 친교를 맺었다. 어디 하나 흠잡을 데 없는 완벽한 강국의 면모다. 쇠는 달구어졌을 때 두드려야 한다. 백제의 입장에서 본다면 고구려 고국원왕의 전사는 승부를 결정지을 수 있는 기회였다. 그때 실제로 백제가 더 욕심을 냈더라면 한반도 역사에서 삼국시대라는 말은 일찌감치 사라졌을지도 모른다.

그러나 근초고왕은 애초부터 고구려를 지도에서 지워버릴 마음까지는 없었다. 고이왕 시절 손에 넣은 옛 대방의 땅을 확보할 수 있다면 그것으로 족했다. 이미 3세기 후반에 고이왕은 대방과 낙랑을 공략했으니, 엄밀히 따지자면 313년 고구려 미천왕의 낙랑 정벌은 고구려만의 힘으로 이룬 성과가 아니었다. 그런 만큼 낙랑이 무너지고 난 뒤 무주공산이 된 이 지역을 백제가 고구려와 반분하는 것은 지극히 온당한 처사이자 정당한 권리 행사였다. 적어도 근초고왕의 생각은 그랬다.

물론 고구려의 생각은 달랐다. 고구려는 건국 초부터 한반도를 위협하는 한의 군현들과 싸웠고, 마침내 스스로의 힘으로 낙랑을 반도에서 완전히 몰아냈다. 따라서 백제의 대방 침략은 좋게 말해 어부지리였고, 나쁘게 말하면 무임승차였다. 백제의 입장에서는 훌륭한 전략이었지만, 고구려가 볼 때는 비열한 술책이며 인륜을 배반한 행위였다. 더구나 백제가 애당초 고구려에서 갈라져나간 형제국임을 고려할 때 백제의 행위는 천륜을 배반한 것이기도 했다. 적어도 고국원왕의 생각은 그랬다.

이렇게 같은 상황을 두고 근초고왕과 고국원왕의 판단은 정반대였다. 양측이 자신의 판단을 실천으로 옮기는 과정에서 전쟁은 필연적이었던 것이다.

사실 고국원왕은 진작부터 백제를 응징하고 싶었다. 그는 낙랑을 멸망시킨 이듬해, 즉 미천왕이 태자였던 시절에 이미 백제의 영향권이 되어 있던 대방을 공략한 적이 있었다. 그러나 이후 369년까지 후속 조치를 미룰 수밖에 없었던 이유는 순전히 주변 상황, 즉 중국의 변동 때문이었다.

317년 한족 왕조인 진이 강남으로 옮겨가 동진으로 명패를 바꾸자 화북 일대는 북방 민족들의 세상이 되었다. 이른바 5호라고 불리는 민족들이 옛 중국 문명의 발원지이자 전통적 중심지인 중원을 차지하기 위해 각축전을 벌였는데, 그중 고구려에 가장 위협적인 세력은 앞서 보았듯이 선비족이었다. 봉상왕 때부터 고구려를 괴롭힌 그들은 고국원왕 때는 연나라를 세워 중원을 노리는 공식 대권 후보로 등록했다. 옛 전국 7웅 중 하나인 연과 구분하기 위해 역사가들은 이것을 전연前燕이라고 부른다(옛 왕조의 이름을 따는 경우는 중국 역사에서 흔한데, 전연이라고 이름 지은 이유는 나중에 후연이 생기기 때문이다).

라오시의 차오양朝陽을 수도로 삼고 전연을 세운 모용慕容씨 세력은 당연히 라오둥까지 진출한 고구려를 눈엣가시처럼 여길 수밖에 없다. 그전까지 이 지역에서 일어선 중국의 모든 나라가 그랬듯이, 그리고 후대에 중국의 통일을 지향하는 모든 왕조가 그랬듯이, 중원을 노리기 위해서는 후방에 해당하는 고구려에 대한 사전 정지 작업이 선행되어야 한다. 이런 낌새를 알아챈 고국원왕은 340년에 전연에 사신을 보내 친교를 꾀했으나 전연의 노선은 이미 정해져 있었다.

결국 342년에 전연의 왕 모용황慕容凰이 이끄는 5만 5000명의 공격군과 고국원왕이 이끄는 5만여 명의 수비군은 라오둥의 패권을 놓고 대회전을 벌이게 되었다. 병력의 규모로 보면 엇비슷했으므로 승부는 전략에서 판가름이 날 터였다. 안타깝게도 고국원왕은 투지에서는 나무랄 데가 없었으나 전략에서 중대한 실수를 범했다.

라오시와 라오둥 사이에는 남과 북 두 개의 길이 있는데, 상식적으로 보면 넓은 북쪽 길에 대병력을 배치하는 게 당연했다. 문제는 수비하는 고구려가 그 상식을 따른 데 반해 공격하는 연나라는 그 상식의 허를 찔렀다는 점이다. 고국원왕은 거의 전 병력에 해당하는 5만 명을 동생에게 주어 북쪽을 막게 하고, 자신은 소규모 군대를 거느리고 남쪽을 막으려 했다. 그러나 모용황은 거꾸로 북쪽에서 1만 5000명의 병력으로 응전하게 하고 남쪽으로 주력군 4만 명을 보냈다. 남과 북에서 벌어진 두 차례 전투에서 고구려는 종합 전적 1승 1패를 올렸으나 전쟁은 무승부가 아니었다. 북쪽에서 고구려의 대군이 전연의 소군을 물리치는 동안 남쪽으로 온 전연의 본군은 고구려의 수도인 환도성을 유린하고 고국원왕의 어머니와 아내를 포로로 잡아간 것이다. 더욱이 고국원왕으로서 통탄할 만한 사실은 그들이 아버지 미천왕의 시신마저 파헤쳐 갔다는 사실이다.

몇 년에 걸친 협상 끝에 고국원왕은 산 가족과 죽은 가족을 돌려받을 수 있었지만, 그 대가로 전연을 상국으로 받들고 모용황의 아들 모용준慕容儁에게서 장군과 자사의 벼슬을 받는 굴욕을 감수해야 했다. 분노에 찬 고국원왕의 목표는 하나다. 어서 힘을 키워 천추에 씻지 못할 한을 갚는 것뿐이다. 그럼 어떻게 힘을 키울까? 그 방법은 한반도 남쪽의 백제를 공략하는 것이다. 적어도 낙랑과 대방만 손에 넣을 수 있다면 다시 한 번 연나라에 도전할 수 있으리라. 369년 백제를 침공한 것은 바로 그런 전략의 일환이었다.

그런데 어지러운 대륙의 정세는 그 무렵에 또 한 번 큰 격변을 일으킨다. 고국원왕의 정의와 분노의 칼을 받아야 할 전연이 370년에 서쪽에서 일어난 진秦(전진)에 멸망당하고 만 것이다. 비록 심정은 허탈했지만 문제는 간단해졌다. 이제 그의 개인적 분노를 표출하는 동시에 국가적으로 취해야 할 노선은 백제라는 하나의 목표로 고정된다. 그러나 그 결과는 371년 백제 근초고왕의 역공을 받아 고구려 역사상 처음으로 국왕이 전사하는 비극이었다.

불세출의 정복 군주

소수림왕小獸林王(재위 371~384)은 아버지 고국원왕의 비극적인 죽음으로 뜻하지 않게 왕위를 계승했지만, 16년간의 오랜 태자 시절을 통해 국제 정세에 대한 감각을 체득하고 있었다. 아버지는 용맹하나 경솔했고 투지만큼 지혜가 따라주지 못했다. 연나라의 힘을 얕보았고, 백제는 더더욱 무시했다. 그러나 직접 뚜껑을 열어본 결과 전연과 백제, 고구려의 삼국 중 가장 약한 나라는 오히려 고구려였다. 소수림왕은 고구려의 약해진 위상을 새삼스럽게 깨닫는다.

전연이 전진에 몰락한 것은 고구려에 다행스런 일이었으나 새로운 사태 변화에 제대로 대처하지 못한다면 다행이 곧바로 불행으로 바뀔 수도 있다. 중국 동북방의 새로운 패지로 떠오른 전진을 어떻게 대할 것인가? 오판이 엄청난 화를 부른다는 사실은 이미 비운의 아버지가 온몸으로 입증한 바 있다. 어지러운 국제 정세는 바야흐로 소수림왕에게 정확한 노선을 취할 것을 요구하고 있었다.

즉위하고 나서 6개월 동안 심사숙고한 결과 그는 정답을 찾아냈다. 우선 전연에 패한 고구려와 전연을 멸망시킨 전진의 힘을 비교하는 것은 지극히 쉽다. 다만 북중국의 여러 나라는 워낙 신진대사가 빨라 언제 어떻게 무너질지 모른다는 게 마음에 걸린다. 그러나 일단 전진과는 친교를 맺어두는 편이 낫다. 마침 공동의 적인 전연

첨단의 불교   지금 불교라고 하면 누구나 오랜 역사와 유구한 전통의 이미지를 떠올리지만, 소
수림왕 시절에 불교는 첨단의 종교이자 문화였다. 사진은 고구려에 처음 불교가 도입된 지 10년 뒤
인 381년에 지어진 강화도의 전등사다. 아도라는 고구려 승려가 지었다고 전하는데, 그는 이후 신
라에 불교를 전한 묵호자와 동일인이라는 설이 있다.

이 사라졌으니 두 나라가 화친할 만한 분위기도 좋다. 이때 태도를
분명히 결정하지 않으면 전진은 고구려의 태도를 오해할 가능성도
있다. 게다가 전연은 명패를 내렸어도 아직 모용씨의 잔당이 랴오
시와 랴오둥에 영향력을 행사하고 있으므로 노선을 명확히 결정하
지 않으면 자칫 꺼진 불씨가 되살아날지도 모른다.

　그래서 소수림왕은 372년 전진에서 파견한 승려 순도順道를 환
영하고 그가 가져온 불상과 불경을 널리 보급하기로 마음먹었다.
한반도에 처음으로 불교가 전해지는 순간이다. 나아가 소수림왕
은 전진의 제도를 본떠 대학大學이라는 국립학교를 세우는데, 이
것은 한반도 최초의 공식 교육기관이 된다. 이 두 가지 혁신으로
고구려와 한반도의 문명은 중국 문명과 한 걸음 더 가까워졌다.

이것만 해도 겨우 14년에 그친 소수림왕의 재위 기간을 빛나게 만든 큰 변화지만, 그에 못지않게 중요한 사실이 또 한 가지 있다. 소수림왕의 북방 외교는 장차 고구려와 한반도 역사를 결정지을 중대한 전환점을 이룬다. 대중국 관계가 정비되었으니 이제 고구려는 전력을 기울여 백제 정벌에 나설 수 있게 된 것이다. 나중에 보겠지만 장수왕이 추진하는 남진 정책의 기본 골조가 형성된 것은 바로 이 시기였다. 아니나 다를까, 소수림왕은 외교가 마무리되자마자 곧바로 백제에 대한 공략에 나섰다. 하지만 그는 백제 정벌의 토대를 놓은 데 만족하고 실제의 성과는 다음 세대로 넘겨야 했다.

기록에는 전하지 않지만, 소수림왕 시절에 고구려는 전진에 랴오둥에 대한 관할권을 요구했고 전진은 그것을 양해하기로 했던 듯하다(전진은 중국의 대권을 노리는 후보였으므로 후방의 문제는 친교를 맺은 고구려에 일임하는 게 마음이 편했을 터이다). 전진과 화친을 맺은 직후 곧장 랴오둥을 공략했기 때문이다. 소수림왕이 후사 없이 죽은 탓에 그의 동생으로 왕위를 이은 고국양왕故國壤王(재위 384~391)은 즉위하자마자 즉각 대군을 동원해 랴오둥의 모용씨 잔당에 대한 토벌 작전에 나섰다. 비록 전연은 사라지고 없지만 어쨌든 고구려는 랴오둥의 선비족에 단단히 화풀이를 한 것으로 전연에 진 빚을 다소나마 갚을 수 있었다.

북방의 모든 사태가 일단락되자 이제 고구려는 본격적인 남행을 실천할 수 있게 되었다. 미천왕의 낙랑 정벌 이후 70여 년 만에 홀가분한 심정으로 바라보는 남쪽이다. 여유가 생겼으니 전과 달리 전투에 급급하지 않고 먼저 큰 전략부터 구상할 수 있다. 그래서 고국양왕은 먼저 신라를 백제에서 분리하기로 마음먹었다. 그

일에는 군대를 파견할 필요조차 없었다. 그저 사신을 보내 핍박하는 것으로 신라의 내물왕奈物王(재위 356~402)은 조카 실성을 고구려에 볼모로 보내고 백제와의 인연을 끊겠다고 서약했다.●

고국양왕이 조금만 더 살았더라면 그다음 수순은 당연히 백제 공략이었을 것이다. 하지만 그는 신라를 복속시킨 것을 마지막 치적으로 남기고 그해(391)에 죽었다. 다행히도 고국양왕은 또 다른 중요한 '치적'을 고구려에 유산으로 남겼다. 5년 전에 태자로 책봉한 아들 담덕談德이 열일곱 살로 자라나 왕위를 물려받은 것이다. 그가 바로 불세출의 정복군주 광개토왕廣開土王(재위 391~412)이다.

1880년 고구려의 옛 수도인 지안 부근에서 거대한 비석이 발견되지 않았더라면 지금 우리는 광개토왕이 왜 그렇게 거창한 묘호廟號●●를 받았는지('광개토'란 영토를 크게 개척했다는 뜻이다), 또 영락永樂이라는 호방한 연호를 제정했는지(그전에도 고구려는 독자적 연호를 사용했을 것으로 추정되지만 우리 역사상 알려진 최초의 연호는 영락이다) 이해할 수 없었을 것이다. 광개토왕릉비의 존재를 모른, 아울러 금석문에 관한 지식이 전무한 김부식의 《삼국사기》에는 광개토왕에 관한 기사가 불과 한

● 앞서 백제 비류왕이 신라와 화친을 맺을 때도 신라의 힘에 의지해 고구려를 치고자 한 의도는 아니었다. 고이왕 때도 백제는 혼자 힘으로 대방과 낙랑 남부를 장악했고, 근초고왕 역시 신라의 도움 없이 단독으로 고구려를 무찔렀다. 따라서 백제는 신라와 지속적인 동맹을 맺으려 했다기보다는 고구려를 공격하는 데 집중하기 위해 신라와의 사소한 분쟁을 중단하려는 의도였다고 보아야 한다(두 나라가 정식으로 동맹을 맺게 되는 때는 장수왕이 남진 정책을 추진하는 433년이다). 이렇듯 격변하는 한반도 정세에서 신라는 아직 발언권을 거의 행사하지 못할 만큼 힘이 약했다. 고국양왕이 외교적 수단으로 신라를 복속시킬 수 있었던 이유도 그 때문이다. 그가 신라에 대해 조금이라도 긴장감을 품었다면 사신 대신 군대를 보냈을 테니까.

●● 묘호란 왕이 죽은 뒤에 붙이는 시호(諡號)의 하나다(시호는 후손이 제사를 지내기 위해서 필요하므로 왕만이 아니라 귀족이나 관료 들도 죽은 뒤에는 시호가 정해진다). 역사에서는 편의상 고대의 왕들을 시호로 부르지만 실은 시호는 왕이 죽은 뒤에 붙이는 이름이다. 예를 들어 소수림왕은 소수림에 매장되었기에 그런 시호가 붙었다. 왕이 재위하던 시대에는 그 왕의 이름으로 불렀는데, 이를테면 광개토왕은 '담덕왕'쯤으로 불리지 않았을까 싶다. 참고로, 종(宗)이나 조(祖)로 끝나는 고려와 조선의 왕들도 모두 시호이므로 재위하던 때에 불렸던 이름은 아니다.

광개토왕과 주몽에 관한 오해 정복 군주라는 위명 때문인지 광개토왕에 관해서는 흔히 중국을 위협한 영웅이라는 이미지가 따라다닌다. 그가 고대사의 영웅이라는 데는 토를 달 필요가 없겠지만, 사실 그는 중국과의 관계에서 랴오둥의 소유에 만족했을 뿐이고 한반도 남쪽 경략에 더 관심이 많았다. 사진은 광개토왕릉비 첫 부분의 탁본인데, 오른쪽 상단에 고구려의 건국자를 주몽(朱蒙)이 아니라 '추모(鄒牟)'라고 새긴 것을 분명히 확인할 수 있다.

쪽에 그칠 만큼 대단히 약소하다.

사실 그 비석은 높이 6미터가 넘을 정도로 크기 때문에 그때까지 아무에게도 발견되지 않았을 리는 없다. 다만 7세기에 고구려가 멸망한 이후 한반도에 들어선 어느 왕조도 압록강 바로 북쪽에 있는 지안까지 영토로 삼지 못했기에 광개토왕릉비의 존재를 모르고 있었던 것뿐이다(조선의 세종 때 오늘날의 국경에 해당하는 압록강까지 영토를 넓힌 게 고작이었다). 게다가 17세기부터는 만주에서 일어나 중국을 정복한 청 제국이 왕조의 고향을 성지로 만들어 일반인들의 통행을 금지하는 바람에 광개토왕릉비는 더욱더 베일에 가려지게 되었다. 그 부근의 주민들은 오래전부터 그 비석에 관해 알고 있었겠지만, 정확한 조사가 없었으므로 한동안 그것을 청 시조의 비석이라고 오해하기도 했다.

덕분에 광개토왕은 무려 1500년이나 지나서야 업적에 마땅한 평가를 받게 되는데, 과연 묘호에 가장 어울리는 정복 군주였다. '광개토'를 향한 그의 첫 사업은 단연 백제의 정벌이다. 광개토왕의 어깨에 걸린 아버지(고국양왕)와 큰아버지(소수림왕)의 야망, 할아버지(고국원왕)의 복수는 모두 백제를 목표로 하고 있었다.

→ 근초고왕의 진출 방향(4세기)
→ 광개토왕의 진출 방향(5세기)

라오시

랴오허강

랴오둥

압록강

백두산

국내성

고구려

서안평

평양성

황해

위례성

동해

미추홀(인천)

웅진성(공주)

사비성(부여)

백제

신라

금성(경주)

가야

금관경(김해)

탐라

패기의 왕들　백제는 4세기 근초고왕 때, 고구려는 5세기 광개토왕 때 전성기를 맞았다. 근초고왕이 더 욕심을 냈더라면 삼국시대는 달라졌을지도 모르지만, 그는 옛 대방의 땅을 확보한 것에 만족했다. 왕까지 잃고 절치부심한 고구려는 후에 광개토왕이라는 불세출의 정복 군주를 낳는다. 광개토왕 비문에서 신라는 신라라고 적으면서도 백제는 '백잔'으로 적어 감정을 드러낸 것을 보면 백제도 고구려 못지않은 강국이었을 것이다.

약관의 젊은 나이인 광개토왕에게 그 어깨 위의 짐은 부담이 아니라 추동력이었다. 즉위 이듬해에 그는 백제의 북변을 공략해 황해도 일대를 수복했다. 특히 강화도의 관미성을 함락시킨 것은 후속 사업을 위한 결정적인 교두보가 된다. 뒤늦게 정신을 차린 백제의 아신왕阿莘王(재위 392~405)은 예성강 전선에서 도전해왔지만 해안 일대를 빼앗긴 상황에서 그것은 전략상의 실수를 넘어 자살 행위였다. 여기서 백제는 무려 8000명이나 전사하는 치명타를 입는다. 백제의 반격을 손쉽게 제압한 광개토왕은 396년에 2차 정벌을 계획하는데, 놀랍게도 여기에는 수군이 동원된다.

수군을 이용한다는 발상은 그전까지 서쪽의 중국과도, 남쪽의 백제와도 늘 육군으로만 싸워온 고구려로서는 처음 구사하는 전술이었다. 그러니 당하는 백제로서는 더 말할 것도 없다. 비록 함선을 이용해 공격하는 게 아니라 배를 병력 수송선으로 이용하는 정도였지만, 광개토왕은 강화도에 전진기지를 구축하고 있다는 점을 십분 활용할 줄 아는 뛰어난 안목의 전략가였다. 전혀 예상치 못한 때 이른 '인천 상륙작전'에 백제의 아신왕은 낭패에 빠질 수밖에 없었다. 결국 그는 백제 역사상 처음으로 수도인 위례성을 유린당하고 광개토왕 앞에서 영원한 노예가 될 것을 서약하는 치욕을 겪었다.

아신왕을 '백제판 고국원왕'으로까지 만들지는 못했지만 광개토왕으로서는 3대째 묵

● 후대 사람들은 흔히 고구려의 전성기에 고구려가 삼국 통일을 이루지 못한 것을 안타까워한다. 만약 광개토왕이 삼국 통일을 이루었더라면 이후 중국에 대한 사대의 역사도 달라졌을 테고, 지금 우리나라의 영토도 더욱 넓어졌으리라는 것이다(신채호나 함석헌 같은 사람들이 대표적이다). 그러나 그건 그야말로 '오늘의 관점'일 뿐이다. 굳이 삼국 통일이라는 용어로 말하자면 광개토왕은 사실 삼국 통일을 이룬 셈이다. 백제와 신라는 모두 고구려를 상국으로 받드는 처지가 되었으니 굳이 더 이상 정벌할 필요가 없었다. 무엇보다도 당시 고구려의 관점에서는 백제와 신라를 고구려와 동급으로 여기지 않았으므로 삼국 통일을 과제로 설정할 이유가 없었다. 광개토왕은 두 나라를 '제후국'쯤으로 여기고 제압하는 선에서 만족했을 것이며, 당시의 정황에서는 당연한 판단이었다. 이런 제국적 관점을 취한 데서도 고구려는 한반도형 왕국이라기보다 중국형 제국에 가까웠다.

은 빚을 후련하게 갚았다. 항복한 적장을 죽일 수는 없는 일, 그는 아신왕의 동생과 대신들을 볼모로 잡아가는 선에서 백제 정벌을 마무리 지었다. 신라를 복속하고 백제의 항복을 받았다면, 이것으로 고구려는 사실상 삼국 통일을 이루었다고 해야 하지 않을까?*

고구려의 대중국 노선

원래 광개토왕은 한반도를 평정하는 것만을 목표로 삼고 있었던 듯하다. 그런데 철갑기병을 주축으로 하는 강력한 군대와 더불어 탁월한 전략적 감각을 지닌 그가 왜 중국 대륙이라는 넓은 천하를 외면했을까? 여기에는 고구려의 역대 대중국 정책이 반영되어 있다. 이참에 이 무렵까지 400년간 고구려가 취해온 대외 노선의 변화를 정리해보자.

　건국 이후 고구려는 우선 생존을 위해 팽창해야 했다. 사방에 고만고만한 부족국가들이 득시글거리는 압록강변에서 탄생한 약소국 고구려는 팽창을 통해 어느 정도의 영토를 확보해야만 존속할 수 있었던 것이다. 동명성왕의 초기 정복 사업이나 대무신왕에서 태조왕에 이르기까지 랴오둥 세력과 다툼을 벌인 것은 그 일환이었다.

　중국에서 후한이 무너지고 랴오둥에 공손씨 정권이 성립했을 때 고구려는 생존을 위한 팽창을 넘어 성장을 위한 팽창의 단계로 접어들었다. 그래서 방어의 차원이 아니라 공격의 차원에서 랴오둥 서쪽을 넘보았다. 하지만 그것은 위나라의 반발을 샀고, 결국 관구검의 침략에 호되게 당하면서 고구려는 사실상 중국 진출의 꿈을 접었다(농천왕의 천도는 그것을 말해준다). 이후 고구려는 랴오둥에 가까운 중국 왕조들에 사신을 보내 조공하면서 서열상의 우위를 인정하는 선에서 화친을 맺고 남쪽 한반도로의 진출을 모색하게 되었다. 이러한 노선 전환의 결실이 미천왕의 낙랑 정복이었고, 그 후유증이 백제의 반발과 고국원왕의 전사였다.

그런데 여기서 주목할 것은 랴오둥이다. 오늘날 중국의 랴오닝성에 해당하는 랴오둥은 태조왕 이래 고구려가 관할했지만 중국에도, 고구려에도 변방인 탓에 완전한 고구려의 영토라고는 볼 수 없었다. 따라서 랴오허遼河 서쪽, 즉 차오양이나 베이징을 중심으로 삼는 중국 왕조가 강성해질 경우에는 고구려가 랴오둥에서 밀려나고, 약한 왕조가 들어설 경우에는 고구려가 랴오둥을 다시 차지하는 식이었다.

특히 중국에서 강력한 통일 제국이 사라지고 분열기가 닥치면서 랴오둥 주변의 국제 정세는 더욱 혼란스러워졌다. 임시 통일 제국이었던 진이 317년에 강남으로 물러가 동진으로 딴살림을 차린 뒤 화북, 즉 북중국 일대에서는 중원 북방의 여러 이민족이 제각기 나라를 세우고 패권 다툼을 벌이기 시작했다. 중국 역사에서 이것은 분열기이지만 문명사적인 관점에서 보면 팽창기이기도 하다. 한 제국 시대 400여 년 동안 정치적 통일과 안정을 이루면서 동시에 쇠락의 길을 걸었던 중국 문명은 분열기를 통해 팽창과 도약을 향한 계기를 맞았다.* 이 시기 변화의 초점은

● 1차 분열기에 해당하는 춘추전국시대에도 그랬던 것처럼 중국은 통일 제국의 시대보다 분열기에 더 큰 발전을 이루었다. 1차 분열기에 유학이라는 정치 이데올로기의 뿌리가 형성되었다면, 2차 분열기에는 이후 중국 역사에 지대한 영향을 미치는 균전제가 생겨나고 과거제가 시행되었다. 그래서 2차 분열기를 사이에 둔 두 통일 제국, 즉 한과 당은 언뜻 비슷해 보이지만 실은 커다란 위상의 차이가 있다. 한은 유학을 공인했을 뿐이지만, 당은 균전제를 조세와 토지제도로 삼고 과거제를 관리 임용 제도로 삼아 한층 업그레이드된 유학 제국을 완성했다(한은 유학을 공인했어도 그것을 뒷받침할 제도적 장치가 미비했기에 외척과 환관 들이 중앙 정치를 주무르는 폐단을 겪을 수밖에 없었다).

북방 이민족들이 중국의 전통적인 한족 문명권에 편입되는 것이었다. 따라서 그 과정에서 북중국의 나라들이 랴오둥을 놓고 고구려와 충돌하는 것은 필연적이었다. 고국원왕이 선비족의 모용씨에게 시달린 것도 바로 그 때문이었다.

그렇다면 광개토왕의 중국관이 어떠했으리라는 것은 짐작하기 어렵지 않다. 그는 랴오둥의 서쪽까지만 중국으로 인정하고자 했다. 당시 지금과 같은 국경선이 있었던 것은 아니지만, 말하자면 랴오둥과 랴오시의 경계인 랴오허를 국경선으로 여긴 것이다. 그는 랴오둥을 고구려의 영토로 인정해주는 중국 왕조라면 어느 나라든 서열상의 우위를 인정하고서라도 우호를 맺을 심산이었다. 백제를 정벌하고 나서 곧바로 중국에 사신을 보낸 이유는 그 때문이었다.

그런데 예상치 않은 문제가 터졌다. 그가 사신을 보낸 중국의 왕조는 30년 전 소수림왕과 친교를 맺은 전진이 아니라 후연後燕이었다. 전진에 멸망당한 모용씨 세력이 권토중래 끝에 다시 전진을 타도하고 연나라를 부활시킨 것이다. 외교 파트너가 갑자기 옛 원수로 바뀌었으니 광개토왕도 떨떠름했을 테고 후연의 왕 모용성慕容盛도 마찬가지 심정이었을 것이다. 아니나 다를까, 모용성은 고구려 사신의 태도가 거만하다는 트집을 잡으면서 400년에 고구려를 공격했다. 물론 숨은 의도는 랴오둥을 고구려에 내주지 않겠다는 것이다.

하지만 모용성의 오만한 행동은 착하게 살아가겠다고 마음먹은 전직 '어깨'의 심기를 건드린 셈이 되었다. 광개토왕은 후연의 침략을 맞받아쳐서 오히려 랴오허를 건너 차오양 인근까지 공략했다. 고구려 역사상, 그리고 한반도 역사상 군대가 랴오허를 넘은 경우는 그것이 처음이었다. 애초부터 랴오둥 확보만을 목표로 삼았던 광개토왕은 고구려의 힘을 한번 시위한 다음 곧바로 철군했지만, 후연은 예상치 못한 고구려의 거센 역공에 심신상의 커다란 충격을 받았다. 문제는 마음의 충격이 워낙 커서 몸의 충격을 간과했다는 점이다. 이후 후연은 두 차례 고구려를 공격했다가 모두 실패하면서 407년에 결국 서쪽에서 일어난 새로운 위나라, 즉 북위에 멸망당하고 만다.

북위는 후연과 같은 선비족이었으나 모용씨와는 씨족이 다른 탁발씨拓跋氏 정권이었다. 단순히 성씨만 다른 게 아니었다. 북위는 이후 6세기 중반까지 100여 년이나 존속하는, 분열기에는 보기 드물게 장수한 왕조가 된다. 북위가 화북의 패자로 오래 군림하면서 랴오둥은 고구려의 영토로 공인되었고, 비로소 고구려의 대중국 노선은 안정을 찾았다. 따라서 이제 고구려는 모든 국력을 남부 전선에 기울일 수 있게 되었다. 그것은 다음 장수왕長壽王(재위 412~491)의 적극적인 남진 정책으로 나타난다.

믿을 건 외교뿐

고구려의 남진 정책이라고 하면 대뜸 장수왕이 떠오르지만 앞서 본 것처럼 고구려가 남쪽의 한반도를 노리기 시작한 시기는 그보다 훨씬 이르다. 일찍이 대무신왕이 랴오둥과 낙랑을 함께 공략한 사실에서도 알 수 있듯이(74쪽 참조), 고구려는 처음부터 서쪽의 랴오둥만이 아니라 남쪽의 한반도도 전혀 소홀히 여기지 않았다. 랴오둥이 생존에 필수적인 비타민이라면, 한반도는 고구려의 성장을 돕는 단백질이다. 그래서 고구려는 늘 중국 방면에 대해서는 방어적인 자세로 일관했고, 남쪽에 대해서는 공격적인 자세를 취했다. 더욱이 낙랑이 멸망하면서 백제와 접경하고, 백제와 신라가 제법 살집이 붙은 고대국가로 성장하자 남쪽을 향한 고구려의 시선은 더욱 탐욕스러워졌다. 고국원왕 이래 고구려가 아직 불안정한 정세에서도 남행길을 서두른 것은 남쪽이 그만큼 탐스러운 먹잇감으로 자라났다는 사실을 반영하는 것이기도 하다. 비록 처음의 예상과는 달리 남쪽은 결코 만만한 곳이 아니라는 게 증명되긴 했지만.

할아버지 고국원왕의 실패를 되풀이할 생각이 전혀 없었던 광개토왕은 백제를 제압해놓고도 남진을 서두르지 않고 일단 대중국 관계를 안정시켰다. 하지만 그가 향하게 될 최종적 방향이 남쪽인 것은 분명했다. 고구려의 그런 낌새를 알아챈 남쪽은 어떻게 대응해야 할까? 고구려가 압박 전술로 나올 것은 충분히 예상되는 상황인데, 이에 대해 백제와 신라의 두 나라는 어떻게 해야 할까? 사정이 다른 만큼 두 나라의 해법은 달랐다.

백제가 선택한 방법은 동맹을 구하는 것이었다. 광개토왕에게 평생 씻지 못할 수모를 당한 아신왕은 차라리 고구려의 고국원왕처럼 전장에서 죽는 편이 낫다고 여겼을지도 모른다. 그러나 죽지 않고 살았으니 광개토왕 앞에서 맹세한 '영원한 노예'가 실제로 되는 것만큼은 피해야 한다. 백제 혼자의 힘으로는 불가능한 일이지만 도움을 얻는 것도 쉽지 않다. 그는 우선 동쪽을 돌아보지만 비류왕 시절에 느슨한 동맹을 맺었던 신라는 이미 고구려에 붙어 있다.

고민하는 아신왕에게 유력한 동맹자로 중국의 동진이 떠오른다. 아닌 게 아니라 동진과 백제의 관계는 각별한 데가 있다. 379년에 할아버지 근구수왕近仇首王(재위 375~384)이 처음 인사를 텄고, 아버지 침류왕枕流王(재위 384~385) 때는 마라난타摩羅難陀라는 승려가 와서 백제에 처음으로 당대의 첨단 문명인 불교를 전했다. 이때가 384년, 고구려보다 12년 늦었지만 고구려는 북중국의 전진으로부터 불교를 수입한 데 비해 백제는 그와 별도로 남중국 동진의 불교를 수입한 만큼 고구려에 뒤질 게 없다.

더욱이 당시 극동의 불교는 호국 불교였으므로 국가 종교로 전혀 손색이 없었다. 고구려에서나 백제에서나 불교가 처음부터 왕실의 적극적인 지원을 얻었던 이유는 바로 그 점에 있었다.* 그러나 선진 문물까지는 수입할 수 있어도 동진에는 더 이상 기대할 게 없었다. 당시 동진은 남중국에서도 이미 저물어가는 해였으며(동진은 얼마 뒤인 420년에 멸망한다), 북중국의 강성한 '오랑캐' 나라들에 비해 약해빠진 한족 왕조였으니 백제에 당장 절실히 필요한 물리력의 지원을 얻기란 불가능했다. 따라서 아신왕은 다른 조력자를 구해야 했다.

그다음 후보로 떠오른 것은 일본이다. 근초고왕 때 서로 안면을 익혔다가 한동안 잊고 지냈지만 현재의 위기를 타개하는 데 유일하게 도움을 얻을 수 있는 세력은 일본뿐이다. 해답을 찾았다 싶은 아신왕은 황급히 397년에 일본과 정식 수교를 맺기로 했다. 태자까지 일본에 볼모로 보낼 정도였으니 그의 다급한 심정을 충분히 읽을 수 있다. 이후 백제와 일본은 여러 차례 사신을 주고받으면서 돈독한 우애를 다졌다.

● 불교의 발생지는 인도였으나 기원전 2세기에 마우리아 제국이 붕괴한 이래 인도는 오히려 전통적인 힌두교로 복귀했고, 불교는 동쪽으로 터전을 옮겼다. 하지만 불교를 수용하는 양상은 오래전부터 정치체제가 확고한 동북아시아와 그렇지 못한 동남아시아가 달랐다. 소승불교 계열이 전래된 동남아시아에 비해 대승불교 계열에 속하는 동북아시아의 불교는 역사적 상황과 맞물려 호국 불교의 성격을 강하게 지니게 되었다. 다만 일본의 경우는 호국 불교 외에 밀교와 선불교의 계통도 전해졌으며, 이후에도 독자적인 종파가 생겨날 정도로 한반도에 비해 훨씬 다양했다.

가야의 운명　삼국시대 초기, 그러니까 사진에 보이는 함안 말이산 고분군에 가야의 왕들이 묻힐 때만 해도 가야는 백제, 신라와 견줄 만한 국력을 자랑했다. 그러던 가야가 몰락한 이유는 일찍부터 해상 진출에 주력하느라 상대적으로 육로로의 영역 확장을 게을리 한 탓이다. 철광산이 많고 바다에 면해 있다는 이점이 오히려 발전을 가로막는 질곡이 된 셈이다. 하지만 그런 지리적 여건 덕분에 가야는 일찌감치 한반도 바깥의 문명을 접했으며(불교도 삼국보다 먼저, 그것도 인도로부터 직수입했다는 설이 있다), 일본과도 교역을 할 수 있었다. 가야가 한반도와 일본을 잇는 가교의 역할을 하게 된 것은 그 때문이다.

비록 두 나라의 거리는 상당히 멀지만 가야라는 징검다리가 있어 국제 관계를 유지하는 데는 별 무리가 없었다. 당시 가야는 마치 오늘날의 자유무역항과 같은 일본 전용 무역 기지를 두고 일본과 활발한 무역을 벌이고 있었는데, 특히 백제와 일본을 이어주는 중계무역이 전문이었다.** 백제는 일본의 물리적인 도움이 필요하고 일본은 백제의 문화적인 도움이 필요하다. 이렇게 서로 부족한 점을 메워주는 관계야말로 가장 바람직스러운 게 아닐까?

하지만 그 바람직스러운 관계로도 고구려의 기세를 막지는 못했다. 399년 아신왕은 일단 고구려 측에 달라붙은 신라를 응징하

●● 이 때문에 식민지 시대 일본의 역사학자들은 고대에 일본이 한반도 남부를 지배했다는 논리를 폈다. 이른바 임나일본부설(任那日本府說)이라는 것인데(임나란 금관가야를 가리킨다), 가야가 일본이 한반도를 지배하기 위한 전진기지였다는 주장이다. 하지만 그것은 가야에 일본과 거래하던 무역 기지가 있었다는 사실을 일본의 입장에서 확대, 왜곡한 논리였기에 곧 설득력을 잃었다. 그런데 중국을 대상으로 그런 억지 논리를 주장하는 국내 일부 역사학자들도 있다. 이를테면 백제가 산동을 비롯한 중국 일부 지방에 무역 기지를 가지고 있었다는 사실을 확대, 왜곡해 백제가 마치 중국 동해안을 지배하고 황해 무역을 독점한 것처럼 주장하는 것이다. 대상만 바뀌었을 뿐 임나일본부설과 다를 게 없다.

기 위해 일본과 가야까지 총동원해 연합군을 편성했다. 그러나 내물왕의 SOS 타전을 받은 광개토왕이 5만 명의 대군을 보내는 바람에 아신왕은 분루憤淚를 삼켜야 했다. 게다가 백제와의 연고 때문에 할 수 없이 출병한 가야는 내친김에 본토까지 밀고 내려온 고구려군에 의해 된서리를 맞고 말았다(이것을 계기로 가야는 국력이 약화되기 시작해서 나중에는 신라에 병합된다). 불굴의 아신왕은 404년에 왜군과 함께 대방의 수복을 꾀하나 또다시 실패하고 그 이듬해 짧지만 파란만장한 재위 기간을 마감했다. 제갈량의 시대에 태어난 주유와 같은 심정이었을까? 아니면 불과 한 세대 전 증조할아버지(근초고왕)에게 자신과 똑같이 당한 고구려 고국원왕에게 동병상련을 느꼈을까?

그래도 아신왕은 자신의 죽음으로 백제에 한 가지 선물을 남겼다. 그의 죽음은 일본과의 관계를 돈독하게 하는 계기가 되었기 때문이다. 물론 아신왕이 의도한 것은 아니다. 태자를 일본에 보낸 탓에, 아신왕이 죽자 일단 태자가 귀국할 때까지 아신왕의 동생인 훈해가 섭정을 맡았다. 그런데 왕위에 뜻을 품은 막내 동생 설례가 훈해를 죽이고 조카가 계승할 지위를 찬탈하는 사건이 일어났다. 그 소식을 듣고 급거 귀국하는 태자에게 일본 왕은 100명의 군사를 붙여주었다. 태자가 일단 사태를 관망하기 위해 해안 부근의 섬에서 대기하고 있던 중 쿠데타에 반대하는 대신들은 역쿠데타를 일으켜 설례를 죽였다. 이리하여 태자는 어렵사리 왕위

를 되찾고 전지왕腆支王(재위 405~420)이 되었는데, 자신을 보호해
준 일본에 고마움을 느낀 것은 당연하다. 이래저래 백제와 일본은
더욱 가까워질 수밖에 없다. 뒤늦게 중국의 동진은 전지왕을 책봉
한다느니 하면서 수선을 떨었으나 백제가 더욱 친밀감을 느끼는
나라는 중국이 아니라 일본이다.•

　그럼에도 불구하고 백제는 중국에 대해 깍
듯한 예의를 잃지 않았다. 일본이 허물없는
친구라면 중국은 부모로 받드는 셈이다. 현
실적으로는 친구가 더 큰 도움이 되지만 필
요가 없다고 해서 부모를 버리는 사람은 없
다. 장차 한반도 역사 1500년을 좌우할 사
대事大라는 독특한 대중국 관계는 여기서 싹
튼다. 이 점에 관해서는 고구려도 마찬가지
고 나중에 신라는 그보다 한술 더 뜨게 된다.
민족적 혈통과 언어가 판이하게 다른 나라
를 단지 큰 나라라고 해서 정성껏 섬기는 사
례는 세계사적으로도 대단히 드물다(중국 주
변의 민족들은 모두 중국 중심의 국제 질서를 인정
했으나 한반도 왕조들처럼 충성을 바치진 않았다).
동진이 곧 무너지고 남중국의 주인이 송宋으
로 바뀐 다음에도 백제의 사대는 변하지 않
았다. 적어도 곧이어 장수왕의 고구려 군대
가 코앞에 닥칠 무렵까지는.

• 416년에 동진의 안제(安帝)는 전지왕에
게 '使持節都督百濟諸軍事鎭東將軍百濟
王'이라는 거창한 직책을 내렸는데, 쉽게 말
하면 '중국의 동쪽 변방을 담당하는 책임자'
라는 뜻이다. 백제에 필요한 군사적 도움을
주기는커녕 정치적 영향력조차 제대로 행사
하지 못하는 상황에서, 그것도 북중국의 '오
랑캐'들로부터 자신의 안위마저 제대로 보
전하지 못하는 상황에서 백제왕에게 그런
'벼슬'을 내렸으니 중국 황제의 배짱(?)도 어
지간하다 하겠다. 현실이 어떠하든 명분상
으로 서열을 정하는 것, 이것이 바로 앞서
말한 중국 한족 왕조의 고유한 중화사상이
며, 유학에서 비롯된 정치 이데올로기다. 당
시 중국의 왕조들은 자신의 영향력 확대를
위해 한반도의 군주들에게 관작을 주고 책
봉했다. 참고로, 고구려 광개토왕은 400년
에 후연의 왕에게서 '平州牧遙東帶方二國
王'으로 책봉되었고, 435년 장수왕은 북연
에 스스로 책봉을 청해서 '都督遙海諸軍事
征東將軍領護東夷中郞將遙東郡開國公高
句麗王'이라는 직책을 얻었는데, 뜻은 전지
왕의 직함과 비슷하다.

뭉쳐야 산다

신라는 백제와 달리 부모처럼 받들어 섬길 나라도, 형제처럼 허물
없이 지낼 나라도 없었다. 신라는 아직 중국과 교류할 통로조차
확보하지 못했고, 가야와 일본은 백제 측으로 노선을 정했기 때문
이다. 지리적으로 보면 신라도 응당 이웃인 백제에 접근해야 하겠
지만 백제는 건국 초부터 동진 정책으로 신라를 정복하려 한 탓
에 오랜 앙숙이 되어 있었다.

《삼국사기》〈유례왕 조〉의 기사에는 백제에 대한 신라의 증오
를 여실히 보여주는 장면이 있다. 295년 왜구가 해안을 자주 침
략하므로 신라 왕실에서는 백제와 연합해 일본을 쳐들어가는 게
어떻겠느냐는 논의가 있었다(당시에 말하는 일본은 전통적으로 왜구
의 본거지였던 쓰시마를 가리킨다). 이때 홍권이라는 자가 나서서 "백
제는 거짓이 많고 항상 우리나라를 삼키려는 마음이 있으므로 더
불어 꾀를 같이하기 어렵다."라고 말하자 유례왕이 맞장구를 치며
그 계획을 포기한다. 당시에는 백제와 일본이 찰떡궁합을 이루기
전이므로 신라가 백제와 힘을 합쳐 일본을 공격하는 전략은 충분
히 가능했다. 그러나 이미 그때부터 신라는 백제를 거짓이 많고
믿을 수 없는 나라라고 여겼던 것이다.

때로는 이해관계보다 더 앞서는 게 감정이
다. 백제에 대한 신라의 감정이 그 정도였다
면 내물왕이 고구려 고국양왕에게 조카인 실
성을 볼모로 보내면서까지 고구려와 손을 잡
으려 한 심정도 충분히 이해할 수 있다.* 백
제를 경계한다면 진작부터 고구려에 접근했

● 내물왕에게는 더 좋은 '볼모감'인 아들
눌지가 있었지만 나이가 너무 어렸거나 당
시 아직 태어나지 않았던 듯하다. 실성왕이
즉위하는 402년에도 눌지는 나이가 어려
즉위하지 못했다고 되어 있기 때문이다. 하
지만 실성이 나중에 내물왕에게 좋지 않은
감정을 품은 것을 감안한다면, 혹시 거기에
는 모종의 음모가 있었을지도 모른다.

어야 하겠지만, 그렇게 하지 못한 데는 이전까지 신라의 왕권이 일관된 대외 정책을 추진하지 못할 만큼 강력하지 못한 탓도 있었을 것이다. 실제로 미추왕 이래 100년 만에 두 번째 김씨 왕으로 즉위한 내물왕이 47년간 재위하면서 비로소 신라의 왕계는 김씨로 고정되었다.

고구려에 붙기로 한 내물왕의 외교 노선은 대단히 시의적절했다. 그 이듬해 광개토왕이 즉위하면서 백제가 풍전등화의 위기에 몰릴 때 신라는 유유히 휘파람을 불 수 있었으니까. 그러나 내물왕은 치국에서는 성과를 올렸어도 제가에 관한 한 실패했다. 세 아들 모두 나이가 어려 왕위를 잇지 못한 것은 그가 알고 있었던 실패이나, 죽을 때까지 몰랐던 실패도 있다. 고구려에 볼모로 갔던 실성이 돌아와 왕위를 이은 것이 그것이다.

실성왕實聖王(재위 402~417)으로서는 아무리 나라 사정상 어쩔 수 없었다 해도 자신을 적지로 보낸 삼촌이 밉지 않을 수 없고, 따라서 삼촌이 남긴 사촌 동생들도 곱게 보일 리 없다. 그래서 그는 그중 막내인 미사흔을 일본에, 둘째인 복호를 고구려에 각각 볼모로 보냈다. 그렇다면 맏이인 눌지에 대한 처우가 더욱 가혹하리라는 것은 불을 보듯 뻔하다. 하지만 눌지 역시 사촌형의 음모를 눈치채지 못할 리 없다. 실성은 아예 눌지를 살해함으로써 후환을 없애려 했는데, 결과적으로 그것은 개인적으로 큰 실수였고 나라로서는 큰 이바지였다. 그 기회를 역이용해 눌지는 실성을 죽이고 왕위에 올랐다. 이 신라 역사상 최초의 쿠데타로 눌지는 42년을 재위하면서 아버지에 뒤이어 뛰어난 외교적 성과를 이루게 된다(눌지의 아내는 실성의 딸이니까 눌지는 사촌형이자 장인을 죽인 셈이 되는데, 당시에는 왕실의 족내혼이 이루어졌으므로 장인-사위 관계가 그다지 유별날 게 없었다).

아버지 내물왕과 달라진 것은 협상의 파트너다. 아버지와 달리 눌지왕訥祗王(재위 417~458)은 고구려를 안식처로 여기지 않았고 지속적인 파트너로 믿지도 않았다. 실성을 죽이고 왕위에 오른 쿠데타에는 고구려 측의 지원이 있었으므로 눌지왕은 즉위 초기에 고구려에 대해 사대의 자세를 취했으나 어디까지나 전략일 뿐 진심은 아니었다.

사실 신라를 '파트너'로 생각하지 않은 것은 고구려도 마찬가지였다. 고구려에 신라는 좋게 말해 보호령일 따름이었으니까. 광개토왕이 백제와 가야, 일본 연합군을 물리쳐준 이래 고구려는 신라에 상주군을 주둔시키고 있었다. 현대사로 비유하면 1945년 남한에서 '점령국' 행세를 톡톡히 한 미군의 지위나 다름없었다. 미군정청 지배기에 이승만이 미군과 한편으로 협력하면서 다른 한편으로 미군을 이용해 자신의 정치적 입지를 강화했듯이, 1500년 전 신라의 눌지왕도 고구려를 적당히 섬기면서 은근히 독자 노선을 구축하고자 했다. 대통령과 왕은 둘 다 권력의 정점에 있지만 공화국과 왕국은 엄연한 차이가 있다. 권력욕에 눈이 먼 대통령 이승만은 집권 연장을 위해 끝내 독자 노선을 거부했으나, 신분상 권력을 보장받고 있었던 국왕인 눌지는 적극적인 합작을 통해 고구려의 그늘에서 벗어나고자 했다.

애초부터 눌지왕이 염두에 두고 있었던 합작 파트너는 놀랍게도 백제였다. 유례왕의 경우에서 보듯이 신라의 역대 어느 왕도, 심지어 백제 비류왕과 잠정적인 우호를 도모한 흘해왕조차도 백제를 정식 동맹자로 여기지는 않았으니, 그 점에서 눌지는 대단히 혁신적인 사고를 했던 듯하다. 더구나 백제와 파트너가 되면 당시 신라를 그악스럽게 괴롭히던 일본과의 관계에서도 진전을 볼 수 있을 테니, 그는 그것까지 계산에 넣었을 것이다.

그러나 눌지에게는 백제에 접근하기 전에 먼저 해결해야 할 개인적인 문제가 있었다. 그것은 바로 실성왕 때 고구려에 볼모로 간 동생 복호를 데려오는 일이었다. 즉위하자마자 그 일을 추진한 배경에는 필경 고구려와 인연을 끊겠다는 눌지의 장기적인 복안이 숨어 있었을 것이다. 그 과정에서 눌지는 '덤'으로 일본에 볼모로 잡혀 있던 막내 미사흔도 귀국시켜 눈물 어린 형제 상봉을 누렸으나 그 대신 어느 집안은 풍비박산이 나야 했다. 영리한 계략으로 복호와 미사흔을 돌려보낸 충신 박제상朴堤上이 일본에서 참혹하게 죽었고 그의 부인은 망부석이 되고 말았던 것이다.

시대를 초월한 도덕 왕을 위해 자신을 희생한 박제상의 충성심은 그의 가족에게는 비극을 안겨주었지만 후대인들에게는 깊은 감동을 주었다. 그림은 조선 후기의 《오륜행실도(五倫行實圖)》에 수록된 박제상의 이야기다. 대부분이 중국인들로 채워졌는데 박제상이 당당히 있는 것을 보면 충성심은 시대를 초월한 도덕인 모양이다. 하기야, 그렇게 헌신적인 충성을 마다할 왕이 어디 있을까?

다행히 뭉치면 산다는 것은 눌지왕만의 생각이 아니었다. 고구려 장수왕이 남진을 결행한다면 그 대상은 신라만이 아니라 백제도 포함된다. 오히려 전력이 있었던 백제는 더 크게 화를 입을 가능성이 짙다. 그래서 백제의 비유왕毗有王(재위 427~455)은 즉위하자마자 다방면으로 동맹을 꾀하는데, 먼저 전통적인 우호 관계에 있는 일본에, 그다음에는 아직 신생국이지만 동진에 뒤이어 중국 강남의 지배자가 된 송과 차례로 우의를 다지고, 433년에는 신라에 화해의 손짓을 보낸다. '불감청不敢請이언정

고소원固所願'이라는 말은 바로 눌지왕의 심정이다. 그렇잖아도 고구려의 우산 밑에서 나오면 백제밖에 의지할 대상이 없었던 눌지왕은 비유왕이 내미는 손을 덥석 움켜쥔다.

이것이 후대에 나제동맹羅濟同盟이라고 알려진 사건인데, 사실 그 배경이나 과정에서 보듯이 그것은 대등한 관계에서 맺어진 동맹이라 부르기는 어려운 것이었다. 백제는 남조의 송을 비롯해 일본, 가야와 두루 연대하고 있었으니 신라와의 동맹은 그 연대의 사슬 중 하나의 고리일 뿐이지만, 신라의 입장에서는 백제만이 유일한 연대의 대상이기 때문이다(게다가 신라는 백제의 다른 파트너들과는 사귀지 못했다. 그래서 나제동맹을 맺고 나서도 신라는 일본에 대규모 침략을 당한다). 이는 당시 한반도 남부의 정세에서 백제와 신라의 위상 차이가 현격했음을 말해준다. 따라서 고구려의 목표도 역시 신라가 아니라 백제가 될 것은 당연하다. 비록 신라가 고구려의 우산에서 벗어났지만 고구려는 동남부의 약소국인 신라에는 눈길조차 주지 않는다. 남진의 채비를 마친 장수왕의 일정표에는 오직 백제를 정벌하는 것만이 들어 있을 뿐이다.

남진하는 고구려

정복 군주란 원래 요절하는 걸까? 서른셋에 죽은 마케도니아의 알렉산드로스처럼 광개토왕도 서른아홉의 젊은 나이에 죽었다. 비록 정복의 규모로 보면 6세기 전의 선배인 알렉산드로스에 비교할 바가 못 되지만, 광개토왕도 짧은 생애 동안 이룰 수 있는 모든 정복을 이루었다. 그러나 닮은 점은 여기까지다. 알렉산드로스가 죽자마자 그의 세계 제국은 순식간에 후계자들에 의해 세 개의 헬레니즘 왕국으로 쪼개졌지만 광개토왕은 훨씬 든든한 후계자를 두었다. 그의 아들 거련은 아버지가 외형적으로 성장시킨 나라에 확고한 토대를 놓았으며, 무려 79년 동안 재위하면서 아흔여덟 살까지 살아 여러모로 요절한 아버지를 섭섭하지 않게 했기 때문이다. 오죽하면 묘호가 장수왕이었을까?

앞서 보았듯이 2세기 왕들의 특별한 장수 기록에 의문이 있음을 감안한다면, 장수왕은 실질적으로 한반도 역사상 가장 오래 산 왕이다. 491년 그가 죽었을 때 북위의 효문제孝文帝는 그의 장수와 업적을 기려 직접 베옷을 입고 애도식을 거행할 정도였다(효문제는 획기적인 토지제도인 균전제를 실시한 황제로 중국사에서 이름이 높다).

412년에 즉위한 장수왕은 우선 이듬해에 아버지의 위덕을 기리는 광개토왕릉비를 세워 광개토왕의 뜻을 따를 것을 다짐하는 것으로 오랜 치세를 시작했다(1500년 뒤에야 한반도인들에게 그 비의 존재가 알려지게 될 줄 미리 알았더라면 비문을 새기고 비석을 세우는 그의 마음도 착잡했으리라). 흔히 그는 백제와 신라에 대한 압박 전술을 구사했다는 점에서 중국 방면으로 화려하게 진출한 광개토왕의 유지를 받들지 못했다는 평가를 받지만, 맨 먼저 광개토왕의 공적비를 세운 것에서 보듯이 장수왕은 아버지의 의도를 잘 이해했고 거의 그대로 따랐다. 광개토왕이 더 오래 살았다 해도 랴오둥 사태가 해결되고 나면 곧바로 남진에 나섰을 테니까.

하지만 장수왕은 마치 자신이 앞으로 장수하리라고 예상한 것처럼 신중하고도 느긋한 행보를 보였다. 아버지의 치세에 매듭이 지어진 랴오둥 문제에 대해서도 그는 쉽게 손을 떼지 않고 좀 더 소유권을 확실히 다지고자 했다. 전쟁의 시대가 끝났으니 그 방법은 외교다. 장수왕은 고구려의 전통적 수교 대상인 북중국을 넘어 멀리 남조의 동진까지 외교의 손길을 뻗쳤다. 일단 형식적으로는 조공이었으나, 한족 왕조마저 고구려가 내미는 손을 거절하지 못한 데는 광개토왕 대에 일구어놓은 고구려의 든든한 국력이 크게 작용했다.[*] 동진이 멸망하자 장수왕은 그 뒤를 이은 송에 다시 조공했다. 이렇게 북조의 북위, 남조의 송과 두루 우호를 다짐으로써 고구려는 남진을 위한 모든 채비를 마쳤다.

고구려의 남침 의도가 점점 가시화되자 다급해진 것은 물론 백제다. 광개토왕 때 역전된 이래 백제는 한 번도 단독으로 고구려와 맞붙어 승리할 수 있다는 자신감을 품어본 적이 없었다. 따라서 아신왕 이후로 전지왕 - 구이신왕 - 비유왕의 치세 50여 년 동안 백제의 국가적 고민은 늘 고구려의 남침이었다. 나름대로 대비는 했지만 아무래도 힘이 부치는 것은 누가 보아도 명백했다. 따라서 백제 왕실이 기댈 것은 오로지 외교, 즉 어떻게든 동맹을 확대하는 것뿐이었다.

비유왕의 아들 개로왕蓋鹵王(재위 455~475)은 마지막 외교로 다가올 국난을 극복하고자 했다. 그것은 바로 고구려의 후원자인 북위와 접촉하는 것이었다. 장수왕이 남조에까지 접근한다면 나는 북조와 손을 잡으리라. 남조의 송은 일단 구워삶았으니 고구려의 흔들기 작전에 말려들지 않을 것이다. 북위마저 백제의 편으로 만

● 중국의 역대 왕조. 특히 화북에 터를 잡은 나라들에는 늘 고구려가 눈엣가시일 수밖에 없으니까 대중국 관계가 완전히 안정되기는 어려웠다. 그 무렵 북위와 고구려의 관계를 보여주는 일화가 하나 있다. 466년 북위의 헌문제는 장수왕에게 딸을 자신의 후궁으로 바치라고 명했다. 그러자 장수왕은 조카딸을 대신 보내겠노라고 대답했는데, 이후 북위가 연나라를 칠 때도 정략결혼으로 우호를 다지는 척하다 기습 공격을 했다는 사실을 알게 되자 마음을 바꾸어먹고 조카딸이 죽었다고 통보했다. 뻔한 거짓말에 헌문제는 대노했으나 별다른 조처를 취하지는 못했다. 당시 북위는 부쩍 성장한 고구려를 껄끄럽게 여겼고, 고구려는 비록 북위의 조공국이지만 호락호락하지 않은 자세를 보였다. 그러나 현대 이전까지 한반도 역사상 중국과 호각지세를 보인 것은 그것이 마지막이었다.

들 수만 있다면 고구려의 의도는 불발에 그칠지도 모른다.

472년, 드디어 개로왕의 간절한 염원을 담은 서신이 뱃길로 북위에 전달된다. 그러나 당시 북위의 황제가 장수왕과 마찰을 빚었던 헌문제에서 불과 3년 전에 그 아들인 효문제로 바뀌었다는 사실은 일단 개로왕의 전망을 어둡게 만드는 조짐이다. 아니나 다를까 "고구려가 길을 막고 있어 대국을 섬기고자 하는 사무치는 정성을 달랠 길이 없다."라는 사뭇 감동적인 탄원에도 불구하고, 효문제는 "고구려가 본국을 섬긴 지 오래도록 별다른 결례를 한 일이 없으니 어찌 고구려를 정벌하겠느냐."라며 오히려 사이좋게 지내라고 개로왕을 타이른다. 효문제의 진의는 고구려가 백제를 정벌하는 것을 승인하겠다는 것이다. 결국 뜻을 이루지 못한 개로왕은 북위에 대한 미련을 버리고 조공도 끊어버렸다. 마치 그러기를 기다렸다는 듯이 그로부터 3년 뒤 장수왕은 3만 명의 군사를 거느리고 남침을 개시했다.

대병력은 아니었지만 백제는 철기병을 위주로 한 고구려의 정예군을 막을 힘이 없었다. 앞에서 본 것처럼 근초고왕은 고국원왕을 죽이고 고구려의 보복을 걱정해 산속에 도성을 쌓아 대비했으나(남한산성) 그 조상의 슬기조차 백제의 운명을 건져주지는 못했다. 오히려 근초고왕은 후손에게 복을 베풀기는커녕 화를 심어놓은 것인지도 모른다. 성문이 불타는 것을 보고 개로왕은 뒷문으로 달아나다가 고구려의 추격군에게 잡혀 백제를 버린 매국노들의 손에 살해되고 말았으니까.**

이것으로 장수왕은 증조할아버지 고국원왕의 원한을 풀었다. 그러나 그보다 더 중요한 사실은 그것으로 고구려와 백제 두 나라의 역관계가 완전히 결정되었다는 점이다. 이 점은 두 나라의

●● 이 대목에서 고대의 유명한 설화 가운데 하나인 승려 도림(道琳)의 이야기가 등장한다. 장수왕은 백제를 침공하기 전 도림을 첩자로 보내 백제 궁실에 잠입시켰다. 도림은 고구려에서 죄를 짓고 도망해온 것처럼 위장하고 개로왕과 바둑 친구가 되어 환심을 산다. 그러고는 개로왕에게 백제의 도성은 하늘이 내린 지세이니 걱정할 것 없다면서 왕궁을 확장해 위세를 과시해야 한다고 부추긴다. 이 이야기가 사실이라면 백제가 몰락한 직접적인 원인은 무리한 축성 사업으로 방어망이 약해진 데 있을 것이다. 아울러 그것을 유발한 장수왕의 첩보전도 주목할 만하다. 그러나 지금까지 보았듯이 고구려의 남진은 이미 수백 년 전부터 예고되어 있었고, 역사적 필연성을 가지고 있었으니, 그 이야기는 실제든 아니든 일화에 불과하다.

건국 이후 500년간의 관계를 정리해보면 쉽게 알 수 있다. 건국 이후 두 나라는 400년 가까이 지나도록 낙랑을 사이에 두고 있어서 직접 조우할 기회가 없었다. 그러다 완충지가 사라지자 두 나라는 곧바로 접경하게 되었는데, 불행히도 그 결과는 교류가 아니라 전쟁이었다. 첫 번째 싸움은 예상과 달리 백제의 완승이었으나, 그것은 다분히 고구려가 대중국 관계에 주력하느라 남부 전선에 전력을 다할 수 없었기 때문이다(근초고왕은 그 점을 알았기에 승리한 뒤에도 고구려의 침략을 걱정했던 것이다). 중국은 여전히 분열 상태였지만 강남보다 훨씬 혼란스러웠던 화북에서 북위가 패자로 발돋움하면서 어느 정도 질서가 잡히기 시작했다. 북위는 고구려에 랴오둥의 소유를 인정해주었고 그 대가로 고구려는 북위의 상위 서열을 받아들였다(그런 관계였으니 개로왕이 북위에 접근하려 한 것은 애초부터 무리였다). 그 결과 고구려는 오래전부터 꿈꿔오던 남진에 전력을 기울일 수 있었던 것이다.

고구려는 건국 이후 최대의 프로젝트를 성공시킨 것이지만, 백제는 반대로 건국 이후 최대의 수난을 당했다. 다행히 개로왕은 도성의 몰락을 눈앞에 두고 사직을 보존하기 위해 아들 문주에게 어서 도망쳐 신라에 도움을 청하라고 했는데, 때마침 그 기지를 발휘하지 못했더라면 백제는 지도에서 완전히 지워졌을 것이다. 문주는 신라에서 1만 명의 병력을 빌려 황급히 돌아왔으나 이미

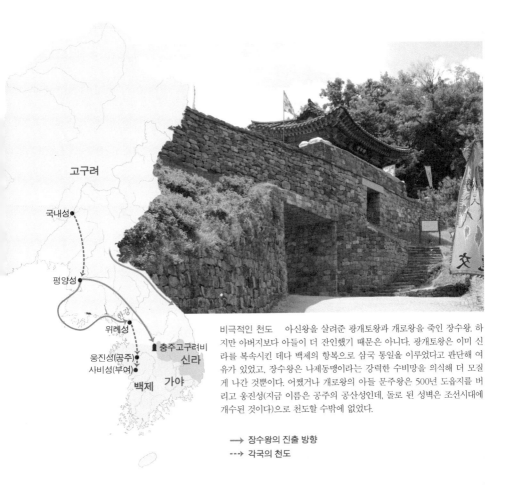

고구려

국내성

평양성

위례성

웅진성(공주)
사비성(부여)

충주고구려비

백제 신라

가야

비극적인 천도 아신왕을 살려준 광개토왕과 개로왕을 죽인 장수왕. 하지만 아버지보다 아들이 더 잔인했기 때문은 아니다. 광개토왕은 이미 신라를 복속시킨 데다 백제의 항복으로 삼국 통일을 이루었다고 판단해 여유가 있었고, 장수왕은 나제동맹이라는 강력한 수비망을 의식해 더 모질게 나간 것뿐이다. 어쨌거나 개로왕의 아들 문주왕은 500년 도읍지를 버리고 웅진성(지금 이름은 공주의 공산성인데, 돌로 된 성벽은 조선시대에 개수된 것이다)으로 천도할 수밖에 없었다.

⟶ 장수왕의 진출 방향
⤑ 각국의 천도

아버지는 죽고 성은 무너진 상태였다. 다만 한 가지 좋은 점은 고구려군이 물러갔다는 것인데, 장수왕은 도성을 유린한 것으로 백제가 완전히 멸망했다고 본 듯하다.•

고구려군이 철수했다 해도 문주왕文周王(재위 475~477)은 죽은 아버지의 왕위만 이었을 뿐 원래의 도성을 회복할 자신이 없었다. 대규모 건설 사업을 벌일 처지도 아니려니와 여기서 얼쩡거리다

● 오늘날 영토 국가의 개념으로 보면 장수왕이 철군을 한 것은 이해할 수 없는 일이다. 그는 왜 백제의 뿌리마저 잘라버리지 않았을까? 그러나 당시 고구려나 백제는 완전한 영토 국가가 아니었다. 쉽게 말해 '국경선'이라는 분명한 울타리를 두른 게 아니었다. 백제의 도성이 산속에 있는 데서 알 수 있듯이, 삼국시대의 국가들은 '선' 개념의 국가라기보다 성곽을 중심으로 하는 '점' 개념의 국가였다. 그러므로 장수왕은 백제의 수도라는 중요한 '점'을 제거한 것으로 백제를 멸망시켰다고 믿었고, 실제로 그렇게 볼 만한 근거가 충분했다. 그는 이후의 백제를 잔존 세력이 세운 '지방정권'에 불과하다고 여겼을 것이다. 선 개념의 국가가 아니었기에 변방에 지방정권이 성립하는 것까지 막을 수는 없었고, 또 그럴 필요도 없었다.

●● 일설에 따르면 그 무렵 백제 지배층의 일부가 대규모로 일본으로 건너가 야마토 정권의 성립에 기여했으며, 따라서 일본 천황계의 혈통에 백제인의 피가 섞여 있다고 한다. 당시 백제와 일본의 관계를 감안하면 충분히 가능성이 있는 이야기다.

가는 언제 다시 장수왕의 철퇴를 맞을지 몰랐다. 그래서 그는 남은 무리를 이끌고 남쪽으로 멀리 내려가 오늘날 충청남도 공주에 해당하는 웅진에 새 둥지를 틀었다. 일부 역사가들은 이것을 원래의 백제와 구분해 웅진 백제라고 부른다.●●

6장

진짜 삼국시대

기묘한 정립

장수왕의 백제 정벌로 한반도의 서열이 명확해졌다. 고구려는 충청도 일대까지 영역을 넓혀 명실상부한 한반도의 지배자가 되었고, 대외적으로는 북중국의 패자인 북위와 한층 돈독해진 우호 관계를 유지했다. 북위의 효문제는 고구려의 힘을 인정하는 것을 넘어 개인적으로 장수왕에 대한 존경심도 있었던 듯하다(그의 나이는 장수왕보다 한 세대쯤 아래였다). 비록 서열상으로는 고구려가 북위를 받드는 입장이었으나 효문제는 특히 고구려에 대한 안배에 신경을 썼다. 당시 북위의 황실에 오는 사신들의 공식 서열을 보면, 강남의 왕조인 제齊(479년 송이 멸망하면서 강남의 남조는 제로 바뀌었다. 그래서 남제라고도 부른다)의 사신이 서열 1위였고, 2위는 단연 고구려였다.

충청도의 고구려 비석 아이 둘이 어른 하나를 당하지 못하듯이, 나제동맹은 장수왕의 강력한 압박 전술을 막아내지 못했다. 백제가 웅진으로 도읍을 옮기면서 고구려는 한반도 중부까지 손에 넣었고 명실상부한 한반도의 대표자가 되었다. 사진은 1979년 충주에서 발견된 충주고구려비인데, 약 400개의 문자들로 그 시대의 한반도 사정을 전하고 있다. 남한에 있는 드문 고구려 유적 가운데 하나다.

잘나가는 고구려, 예나 지금이나 기득권자의 단골 메뉴는 '현상 유지'다. 중국의 남북조 모두로부터 한반도의 단독 패자임을 공인받은 고구려는 거의 매년 북조와 남조에 조공을 보내 '이대로 영원히!'를 외쳤다.

한편 고구려의 남진으로 반도 남부까지 밀려난 백제와 신라는 옹색한 처지나마 그럭저럭 명맥을 유지하고 있었다. 주목할 것은 두 나라의 위상이 종전과 판이하게 달라졌다는 점이다. 불과 50년 전 나제동맹을 맺을 무렵까지만 해도 신라는 동맹 파트너라는 표현이 무색할 만큼 백제에 여러모로 뒤처졌다. 강역에서도 신라는 아직 오늘날 경상북도에 국한되어 있었으니 경기도에서 전라남도까지 차지한 백제에 미칠 바가 못 되었고, 국제 관계에서도 신라는 오로지 백제만을 동맹자로 삼고 있었으나 백제는 남중국과 일본, 가야와 두루 교류하는 국제적인 대국이었다. 그러던 관계가 대뜸 대등해진 것은 신라가 성장했기 때문이 아니라 전적으로 백제가 몰락한 탓이었다.

물론 신라도 동맹국 백제가 고구려에 당할 때 손을 놓고 놀고 있었던 것은 아니다. 나제동맹이 맺어진 이후 신라는 동해안을 그악스럽게 침탈하는 왜구에 시달리는 가운데서도 고구려의 침략에 대비해 축성을 게을리하지 않았다(《삼국사기》에는 장수왕의 백제 침략이 있기 직전까지 신라가 4년 동안 여덟 개 이상의 성을 집중적으로 쌓았다는 기사가 나온다). 신라가 백제와 같은 화를 입지 않을 수 있었던 것은 오로지 장수왕의 일정표에 백제를 정벌하는 것만이 올라 있었기 때문이다. 백제의 구원 요청에 신라는 성의껏 지원 병력을 보내 동맹국의 소임을 다하고자 했다. 그렇지 않았더라면 문주왕의 새 백제 건설 사업도 여의치 않았을 것이다. 그러나 백제가 웅진으로 내려앉은 이후 신라는 늘 저만치 앞서가던 백제가 어느새 자신과 어깨를 나란히 하고 있다는 것을 새삼스럽게 깨달았다. 결국 장수왕의 백제 압박은 백제와 신라 두 나라의 '하향 평준화'를 빚은 셈이다.

엎친 데 덮친 격으로 축소된 새 백제에서는 처음부터 물이 새는 소리가 들렸다. 성실하지만 유약한 문주왕은 불과 4년을 채우지 못하고 병관좌평인 해구解仇에게 암살되었다. 아버지에 이어 2대째 당하는 비극이다. 이렇듯 국정이 문란해진 이유는 모든 사정이 예전과 크게 달라진 데다 새로 이사한 도읍지의 궁핍한 살림이 귀족들의 불만을 샀기 때문일 터이다. 특히 권력 다툼의 직접적인 원인은 남한산성에서 웅진으로 함께 남하한 전통 귀족들과 웅진 일대의 토박이 귀족들 간에 알력이 생겨난 탓이었다.

이런 어지러운 상황에서 일단 문주의 아들 삼근왕三斤王(재위 477~479)이 즉위하지만 겨우 열세 살짜리 아이가 거센 풍랑에 휩쓸리는 백제호를 구할 수 있을 리 만무하다. 결국 그는 아버지의 원수인 해구에게 아예 전권을 내주었고, 해구는 그것에도 만족하지 못하고 반란을 일으켰다. 가까스로 반란은 진압되었으나 삼근왕은 아버지보다도 더 짧은 재위 3년 만에 죽었다. 열여섯 살짜리 소년이 갑자기 죽은 데는 사연이 있겠지만 기록에 전하지 않으므로 백제 왕실에 과연 3대째 횡사하는 비극이 이어졌는지는 확실치 않다. 아무튼 백제는 479년에 문주왕의 동생인 동성왕東城王(재위 479~501)이 즉위하면서 비로소 정국의 안정을 되찾는다.

역설적이게도 나제동맹이 효력을 발휘하기 시작하는 것은 장수왕이 백제를 싹쓸이하고 난 다음부터다. 백제가 더 이상 신라에 대해 우위를 말할 수 없는 형편이 되었기 때문에 동맹이 새삼 중요해졌겠지만, 어쨌든 두 나라가 서로 어울리자 골치 아프게 된 것은 고구려의 장수왕이다. 그는 그때 아예 백제의 뿌리를 잘라버려야 했다고 후회했을지도 모른다. 481년, 고구려는 신라 북변을 침략했다가 신라·백제·가야의 연합군에 패하는 수모를 겪었다. 3년 뒤 재차 공략했으나 나제동맹의 방어망은 더욱 강력해져 있었다. 심지어 488년에 백제는 바다를 건너 공격해온 북위의 군대마저 격퇴시키는 개가를 올렸다. 재건한 지 10여 년 만에 백제는 옛날의 명성을 절반쯤 되찾았다.

마침내 491년에 장수왕이 죽었다. 북위의 효문제에게는 베옷을 입고 슬퍼할 만큼 정신적 지주였으나, 나제동맹의 두 나라에게는 저승사자와 같았던 장수왕이 죽자 그들의 동맹은 더욱 견실해졌다. 이를 축하하기라도 하듯이 493년에 백제의 동성왕은 신라에 통혼을 청했고 신라의 소지왕昭知王(재위 479~500)은 귀족의 딸을 보내 그간의 우의를 혈연으로까지 끌어올렸다. 이듬해 신라가 고구려의 공격을 받아 문경의 견아성이 포위당하자 동성왕은 3000명의 병사를 보내 구원했고, 그 이듬해에는 백제의 치양성을 고구려군이 포위하자 신라가 구원군을 보내 포위를 풀었다. 이제 나제동맹은 물보다 진한 피로 묶인 동맹이 되었다.

동맹이 위력을 발휘하면서 한반도 삼국은 비로소 정립鼎立이라는 표현에 어울리는 균형을 이룬다. 고구려는 여전히 최강국이지만 나제동맹을 부술 만큼의 힘은 없다. 또 백제와 신라는 공동의 이해관계에 혈연까지 보태면서 끈끈한 우애를 과시했지만 그렇다고 해서 한 나라로 통합될 의지나 가능성은 없다. 강대국 하나에 약소국 둘이 대립하는 형세이므로 기묘한 정립이 아닐 수 없다. 어떤 의미에서는 한반도 삼국이 생겨난 이래로 처음 맞이하는 진짜 삼국시대다. 만약 이런 상황이 마냥 유지된다면 어떻게 될까? 삼국은 장기적인 정립을 이루게 될까? 그러나 그럴 수는 없다. 세 발 달린 솥의 안정적인 자세에서 정립이라는 말이 나왔지만, 어원이 그럴 뿐이고 정립이란 원래 장기적일 수 없다. 장기적인 것은 오로지 통일뿐이다.*

때마침 나제동맹이 위력을 발휘하던 5세기 말에서 6세기 초에는 한반도만이 아니라 동북아시아 전체가 세력 균형 속에 안정을 이루던 시기였다. 중국에서는 북위가 효문제의 치세에 번영을 누리며 착실히 발전하고 있었다. 남조에서는 제나라가 502년에 멸망하고 양梁으로 명패가 바뀌었지만 남중국이야 원래 왕조 교체가 잦았으니 별 문제는 아니었다(북조에서는 여러 나라가 동시에 병립하며 혼돈상을 보였고, 남조는 동진 이래로 왕조가 차례로 교대하는 식이었다. 중국 전체로 보면 북조의 안정이 더 중요했다). 그러나 동전이 모로 서는 때는 순간에 불과하듯이 균형이란 원래 잠정적인 것일 뿐이다. 늘 그랬듯이 한반도의 균형이 무너지는 계기는 멀리 중국으로부터 찾아온다.

* 동양의 역사에는 왕조들의 분립이나 각개약진이 없다. 특히 중국의 역사를 보면 늘 분열보다 통일이 중시되었다. 물론 중국사에도 분열기는 몇 차례 있었지만, 그런 시기에도 늘 통일을 지향했고, 실제로 결국에는 통일을 이루었다. 그 반면 서양의 역사에서는 늘 통일보다 분열의 성향이 강했다. 서양 문명은 오리엔트(서아시아)에서 발생한 이후 내내 중심지를 서쪽으로 옮겼으며, 유럽에 둥지를 튼 이후에도 언제나 각 지역이 분립하는 식으로 발전했다(《종횡무진 서양사》, 프롤로그 참조). 중국의 역사가 통일 지향적인 근본적인 이유는 유럽과 달리 확고한 지리적 중심(중원)이 있었기 때문이다. 중국사에 등장한 모든 나라는 늘 지리적 중심을 차지하기 위해 각축을 벌였으므로 아무리 분열이 심하다 해도 궁극적으로는 통일로 향할 수밖에 없었다.

바뀌는 대륙풍

317년 진(서진)이 강남으로 터전을 옮기고 북중국이 이민족들의 세상으로 바뀌었을 때 중국은 유사 이래 최대의 혼란기를 맞았다. 1차 분열기인 춘추전국시대는 그 기간이 워낙 길었던 데다 제후 국들이 주나라 왕실을 상징적 중심으로 섬기며 쟁패했으므로 이 처럼 무질서하지는 않았다. 게다가 그때는 '한족'의 개념이 명확 히 규정되지 않았던 탓에 이민족이라고 해서 특별히 배척되지 않 았지만, 지금 북중국을 주름잡는 민족들은 전통적으로 중국 한족 왕조에 의해 '오랑캐'로 취급되며 적대시되 고 있었다.•

● 오랑캐의 개념은 중화사상이 싹트기 시 작한 주나라 시대부터 있었으나, 민족적으 로 분명히 구분되기 시작한 것은 중국을 최 초로 통일한 진시황부터다. 그가 만리장성 을 쌓으면서부터 장성 이북의 민족들이 오 랑캐로 규정되었다. 여기에는 물론 기나긴 춘추전국시대를 거치면서 발달한 중화사상 이 이데올로기적 토대로 작용했다. 원래 한 족은 황허 문명을 이어받은 중원 부근의 민 족만을 가리키는 것이었으나, 춘추시대에 초·오·월 등의 제후국이 성장하면서 강남 이 먼저 편입되었고 전국시대에 진이 강성 해지면서 중원 서쪽까지 포함되었다. 진시 황이 대륙을 통일한 것은 결과적으로 한족 문명권의 문을 닫아건 셈이다.

한반도에 고구려를 중심으로 한 삼국이 탄 생하고 활발히 성장할 수 있었던 것은 중국 의 그런 혼란과 분열에 힘입은 바가 컸다. 일 찍이 한이라는 강력한 통일 제국이 힘을 유 지하고 있었을 때는 한4군에 눌려 고대국가 체제조차 이루지 못한 게 그 증거다. 4세기 초반에 고구려가 낙랑을 정벌할 수 있었던 것, 또 후반에 랴오둥까지 차지할 수 있었 던 것도 따지고 보면 분열기의 중국이 동북 아시아의 구심점 노릇을 하지 못하는 형편에 있었기 때문이다. 광개토왕이 걸출한 정복 군주인 것은 사실이지만, 중국이 그런 상태에 있지 않았다면 활동 의 폭이 줄어들었을 것은 분명하다.

중국에서 3세기와 같은 분열상이 더 오래 지속되었더라면, 고구려는 위나라와 치열한 경합을 벌이면서도 더 큰 팽창의 계기를 맞을 수 있었을 것이다. 그러나 동진이 예상외로 420년까지 100년 이상 존속하면서 남북조로 분열된 시기에 필요한 최소한의 안정을 되찾은 탓에 고구려의 팽창은 애초부터 한계가 있었다. 그 뒤를 이은 남조의 나라들, 즉 송·제·양·진은 대부분 50년이 넘지 못한 단명 왕조였다. 그럼 420년 동진이 몰락한 이후 중국은 어떻게 안정을 유지했을까? 그 주역은 바로 선비족이 세운 북위다. 분열기 초반 극에 달한 혼돈을 수습하고 386년에 북중국을 통일한 북위는 534년까지 무려 150년간 존속하면서 북중국의 중심 역할을 했다.

게다가 북위는 그냥 명패만 유지한 게 아니라 '오랑캐 제국'답지 않게 뛰어난 제국 운영의 솜씨를 보였다. 전진과 후연을 물리치고 화북의 패권을 잡은 직후 고구려 광개토왕에게 랴오둥 소유권을 공인해주면서 수교를 맺은 것도 그중 하나다. 당시 고구려는 전성기에 있었으므로 북위로서도 정면 대결을 벌일 경우 승산을 장담할 수 없었을 것이다. 또한 북위는 계속 이민족 왕조의 '개성'만 고집하면 어지러운 판국에 오래 생존할 수 없다는 것을 깨달았다. 그래서 추진한 게 적극적인 한화漢化 정책이다. 비록 건국 초기에는 선비 부족장들의 권위를 무시한 탓에 황제가 암살되는 우여곡절도 겪었지만, 효문제에 이르러 그 정책은 빛을 보았고, 여기에 자신감을 얻은 효문제는 앞서 말했듯이 균전제를 시행해 국력을 크게 배양했다. 그가 재위한 5세기 후반의 30년은 마침 고구려 장수왕의 집권 말기와 겹치면서 화북과 한반도에 두루 평화와 번영을 가져왔다.

만약 북위가 그 전성기에 남조까지 정복해 대륙의 통일을 꾀했더라면 이후 동북아시아의 역사는 크게 달라졌을 것이다. 하지만 효문제는 한반도에서 남진 정책을 편 장수왕에게서 별로 자극을 받지 않은 듯하다. 쇠는 달구어졌을 때 두드려야 연장을 얻을 수 있다. 효문제의 시대에 번성한 북위는 그 이후 급격히 약화된다. 북위의 쇠퇴는 중국만이 아니라 한반도에도 지대한 영향을 미쳤다. 분열기 치고는 비교적 오랜 기간 북중국을 장악하면서 동북아시아의 정치적 구심점을 이루었기에, 북위에서 불기 시작한 대륙풍의 변화는 동북아시아 전체에 심상치 않은 기류를 만들어냈다.

우선 즉각적인 결과는 중국의 다원화다. 중국은 다시 분열기의 초기인 3세기의 상황으로 돌아갔다. 대륙풍의 진원지는 따뜻한 남쪽이었다. 말이 북조의 왕조일 뿐 남조의 나라들로부터 조공을 받을 만큼 강성했던 북위가 힘을 잃자 남조가 살아났으며, 그에 따라 고구려에 눌려 대중국 외교를 펼칠 엄두조차 내지 못했던 백제가 다시 전통의 우호 관계를 회복하기 위해 남중국에 접근했다. 동성왕의 뒤를 이은 무령왕武寧王(재위 501~523)이 512년 남조의 양에 조공하면서 웅진 천도 후 처음으로 중국과 수교한 것은 그런 국제 정세의 변화를 반영하고 있다.

장수왕 시절부터 거의 매년 북위에 꼬박꼬박 사신을 보내 조공하던 고구려도 슬슬 남조의 양을 챙기기 시작했다. 고구려와 돈독한 우호를 유지해온 북위로서는 물론 심사가 뒤틀리는 일이다. 그래서 말기적 증상이 드러난 걸까? 장수왕 때도 고구려와 남조 간에 이따금씩 이루어지는 사신 왕래를 저지하지 않았던 북위는 급기야 520년에 고구려 안장왕安藏王(재위 519~531)의 책봉 서신을 가지고 가는 양의 사신을 수도인 뤄양으로 압송하는 조급증을 보

경쟁적인 중국 수교　어느 정도 정립이 이루어지면서 삼국은 경쟁적으로 중국의 남북조 왕조들에게 추파를 던지기 시작했다. 당시 남조의 양은 주변 여러 나라에서 보낸 사신들을 그림으로 남기고 해설을 붙여놓았는데, 현재 〈양직공도(梁職貢圖)〉라는 이름으로 전해진다. 이 그림은 〈양직공도〉 중 한반도 삼국인 고구려·백제·신라의 사신도다.

였다. 이 사건을 계기로 북위에 정나미가 떨어진(아니면 북위가 몰락하리라는 낌새를 알아차린) 고구려는 양에 보내는 조공의 횟수를 급격히 늘렸다.

　그러나 다원화의 새 시대를 맞아 가장 큰 변화를 보인 것은 신라다. 초기의 혼돈기와 북위가 가져온 안정기를 이용해 고구려가 도약했다면, 새로 다가온 또 다른 혼돈기를 맞아 그 도약의 바통을 이어받은 것은 신라였다. 때마침 나제동맹 덕분에 신라는 꿀맛 같은 번영을 누렸을 뿐 아니라 양에 가는 백제 사신을 따라가 선진 문물을 수입하는 통로를 개척하게 되었다. 이제 신라도 동북아시아 국제사회의 일원이 되어야 한다. 대륙풍의 변화는 신라를 위한 변화다. 500년에 왕위에 오른 신라 지증왕智證王(재위 500~514)의 생각은 그랬을 것이다.

신라의 두 번째 건국

박혁거세가 나라를 세운 지 500년 이상이 지나도록 신라는 기나긴 잠에 빠져 있었다. 물론 그 오랜 시절 동안 크고 작은 사건들이 적지 않았다. 백제와 지난한 다툼을 벌였고, 동해안을 수시로 침범하는 왜구에 시달렸는가 하면, 고구려의 속국이 되는 경험까지 했다. 또 그런 가운데서도 꾸준히 강역을 늘리고 외부로부터 이주민들을 받아들였다. 그렇지만 신라의 후진성은 좀처럼 쉽게 극복되지 못했다. 내물왕 이전까지 400여 년 동안 왕계조차 고정되지 못했다는 것은 부족국가의 흔적이다.

이렇듯 신라가 고구려와 백제에 비해 여러 면에서 뒤처지게 된 이유는 선진적인 대륙 문명의 세례를 별로 받지 못한 탓이 컸다. 하지만 앞서 보았듯이 진짜 삼국시대의 출발은 5세기 중반 장수왕의 압박 정책으로 백제와 신라가 나제동맹을 맺을 때부터다. 이 무렵부터 신라는 백제를 통해 중국과 직접 교통할 수 있게 된다.

몰락한 백제와 하향 평준화를 이루면서 상대적으로 위상이 강화된 신라는 드디어 긴 잠에서 깨어나 기지개를 켜기 시작한다. 그런 시점에서 즉위한 지증왕은 뛰어난 순발력을 보였다. 건국 이래 가장 대규모로 여러 가지 개혁을 시행한 것이다. 우선 그가 관심을 둔 것은 자신의 호칭이다. 그전까지 사용해오던 거서간, 차차웅, 이사금, 마립간 등의 호칭은 부족장을 가리키는 이름에 불과하다. 이제 신라도 고구려, 백제와 어깨를 견줄 만한 명실상부한 왕국이 되었으니 그런 부족장의 명칭 대신 '왕'이라는 호칭을 쓸 만한 자격이 있다. 신라에서 왕이라는 공식 직함을 가진 지배자는 지증왕이 최초였다. 그래서 그는 마립간으로 즉위해 왕으로 치세를 마친 유일무이한 지배자였다.

이왕 직함의 명칭이 문제되었다면 그다음은 나라의 명칭이 개혁 대상이다. 그전까지 신라는 신라라는 이름 이외에도 사로, 사려 등 다양한 이름을 사용했는데,* 이렇게 한 나라의 이름이 여러 개라면 누가 보아도 제대로 된 나라가 아니다. 비록 그 이름들은 모두 같은 뜻이지만 이제는 뜻만이 아니라 표기도 통일되어야 한다(이 무렵부터 신라는 한자를 본격적으로 사용하기 시작했고, 국가 문서도 작성하기 시작했을 것으로 추정된다). 그래서 지증왕은 신하들의 건의를 받아들여 신라라는 이름으로 통일했다. 사실상 신라는 이때 새로 건국된 것이나 다름없었다.

하지만 지증왕의 개혁 정책은 거기서 멈추지 않는다. 우선 그는 전통적 악습인 순장을 폐지했다. 신라의 순장 풍습은 왕이 죽었을 경우 남녀 다섯 명씩 함께 매장하는 것이었다. 사후 세계에 대한 믿음이 확고한 시대에 지증왕이 그런 결단을 내린 것은 대단히 과감하고 혁신적인 발상이었다. 또한 그는 소를 이용해 논밭을 경작하는 우경牛耕을 최초

• 박혁거세가 건국할 당시의 이름은 서라벌(혹은 서나벌, 서야벌, 서벌)이었다. 여기서 '벌'이란 성읍이나 도시를 뜻하는 고대어인데, 후대에 가면서 이 말이 탈락되어 사로, 사려, 신라라는 이름으로 바뀌었다. 서라, 시나, 시로, 사려 등은 모두 '위'를 뜻하는 '솟'과 '나라' 또는 '벌판'을 뜻하는 '라'가 합쳐진 말이므로 대략 '윗나라', 즉 '넓은 나라'라는 뜻이다. 김부식은 《삼국사기》〈지증왕 조〉의 기사에 신라 대신의 말을 빌려 신라의 '신'을 '새롭다'는 뜻으로 해석했지만, 신라라는 이름이 한자가 도입되기 전부터 사용된 것을 감안하면 뜻보다는 발음으로 해석해야 한다. 물론 김부식의 잘못이 아니라 그가 참조한 (지금은 전하지 않는) 신라 역사서의 잘못일 수도 있겠지만, 김부식이 이두문에 무지했던 것은 사실이다.

로 도입하고 이사부異斯夫를 시켜 우산국, 즉 지금의 울릉도를 영
토화하는 등 다방면에서 획기적인 개혁을 단행했다.

개혁과 재건국의 열기는 그의 아들 법흥왕法興王(재위 514~540)
대에 와서도 전혀 사그라지지 않았다. 그는 아버지보다 한발 더
나아간 중국화를 추진했다. 520년에 율령을 제정하고 관직의 서
열을 정한 것은 그 일환이다. 이듬해에 신라는 직접 첨단 문명을
직수입하는 통로를 개척했다. 백제의 사신이 중국 남조의 양에 갈
때 사신을 함께 보낸 것이다. 양의 역사서인 《양서梁書》에는 당시
백제 사신이 신라 사신의 통역을 맡았다고 전한다.

이렇게 내부를 정비한 뒤 법흥왕은 대외로 손을 뻗쳤다. 고대국
가의 성장 지표가 되는 것은 무엇보다도 영토 확장인데, 신라로
서 영토를 늘리려면 남진밖에 없다. 그렇다면 목표는 남쪽의 가야
가 된다. 522년 법흥왕은 대가야와 통혼을 이용해 동맹을 맺어 기
반을 구축한 다음 10년 뒤에는 본가야(금관가야)를 복속시켰다. 당
연히 군사력을 동원해야 할 상황이었으나 신라에는 행운이 따랐
다. 본가야의 왕 김구해金仇亥가 가족과 보물 들을 가지고 투항해온
것이다. 손대지 않고 코를 푼 법흥왕은 구해의 아들 김무력金武力에
게 관직을 주어 후대했다. 그는 미처 예상하지 못했지만 그것은 장
차 신라가 반도의 주인으로 떠오르는 데 결정적인 몫을 하게 된다.
김수로왕의 후손인 김무력은 신라로 귀화한 이후 명장으로 이름을
떨쳤을 뿐 아니라, 나중에는 삼국 통일의 주역이 되는 김유신金庾信
(595~673)이라는 손자를 두기 때문이다.

그러나 뭐니 뭐니 해도 법흥왕이 이룬 최대의 개혁은 불교의 수
입이다. 사실 불교는 이미 수십 년 전인 눌지왕 때부터 신라에 들
어와 있었다. 당시 신라는 고구려의 속국이었으므로 고구려로부

터 선진 문물을 수입하는 게 당연했다. 그래서 고구려의 승려인 묵호자墨胡子가 신라로 와서 왕실과 귀족들을 중심으로 불교를 보급하고자 했는데, 그의 전도 사업은 신통치 못했던 듯하다. 그러나 눌지왕의 딸이 중병에 걸렸을 때 묵호자가 향을 사르고 불경을 읊어 병을 고쳤다는 이야기가 전하는 것으로 미루어보면, 적어도 신라 왕실에서는 이때부터 불교를 믿기 시작했을 것으로 추정된다(묵호자는 눌지왕이 죽자 백성들이 해치려 드는 바람에 포교를 포기하고 은둔했다).

종교와 기적 　신흥 종교가 뿌리를 내리려면 적절한 기적이 필요한 법이다. 사진은 신라에 불교가 자리 잡는 데 결정적인 역할을 한 이차돈의 순교 공양비다. 그가 본래 박씨로 왕족의 후예고 법흥왕의 측근이었다고 보면, 그가 연출한 기적에 약간 불순한 냄새가 풍긴다. 물론 그의 순교는 의심할 필요가 없겠지만 혹시 법흥왕과의 사전 밀약이 있었던 건 아닐까.

　그런데 중요한 것은 왕실이 아니라 귀족들에게 불교를 확산시키는 일이다. 동북아시아의 불교는 대부분 호국 불교였으므로 왕실의 입장에서는 당연히 대환영이었지만 신라 귀족들의 입장은 약간 달랐다. 지증왕 때부터 제2의 건국을 추진하면서 개혁의 거센 바람이 휘몰아치자 귀족들은 한편으로 나라가 선진화되는 게 반가우면서도 왕이 개혁을 주도하는 게 영 떨떠름했다. 국왕과 국가의 명칭을 확정하는 문제, 순장을 금지하는 조치 등에 관해서는 찬성과 지지를 보낼 수 있었지만, 귀족 개개인의 국가관과 인생관까지 영향을 미치는 불교의 문제라면 마냥 동의하기 어려운 처지였다. 더구나 전통적인 무속 신앙에 별다른 문제점이 없는데도 머리를 박박 밀고 이상한 옷을 입은 승려가 괴상한 주문을 중얼거리는 신흥 종교를 수용하기란 쉽지 않았다. 따라서 귀족들은 마지못해 불교의 장려에 동의하면서도 막상 개인적 실천에 있어서는 주저할 수밖에 없었다.

이때 혜성같이 등장한 사람이 이차돈異次頓(506~527)이라는 젊은이다. 어릴 때부터 불교에 심취했던 그는 귀족들이 불교에 대해 거부 반응을 보이는 것을 보고 법흥왕에게 자신을 죽여 불교를 일으키는 데 이용하라고 권한다. 갓 스물의 청년다운 패기일까? 법흥왕은 말도 안 된다며 펄쩍 뛰었지만 이차돈은 이미 결심을 굳힌듯 했다. 그때 이차돈이 한 결심은 절을 짓는 것이었는데 당시 그것은 불법이었으므로 그의 행위는 일부러 죽을죄를 짓는 격이다. 그러자 왕은 그의 목을 베었고 이차돈이 미리 예언한 대로 그의 목에서는 흰 피가 솟구치는 기적이 일어난다. 이 사건을 계기로 신라의 귀족들은 앞다투어 불교로 전향한다. 사실 이 이야기에는 '사기극'의 냄새가 농후하다. 이차돈이 독실한 불교 신자였다는 것은 믿을 수 있는 일이지만, 기다렸다는 듯이 그의 목을 베는 것을 보면 법흥왕은 적어도 이차돈의 순교에 대해 사전에 알고 있지 않았을까? 그런 다음 시나리오에 따라 기적을 조작한 게 아니었을까?

어쨌거나 불교의 도입으로 법흥왕은 모든 개혁을 완료했다. 마음이 상한 귀족들을 위로할 겸 신라의 최고 관직인 상대등上大等을 비롯하여 관제 신설을 마무리한 다음 536년에 그는 신라 역사상 최초로 연호까지 제정하는데, 말하자면 개혁의 화룡점정畫龍點睛에 해당한다.[*] 최초의 연호답게 그 연호는 건원建元

● 앞서 말했듯이 달력(역법)과 연호는 독립국의 상징이므로 이 무렵에 비로소 신라는 당당한 왕국이 된 것이다. 지금은 세계의 대다수 나라가 서양의 달력(서기)을 쓰니까 달력의 존재를 당연시하지만, 공통적인 달력이 없었던 과거에는 나라마다 연도를 셈하는 기준이 달랐다. 가장 일반적인 기준은 현직 왕을 기준으로 삼는 것인데, 이를테면 서기 536년을 법흥왕 23년이라고 하는 식이다. 중국에서 비롯된 전통이지만, 고대 이집트에서도 파라오의 즉위를 기준으로 연도를 셈했으니 세계사적으로 보편적인 역법이다.

(기원을 세우다)이었고, 그가 죽은 뒤 신하들은 처음으로 불교를 도입한 왕답게 법흥法興(이 이름에서 법이란 불법佛法을 뜻한다)이라는 묘호를 선사했다.

3부

통일의 바람

. . . .

고구려와는 찰떡궁합이었던 중원의 북위가 약화되면서 고구려는 중국과 새로운 관계를 모색한다. 그러나 중국의 질서가 변한 것은 오히려 삼국 중 가장 후발 주자인 신라에 기회를 제공한다. 백제와 고구려가 가지고 있었던 한반도 중부의 영토를 기습으로 손에 넣은 신라는 자연히 두 나라의 목표가 된다. 이 위기를 구해준 것은 중국의 새로운 통일 제국인 수와 당이다. 변방 정리의 일환으로 중국이 고구려를 침공함으로써 고구려는 치명적인 타격을 입었고, 중국적 질서를 재빠르게 받아들인 신라가 한반도의 단독 정권으로 발돋움한다.

7장

역전되는 역사

밀월의 끝

지증왕과 법흥왕의 2대에 걸쳐 급속히 진행된 신라의 '재건국' 과
정은 후발 주자의 이득이라는 말을 실감케 한다. 고구려와 백제
가 수백 년 동안 꾸준히 이룬 선진화 프로젝트를 신라는 불과 50
년도 안 되는 기간에 완수했다. 이것으로 새 나라의 하드웨어 정
비는 끝났다. 뒤이은 진흥왕眞興王(재위 540~576) 초기에 신라는 소
프트웨어 분야까지 손을 댄다. 544년에는 신라 최초의 사찰인 흥
륜사가 완공되었고, 그 이듬해에는 이사부의 건의로 거칠부居柒夫
가 신라 최초의 역사서인《국사國史》를 편찬했다.* 이미 고구려에
는《유기留記》라는 역사서가 있었고(600년에《신집新集》으로 증보, 개
수되었다), 백제의 경우에는 근초고왕 말년인 375년에 박사 고흥
高興이《서기書記》를 편찬했으니 그에 비하면 크게 늦었지만, 그래

● 지금까지 나온 삼국시대 인물들의 이름이 대개 그렇듯이, 이사부와 거칠부라는 희한한 이름도 역시 이두 이름이다. 한자로는 異斯夫, 居柒夫로 표기되어 있지만 한자의 뜻과는 전혀 무관하다. 거칠부는 황종(荒宗)이라고도 쓰며, 이사부는 태종(苔宗)이라고도 쓴다. 전혀 닮지 않은 거칠부와 황종, 이사부와 태종이 어떻게 같은 이름이 될까? 이 의문은 거칠부·이사부가 음(진짜 이름)이고, 황종·태종이 뜻(표기 이름)이라는 사실을 알면 해결된다. '荒'은 거칠다는 뜻이고 '宗'은 사람을 뜻하는 우리말의 보, 즉 부(夫)와 같은 뜻이다(먹보나 울보를 생각하면 되겠다). 또 '苔'는 이끼라는 뜻이며 이끼는 옛말로 '잇'이라고 했다. 그렇다면 '荒宗'과 '苔宗'은 각각 거칠부(터프가이?)와 이사부(이끼 사나이?)를 뜻으로 옮긴 이름이 된다(김부식은 이두를 알지 못했으므로 그 관계를 해명하지 못하고 그냥 거칠부 옆에 "혹은 황종이라고도 한다."라는 주석을 붙여놓았다).

도 이제 신라는 공인 종교와 역사서까지 갖춘 명실상부한 국가로 발돋움한 것이다(아쉽게도 그 삼국시대의 역사서들은 전부 후대에 전하지 않는다).

그러나 진흥왕의 의도는 신라를 문화 대국으로 만들려는 데 있지 않았고, 당시 신라의 사정도 그럴 만한 여유는 없었다. 신라로서 무엇보다 시급한 과제는 법흥왕 때 길이 트인 중국과의 외교 통로를 더 안전하게 확보하는 일이다. 50년간 중국 문물의 세례를 받은 것만으로도 이처럼 눈부신 발전을 이룩했으니 안정적인 문호 개방이 이루어진다면 신라의 미래는 장밋빛이 될 것이다. 때마침 신라 최초로 중국 양에 유학을 갔던 승려 각덕覺德이 549년에 부처의 사리를 가지고 돌아온 일은 선진국에 대한 선망의 분위기를 더욱 고조시켰다(당시 신라의 모든 관리가 흥륜사 앞에 나와 각덕의 금의환향을 환영했다).

그동안 백제와의 동맹은 신라에 큰 이득을 가져다주었다. 신라로서는 백제만 해도 배울 게 많은 선진국이었지만, 백제를 통해 접한 중국 문물은 더 큰 자극제가 되었다. 더구나 고구려는 백제와 신라가 엄연히 나제동맹을 맺은 관계인데도 불구하고 신라는 상대하려 하지 않고 주로 백제만 공격했다. 그 덕분에 신라는 늘 있었던 왜구의 침략을 견디는 것 이외에는 별다른 전란의 피해도 입지 않았다. 마치 주변의 모든 상황이 오로지 신라의 도약을 위해 조성되어 있는 듯한 분위기였다. 이 시기에 장기적인 국가 발전의 초석을 놓지 못하면 도약의 계기를 놓칠지도 모른다.

551년, 아직 소년왕의 티를 벗지 못한 열일곱 살의 진흥왕은 어머니의 섭정이 끝나고 친정 체제를 시작하자마자 중대한 결심을 한다. 120여 년 동안 신라의 성장에 결정적인 발판을 제공한 나제동맹을 깨기로 한 것이다. 새는 알을 부수고 나온다. 그 새의 이름은 아프락사스라고 했던가? 원래 껍데기란 자신이 연약할 때는 보호막이 되어주지만 성장을 위해서는 깨어져야 하는 법이다. 진흥왕은 기꺼이 아프락사스가 되려 한다. 연호를 개국開國으로 바꾼 것은 그런 의지의 표현이다. 그러나 백제의 성왕聖王(재위 523~554)은 아직 어린 진흥왕이 그렇게까지 노회한 구상을 품고 있을 줄은 꿈에도 몰랐다.

사실 동맹으로 이득을 본 것은 백제도 마찬가지였다. 동성왕 때 재건된 백제는 무령왕 때 다시금 고구려와 맞설 만한 전력을 갖추었다. 이를 바탕으로 성왕은 고구려 장수왕에게 잃은 반도 중부, 한강 하류의 옛 땅을 수복하고자 했다. 백제가 출발한 곳, 400년 동안 도읍으로 삼았던 그 고향(지금의 서울 송파)이 아직도 적의 손에 있다는 것은 백제의 국왕이라면 당연히 가장 가슴 아픈 일일 수밖에 없다.

538년, 성왕은 자신을 지지하는 귀족들이 터전으로 삼고 있는 사비(지금의 부여)로 도읍을 옮겼다. 60년 전 고구려의 남침으로 천도한 것과는 달리 이번에는 계획적인 천도다. 무엇을 위한 계획일지는 뻔하다. 때마침 고구려는 최전성기인 장수왕 시대를 정점으로 서서히 약화되고 있는 데다, 북방에서 돌궐이라는 새로운 강적이 출현한 탓에 남부 전선이 흐트러져 있었다. 백제로서는 다시

오지 않을 좋은 기회다.

드디어 550년 성왕은 1만 명의 군대를 주력으로 삼고 신라군과 가야군을 보조로 삼아 북진길에 올랐다. 도살성(지금의 천안)을 빼앗아 서전을 성공적으로 장식했으나 그것도 잠시, 고구려는 즉각 역공에 나서 백제의 금현성(지금의 조치원 부근)을 빼앗았다. 승부는 일대일이 되었다. 백제와 고구려가 조연이라면 숨은 주인공은 신라다. 조연들이 오프닝을 장식했으니 이제는 주인공이 나설 차례다.

진흥왕은 양측 군대가 지친 틈을 타서 이사부를 시켜 기습으로 두 성을 모두 빼앗고 수비 병력까지 주둔시켜 두 나라의 넋을 빼놓았다. 문제는 백제의 성왕이 여전히 사태를 제대로 파악하지 못하고 있다는 점이다. 진흥왕은 장차 백제가 한강 하류 지역을 수복하는 데 필요한 전초기지를 확보한 것뿐이

배신의 기념비   100여 년이나 이어져오던 나제동맹은 진흥왕의 기습으로 일순간에 허무하게 깨졌다. 사진은 진흥왕이 한강 유역을 차지하고 나서 세운 네 개의 순수비 가운데 하나인 북한산순수비다. 어떤 면에서는 '배신의 기념비'라고 해야겠지만, 사실 진흥왕의 배신을 탓하기 이전에 백제가 지나치게 신라를 얕보았던 게 더 큰 원인이다. 당시 백제 성왕은 오로지 고구려 전선에만 집중했고, 신라를 보조 세력으로만 활용하려 했기 때문이다.

라고 발뺌했고, 성왕은 쉽게 속아 넘어갔다. 어차피 성왕으로서는 그 두 성이 최종 목표가 아니므로 동맹국의 손에 들어갔다고 해서 크게 신경 쓸 일은 아니었다.

과연 그 기지를 발판으로 성왕은 그 이듬해에 한강 유역을 탈환하는 데 성공했다. 하지만 진흥왕은 또다시 한발 더 앞서갔다. 거칠부를 시켜 죽령 이북에서 철령 이남까지 고구려의 군 10개를 손에 넣은 것이다. 죽령은 오늘날 강원도와 경상북도의 경계이고 철령은 함경남도와 강원도의 경계니 당시 신라는 강원도 전체를

차지했다고 보면 된다. 이것으로 신라의 영토는 무려 두 배로 늘어났다. 백제는 원하던 한강 하류를 수복했고, 신라는 그 동쪽 한반도 중부의 넓은 땅을 새로 얻었다. 동맹의 완벽한 합작이다. 성왕은 그렇게 믿었으리라. 그러나 그는 아직까지도 진흥왕의 진의를 파악하지 못하는 것은 물론 의심조차 하지 않고 있었다.

도저히 10대 청소년이라고는 믿을 수 없을 만큼 진흥왕은 교활했다. 강적 고구려를 물리쳤으니 이제 더 이상 본색을 숨길 필요가 없다. 지금 이 기회를 놓치면 다시는 기회가 없을지도 모른다. 성왕이 손에 든 축배를 미처 다 마시기도 전인 553년에 진흥왕은 한강 상류 주둔군을 곧장 하류로 진격시켰다. 말할 것도 없이 백제를 기습하기 위해서다. 진흥왕이 알껍데기를 깨고 나오는 순간 100여 년 동안 반도 남부의 평화와 번영을 가져다주었던 나제동맹도 깨졌다. 기습으로 한강 하류를 장악한 뒤 진흥왕은 백제의 옛 도읍이 있던 곳 바로 동쪽인 지금의 경기도 광주에 신주新州라는 기지를 설치하고 가야의 왕족 출신인 김무력에게 수비를 맡겼다.●

순식간에 벌어진 사태에 백제 성왕은 어안이 벙벙하다. 오죽했으면 그 사건이 있고서도 3개월 뒤 진흥왕에게 딸을 후궁으로 내주었을까? 한동안 동맹이 깨졌다는 사실조차 믿지 못하던 그가 비로소 닭 쫓던 개의 꼴이 되었다는 사실을 알아차린 때는 이듬해인

● 백제를 기습하기 직전 진흥왕은 도성 동쪽에 새 궁궐을 짓기 시작했는데, 거기서 황룡 한 마리가 솟아나와 승천하는 것을 보고 궁궐 대신 절을 지으라고 명했다고 한다. 그 절의 이름은 당연히 황룡사. 그러나 하필 백제와의 오랜 동맹을 깨고 기습 작전을 계획할 즈음에 그런 '기적'이 일어난 이유는 무엇일까? 혹시 그것은 진흥왕이 동맹의 배신을 미리 염두에 두고 연막 삼아 꾸민 이야기가 아니었을까? 아무튼 그런 계기로 짓기 시작한 황룡사는 17년간의 공사 끝에 569년에 완공되어 한반도 최대의 사찰이 되었다. 여기에는 황금으로 장식한 무게 20톤의 거대한 장육상이 안치되었으며, 선덕여왕 때(645) 높이 80미터로 추정되는 목탑이 보태졌고, 경덕왕 때(754) 무게 300톤의 대종이 추가되었다. 고려시대까지 황룡사는 많은 고려인의 관광지로 애용되었겠지만, 아쉽게도 1238년 몽골군의 침략으로 사찰 건물과 목탑이 모두 불에 타버리고 지금은 터만 남아 있다. 장육상도 몽골 병사들이 녹여 가져갔다. 그래서 진평왕의 옥대와 함께 신라 3보였던 황룡사 목탑과 장육상은 지금 다 전하지 않는다.

554년이다. 그제야 분노한 그는 잃어버린 닭을 찾아 닭의 꼬리 격인 관산성(지금의 옥천)을 대가야와 함께 공격했는데, 결국 그것은 최악의 사태를 낳고 말았다. 그를 막은 것은 신주에서 내려온 김무력이었다. 금관가야의 정통 후손이었으니 곁가지인 대가야가 당할 수 없다. 더구나 금관가야와 신라는 이미 한 덩어리가 되었고, 백제와 대가야는 각각 신라와 금관가야의 배신에 울분이 치밀었다. 애초에 승부는 결정되어 있는 상황에서 성왕은 패배를 넘어 전사하는 비극을 당한다.

마음 놓고 있다가 배신을 당했고, 섣불리 보복에 나섰다가 죽음을 당했으니, 성왕으로서는 죽어서도 눈을 감기 어려웠을 것이다. 오랜 동맹이 깨진 것도 그렇거니와 국왕이 전사한 비극은 두 나라의 관계를 급격히 악화시켰다. 나중에 보겠지만 이 문제는 두고두고 두 나라 간의 씻을 수 없는 앙금으로 남게 된다.

● 풍부한 철광산을 바탕으로 일찍부터 철기 문화를 발전시킨 가야는 적어도 3세기까지는 신라보다 확실히 강국이었다. 한창 때 가야는 백제와 일본의 중계무역에다 철을 주요 수출품으로 삼아 번영을 누렸다. 그러나 도약의 계기를 맞아 정치적 통일을 이루지 못한 게 우선 결정적인 결함이었고, 게다가 4세기 광개토왕의 침략으로 치명타를 맞았다. 이후 가야는 5세기 후반에 다시 국력을 회복하여 재기에 성공했으나 끝내 연맹체라는 결함을 극복하지 못했다. 법흥왕 때 금관가야가 스스로 신라에 복속된 것도 그 때문이다. 대가야를 중심으로 새 가야연맹이 생겨났으나 알맹이가 빠진 연맹의 운명은 이미 멸망을 예고하고 있었다.

그러거나 말거나 진흥왕은 이제 마음껏 휘파람을 불 수 있게 되었다. 관산성 전투에 대가야가 참여한 것은 그에게 좋은 빌미를 주었다. 이참에 선왕이 남긴 숙제도 해결해버리자! 이듬해부터 그는 가야 정벌에 본격적으로 나섰다. 그렇잖아도 그는 4년 전 가야 출신의 우륵于勒이라는 음악가가 들려준 가야금의 매혹적인 선율을 잊을 수 없었다. 지금의 창녕을 정복하고 여기에 완산주를 설치하니 이제 가야는 거의 손안에 들어왔다.● 결국 562년에 가야는 신라에 최후의 도전을 감행했다가 최종적으로 멸망한다. 가야 정벌

전에서 신라군의 사령관은 이사부였으나 일등공신은 화랑 사다함斯多舍이었다.

일곱 살의 어린 나이에 왕위에 올랐고, 열아홉 살의 나이에 반도 중부를 장악했다. 그런 진흥왕이었으니 열여섯의 어린 사다함이 높은 전공을 세운 것에 공감하지 않았을까? 그래서 만든 게 화랑花郎이다. 576년에 진흥왕은 예전부터 전해 내려오던 화랑의 전통을 제도화해 일종의 사관학교로 격상시켰다.

그러나 일세의 간웅이었던 그도 젊은 시절 백제를 배신한 게 늘 마음에 걸렸던 걸까? 화랑을 만든 것을 마지막 치적으로 남기고, 진흥왕은 승복을 입고 불교에 심취했다가 마흔두 살의 한창 나이로 죽었다. 그가 재위한 36년 동안 신라는 그전까지 600년 동안 겪은 변화보다 더 많은 변화를 겪었다.

기회를 놓치는 고구려

6세기 중반 한반도에 신문이 있었다면 남부의 톱기사는 단연 나제동맹의 파괴와 백제 성왕의 죽음, 신라의 한강 하류 점령이었겠지만, 북부의 경우는 달랐을 것이다. 장수왕 시대부터 거의 매년 북위에 조공한 고구려의 입장에서는 북위가 534년에 동서로 분열된 소식이 1면 톱기사가 되지 않았을까?

150년 동안 중국 화북의 패자로 군림한 북위가 사라진 것은 곧 향후 동북아시아 국제 질서가 크게 변하리라는 것을 의미했다. 비록 북위는 완전히 멸망한 게 아니라 동위와 서위로 분리되었으나 더 이상 동북아시아 국제 질서의 축으로 역할하리라고 기대하기는 어려웠다. 아닌 게 아니라 동위는 곧 북제로 명패를 바꾸었다가(이 때문에 남조의 제를 남제라고 부르게 된다) 서위에 멸망당했고, 서위도 얼마 뒤인 557년에 북주로 바뀌었다. 또 같은 해에 남조의 양도 무너지고 진陳이 들어섰다. 그러나 건국자인 진패선陳覇先이 하급 무장의 신분이었던 데서 짐작할 수 있듯이, 안정적이고 오래 갈 만한 왕조로 보이지는 않았다.

문제는 고구려의 현실 인식이다. 바야흐로 중국 대륙 전체가 다시금 혼란의 소용돌이로 빠져들고 있었으나 고구려 왕실은 위기감을 느끼지 않았다. 광개토왕이 북위로부터 랴오둥 소유를 공인받은 이래 고구려는 대중국 관계에서는 오로지 조공으로만 일관하면서 한반도 문제에만 신경을 썼을 뿐이다. 조공의 대상이 사라지자 고구려는 한순간 긴장했으나 이내 동위·북제·북주에 차례로 조공하기 시작했고, 남조의 양과 진에도 마찬가지로 조공과 책봉을 교환했다. 결국 고구려는 힘을 잃은 기존의 질서에만 집착하면서 대륙의 정세 변화를 무시하려 애쓴 것이다.

차라리 백제와 신라를 정복하고 한반도의 패자라도 되었더라면 고구려의 느슨한 현실 인식은 면죄부라도 받았으리라. 그러나 나제동맹으로 백제와 신라가 부쩍 커버린 지금에는 그것도 뜻대로 되지 않았다. 장수왕을 뒤이은 문자명왕文咨明王(재위 491~519)부터 안장왕, 안원왕安原王(재위 531~545)에 이르기까지 고구려는 수시로 백제와 일진일퇴의 공방전을 벌였으나 매번 됐다 싶을 때마다 끼어드는 신라 때문에 나제동맹의 위력을 새삼 실감하면서 물러나야 했다.＊

그렇다면 553년 나제동맹이 깨졌을 때 고구려는 좋은 기회라고 여겼어야 하지 않을까? 아무리 백제와 신라가 성장했다 해도 일대일의 대결이라면 충분히 각개격파로 공격할 수 있다. 더구나 554년에는 신라의 한강 하류 주둔군이 관산성으로 내려가 백제와 대가야를 맞아 싸우고 있었으므로, 이참에 고구려가 한강 하류를 탈환하려 했다면 충분히 가능한 일이 아니었을까?

그 기회가 순수한 가정으로만 남은 이유는 당시 고구려의 사정 때문이다. 장차 중국 대륙에 격변이 있을 것임을 예고하기라도 하듯이, 북위가 멸망하던 바로 그 시기에 고구려에는 홍수와 지진, 전염병, 태풍, 가뭄, 기근 등이 차례로 덮치며 전국이 재앙에 가까운 상황에 처했다. 게다가 안원왕 말기에는 왕위 계승 문제를 놓고 귀족들이 치열한 힘겨루기를 벌였다. 두 왕비의 소생을 둘러싸고 귀족 세력이 추군과 세군의 두 파로 나뉘어 무력 충돌까지 빚는 판에 나라 밖의 정세가 눈에 들어올 리 없었다. 그런 상황에서 추군 귀족의 지원으로 545년에 어렵사리 양원왕陽原王(재위 545~559)이 즉위했으나 당연히 귀족들의 입김이 거세지고 왕권은 약화될 수밖에 없었다. 신라에 강원도 일대의 10개 군을 빼앗긴 것은 바로 그런 내부 문제 때문이다.●●

게다가 551년부터는 북부의 돌궐이 신흥

● 고구려의 입장에서 신라는 늘 직접적인 목표가 아니었지만, 설령 신라를 공략할 마음이 있었다 해도 강원도의 험한 지세 때문에 대규모로 병력을 이동하기 어려웠다. 신라의 지정학적 위치는 역사적 아이러니를 보여준다. 초기에는 지리적으로 오지라는 위치 때문에 문명을 발달시키는 데 늦었으나 같은 이유로 나중에는 고구려, 백제를 제치고 삼국 통일의 주역으로 떠오른 것이다. 신라는 고구려의 최전성기였던 광개토왕-장수왕 시대에 존망의 고비를 넘기면서부터는 장밋빛 미래가 약속되어 있었던 셈이다.

●● 당시 신라군의 사령관이었던 거칠부는 젊은 시절 승복을 입고 고구려에 들어간 적이 있었다. 그때 그는 혜량이라는 고구려 승려를 만나 스승으로 모시고 밀약을 맺었다. 장차 거칠부가 고구려를 공격할 경우 혜량은 그에 호응하는 대신 일신의 안위를 약속받았으니, 고구려 측으로 보면 매국노인 셈이다. 강원도를 정복한 거칠부가 혜량을 다시 만나 제자의 예를 올리자 혜량은 "지금 우리나라의 정사가 어지러워 곧 망할 것 같으니 나를 신라로 데려가주시오."라고 말한다. 비록 매국노의 영악한 판단이지만 혜량의 그 말은 당시 고구려의 위기를 단적으로 말해준다.

세력으로 등장해 고구려 북변을 침공하기 시작했으니 엎친 데 덮친 격이었다. 양원왕은 백제 성왕이 죽은 것을 알고 뒤늦게 소규모 병력을 배에 실어 보내 웅천(지금의 안성 부근)을 공략했으나 뭍의 지원군이 올 수 없는 상황에서 엉성한 상륙작전이 성공할 리 없었다.

밖에서 죄어오고 안에서 곪아가는 고구려의 내외 사정은 다음 평원왕平原王(재위 559~590) 때도 달라지지 않았다. 다른 점이 있다면 이 무렵부터 다시 남진의 필요성을 느꼈다는 사실이다. 하지만 한때 동북아시아를 호령한 장수왕 시대와는 다른 이유에서다. 그 시대에 남진은 영토 확장을 위한 선택과목이었으나 이제는 생존을 위한 필수과목이 되었다. 대륙의 정세가 워낙 급박하게 돌아가는 탓에 고구려는 지속적인 조공 외교를 맺을 중국의 적절한 왕조를 찾기에도 바쁠 지경이다. 이 무렵 평원왕은 장차 랴오둥을 포기하게 될지 모른다고 예감했을지도 모른다. 그렇다면 고구려가 살아남는 길은 오로지 한반도 남부로 진출하는 것밖에는 없다. 일단 평원왕은 북조의 북주와 더불어 남조의 신흥 제국인 진에 조공하지만 이제는 그것도 외교라기보다는 관행에 불과했다. 오히려 북주는 고구려에 랴오둥을 내놓으라고 협박하면서 무력 침공까지 했다. 이래저래 고구려는 한반도로 밀려날 수밖에 없는 처지였다.

586년에 장안성(평양)으로 천도한 것은 심기일전의 계기다(그 이전의 평양성은 지금의 평양의 북변 외곽에 위치했으나 이때부터 고구려의 수도는 지금의 평양이 되었다). 그런 왕의 심정을 가장 먼저 알아차린 것은 신하들보다 사위였다. 평강공주의 탁월한 안목으로 바보 거지에서 일약 용맹스런 부마가 된 온달溫達은 북주의 공략에

사람 잡는 아차산　아차산을 위험 지역으로 본 500년 전 비류는 과연 혜안이 있었다. 백제의 개로왕이 죽은 곳도 여기였고, 바보였다가 부마와 장군이 된 고구려의 온달이 죽은 곳도 여기였다 (관산성에서 전사한 성왕도 실은 이곳을 빼앗겼기에 죽었다). 사진은 서울 광진구에 있는 아차산성이다. 한강을 굽어보는 이 산성을 점령하면 한강 이북을 손에 넣을 수 있었으니 극히 중요한 요처였다.

서도 빛나는 전과를 세워 대형大兄이라는 벼슬까지 받았다.

출신의 비천함을 만회하려는 노력에서였을까? 사냥 솜씨만큼 전장에서도 자신 있다는 심정의 발로였을까? 아니면 스승이자 아내인 평강공주에게 보은하려는 생각이었을까? 아무튼 온달은 590년 신라에 빼앗긴 한강 하류를 되찾기 전에는 돌아오지 않겠노라는 각오를 다지며 남진에 나섰다. 그러나 고구려 병사들은 최근 50년 동안 별다른 전과를 올려본 적이 없는 약졸들로 전락해 있었다. 용맹한 장수와 나약한 병졸은 전쟁에 임했을 때 최악의 조합이다. 결국 온달은 지금의 서울 광진구의 아차산성을 공략하던 중 신라군의 화살에 맞아 전사하고 만다. 마침 그해에 평원왕도 죽으면서 이후 고구려는 다시금 남진을 획책하지 못하게 된다.

대륙 통일의 먹구름

사위가 남부 전선에서 고군분투할 즈음, 평원왕은 서쪽에서 청천 벽력 같은 소식을 들었다. 중국 천하가 통일되었다는 소식이다. 북주 황실의 외척인 양견楊堅이라는 자가 제위를 찬탈하고 새로 수隋라는 나라를 세웠다는 이야기는 이미 9년 전에 들은 바 있었고, 그때 평원왕은 즉각 수 문제文帝 양견에게 사신을 보내 조공과 책봉을 교환한 바 있었다. 그런데 그 수 문제가 진짜 문제를 일으킨 것이다. 워낙 대륙의 정세가 어지러우니 그때는 수 제국도 그냥 스쳐 지나가는 왕조려니 생각했다. 당시 대륙 왕조들의 평균 수명은 50년이 채 못 되었고 북주 같은 경우는 그 절반도 버텨내지 못했으니 이번에는 또 얼마나 갈까 싶은 게 평원왕의 예상이었다.

그러나 수는 달랐다. 북주가 간신히 통일해놓은 화북을 꿀꺽 집어삼키더니 거기에 만족하지 않고 곧바로 강남까지 노렸다. 과연 589년에 양견은 남조의 마지막 나라인 진을 정복하고 오랜 남북조시대를 종식시켰다. 220년 한이 멸망한 이후 무려 369년 만에 다시 천하 통일이 이루어진 것이다.

평원왕으로서는 그동안 수에 형식적인 조공으로 체면치레만을 해온 게 마음에 걸리지 않을 수 없었다. 그래서 그는 서둘러 병기를 수리하고 군량을 비축하면서 혹시 있을지 모르는 수의 침공에 대비하기 시작했는데, 산전수전 다 겪은 인물답게 수 문제는 눈치도 빠른 인물이었다. 그는 즉각 평원왕에게 사신을 보내 입으로는 중국을 받든다면서 행동으로는 따르지 않는다고 책망하며 함부로 처신하면 고구려 국왕을 폐위하고 자기 측근을 왕으로 보내겠다고 노골적으로 을러댔다. 형식적으로 고구려 왕이 중국 황제의 책봉을 받는 것은 사실이지만, 중국 황제가 고구려의 왕을 바꾸려는 시도는 전에도 없었고 실제로도 불가능한 일이었다. 그러나 남부의 전황에 신경을 집중하고 있던 평원왕은 그만 기 싸움에서부터 밀렸다. 그는 결국 사과의 답신을 준비하던 도중에 죽었는데, 실은 서신을 보냈다 해도 마찬가지였을 것이다. 이미 수 문제는 랴오둥을 고구려의 소유로 남겨둘 마음이 전혀 없었고 고구려를 오로지 정벌의 대상으로만 여기고 있었으니까. 사실 오랜만에 들어선 통일 제국이었으므로 변방을 강력히 다지려는 수의 자세는 당연했다.

오랜만의 통일 천자　중국의 긴 분열기는 새로운 통일을 준비하는 기간이었다. 그림은 한이 멸망한 뒤 무려 400년 가까이 지나 다시 대륙 통일을 이룬 수 문제 양견의 모습이다. 그림에서는 그럴듯해 보이지만 사실 그는 오랑캐로 취급되는 선비족의 혈통이었고, 북주의 외척으로 권세를 휘두르던 소인배였다.

　중국은 분열 시대가 워낙 오래 지속되었던 탓에, 한편으로는 오래전부터 통일이 예고되어 있으면서도 다른 한편으로는 통일이 언제 이루어지리라고 예상하기 어려웠다. 항아리 속에 있으면서 항아리의 모양을 알기는 어렵다. 수가 천하 통일을 이루었을 때도 당대의 거의 모든 사람은 그 통일이 오래가리라고 믿지 않았을 것이다. 한이 멸망한 이후 남중국과 북중국이 합쳐진 것은 그때가 처음이었으나, 특별한 후각을 지닌 정세 분석가가 아니라면 누구나 그러다 곧 다시 남북으로 나뉘겠거니 하고 예상했을 것이다.

　만약 남중국의 왕조가 통일을 이루었다면 그 예상대로 되었을지도 모른다. 한족이 세운 남중국의 여러 왕조는 남북조시대 내내 물리력이 취약했다. 그러나 이민족들이 세운 호전적인 북중국의 왕조들은 북위가 지배하던 안정기를 제외하고는 내내 자기들끼리 중원의 패권을 놓고 치열하게 다투었다.* 따라서 새 통일 제국인 수가 북조에 뿌리를 두고 있다는 사실은 주변에 대해 향후 강력한 압박 전술로 나오리라는 점을 예고하고 있었다.

게다가 한반도 왕조들의 입장에서 볼 때 북중국이 통일의 주체가 되었다는 사실은 또 다른 불행의 씨앗이기도 했다. 지난번의 통일 제국인 한, 그리고 분열 시대 초기의 위는 모두 화북을 중심으로 하는 왕조였다(사실 중국은 늘 화북에 정치적 중심을 두고 강남을 경제적 중심으로 삼는 게 기본 공식이다. 이 점에서는 지금의 중국도 마찬가지다). 그들이 고조선과 고구려를 어떻게 대했는가를 생각해보면 이제 수가 어떻게 나올지는 보지 않아도 뻔했다.

한이 진의 뒤를 이어 천하를 통일했을 때 한반도 북부에는 한의 군현이 설치되었다. 고구려는 건국 초부터 목 안의 가시 같은 한 4군을 제거하기 위해 무진 애를 써야 했다. 그러나 낙랑의 제압으로 그 작업이 마침내 끝났나 싶을 때 한이 멸망했고 이어 위가 화북을 장악했다. 고구려는 다시 위의 변방 다지기에 주요 목표가 되어 목숨을 걸고 투쟁해야 했다. 이후 중국에 남북조시대가 시작되면서 고구려는 한편으로 화북 왕조들과 맞싸움을 벌였고 다른 한편으로 조공 외교를 통해 랴오둥의 소유를 인정받았다. 고구려와 타협한 나라가 바로 북위였고, 북위가 화북을 지배하는 동안

● 남조의 왕조들은 후대에 '6조(六朝) 르네상스'라 불리는 찬란한 문화의 시대를 열었다(오, 동진, 송, 제, 양, 진 등 남조의 여섯 왕조를 6조라고 부른다). 화가 도연명, 고개지, 서예가 왕희지 등이 바로 이 시대의 예술가들이다. 반면 북조의 왕조들은 시대적 필요에 따라 균전제와 과거제 등 사회제도를 만들었다. 이렇게 보면 오랜 분열 시대에 남중국과 북중국은 마치 분업을 하듯이 중국 사회의 상부구조와 하부구조를 마련했다고 할 수 있다. 이와 같이 중국 역사는 분열기에 성장·발전하고 통일기에 안정·퇴조하는 현상을 되풀이한다.

고구려는 안정과 번영을 누릴 수 있었다.

북위는 강남까지 아우르지 못한 반쪽 제국이라는 결함을 지닌 탓에 고구려와 타협해야 했고, 고구려는 어차피 중원을 목표로 하지는 않았으므로 서열을 인정하는 선에서 북위와 타협해야 했다. 그렇다면 언제든 중국에 북위보다 강력한 통일 왕조가 들어설 경우 고구려의 평화, 나아가 한반도의 평화가 더 이상 유지되지 못할 터였다. 거꾸로 말하면 한반도 삼국이 서로 다투면서도 성장과 번영을 누릴 수 있었던 데는 중국이 남북조로 분열되어 있다는 사실이 결정적인 배경이었던 것이다.

수 문제의 대륙 통일이 곧바로 한반도에 불길한 그림자를 드리우기 시작한 것은 그 때문이다. 그렇게 보면, 평원왕은 죽으면서 답신을 보내지 못한 것을 무척 걱정했겠지만 그 답신 따위는 전혀 중요하지 않았다.

고구려의 육탄 방어

같은 사건을 두고 이해관계에 따라 평가와 대책이 달라지는 것은 언제 어디서나 있을 수 있는 일이다. 하지만 같은 한반도 땅에서 서로 접경하고 있는 처지에 고구려와 백제가 중국의 변화에 대처하는 방식이 판이하게 다른 것은 어떻게 보아야 할까?

고구려 평원왕은 중국의 통일이 이루어졌다는 소식을 접하고 대뜸 수의 침략을 걱정했으나 백제의 위덕왕威德王(재위 554~598)은 정반대의 반응을 보였다. 즉각 수의 천하 통일을 축하하는 사신을 보낸 것이다. 나아가 598년에 위덕왕은 수 문제가 고구려를 정벌할 계획을 갖고 있다는 소식을 전해 듣고 기꺼이 길잡이가 되겠다고 나섰다. 지리적으로 백제가 중국의 고구려 침공에 길잡이를 맡을 수는 없었고, 위덕왕은 이미 일흔이 넘은 나이였으니, 그냥 몸짓을 취해본 데 지나지 않았다. 하지만 그렇게까지 할 정도로 고구려에 대한 원한이 사무쳤던 걸까?

아무튼 수는 고구려를 정벌하고자 했으나 위덕왕의 길 안내를 받을 마음은 없었고, 시기도 아직 일렀다. 그런데 수 문제가 분노한 것은 고구려의 이중적인 태도 때문이었다. 평원왕에 이어 즉위한 영양왕嬰陽王(재위 590~618)은 일단 아버지의 숙제였던 수의 책봉을 받아내면서 매끄럽게 출발했다. 그런데 그 후에도 매년 착실하게 수에 조공하다가 갑자기 598년에 랴오시를 침략했다. 비록 성공하지는 못했지만 광개토왕 이래 고구려군이 랴오허를 넘어 서쪽으로 진군한 것은 처음이었다. 이에 격노한 수 문제는 영양왕의 관직을 박탈했다. 이것은 이제부터 고구려를 신하국으로 여기지 않겠다는 신호나 다름없었다.

영양왕은 왜 그랬을까? 혹시 그는 어차피 중국의 신생 제국과 평화로이 지내기는 글렀다고 판단한 게 아니었을까? 일찍이 진과 한이 그랬듯이 중국에 통일 제국이 들어선다면 당연히 변방 정리를 당면 과업으로 삼을 테고, 동북 변방의 고구려는 그 목표가 될 게 뻔하다. 고구려에 랴오둥을 계속 소유하게 해주지 않는 것은 기본일 테고, 고구려를 아예 멸망시키려 들지도 모른다. 그렇다면 아직 통일 제국이 확고히 자리 잡지 못했을 때 선제공격을 하는 편이 낫다. 영양왕의 구도는 이랬던 게 아닐까?

그러나 결과적으로 보면 그것은 영양왕의 객기거나 만용이었다. 그는 그다지 탁월한 정세 분석력과 역사적 안목을 가지고 있지는 않았던 듯하다. 장마와 전염병에 폭풍까지 만나 병력 수송이 여의치 못하자 그는 곧 자신의 행동을 뉘우치고 수 문제에게 사죄의 글을 올렸기 때문이다. 그 대신 그는 위덕왕의 처사를 괘씸히 여겨 백제에 대한 보복 공격으로 방향을 돌렸다.

다행히 수 문제는 영양왕의 '일탈'을 용서했으나 그의 아들로 2대 황제가 된 양제楊帝(재위 604~618)는 생각이 달랐다.● 먼저 아버지가 시작한 정복 사업을 이어받아 북쪽의 돌궐과 서쪽의 토욕혼(모용씨 선비족의 후예)을 물리친 다음, 그는 고구려를 2차 작전 대상으로 선포했다.●● 607년에 고구려 사신이 있는 자리에서 양제는 고구려 왕이 직접 황궁으로 와서 예를 올리지 않으면 장차 응징하겠다고 으름장을 놓았다. 물론 제 발로 적지에 들어가 죽을 왕은 없으니 그것은 명백한 선전포고다.

그로부터 4년 뒤인 611년, 드디어 수 양제는 고구려 정벌을 위해 제국 전체의 군대를 베이징 남쪽의 탁현으로 소집했다. 그가 발표한 출사의 변은 상당히 장황한데, 요약하면 이렇다. 첫째, 고구려는 오랑캐 나라다. 둘째, 오랑캐임에도 중국에 제대로 조공하지 않는다. 셋째, 조공하기는커녕 중국의 달력

● 아버지와 형을 살해할 만큼 잔혹한 인물이긴 해도 양제는 통일 제국의 황제답게 통이 컸다. 특이 대외적 안정에만 힘쓴 아버지와 달리 그는 제국을 제국답게 만들기 위해 노력했는데, 그래서 벌인 게 대운하 건설이다. 이것은 정치적 중심인 화북의 황허와 경제적 중심인 강남의 양쯔 강을 남북으로 잇는 엄청난 규모의 운하였다. 당대의 백성들은 그 대역사 때문에 고통을 겪었고 결국 신생 제국의 국력을 갉아먹는 후유증을 남겼지만, 그 운하는 오늘날까지도 잘 사용되고 있으니 지금의 중국인들은 오히려 양제에게 감사해야 할 것이다. 따지고 보면 오늘날 이집트를 관광 대국으로 만든 고대 이집트의 피라미드, 진시황이 남긴 방대한 시황릉, 로마의 콜로세움 등은 모두 당대에는 적지 않은 비난을 받은 건설 사업이었겠지만 그런 것들이 없었다면 지금 인류의 문화유산은 보잘것없었을 것이다.

●● 수 양제의 공격을 받은 돌궐은 둘로 나뉘었다. 동돌궐은 고구려 북변을 침략했고, 서돌궐은 멀리 서쪽으로 이동했다. 흥미로운 것은 서돌궐의 이동이다. 수백 년 전 한 무제의 압박에 밀려 흉노가 중앙아시아로 가서 훈족이 된 것처럼, 돌궐도 중앙아시아의 토착 민족들과 섞여 튀르크(돌궐의 변형)라는 명칭을 얻게 된다. 흉노가 게르만 민족이동을 유발해 서로마 제국을 멸망시켰다면, 돌궐의 후예 오스만튀르크는 15세기에 동로마 제국(비잔티움 제국)을 멸망시켰다. 중국, 중앙아시아, 유럽으로 이어지는 힘의 이동은 고대에 동북아시아 문명의 힘이 얼마나 강했는지 보여준다.

과 연호도 사용하지 않는다. 넷째, 백제와 신라가 중국에 조공하는 길을 가로막고 있다. 다섯째, 고구려 백성들은 지배자들의 학정에 시달리고 있다. 이상의 내용에서 주목할 것은 셋째다. 고구려는 장수왕 때부터 북위에 조공하며 상국으로 예우했다. 그러나 양제의 말에서 보듯이 고구려는 중국을 섬기면서도 중국의 연호를 쓰지는 않았다. 고대국가에서 연호란 독립국의 상징이다. 따라서 고구려는 북위에 사대하되 속국은 아니었고, 북위 역시 고구려의 상국이라고 자처하는 정도에서 더 이상의 요구는 하지 않았던 것이다.

그러나 분열기에는 다원적인 국제 질서가 가능해도 통일기에는 그럴 수 없다. 이것이 북중국 왕조인 북위와 통일 왕조인 수의 차이였다. 역사적으로 중국에 통일 제국이 들어서면 필연적으로 한반도를 제압하려 했다.

이듬해인 612년 정월에 출발한 수의 고구려 원정군은 우선 규모에서부터 엄청났다. 전투 병력만 113만 3800명에 보급 병력이 그 두 배였으니 크세르크세스 시대(기원전 5세기) 페르시아의 그리스 원정군 이래 세계 역사상 최대 규모가 아닐까 싶다(그리스 역사가 헤로도토스에 따르면 당시 페르시아 다국적군은 528만 3220명이라고 하는데, 사실로 믿기는 어렵지만 좌우간 어지간히 많았던 모양이다). 매일 한 부대씩 출발시켰는데 다 보내는 데만도 40일이나 걸렸다고 한다.

수 양제로서는 총력을 기울일 만도 한 것이, 그에게 고구려는 마지막 정복 대상이었다. 즉위하고 얼마 뒤에 북방의 돌궐과 서역의 토욕혼을 정복했으니 이제 유일한 적은 동북방의 고구려뿐이었다. 그래서 그는 여세를 몰아 고구려마저 제거하고 신생 통일 제국을 반석 위에 올려놓겠다는 생각이었다.

　그러나 수 양제가 미처 계산에 넣지 못한 게 있었다. 고구려의 경우는 토욕혼이나 돌궐과 다른 특성이 있었던 것이다. 그들은 모두 유목민족이었으므로 적을 당해낼 수 없을 경우에는 살던 곳을 버리고 떠나면 그뿐이었다. 더구나 그들에게는 늘 서쪽이 열려 있었으므로 언제든 비단길을 따라 중앙아시아 벌판으로 달아날 수 있었고, 실제로 수의 압박 전술에 밀려나자 그쪽으로 이동했다. 하지만 고구려인들은 농경민족의 피를 가지고 있었다. 삶의 터전에 대한 애착이 심한 데다 달아나고자 해도 달아날 데가 없었다. 한반도 남쪽에는 백제와 신라가 있을 뿐 아니라 설사 그곳으로 도망쳐보았자 곧 바다로 둘러싸인 막다른 곳만 나온다. 따라서 어차피 고구려는 100만이 아니라 1000만의 병력이 쳐들어온다 해도 맞서 싸울 수밖에 없는 처지였다.

　또 하나, 고구려는 돌궐이나 토욕혼과 달리 일정한 강역과 성곽을 지닌 국가였다(이것 역시 농경 문명의 붙박이 성격과 관련이 있다). 중국처럼 국경 주변에 장성을 두르지는 못했지만 그 대신 요처마다 산성을 쌓아 방어했으므로 수비 병력에 비해 훨씬 많은 공격 병력을 상대할 수 있었다. 따라서 공격하는 수의 군대는 여기저기 흩어져 있는 고구려의 성들을 모두 깨뜨려야만 앞으로 진군할 수 있었다.● 결국 이 점이 전면전으로는 최초로 맞붙은 중국-고구려 대전의 승부를 갈랐다.

　수 양제는 대담하게도 고구려의 주요 성곽인 요동성(지금의 랴오양) 서쪽 부근에 자신이

● 당시 랴오둥의 고구려 성곽들은 대중국 수비를 위해 남북으로 포진해 있었는데, 오늘날 만주와 랴오둥의 도시들에서 그 흔적을 확인할 수 있다. 하얼빈-창춘-쓰핑-푸순-선양-랴오양-안산-다롄으로 이어지는 도시들은 북동에서 남서 방향으로 랴오둥 반도 끝까지 직선형으로 배치되어 마치 중국의 공격에 대비하는 듯하다. 이 도시들은 바로 고대 고구려의 성곽들을 기원으로 한다. 그렇게 보면 만주와 랴오둥은 충분히 한반도 역사의 일부라고 할 수 있다.

머물 진을 차렸다. 그의 전략은 본군으로 랴오둥의 고구려 성들을 하나씩 부수는 한편 선박에 병력을 나눠 싣고 남쪽으로 내려가 고구려의 수도인 평양성을 직접 공략하는 것이었다. 이런 공격 측의 전략에 따라 방어하는 고구려도 전선을 변방과 중앙의 둘로 나누었다. 이 두 전선에서 위기의 고구려를 구한 구국의 영웅 두 명이 등장한다.

수의 수군 총사령관인 내호아來護兒는 거칠 게 없었다. 비록 고구려에도 수군이 있다지만 함선들의 길이를 맞댄 것만 해도 수백 리나 뻗을 정도의 대군을 감당할 수는 없을 것이다. 아닌 게 아니라 수의 수군이 대동강 입구로 들어오는 동안 고구려의 선박은 코빼기도 보이지 않는다. 순조롭게 대군을 상륙시킨 내호아는 곧바로 평양을 향해 북진하기 시작한다. 그제야 비로소 고구려군의 한 무리가 저항하는데 달걀로 바위치기가 따로 없다. 손쉽게 달걀을 깨버린 뒤 내호아는 내친김에 후속 부대들이 오기 전에 평양을 손에 넣어야겠다고 생각한다.

내호아는 측근의 만류에도 아랑곳없이 정예군 수만 명을 거느리고 평양으로 진격했다. 정예군은 도중에 맞부딪친 고구려군을 추풍낙엽처럼 쓰러뜨리며 평양성 안에 들어섰다. 그러나 너무 싱겁다 싶은 기분이 들 때 그들은 이미 매복에 걸려 있었다. 영양왕의 동생인 건무建武가 지휘하는 고구려 정예군은 그들이 약탈에 전념할 때를 기다려 한꺼번에 덮쳤다. 혼비백산한 내호아가 겨우 몸을 추슬러 성 밖으로 나왔을 때는 어느새 병사들이 수천 명으로 줄어 있었다. 고구려군의 거센 추격으로 그들은 불과 얼마 전에 호기롭게 진격하던 길을 거슬러 배가 있는 곳으로 도망쳐야 했다.

이런 양상은 북부 전선, 즉 랴오둥에서도 되풀이되었다. 요동성은 수 본군의 집요한 공략을 받고서도 끝내 무너지지 않았다. 그뿐 아니라 다른 성들도 좀처럼 깨어지지 않았다. 돌궐과 위구르를 상대할 때처럼 벌판에서 먼지 날리며 한바탕 붙을 생각에 전의를 불태웠던 수의 지휘관들은 속이 탔지만, 고구려군이 성 밖으로 나오지 않고 수성에 전념하고 있으니 도리가 없었다.

결국 그들은 본군을 둘로 나누어 선발대를 고구려 영토 깊숙이 전진시키기로 했다. 선발대의 병력만 해도 무려 30만 5000명이니 사실 그것으로도 고구려를 정복하는 데 충분했다. 문제는 지쳐버린 병사들이었다. 압록강변에 도착한 뒤 지휘관들은 병사들에게 100일분의 식량과 각종 무기에 천막까지 주었으나 병사들은 자기가 먹을 식량조차 짊어질 힘이 없었다. 식량을 버리고 가는 자는 죽이겠노라고 을러대자 병사들은 남몰래 식량을 땅에 파묻기까지 했다.

사기는 이미 바닥이었으나 워낙 병력의 규모에서 앞선 탓에 수 군대의 사령관인 우중문于仲文과 우문술宇文述은 승리를 믿어 의심치 않았다. 그들이 이끄는 군대는 압록강을 건너 기세 좋게 밀고 내려왔다. 그러나 고구려군 사령관인 을지문덕乙支文德은 이미 단신으로 적진 깊숙이 잠입해 돌아보고 온 터라 적의 약점을 잘 알고 있었다. 평양성까지 중간이나 왔을까, 예상한 대로 적들은 식량이 떨어졌다. 그래도 고구려군은 싸우다 퇴각하기를 반복하며 좀처럼 정면으로 맞붙어주지 않았다. 우여곡절 끝에 평양성까지는 왔으나 우중문과 우문술은 도저히 성을 함락시킬 자신이 없었다. 그때 을지문덕이 묘한 제의를 했다. 여기서 군대를 돌이킨다면 영양왕을 모시고 양제가 있는 곳까지 가서 황제를 알현하겠

빛과 그늘　100만 명이 넘었다는 수의 병력은 사실로 믿기 어려울 정도다. 부풀리기 좋아하는 중국인들의 습관일지도 모르지만 중국이 이긴 전쟁도 아닌데 과장할까 싶기도 하다. 살수대첩에서 빛나는 전공을 세운 을지문덕은 사진에서처럼 서울 어린이대공원에 동상으로 기념되었을 뿐 아니라 을지로라는 서울 중심가의 이름으로 남았다. 그러나 또 다른 일등공신인 건무는 잊힌 채 그늘 속의 영웅으로 남았다.

다는 것이다.

그래준다면야 오죽 좋으랴. 심신이 피곤한 탓에 그들은 분별력을 잃었다. 수의 병사들이 등을 보이자 곧바로 고구려군의 화살이 빗발쳤다. 순식간에 전세는 완전히 역전되어 이제는 고구려군이 아니라 수의 정예군이 싸우다 퇴각하기를 반복하는 양상으로 바뀌었다. 결국 청천강에 이르러 그들은 덜미가 잡혔다. 절반은 강물에 빠져 죽고 절반은 화살에 맞아 죽으니, 이것이 우리 역사에 살수대첩이라 알려진 사건이다. 청천강에서 살아남은 자들은 하루 만에 450리를 도망쳐 간신히 압록강에 이르렀는데, 그 수는 2700명에 불과했다.

고구려는 수륙 양면에서 완벽하게 수의 대군을 격파했다. 그러나 수 양제는 좌절 대신 분노와 복수심을 불태웠다. 이듬해인 613년 그는 측근들의 간곡한 만류를 뿌리치고 다시 고구려를 정벌할 계획을 세웠다. 사실 1차전에서 건무와 을지문덕이 구국의 영웅으로 활약한 것은 사실이지만 어떤 의미에서는 고구려가 승리했다기보다 수가 스스로 자멸했다고 볼 수 있었다. 랴오둥의 고구려 성곽들을 그냥 지나친 것은 하루빨리 고구려의 수도로 진격하겠다는 조급증의 발로였다. 그래서 이번에는 양제도 우선 요동성부터 확실하게 정복하고 천천히 진격하는 작전을 채택했다.

영웅의 탄생　고구려 영양왕 23년(612)에 수 양제가 고구려를 정복하려고 100여 만의 대군을 이끌고 쳐들어왔으나, 을지문덕 장군이 지휘한 고구려 군사가 수나라의 선발대 30만 5000여 명을 청천강에서 몰살했다. 청천강에서 살아남은 자는 2700명에 불과했다고 한다.

요동성은 랴오둥 방어망의 핵심이므로 이곳이 무너지면 랴오둥도 넘어간다. 새로운 전략은 과연 효험이 있었다. 고구려의 요동성 수비대는 악착같이 버텼으나 워낙 병력의 차이가 큰 탓에 점차 힘이 부친다는 게 명백해졌다. 수군은 성벽보다도 높은 누대를 지어놓고 화살과 돌을 퍼부어댔다. 고구려로서는 풍전등화의 위기였다. 그러나 먼저 국운이 다한 것은 고구려가 아니라 수였다.

요동성 함락을 눈앞에 둔 양제에게 본국으로부터 급전이 전해졌다. 평소에도 양제의 전횡에 반대하던 양현감楊玄感이라는 자가 반란을 일으킨 것이다. 이 소식은 전선에도 영향을 미쳤다. 양현감과 친분이 있는 곡사정이라는 지휘관이 고구려 측으로 투항해 버리자 양제는 할 수 없이 철군을 명령했다.

그러나 집요한 수 양제는 고구려 정벌을 포기하지 않았다. 양현감의 반란을 진압하고 사태를 추스른 다음 614년에 그는 다시 3차전을 준비하라고 명했다. 그러나 두 번씩이나 먼 랴오둥 땅에서 헛고생만 한 장수들은 묵묵부답이었다. 어쨌든 명을 받은 내호아가 수군을 거느리고 해안 쪽에서 랴오둥을 공략해 들어갔는데, 지친 것은 양측이 마찬가지였다. 더 이상 싸울 힘이 없는 영양왕은 항복하겠다는 뜻을 전하면서 곡사정을 수에 돌려보냈고, 마찬가지 상황인 수군 역시 철수했다. 그러나 영양왕은 직접 입조하라는 양제의 명에는 따를 생각이 없었다. 또다시 격분한 양제는 4차전을 계획하지만 이제는 그 자신도 실현 불가능하다는 것을 알고 있었다.

3년간의 접전 끝에 종합 전적 1승 1무 1패로 무승부를 기록한 양제와 영양왕은 공교롭게도 같은 해(618)에 죽었는데, 양제는 부하인 우문화급于文化及에게 살해당했으니 더 억울한 심정이었을 것이다. 어쨌든 군주들은 죽었지만 그들이 남긴 후유증은 심각했다. 대규모 전란으로 국력이 탕진된 두 나라는 이후 쇠락의 길로 급속히 빠져들었다.

고구려 원정에서 늘 조급함 때문에 일을 그르친 수는 명을 재촉하는 데서도 조급했다. 양제가 암살되자 그의 이종사촌인 이연

● 양제의 성인 양(楊)씨, 그를 살해한 우문(宇文)씨, 그리고 당을 건국한 이(李)씨는 모두 고향이 같으므로 일가붙이나 다름없었다. 게다가 이들은 모두 전통적인 한족의 성씨가 아니라 남북조시대에 화북을 지배한 북방 민족의 성씨다(선비족의 성씨일 것으로 추측된다). 주목할 것은 나중에 이씨 조선을 건국하게 되는 이성계도 그들의 후손일 가능성이 있다는 점이다. 이성계의 본관은 전주지만 그의 조상은 대대로 몽골의 원 제국에서 벼슬을 했으므로 북방 혈통일 것으로 추정된다. 성씨 하나로 모든 혈통을 추적할 수는 없지만 혹시 이성계의 혈통을 거슬러 올라가볼 수 있다면 당의 건국 세력, 나아가 남북조시대 선비족에게까지 연결될지도 모른다.

李淵은 기다렸다는 듯이 제국의 명패를 당唐으로 바꾸었다.* 결국 수 제국은 불과 30년도 존속하지 못하고 새 통일 왕조로 교체되었다. 800년 전 첫 통일 제국의 시대를 열었던 진·한 교체기와 너무도 닮은꼴이었다.

8장

통일 시나리오

동북아시아 네 나라의 입장

반도 북쪽에서 중국과 고구려가 대회전을 벌일 무렵, 반도 남쪽의 두 나라는 숨죽인 채로 그 승부를 지켜보고 있었다. 비록 그들은 그 전쟁에 영향을 미칠 수 없지만 전쟁의 결과는 그들의 운명에 지대한 영향을 미칠 것이다. 따라서 두 나라는 무엇보다도 줄을 잘 서야 했고, 그러려면 사태를 예의주시할 수밖에 없었다. 물론 고구려에 적대적이고 중국에 사대하는 입장이었으므로 그들이 응원하는 측은 당연히 중국이다(당시에는 한반도 나라들 간에 단일 민족의식이 거의 없었다). 그런데 흥미로운 점은 백제와 신라의 입장이 약간 다르다는 데 있었다.

사실 그 전쟁은 몇 년 전부터 예고되어 있었으므로 백제와 신라 역시 팔짱만 끼고 앉아 있지는 않았다. 수 양제가 마음속으로 원정의 일정을 짜고 있던 607년에 백제 무왕武王 (재위 600~641)은 그에게 고구려를 물리쳐달라는 제의를 한 적이 있었다. 이미 위덕왕 시절에 백제는 중국이 고구려를 원정할 경우 길잡이를 맡겠노라고 자청했으니, 새로운 제안은 아니었다. 그런데 주목할 것은 이 무렵 백제와 신라 사이에 모종의 밀약이 있었을지도 모른다는 점이다. 611년에 무왕은 다시 수 양제에게 사신을 보내 고구려를 원정한다면 백제가 거들겠다고 말했는데, 마침 같은 해에 신라의 진평왕眞平王(재위 579~632)도 양제에게 고구려를 공격해달라고 요청했다. 혹시 사전 약속이 있었던 게 아닐까? 그렇지 않다면 두 나라가 같은 시기에 같은 부탁을 할 수 있을까?

분쟁의 조정자 당의 2대 황제로 제국을 크게 일군 태종의 모습이다. 7세기 초반에 그는 정신이 없었을 것이다. 쿠데타로 갓 잡은 권력을 안정시켜야 했으므로 제 코가 석 자인 판에, 백제 무왕과 신라 진평왕이 끊임없이 고구려를 쳐달라고 부탁하는가 하면, 자기들끼리 다투고서 편들어달라고 했으니까. 실은 누구보다 고구려를 없애고 싶은 사람은 그 자신이었으니 그의 심정은 얼마나 답답했을까?

그러나 설령 그랬다 해도 두 나라는 의도가 좀 달랐던 듯하다. 이듬해 양제가 거병했을 때 무왕은 말로는 수를 돕는다고 말하면서 행동으로는 딴전을 피웠다. 만약 고구려가 수의 침략에 시달릴 때 백제가 고구려 남부를 침략했더라면 고구려는 진퇴양난에 빠져 그때 멸망했을지도 모른다. 혹시 무왕은 고구려의 멸망을 바라면서도 그것이 실현되었을 때 고구려가 빠진 새로운 동북아시아 국제 질서를 감당할 자신이 없었던 게 아닐까? 그에 비해 고구려와 백제의 두 강적에 둘러싸여 있는 신라의 처지에서는 그런 향후 전망을 고려할 여유도 없었다. 게다가 고구려는 수가 침공해오기 직전까지도 신라 진흥왕에게 빼앗긴 죽령 이북의 땅을 수복하기 위해 신라를 공격했으니, 진평왕은 무왕과 달리 순수하게 고구려의 멸망을 바랐을 것이다(무왕과 진평왕이 보조를 같이한 이유는 두 사람의 개인적 관계로도 추측할 수 있는데, 이에 관해서는 조금 뒤에 보기로 하자).

어쨌든 공식적으로는 동맹이 끊어진 지 오래였어도 이해관계가 같은 탓에 백제와 신라 두 나라의 기묘한 공조 체제는 이후에도 계속된다. 중국에 수를 대체한 당 제국이 들어서자 625년 말에는 진평왕이, 몇 개월 뒤에는 무왕이 당에 고구려 정벌을 요청했다. 그런데 공교롭게도 이번에는 시나리오까지 똑같다. 즉 두 나라가 중국에 입조하는 길을 고구려가 막고 있다는 것이다. 어차피 그전까지 백제와 신라는 뱃길을 통해 중국에 사신을 보내왔으므로 그것은 구실에 불과했다.

그런데 또다시 무왕은 진평왕과 입장 차이를 보였다. 627년 무왕은 신라에 빼앗긴 한강 하류를 수복하기 위해 신라를 공격했는데, 진평왕이 당에 급히 도움을 호소하자 당 태종太宗(재위 626~649)은 무왕에게 신라와 싸우지 말고 평화로이 지내라고 타일렀다. 일견 중립적인 것처럼 보이는 태종의 말을 잘 해석해보면 결코 그렇지 않음을 알 수 있다. 그는 백제와 신라가 중국을 섬기는 태도에 차이가 있음을 간파하고(수-고구려 대전에서 백제가 발을 뺀 전력이 있기 때문일 터이다), 은근히 신라의 편을 들고 있는 것이다.

여기서 7세기 초반 중국과 한반도 세 나라의 입장 차이를 분명히 알 수 있다. 통일 시대에 들어선 중국은 변방 정리의 마무리 작업으로 한반도를 복속시키고자 하며, 그 관건이 고구려 정벌임을 알고 있다. 한편 고구려는 전통적으로 한반도 남진 정책을 추구해온 데다 중국에 랴오둥을 잃게 될지 모른다는 것을 알고부터는 신라에 잃은 죽령 이북의 땅이 더욱더 절실할 수밖에 없다. 또한 백제는 왕조가 일어난 고향이자 한반도의 요지인 한강 하류를 신라에 빼앗겼으므로 역시 고구려와 같이 실지 수복을 노리고 있다. 따라서 신라는 고구려와 백제로부터 빼앗은 죽령 이북과 한강 하류(즉 한반도 중부)를 유지하려면 백제, 고구려와 계속 각을 세울 수밖에 없는 사정이므로 어떻게든 중국의 도움을 받아야만 한다 (당 태종은 이런 신라의 다급한 처지를 잘 이해하고 있었을 것이다).

요컨대 당시는 중국과 고구려가 맞선 가운데 백제와 신라가 이해관계에 따라 '따로 또 같이' 행동하는 복잡 미묘한 정세였다. 바로 이런 구도가 7세기 후반 삼국 통일에까지 이어지게 된다. 이러한 정세를 낳은 근본적 원인은 다름 아닌 553년 신라 진흥왕의 한강 하류 정복이었다. 그렇게 보면 진흥왕은 그저 신라의 영토를 확장하려 했을지 모르지만, 그것은 수십 년 뒤에 그 자신도 예상하지 못한 엄청난 결과를 부른 셈이다.

신라의 성장통

나제동맹이 신라의 배신으로 깨지고 백제 성왕이 전사한 게 불과 50년 전의 일인데도 백제 무왕이 신라의 진평왕에 접근했다는 것은 놀라운 일이다. 아무리 대고구려 정책에 관한 한 공동의 이해관계로 묶여 있다고는 하나, 백제는 신라와 전통적인 앙숙인 데다 신라로부터 반드시 되찾아야 할 영토도 있지 않은가? 그런 상황에서 무왕은 어떻게 진평왕과 보조를 같이할 마음을 먹었던 걸까?

여기에는 사연이 있다. 역사에 기록된 무왕의 이름은 장璋이지만 어릴 때 이름은 서동薯童이다. 서동이라면《삼국유사》에 전해지는 〈서동요〉의 주인공이 아닌가? 백제 왕자 서동이 마 장수로 변장하고 신라에 와서 아이들에게 마를 공짜로 나누어주며 "선화공주가 밤마다 남몰래 서동의 방을 찾아간다."라는 '음란한' 노래를 퍼뜨리게 했다는 게 〈서동요〉의 내용이다. 그럼 선화공주는 누굴까? 서동의 이색적인 유혹에 넘어가 나중에 서동을 따라가 백제의 왕비가 되는 그녀는 당대 신라의 미인으로 이름 높았던 진평왕의 셋째 딸이다. 즉 서동은 진평왕의 사위가 된다. 그렇다면 무왕과 진평왕은 중국에 보내는 서신의 문안까지 충분히 함께 상의할 만한 사이다.● 물론 당시 백제와 신라는 여러 차례 전쟁을 벌였으므로 국가 간의 관계까지 회복된 것은 아니지만 어쨌든 무왕과 진평왕은 사적으로 가까운 관계였을 것이다.

그런데 이 사실은 백제 왕실만이 아니라 신라 왕실에 중대한 영향을 미치게 된다. 진평왕은 아들을 두지 못하고 딸만 셋을 두었기 때문이다. 내물왕 이래 신라 왕실에서는 반드시 장자 계승이 지켜지지는 않았으나 적어도 왕위 계승권을 가진 김씨 남자가 끊기는 일은 없었다. 그런데 진평왕이 53년간이나 재위하면서 아들을 두지 못한 탓에 처음으로 대가 끊기는 일이 생겼다. 이제 진골眞骨 남자는 있어도 성골聖骨 남자는 없다(성골은

● 일부 학자들은 당시 백제와 신라의 관계로 미루어 그런 통혼은 불가능하다고 본다. 그래서 그 사건은 두 나라가 밀월 관계에 있었던 493년 동성왕 때의 통혼(184쪽 참조)일지도 모른다고 말한다(심지어 후대에 조작된 이야기라는 주장도 있다). 그러나 앞에서 보았듯이 당시 백제와 신라는 격변하는 동북아시아 질서 속에서 한편으로는 대립적이면서도 다른 한편으로는 공동의 이해관계를 가지고 있었다. 학자들은 나제동맹이 깨졌다는 사실에 집착하지만, 당시의 동맹은 오늘날의 국제조약과 달리 문서에 의거한 것도 아니고 그다지 엄격한 것도 아니었다. 서동이 무왕이라는 점에 관해 신채호는 흥미로운 근거를 들고 있다. '薯童'이라는 말은 '마[薯]를 파는 소년'이라는 뜻이다. 그런데 무왕은 후세 사람들에게 '말통대왕'이라고 불리기도 했다. 말통은 한자로 '末通'이라고 쓰지만 이두문이라면 뜻은 중요하지 않다. 따라서 '말통'의 '말'은 '마'를 뜻하며 '통'은 '동'의 음역이라고 볼 수 있다.

부모가 모두 왕족일 경우, 진골은 부모 중 한쪽만이 왕족인 경우를 뜻하지만, 신라 왕실에서는 족내혼이 많았으므로 그 구분은 큰 의미가 없다. 그냥 왕계 혈통에 가까운 정도를 나타내는 구분으로 이해하면 될 것이다). 자, 이제 신라 귀족들은 선택해야 한다. 골품이 중요한가, 성별이 중요한가?

고민하던 귀족들은 골품을 선택한다. 비록 여성이라 할지라도 성골이 아직 남아 있는 이상 왕위 계승권자는 성골이어야 한다고 결론을 내린 것이다. 그래서 진평왕의 맏딸인 덕만이 아버지의 왕위를 계승하게 되는데, 그녀가 바로 신라는 물론 한반도 역사상 최초의 여왕이 되는 선덕여왕善德女王(재위 632~647)이다.

그러나 여기에는 의문이 있다. 물론 골품제의 전통은 중요했을 것이다. 하지만 그렇다고 해서 가부장제가 당연시되었던 그 시대에 중국에도 전례가 없는 여왕을 옹립하는 일이 쉬웠을까? 고대 일본에는 신화시대에 여성 천황이 있었지만 적어도 역사시대에 동북아시아에서 여성이 국가수반에 오른 경우는 없었다.••

따라서 선덕여왕이 즉위할 무렵 신라 왕실에서는 상당한 논란이 있었을 터이다. 게다가 진평왕이 죽었을 때 덕만은 이미 출가해 비구니가 되어 있었다. 당시 왕의 딸이 출가한 것은 이해할 수 없는 일이 아니었다. 법흥왕 때 이차돈의 순교로 불교가 전해진 이래 진흥왕이 특히 불교를 크게 '진흥'시켰으며, 진평왕은 한술 더 떠 자신의 이름을 석가모니의 아버지 이름을 따서 백정白淨이라 했고

•• 중국의 경우 여성이 집권한 사례는 있다. 일찍이 한 고조 유방의 아내 여태후는 남편이 죽은 뒤 제국의 정권을 장악했다. 그러나 그녀는 실권만 차지했을 뿐 스스로 황제를 칭하지는 않았다. 그러다가 7세기 말에 당 제국의 측천무후는 남편인 태종이 죽자 그의 아들 고종(高宗, 재위 649~683)의 후궁이 되었다가 병약한 고종 대신 권력을 장악했으며, 690년에는 직접 제위에 올라 15년간 재위했다(당 시대만 해도 유학은 지배 이데올로기일 뿐 생활윤리까지는 되지 못했기에 아버지의 후궁이던 여자를 아들이 아내로 삼는 게 가능했다). 실권을 가진 여왕이라는 점에서, 신라의 선덕여왕은 측천무후의 선배 격이 된다.

왕비의 이름까지도 석가 어머니의 이름인 마야부인이라고 불렀다. 이런 집안에서 딸자식 하나 출가시키는 것은 어렵지 않은 일이다(지금도 티베트 같은 곳에서는 자식 하나를 골라 승려로 만드는 풍습이 전해진다).

하지만 굳이 절에 가 있는 덕만을 왕궁으로 불러들인 이유는 무엇일까? 사실 귀족들에게는 더 좋은 대안이 있었다. 신라는 원래 아들이 없으면 사위가 왕위를 계승하는 전통이 있었다. 그런데 진평왕에게는 사위가 둘이 있었다(맏딸은 출가했으므로 사위가 둘이다). 물론 둘째 사위는 백제의 무왕이다. 그럼 첫째 사위는 누굴까? 그는 진평왕 시절에 대장군으로 고구려와 싸워 여러 차례 빛나는 전공을 세웠던 김용춘金龍春이다. 왕의 사위인 만큼 당대에도 유명 인사였지만 김용춘은 나중에 부하와 아들을 잘 둔 덕분에 더욱 역사에 빛나는 이름을 남기게 된다. 그의 부관은 바로 김유신이었고, 그의 아들은 훗날 태종무열왕이 되는 김춘추金春秋(602~661)였던 것이다.

당연히 김용춘은 왕위 계승권을 주장했을 것이다. 실제로 그는 진평왕의 맏사위이자 진지왕眞智王(재위 576~579)의 아들이라는 당당한 신분이었으니 신라 왕위가 그에게 돌아가도 전혀 하자가 없었다. 그런데 왜 왕위를 차지하지 못했을까? 그 이유는 단지 그가 진골이기 때문만이 아니었을 것이다. 여기에는 백제 무왕의 상당한 간섭이 있었으리라고 추측할 수 있다. 무왕도 역시 진평왕의 사위인 데다 일국의 왕이라는 신분이었으니 김용춘에 비해 전혀 손색이 없었다. 물론 신라의 귀족들이 백제 왕이 신라의 왕위까지 계승하는 것을 바랐을 리는 없다. 그러나 어쨌든 무왕에게도 신라 왕위의 계승권이 있는 것은 사실이고 더구나 진평왕과 개인적으

로도 가까운 사이였던 것도 사실이다. 그렇
다면 신라의 귀족들은 그 난감한 문제를 해
결하기 위해 절에 가 있던 첫째 딸 덕만을 불
러들인 것은 아니었을까? 아니면 왕위를 놓
고 치열하게 암투를 벌이던 김용춘과 무왕이
모종의 합의를 보고 대타를 세우기로 한 것
은 아니었을까?

다행히 여왕을 옹립한 모험은 결과가 그
리 나쁘지 않았다. 최초의 여왕답지 않게 선
덕여왕은 처음 맡은 나랏일을 능숙히 처리했
던 것이다. 일단 여왕에 대한 거부감을 없애
기 위해 그녀는 백성들에게 1년간 조세를 면
제해주고, 당에 사신을 보내 책봉도 거뜬히
받아냈다. 또한 백제와 고구려가 침략해왔을
때도 효과적으로 대처해 군사적 능력도 뒤지
지 않음을 과시했다. 말년에 비담과 염종이
라는 자가 여성 군주를 탓하며 반란을 일으

여왕의 균형 감각   출가한 이력이 있는 만큼
선덕여왕은 불교에 특히 관심이 많았다. 전대
에 완공된 황룡사에 거대한 목탑을 세우도록
한 것도 여왕이었는데, 흥미로운 것은 분황사
라는 또 하나의 사찰을 건립하게 한 사실이다.
이름의 '분(芬)'은 향기롭다는 뜻인데 사찰 이
름에는 영 어울리지 않는다. 혹시 여왕은 황룡
사의 남성적 이미지를 분황사로 상쇄해 균형
을 잡으려 한 것은 아니었을까? 사진은 크기와
재료에서 황룡사 목탑과 대조되는 분황사 모
전석탑이다.

키는 바람에 옥에 티를 남겼으나 그 정도쯤은 탓할 일이 못 된다.
문제는 국내외적으로 혼란기였던 15년간 그녀가 무사히 나라를
다스리고 나서 또다시 후계 문제가 대두되었다는 점이다.

출가까지 한 적 있는 처녀 여왕이니 당연히 후사가 없다. 덕만
을 왕으로 추대할 때 신라의 귀족들이 이런 사태가 올 줄 예상
하지 못했을 리 만무하다. 그나마 다행스러운 일은 이제 무왕이
나 김용춘처럼 왕위를 주장할 만한 인물이 없다는 사실이다(무왕
은 641년에 죽었고, 김용춘은 사망 연도가 기록에 없으나 아들의 나이로 미

루어 그 무렵이면 사망했을 것이다). 게다가 무슨 일이든 처음이 어렵지 두 번째는 쉽다. 그래서 귀족들은 진평왕의 동생인 국반의 딸 승만을 다시 여왕으로 모시는데, 그녀가 진덕여왕眞德女王(재위 647~654)이다.

진덕여왕 역시 사촌언니처럼 7년간 나라를 무리 없이 잘 이끌었다. 그녀에게 후사가 있었는지는 기록에 없으나 있었다고 해도 왕위 계승과는 인연이 없었을 것이다. 두 여왕이 다스린 20여 년 동안 왕실 후계 문제는 충분히 정리되었다. 이제 성골은 남자든 여자든 완전히 씨가 말랐으니 굳이 여왕을 선택할 이유가 없다. 게다가 누가 보기에도 격변기의 신라를 맡길 만한 최적임자가 등장했다. 두 여왕의 치세를 평온히 넘길 수 있게 만든 인물, 아니 그보다 두 여왕의 시대에 있었던 대단히 중요한 변화를 주도한 인물, 바로 김춘추였다. 진덕여왕이 죽자 귀족들은 일단 형식적으로 김알천이라는 원로에게 왕위를 맡기려 했으나 분위기를 파악한 김알천은 김춘추를 '세상을 구한 영웅'이라고 추켜세우며 왕위를 양보한다. 이리하여 김춘추는 태종무열왕太宗武烈王(재위 654~661)으로 즉위했다.

어찌 보면 두 여왕의 치세는 김춘추가 마음껏 활약하도록 해주기 위한 무대와 같았다. 사실 당시 신라에서 여성이 왕위에 오른 것은 지극히 비정상적인 일이고 고육지책일 따름이었다. 그러나 그런 과도기가 없었더라면 국제적으로 중요한 시기를 맞아 신라의 왕권 다툼이 대단히 치열해졌을 것이며, 김춘추라는 인물이 활동할 수 있는 여지도 크게 좁아졌을 것이다. 그렇게 보면 신라의 성장통이 짧게 끝날 수 있었던 데는 바로 두 여왕이 간접적으로 기여한 바가 컸다.

중국의 낙점

654년에 김춘추는 쉰 살의 나이로 왕위에 올라 불과 7년간 재위하고 죽었다. 따라서 그의 즉위는 개인적으로 아버지 김용춘의 맺힌 한을 풀었다는 것, 공적으로는 왕위에 오르기 전까지 그가 세운 공로에 대한 포상을 받았다는 것, 그리고 이후 신라의 왕위 계승이 매끄러워졌다는 것 이외에는 별 의미가 없다. 오히려 그는 왕이 되기 이전에 처남인 김유신과 더불어 사실상 신라의 정치적 우두머리로서 엄중한 시기에 국가의 중대사를 도맡았다. 선덕여왕과 진덕여왕의 치세에 기록된 일은 거의 다 그 두 사람의 업적이다.

수의 침공으로 멸망할 줄 알았던 고구려가 부활하자 한반도 삼국의 관계는 일단 예전으로 돌아갔다. 물론 618년에 수를 대체한 당이 아직 몸을 추스르기 전이니까 말하자면 폭풍 전야인 셈이지만, 신라의 입장에서는 차라리 중국 방면에서 폭풍이 불어닥칠 때가 좋았다. 죽령 이북과 한강 하류를 장악하고 있는 한 신라는 고구려와 백제의 목표에서 벗어날 수 없기 때문이다. 일찍부터 김춘추는 언변이 화려하고 외모도 뛰어나 외교관으로 낙점을 받고 있었던 만큼 국제 정세에 밝았다. 다시 찾아온 어려운 시기, 신라가 헤쳐 나갈 길은 무엇일까? 신라 혼자의 힘으로 고구려와 백제의 두 강적을 상대할 수는 없고, 중국의 당은 아직 제 코가 석 자인 신생국이므로 도움을 요청할 데가 못 된다. 그렇다면 신라는 두 나라 중 우선 어느 한 측만을 적으로 삼아야 한다. 고민하던 김춘추에게 각오를 굳히게 하는 사건이 일어난다.

642년 여름, 백제의 명장 윤충允忠은 당시 백제와 신라의 중요한 접경지대인 대야성(지금의 합천)을 공격해 함락시켰다. 워낙 요충지였으므로 그 자체로도 타격이 컸지만, 김춘추의 더 큰 아픔은 그 전투에서 성의 도독인 김품석과 그의 아내가 죽었다는 사실이다. 더구나 그는 제대로 싸워보지도 못하고 백제군에게 항복하러 나갔다가 죽었다. 김춘추는 김품석의 죽음보다 그의 아내가 죽은 게 더 슬펐을 것이다. 그녀는 바로 김춘추의 딸이었기 때문이다.*

비보를 들은 김춘추는 기둥에 몸을 기대고 하루 종일 망연자실해 있다가 이렇게 부르짖는다. "슬프도다. 대장부가 되어 어찌 백제를 멸하지 못하리." 백제의 윤충은 100년 전 성왕의 죽음에 대한 복수를 했다고 여겼겠지만, 딸을 잃은 김춘추의 마음은 다를 수밖에 없다. 그러나 불행히도 그의 조국인 신라는 그 복수를 해줄 만한 힘이 없다. 사무치는 개인적 원한에다 국가적 과업을 덧붙여 그는 마침내 고구려에 도움을 청하기로 마음먹는다. 사적인 복수와 공적인 과제, 어느 것이 그의 마음에서 더 큰 자리를 차지했을까? 추측하자면 아무래도 전자인 듯싶다. 냉정하게 판단했다면 일찍이 고구려로부터 빼앗은 영토가 있으니 고구려가 그의 요청을 들어줄 리 없다는 사실을 어렵지 않게 예상할 수 있으니까.

아니나 다를까, 그 길로 고구려에 달려간 김춘추는 보장왕寶藏王(재위 642~668)에게 백제에 대한 원한과 험담을 늘어놓고 나서 백제를 정벌해달라고 부탁했지만, 보장왕은 대뜸 죽령 이북의 땅을 반환하면 부탁을 들어주겠노라고 말했다. 그제야 김춘추는 자신

두 김씨　왼쪽은 김춘추의 태종무열왕릉비이고, 오른쪽은 김유신이 화랑 시절에 통일의 뜻을 품고 수련했다는 경주 단석산의 석굴이다. 처남 – 매부 사이인 이 두 김씨는 서로 브레인과 물리력으로 황금 콤비를 이루어 신라의 삼국 통일을 이끌어냈다. 선덕과 진덕 두 여왕의 재위 기간은 오히려 옛 귀족 세력이 무너지고 이들 두 사람을 중심으로 하는 신귀족들이 집권하는 좋은 계기로 작용했다.

이 경솔했음을 깨달았다. 김춘추가 그럴 수 없다고 하소연하자 보장왕은 오히려 그를 옥에 가두어버렸다. 자칫하면 목숨조차 위험한 그를 구한 것은 처남인 김유신이다. 선덕여왕의 명을 받아 김유신이 1만 명의 결사대를 이끌고 북행길에 올랐다는 소식을 듣고 보장왕은 김춘추를 돌려보낸다. 당시 김춘추는 선도해라는 고구려 관리가 말해준 토끼와 자라의 이야기를 듣고 꾀를 써서 풀려났다고 한다. 이것은 물론 누군가 꾸며낸 이야기겠지만, 거칠부도 고구려 승려를 스승으로 둔 것으로 미루어보면 신라에 우호적인 인물들이 고구려에 있었던 것은 사실인 듯하다.

어쨌든 김춘추의 첫 외교는 완전 실패였고 목숨만 겨우 건졌다. 그러나 아무런 성과도 없었던 것은 아니다. 고구려로부터 기대할 게 없으니 이제 고민은 끝났다. 믿을 것은 중국뿐이다. 마침 그 이듬해 당에 갔다 온 사신의 보고는 그의 그런 희망을 더욱 굳혀준다.

같은 시기에 한반도 삼국은 한반도 사태를 놓고 모두 당에 지침을 구했다. 중국의 견해는 기본적으로 현상 유지다.● 즉 한반도 삼국은 서로 싸우지 말고 화평을 유지하라는 것이다. 당 태종의 충고는 15년 전 무왕과 진평왕의 '고소장'을 접수했을 때와 전혀 달라진 게 없다. 그렇다면 그 때와 마찬가지로 그는 고구려나 백제보다 신라 쪽에 더 후한 점수를 매기고 있다고 보아야 할 것이다. 그의 입장은 결과적으로 신라가 백제와 고구려의 영토를 빼앗은 것을 추인한 셈이기 때문이다. 대중국 외교의 일선에 나설 채비를 차리고 있던 김춘추는 그런 눈치를 분명히 알아차린 듯하다.

그러나 이참에 중국의 낙점을 확정지으려던 그는 예상보다 이른 당의 행동에 외교 행보를 잠시 늦춘다. 당 태종이 드디어 고구려 정벌에 나선 것이다.

● 당시 당 태종 이세민은 초기 권력의 불안정을 딛고 막 안정기로 접어든 상태였으므로 한반도 사태에 직접 개입할 마음은 없었을 것이다. 그는 황태자로 책봉되어 있었던 형 건성과 동생 원길을 살해하고 626년에 아버지 이연의 양위를 받아 제위에 올랐으니, 수 양제에 버금가는 간웅이다. 하지만 그는 양제와 달리 병법과 무술만이 아니라 지도력과 판단력, 아울러 《진서(晉書)》의 일부마저 직접 집필할 만큼 학문에도 뛰어났다. 그래서 그의 치세 23년간은 중국 역사에서 '정관(貞觀, 태종의 연호)의 치(治)'라 불리는 번영기였으며, 그와 신하들이 나눈 정치 문답은 《정관정요(貞觀政要)》라는 책으로 꾸며져 후대에 한반도 왕조들이 정치 참고서로 삼았다.

새로운 동맹

백제 무왕은 당과 고구려, 신라를 놓고 한참 저울질을 했던 듯하다. 그도 그럴 것이, 당시 백제는 그 세 나라와 모두 인연을 맺고 있었다. 당은 언제든 내 편으로 만들 수 있다면 그래야 할 대상이고, 고구려와는 신라에 영토를 빼앗겼다는 공동의 이해관계가 있으며, 신라와는 진평왕과의 친분이 있다. 그래서 그는 세 나라를 모두 확실한 적으로 만들지 않으면서 줄다리기 외교를 펼쳤다.

그런 대치 국면이 장기적으로 지속된다면 무왕의 방책도 나름대로 괜찮았을 것이다. 그러나 당시 동북아시아 정세는 마냥 그렇게 전개될 수 없었다. 특히 태풍의 핵과 같은 당이 머잖아 안정을 찾으면 언제든 한반도를 복속시키려 들 것이며, 그때 가서는 백제도 어떻게든 분명한 노선을 정하지 않으면 안 될 터였다. 무왕은 안개 정국 속에서 끝내 결단을 내리지 못했지만 그의 아들 의자왕義慈王(재위 641~660)은 달랐다.

의자왕의 시대에 이르자 비로소 안개가 어느 정도 걷힌다. 어려서부터 영특한 탓에 '해동의 증자曾子(공자의 제자)'라는 별명까지 얻었던 의자왕의 두뇌는 분주하게 돌아갔다. 우선 진평왕과 무왕이 모두 죽었으니 신라와는 아무런 개인적 연고도 없다. 게다가 당은 한반도 왕조들에게 계속 현상 유지를 주문하지만, 그것은 신라의 기득권을 보장하겠다는 의도에 다름 아니다. 그렇다면 백제로서 할 일은 뻔하다. 중국이 안정되기 전에 미리 선수를 쳐 옛날의 한반도 지도를 복원시켜놓는 것이다. 그런 다음에 외교를 통해 당의 승인을 얻으면 된다. 문제는 고구려인데, 실지 수복에 관한 한 고구려는 동병상련의 처지이므로 최소한 중립화할 수 있거나 잘하면 동맹을 맺을 수도 있을 것이다. 따라서 백제의 목표는 신라로 정해진다. 의자왕은 직접 군대를 거느리고 신라를 공격해 순식간에 40여 개 성을 획득했다. 그 마무리에 해당하는 것이 바로 앞에 말한 윤충의 대야성 전투였다.

그 이듬해 의자왕은 고구려에 사신을 보내 드디어 원하던 동맹을 맺었는데, 이것이 여제동맹麗濟同盟이다. 고구려가 백제와 밀월 관계에 있었으니 김춘추의 고구려 외교가 성공할 리 만무했다. 그런데 고구려가 의자왕이 내미는 손을 굳게 맞잡은 데는 마침 고구려의 내부 권력 구도가 크게 변한 탓이기도 했다.

고구려에서는 파란만장한 치세를 보낸 영양왕이 618년에 죽자 수와의 대회전에서 을지문덕과 더불어 구국의 영웅이었던 건무가 영류왕營留王(재위 618~642)으로 즉위했다. 때마침 자신이 즉위한 그해에 중국에서도 수가 멸망하고 당이 건국되었으니 영류왕으로서는 신흥 제국에 대해 유감이 있을 리 없다. 그래서 집권 초기에 그는 적극적으로 당과의 친선을 도모했다. 그 일환으로 당 고조 이연의 요청에 따라 1만여 명에 달하는 중국 포로들도 송환시켰고, 624년에는 당으로부터 도가의 경전인 노자의 《도덕경道德經》을 수입하고 도사들을 초빙해 특강도 연속으로 하게 했다.● 무왕과 진평왕이 당 태종에게 고구려가 입조의 길을 막고 있다고 호소했을 때 태종이 그들의 불평을 들어주지 않은 데는 이렇게 고구려가 미리 당을 주물러놓은 탓도 있었다.

그러나 초기의 밀월은 오래가지 않았다. 역사에서 누차 반복된 현상이지만, 무릇 중국의 통일 제국이라면 고구려를 정벌하지 않고는 넘어갈 수 없다. 과연 내치에서 어느 정도 자리를 잡자 당 태종은 그 점을 상기시키

● 도가 사상은 원래 남북조시대에 크게 성행했는데 당 초기에는 정부의 특별 지원을 받았다. 여기에는 그럴 만한 이유가 있다. 사실 당은 수에서 명패만 바꾸었을 뿐 크게 다르지 않았다. 화북 출신의 왕조인 데다 수 황실의 양씨와는 친족 간이었으니 관료와 백성 들이 두 나라를 다르게 보지 않았다. 여기에 문제를 느낀 이연은 도가의 창시자인 노자가 이씨였다는 점에 착안해 노자를 자신의 시조라고 우겼다. 터무니없는 주장이지만 어쨌든 정부의 대대적인 선전 덕분에 도가는 힘을 얻었고, 그 결과 고구려에까지 전해지게 된 것이다.

려는 듯이 먼저 시비를 걸었다. 631년에 고구려의 경관京觀을 헐어버린 것이다. 경관이란 원래 전사자들의 시신을 한데 묻고 추념하는 고구려의 기념물이었으나 당이 헐어버린 것은 수의 전사자들이 묻힌 곳, 그러니까 고구려의 전승 기념비였다. 따라서 단순히 문화유적이 사라졌다는 의미가 아니다.

당연히 고구려는 긴장할 수밖에 없었다. 돌연한 중국의 태도 변화에 영류왕은 곧바로 랴오둥에 천리장성을 쌓아 대비했다(당시 랴오둥 일대에는 고구려 성곽들이 많았으므로 그것들을 잇는 작업을 한 것이다. 이 공사는 16년이 걸려 완공된다). 일단 서로 심기가 뒤틀렸겠지만 영류왕은 꾹 눌러 참으며 태자를 보내 조공했고, 당 태종도 환영해 맞으며 마치 아무 일도 없었던 것처럼 사태를 진정시켰다.

그러나 영류왕보다는 태종의 단수가 좀 더 높았던 모양이다. 640년에 영류왕은 귀족 집안의 자제들을 당의 국자감國子監(국립대학)에 유학을 보냈지만,** 태종은 진대덕陳大德이라는 밀정을 파견했다. 경치를 감상하겠다면서 고구려에 온 진대덕은 경치보다 고구려의 지세를 파악하는 데 열심이었고, 고구려 내에 옛 수 제국의 종군자들이 남아 있는 현황을 면밀히 조사했다. 귀국한 진대덕에게서 보고를 받은 뒤 당 태종은 "고구려는 본디 4군四郡(한4군)의 땅"이라며 적절한 구실만 생기면 고구려를 정벌하겠다는 의도를 드러냈다. 어차피 찾으면 나오는 게 구실인데, 당 태종이 고구려 원정을 결정하는 구실은 고구

●● 국자감은 국학이라고도 부르는데, 수 양제가 처음 설립해 당 초기에 완비되었다. 나중에는 신라에도 도입되었고, 고려시대까지 존속하면서 대표적인 고등교육기관이 되었으며, 고려 말인 1362년에는 성균관으로 개칭되어 조선에도 이어졌다. 그렇다면 그 성격도 충분히 알 수 있다. 수는 중국 역사상 최초로 과거제를 실시했고, 당은 과거제를 통한 관리 임용이 처음으로 자리를 잡은 제국이다. 당시의 학문이라면 단연 유학이었으므로 국자감은 바로 유학 이데올로기를 연구하고 보급하기 위한 기관이었다. 당 태종은 주변의 모든 나라에 국자감에 유학생을 보내라고 지시했는데, 그 의도는 물론 중화 이념의 도구인 유학을 퍼뜨리려는 것이었다. 그래서 640년에는 고구려만이 아니라 백제와 신라도 귀족 자제들을 대거 국자감에 유학을 보냈다.

려에서 제공했다. 때마침 고구려에서 일어난 정변이 그 계기가 되었다.

공존할 수 없는 두 영웅

우두머리는 둘일 수 없는 걸까? 불행히도 짝을 이루어 나라를 구해냈던 두 영웅인 영류왕과 을지문덕은 막상 국가적 위기를 극복하고 나서는 화합을 이루지 못했다. 영류왕은 장수왕 이래 고구려 왕실의 전통적인 정책인 남진을 고집한 반면, 을지문덕은 중국의 왕조 교체기를 틈타 랴오둥을 다시 확보해야 한다고 주장했다(물론 고구려는 아직 랴오둥의 성곽들을 보존하고 있었으나, 수의 침략 이후 랴오둥은 사실상 소유권이 불분명해진 상태였다).●

대부분의 귀족들은 영류왕에게 줄을 섰다. 무관들은 상당수 을지문덕의 견해에 따랐을 것으로 추정되는데, 그중에는 패기만만한 한 젊은이가 포함되어 있었다. 그가 바로 연개소문淵蓋蘇文(?~665)이다(《삼국사기》에는 그의 성이 천泉씨로 되어 있는데, 연개소문의 성이 당의 건국자인 이연李淵의 이름자와 같기 때문이다. 이렇게 한반도 왕조의 역사 기록에서 중국 황제의 이름자를 일부러 피하는 전통은 조선시대까지도 계속된다).

호족들의 자치권이 강한 고구려에서는 원래 아들이 아버지의 관직을 상속하는 게 관

● 영류왕과 을지문덕의 논쟁은 사실 고구려가 건국된 이래 늘 있었던 논란거리다. 앞서 여러 차례 보았듯이 고구려는 항상 북(중국)으로 진출할 것이냐, 남(한반도)으로 진출할 것이냐를 두고 고심했다. 중국과 한반도의 사이에 놓인 고구려의 지정학적 여건상 그 문제는 생래적인 것이었다. 그러나 아쉽게도 고구려는 일관된 방침으로 밀고 나가지 못했다. 중국이 강성할 때는 남진을 택하고 중국이 약할 때는 북진을 택한 것이다. 그런 고구려의 대외 정책은 상황을 이용한 적극적인 것이라기보다는 상황에 부응한 소극적인 성격이 강하다. 만약 고구려가 랴오둥이나 한반도 중남부를 확실히 영토화할 힘이 있을 때 노선을 분명히 결정했더라면 한반도의 역사는 크게 달라졌을 것이다.

습이었다. 그러나 대인大人(고구려의 관직)이었던 아버지가 죽자 연
개소문은 쉽게 그 지위를 물려받지 못했다. 귀족들이 일제히 반대
하고 나섰기 때문이다(역사에는 그가 원래 무도한 인물이었다고 기록되
어 있지만, 진짜 이유는 그의 아버지가 을지문덕파였던 탓일 것이다). 일단
연개소문은 귀족들 앞에서 최대한 저자세를 취하며 간신히 지위
상속에 성공했다. 그러나 그의 마음속에는 이미 분노의 불길이 이
글거렸을 것이다. 영류왕이 추진한 천리장성 축조 사업에서 연개
소문은 최고 감독자로서 마음껏 역량을 발휘했다. 그러나 그 정도
에 만족하기에는 그의 사적 원한과 공적 야망이 너무 컸다. 더구나
귀족들도 그 점을 눈치채고 있었다. 어차피 맞부딪힐 일, 연개소문
은 먼저 선수를 치기로 결심한다.

642년, 연개소문은 평양성 남쪽에서 휘하 병력의 열병식을 한
다는 구실로 귀족들을 초대했다. 귀족들은 그를 두려워하고 있었
지만, 100여 명이나 초청을 받았는데 어쩌랴 싶었을 것이다. 그러
나 귀족들의 예상과 달리 연개소문은 그 자리에서 그들을 모조리
살육하고 곧바로 궁중에 들어가 영류왕까지도 살해해버렸다. 그
런 다음 왕의 조카를 보장왕으로 세우고 자신은 대막리지大莫離支
가 되어 고구려의 전권을 장악했다. 700년 고구려 역사상 최대의
쿠데타였다.

그렇다면 바로 그 시기에 신라의 김춘추가 대야성의 원한을 풀
기 위해 고구려로 달려온 것도, 백제의 의자왕이 동맹의 손길을
뻗은 것도 이해할 수 있다. 신라와 백제는 바로 고구려의 신흥 쿠
데타 세력과 손을 잡으려는 것이었다. 남진을 추구해온 기존의 세
력이 무너지고 중국에 대해 호전적인 정권이 들어섰으니 이제 고
구려와 파트너가 될 수 있다는 전망을 품을 수 있었다. 김춘추는

혹시 쿠데타 세력이 죽령 이북의 땅을 눈감아주지 않을까 했겠지만 연개소문은 그럴 생각이 없었으므로 그를 내치고 백제의 의자왕을 파트너로 낙점했던 것이다.

그러나 두 영웅이 한 시대에 공존할 수 없는 법이다. 앞서 고구려의 두 영웅인 영류왕과 을지문덕도 그랬지만, 이번에 공존할 수 없는 처지에 놓인 두 영웅은 연개소문과 당 태종 이세민이다. 쿠데타라는 집권 방식도 닮은꼴이고 나이도 엇비슷한(연개소문의 출생연도는 전하지 않지만 맏아들인 남생이 634년생인 것으로 미루어 598년생인 이세민보다 약간 아래일 것으로 추정된다) 이세민과 연개소문은 점차 동북아시아의 패권을 놓고 맞붙어야 할 호적수로 떠올랐다.

연개소문의 집권은 그렇잖아도 구실을 찾고 있던 당 태종에게 행동에 나설 계기를 주었다. 중국에 맞서는 고구려, 그리고 그 고구려와 결탁한 백제, 이제 그는 그때까지 임시 파트너로 간주한 신라에게서 '임시'라는 딱지를 떼어주고 정식 파트너로 삼았다. 때마침 연개소문이 신라 북변을 침공한 사건이 일어나자 그는 사신을 보내 추궁함으로써 신라를 두둔하고 나섰다. 연개소문은 신라와의 해묵은 숙제(죽령 이북의 영토 문제)가 있음을 주장했고, 당의 사신은 지나간 일을 왜 따지느냐고 말했다. 하지만 그것은 어차피 한바탕 붙기 위한 구실일 따름이다.

드디어 당 태종에게는 고구려 원정을 위한 모든 명분이 축적되었다. 고구려가 중국의 땅이라는 전통적인 '침략의 변' 이외에 새로 보태진 명분은 두 가지다. 첫째는 연개소문에 대한 증오다. "연개소문이 임금을 죽이고 백성들을 못살게 굴고 나의 명령을 듣지 않으니 정벌하지 않을 수 없다." 한반도 왕조의 군주가 백성들을 못살게 하는 문제에 언제부터 중국이 개입했다는 걸까? 터무니없는 첫째 명분보다 둘째 명분은 차라리 솔직하다. 중국 통일 제국의 역사적 사명을 정확히 드러내고 있으니까. "사방이 모두 평정되었는데 오직 고구려만이 평정되지 않았으니 내가 아직 늙지 않았을 때 이를 이루고자 한다."•

645년, 드디어 당 태종은 유주에 전 병력을 집결시키고 고구려 원정길에 올랐다. 30년 전 수 양제의 패인을 면밀하게 분석하고 용의주도하게 전쟁을 준비한 덕분일까? 출발은 순조로웠다. 병력은 수나라의 침공 때보다 훨씬 적은 17만 명 정도였지만, 어차피 수가 많다고 해서 이기는 전쟁이 아니라는 것은 수나라의 실패에서 배운 바 있었다.

승패를 좌우하는 관건은 랴오둥의 고구려 성곽들을 어떻게 공략하느냐 하는 것이었다. 랴오허를 건넌 당의 본군은 일단 개모성(지금의 푸순)을 함락시켜 초장부터 개가를 올렸다. 곧이어 산둥에서 함대로 출발한 수군은 랴오둥 반도 끝부분의 비사성(지금의 다롄)을 점령해 육군의 성과에 호응했다. 이때까지만 해도, 성 하나 제대로 점령하지 못하고 랴오둥 들판을 헤맸던 수나라의 침공 때와 비할 바가 아니었다.

그러나 진짜 중요한 요처는 수 양제가 집요하게 공략하고서도 끝내 정복하지 못했던 요동성이다. 지난번에도 그랬듯이 이번에도 이곳을 손에 넣지 못하면 고구려 정벌은 포기해야 한다. 요동성 앞에 이른 당군은 성을 완전히 포위하고 공성에 나섰다. 태종은 해자를 메우는 작업까지 손수 거들면서 열정을 보였다. 포차로 돌을 날

• 그러나 군신들의 생각은 황제와 달랐다. 연개소문에 대한 적의나 고구려 정벌의 정당성을 내세우는 입장은 마찬가지였지만, 그들은 태종의 원정을 만류했다. "랴오둥은 길이 멀어(원래 랴오, 즉 요遼라는 땅이름부터가 '멀다'는 뜻이다) 양곡을 수송하기 어렵고 고구려는 수성을 잘하여 정복하기 어렵습니다." 그들의 말은 고구려 정벌의 어려움을 정확히 짚어낸 것이었다. 사실 이세민도 "본(本)을 버리고 말(末)로 가는 격"이라고 말했으니 그 점을 잘 알고 있었다. 그러나 나중에 그는 "순(順)으로써 역(逆)을 치는 것"이라며 원정을 정당화했다. 즉 상황이 어떻든 고구려는 정벌해야만 했던 것이다.

리고 충차로 부딪기를 수십 일, 드디어 당군은 요동성을 손에 넣는 데 성공했다. 그곳에서 고구려군은 1만여 명이 전사하고 또 1만여 명이 포로로 잡혔으며, 성 주민 4만 명과 식량 50만 석이 적의 손으로 넘어가는 막심한 피해를 입었다. 그 수치만으로도 당시 요동성의 규모가 어느 정도였는지 충분히 짐작할 수 있다.

믿었던 요동성이 함락되자 고구려의 운명은 바람 앞의 등불이 되었다. 연개소문은 황급히 고혜진高惠眞과 고연수高延壽에게 전 병력이나 다름없는 15만 명의 대군을 주고 당의 다음 공략지인 안시성을 지원하게 했다. 그러나 두 지휘관은 서로 의견 충돌을 빚은 데다 당 태종이 직접 짠 계략에 넘어가 대패하고 말았다. 안시성은 고립무원에 처했다.

이세민이나 연개소문이나 그것으로 고구려의 등불은 꺼졌다고 믿었을 것이다. 그러나 꺼진 불도 다시 보게 만든 것은 안시성이었다. 사실 연개소문이 지원군을 보내지 않는 편이 전황에는 더욱 유리했을 것이다. 안시성은 끄떡없이 버티고 있었기 때문이다. 만약 이세민이 안시성을 포기하고 그대로 평양을 향해 남진했더라면, 남은 수비 병력이 거의 없는 고구려는 견디지 못했을 것이다. 그러나 종전에 수의 군대가 랴오둥을 포기하고 평양으로 진격했다가 실패한 일에 지나치게 신경을 쓴 당 태종은 끝내 안시성 공략에 나섰다. 절체절명의 위기에서 안시성은 고구려를 구했다.

안시성주 양만춘楊萬春은 당대에 이름이 높은 명장이었다. 게다가 그는 당대의 명장답지 않게 정치적 야망이 없는 강직하고 충직한 군인이었다(연개소문의 쿠데타를 지지하지 않았기 때문일 수도 있다). 랴오둥을 수비하면서도 그는 을지문덕의 북진 정책을 추종하지 않았고, 따라서 연개소문과 무력 충돌까지 빚은 적이 있었다.

전쟁의 승부를 결정한 전투　안시성 전투의 기록화다. 당군은 랴오둥의 거의 모든 성을 함락시켰지만 유독 이 안시성만은 무너뜨리지 못했다. 고구려의 야전군이 궤멸한 뒤에도 양만춘이 지키는 안시성이 살아남았기에 당 태종은 또다시 패전의 눈물을 뿌려야 했다. 그러나 안시성은 그림에서 보는 것처럼 큰 성은 아니었을 것으로 추측된다.

당시 연개소문이 양만춘을 적으로 만들지 않은 것은 결과적으로 그 자신과 고구려의 운명을 위해 더없는 행운이 되었다.

　요동성의 복제품쯤으로 인식되었던 안시성은 양만춘의 탁월한 솜씨로 오히려 요동성을 능가하는 진품 걸작으로 변모해 있었다. 따라서 복제품을 상대하는 것과 같은 공략으로는 부술 수 없었다. 안시성 수비군은 적이 포차를 날리면 숨었고 충차를 부딪치면 즉각 구멍 난 성벽을 메웠다. 심지어 당군은 성벽과 맞먹는 높이의 토산을 쌓았으나 고구려군은 성벽을 더 높이며 맞섰다. 토산이 무너지면서 성 한쪽을 무너뜨리자 병사들이 번개같이 달려들어 거뜬히 수리했다.

밤낮으로 두 달간을 공략한 끝에 당 태종은 안시성을 부술 수 없음을, 아울러 고구려를 정벌할 수 없음을 깨달았다. 워낙 애를 먹은 탓에 성을 정복하면 성 안의 남자들을 모조리 구덩이에 넣어 죽일 마음까지 품었지만, 이제 당 태종은 모든 꿈을 접어야 했다. 하지만 그는 역시 당대의 영웅이었다. 양만춘이 성벽에 올라 철수하는 당군에게 손을 흔들어 인사하자 태종은 비단 100필을 보내 적의 승리를 축하해주었다.

랴오둥의 고구려 성 10개를 손에 넣었고 7만 명의 백성들을 중국으로 이주시켰으니 성과가 적지 않았지만, 전쟁은 분명히 중국의 패배였다. 그러나 수 양제도 그랬던 것처럼 당 태종도 고구려 정벌을 1차전으로 끝내려 하지 않았다. 패전의 후유증이 어느 정도 회복된 646년에도 그는 1차전에서 활약한 이적李勣(원래 이름은 세적世勣이었으나 '世' 자가 이세민과 같기에 '勣'으로 줄였다)에게 고구려 침공을 명했고, 이듬해에는 산둥에서 수군으로 침략하게 했으며, 또 그 이듬해에도 고구려를 공략했다. 하지만 양만춘이 막아준 1차전 이후 정신을 차린 연개소문은 그때마다 뛰어난 전술로 잘 방어해냈다. 결국 649년 당 태종의 죽음으로 이 대회전은 막을 내렸다(일설에 따르면 그는 안시성 싸움에서 화살에 맞아 한쪽 눈이 멀었고 그 독으로 인해 병을 앓다가 죽었다고 하는데, 확실하지는 않다).

그의 죽음으로 영웅의 시대는 끝났다. 공존할 수 없었던 영웅들 간의 승패를 군이 따진다면 이세민은 끝내 목표를 이루지 못했으니 패장이 될 테고 연개소문과 양만춘은 승장이 되겠지만, 나라의 운명은 정반대다. 이세민이 반석 위에 올린 당은 강력한 제국으로 발돋움하면서 다시금 옛 한 제국 시대와 같은 동북아시아 국제 질서의 복원을 노리고 있었고, 연개소문이 사실상 지배한 고구려는 거듭되는 전란으로 국력이 약해지면서 한반도 내에서조차 패권을 주장하지 못하는 신세로 전락하고 만다.

사대주의 원년

예나 지금이나 무장은 좋은 정치인이 되기 어렵다. 연개소문은 개인적 권력욕만이 아니라 국가적 야망도 지닌 인물이었고 중국의 총공세를 효과적으로 막아낸 영웅임에는 틀림없으나, 나라의 경영은 군사적 재능만으로 되는 게 아니었다. 더욱이 그는 나라 이전에 집안의 경영에도 실패했다. 665년 그가 죽자마자 그의 세 아들 간에 권력투쟁이 일어나면서 맏아들 연남생淵男生(634~679)은 당에 투항해 고구려 토벌의 앞잡이가 되었다.

　어쨌든 그것은 연개소문의 사후에 일어난 일이니 전적으로 그의 잘못이라고 할 수는 없다. 그의 진정한 잘못은 고구려가 취해야 할 근본적인 노선을 잘못 결정했다는 점이다. 당시 고구려는 대중국 항전의 의지를 불태우기보다 당과 타협하면서 전통적인 남진 정책에 충실했어야 한다. 단지 결과론일 뿐일까? 그렇지 않다. 비록 이세민과 같은 폭력적 쿠데타로 집권한 탓에 특히 이세민의 미움을 받기는 했지만, 연개소문이 적극적인 대중국 외교에 나섰더라면 신생 제국이던 당은 굳이 출혈을 감수하면서까지 고구려 정벌에 나서지 않았을 것이다. 더욱이 당의 귀족들은 원정을 반대했으므로 연개소문의 처신에 따라서는 역사의 흐름을 바꾸는 것도 가능했다. 그러기 위해서는 신라에 잃은 영토를 완전히

● 실제로 이후 이루어지는 신라의 삼국 통일도 중국적 질서를 전제로 했다. 당대의 판도에서 삼국을 통일하려면 어차피 중국의 용인이나 묵인이 필요했다. 연개소문이 당과 엇각을 세운 것은 당을 확실하게 제압할 만한 무력을 갖추지 못한다면 유지될 수 없는 노선이었다. 당은 한반도 왕조들 가운데 고구려만을 적으로 여겼으므로 고구려가 복종의 태도를 취했다면 굳이 한반도 정복에 나설 이유가 없었다. 그러므로 만약 연개소문이 원대한 전략에서 일단 당에 복종하는 몸짓을 취한 다음 삼국 통일에 나섰다면 한반도 역사의 주체는 고구려가 되었을 것이다.

●● 아닌 게 아니라 바로 몇 개월 전에 온 신라의 사신 한질허에게 당 태종은 "신라는 대조(大朝, 당)를 섬기면서 왜 연호를 따로 쓰느냐?"라며 호통을 친 일이 있었다. 더럭 겁이 난 한질허는 "법흥왕 때부터 모르고 한 짓인데, 그렇게 말씀하시니 당장 고치겠나이다."라고 대답했다. 당 태종으로서는 고구려에 뺨 맞고 신라에 화풀이한 격이지만 어쨌든 그 대답에 기분이 좋았을 법하다. 결국 신라는 그때부터 두 번 다시 독자적 연호를 사용하지 못하게 된다(나중에 보겠지만 고려 초기 잠깐을 제외하고 한반도 왕조들은 항상 중국의 연호를 썼다).

포기하는 아픔이 뒤따라야 했겠지만, 그렇게나마 사직과 국력을 보존했더라면 중국이 주도하는 국제 질서 아래 고구려는 신라 대신 한반도 통일의 주역이 될 수 있었을 것이다.●

그 점에서 연개소문과 정반대의 입장을 취한 사람은 김춘추다. 당의 고구려 원정이 실패로 돌아가자마자 648년에 그는 직접 중국 외교길에 올랐다. 원래 일정대로라면 고구려가 그의 요청을 거절한 직후에 갔어야 하겠지만 당-고구려 전쟁으로 6년이나 늦추어진 것이다. 그러나 오히려 그 때문에 그의 외교는 절묘한 적시타가 되었으니 아무래도 그에게는 행운이 따랐던 모양이다. 좌절과 분노에 가득 찬 당 태종에게 신라의 사신은 상심을 달래줄 애완견이나 다름없었다.●● 더욱이 사실상 신라의 지배자나 다름없는 김춘추가 온 것은 그전까지 국왕이 직접 입조한 경우가 전혀 없었다는 사실에 비추어볼 때 당 태종에게는 상처받은 자존심을 한껏 세울 수 있는 계기였다.

하지만 애완견이 주인에게 먼저 의사 표시를 할 수는 없다. 당의 수도 장안에 간 김춘추는 조급한 마음을 감추고 한동안 국자감을 둘러본다든가 강연을 듣는다든가 하면서 짐짓 한가로이 지냈다. 이윽고 주인이 개를 불렀고

중국 복장의 신라 사신　당의 장회태자묘에 그려진 각국 사절단의 그림이다. 오른편에서 두 번째 깃털 모자를 쓴 사람이 신라 사신이다. 7세기 후반의 벽화니까 사대주의 원년인 648년 이후의 작품이다. 그래서인지 신라 사신은 모자에 깃털을 꽂은 것만 제외하면 중국 관리들(왼쪽의 세 사람)과 전혀 차이가 없는 복장이다. 바로 옆에 있는 서역 사신의 토착 복장과 좋은 대비를 이룬다.

그제야 개는 짖어대기 시작했다. 물론 주인의 심기를 건드리면 안 되니 고구려에 관한 이야기는 일절 입 밖에 내지 않았다. "신라는 오래전부터 천조를 섬겨왔는데, 교활한 백제가 괴롭히고 입조의 길을 막으니 어서 천병天兵(당군)을 보내 백제를 멸해주소서." 주인에게서 그만한 노력을 부탁하려면 뭔가 대가를 치러야 한다. 그래서 개는 주인의 모든 것을 따르겠다고 말하며 제 새끼 두 마리를 주인의 곁에 머물게 했다(김춘추의 장남인 김법민은 왕위 계승권자였으므로 신라에 남았고 다른 아들들이 당으로 가서 관직을 받았다).

이리하여 648년(진덕여왕 2)은 한반도 역사에 길이 남을 사대주의 원년이 되었다. 신라인들은 중국의 의복을 입게 되었고, 법흥왕 때부터 100년 동안 써온 독자적 연호를 포기하고 중국의 연호와 달력을 사용하기 시작했으며, 중국의 군대가 어서 와서 한반도를 평정해주기를 바랐다. 그 세 가지 '소원' 중 첫째는 이듬해인 649년에 이루어졌고(여자의 경우는 664년부터 중국 복식을 입었다), 둘째는 650년 영휘永徽라는 중국 연호를 쓰면서 이루어졌으며, 셋째는 당 태종이 649년에 죽는 바람에 몇 년을 더 기다려야 했지만(그래서 태종의 연호인 '정관' 대신 고종의 연호인 '영휘'가 사용된 것이다), 결국에는 이루어졌다.

물론 오늘날의 관점에서 김춘추의 외교를 잘못되었다거나 치욕스러운 것이라고 일방적으로 몰아붙일 수는 없다. 당시 김춘추는 신라의 생존이 위협받고 있는 상황에서 가장 적극적인 방식, 어쩌면 그가 취할 수 있는 가장 최선의 수단을 구사한 것이었다. 그러나 단일 민족의식이 싹트기 시작한 그 무렵에 한반도 왕조와 백성 들에게 중국은 분명한 '외세'로 인식되고 있었다. 비록 실패한 노선이었지만 연개소문이 대중국 강경 자세를 취한 것은 그 점을 반영하는 것이기도 했다. 더욱이 신라는 나제동맹이 깨진 이래로 백제와 크고 작은 싸움을 벌이는 과정에서 내내 패배한 것은 아니었으므로 당시 신라의 상태가 정말 존망의 위기였는지에 관해서는 의문의 여지가 있다. 그렇다면 김춘추는 딸의 원수를 갚고 김품석을 성주로 기용한 자신의 정치적 실수를 해소하겠다는 의지가 더 강했던 게 아닐까?

어쨌든 김춘추의 중국 외교로 이제 동북아시아 질서 재편의 가닥이 잡혔다. 중국은 고구려 정벌을 원하고 신라는 백제의 정벌을 원한다. 때마침 고구려와 백제는 동맹 체제에 있으니 전선은 명확하다. 중국의 입장에서는 동북아시아의 통일, 신라의 입장에서는 한반도 남부의 통일이 목표다. 이렇게 해서 양측의 통일 시나리오

가 완성되었다. 이제 남은 것은 그 시나리오를 무대에 올리는 것
뿐이다.

9장

통일의 무대

시나리오 1: 약한 고리 끊기

백제 의자왕의 행적에는 이해할 수 없는 부분이 있다. 즉위 초기에 빛나는 대외 전과를 올린 것과 달리 후기에 가서는 마치 사람이 달라진 것처럼 방탕해진 것이다.

전쟁보다 외교에 주력한 아버지 무왕과 달리 의자왕은 즉위 초부터 적극적으로 신라를 공략하는 데 나서 짭짤한 전과를 올렸다. 비록 대야성 정복으로 기세가 절정에 달했을 때 원래 목표인 한강 하류 수복을 시도했다가 선덕여왕이 당에 SOS를 치는 바람에 물러서기는 했지만, 당이 고구려 원정으로 손이 비는 틈을 이용해 그는 기민하게 신라로부터 일곱 개 성을 빼앗았다. 곳곳에서 신라의 명장 김유신에게 발목이 잡히는 일만 없었더라면, 의자왕은 이참에 한강 하류는 물론이고 신라 본토까지 상당히 잠식할 수 있었을 것이다. 또한 그는 한동안 끊어졌던 일본과의 수교도 복구해 예전의 화려했던 백제의 위상을 거의 회복했다. 655년에 의자왕은 고구려와 함께 신라의 33개 성을 함락시켜 여제동맹의 위력을 시위하면서 막 왕위에 오른 김춘추에게 또 한 번 좌절감을 안겨주었다.

그런데 묘하게도 그 직후부터 의자왕은 달라진다. 갑자기 왕궁을 화려하게 꾸민다든가, 대규모 파티를 벌인다든가 하면서 호들갑을 떨기 시작한다. 파트너 고구려가 중국을 물리쳤다는 사실에 지나치게 안도한 걸까? 656년 좌평인 성충成忠이 샴페인을 너무 일찍 터뜨리는 게 아니냐고 충언하자 의자왕은 그만 발끈해서 그를 옥에 가두어 죽여버렸다. 성충은 옥에서 쓴 유서를 통해 장차 큰 전쟁이 있을 것임을 예고하면서 그때가 되면 뭍에서는 탄현(지금의 대덕)을 막고 바다에서는 기벌포(지금의 장항)를 막으라는 최후의 충고를 했다. 그러나 샴페인에 취한 의자왕의 귀에는 아무것도 들리지 않는다.•

당과 신라의 통일 시나리오가 완성되었음에도 의자왕이 전혀 그것을 눈치채지 못했다는 것은 의문이지만, 어쨌든 기록에 따르면 그는 국제 정세의 변화와 곧 닥쳐올 위기를 의식하지 못했다. 그는 설사 중국이 다시 한반도를 침략한다 해도 예전처럼 고구려만 목표가 되리라고 예상했던 모양이다. 하지만

• 《삼국사기》에는 그 시기에 온갖 괴변이 일어났다고 기록한다. 이를테면 암탉이 참새와 교미했다는 둥, 나무가 비명을 질렀다는 둥, 우물물이 핏빛으로 변했다는 둥, 땅속에서 거북이 나왔는데 그 등에 백제가 멸망한다고 씌어 있었다는 둥 온갖 X파일급 이야기들이다. 지은이 김부식이 그것들을 다 날조하지는 않았겠지만, 그 의도는 백제의 멸망이 하늘의 뜻임을 강조하려는 데 있었을 것이다.

그렇다면 그에게는 해동 증자라는 명예로운 별명이 어울리지 않는다. 고구려가 강한 고리라면 백제는 약한 고리다. 중국이 한반도라는 사슬을 제거하기 위해 약한 고리를 먼저 끊으려 드는 것

은 당연한 일이기 때문이다.

당 고종은 아버지 태종의 맏아들이 아니었으나 효심이 지극하다는 이유로 제위를 계승했다. 과연 그는 즉위하고 나서 첫 '사업'으로 홀몸이 된 아버지의 애첩을 후궁으로 맞아들였는데, 그녀는 나중에 중국 역사상 유일한 여제가 된다. 어쨌든 고종은 아버지의 여자를 취했을망정 아버지의 숙제마저 잊어버리지는 않았다. 그는 661년 서른세 살이던 한창 나이에 사실상 정계에서 은퇴하고 아내에게 국정 운영의 전권을 내맡겼는데, 그전에 마지막으로 이룬 업적이 바로 한반도의 약한 고리를 끊는 일이었다.

660년 봄, 당 고종은 소정방蘇定方(592~667)을 총사령관으로 삼고 13만 명의 대군을 배에 실어 인천 앞바다로 보냈다. 거기서 당군은 신라군과 접선한다. 당시 신라가 인천까지 마중을 나올 수 있었던 것은 바로 한강 하류를 차지하고 있었기 때문이다(진흥왕은 신라의 삼국 통일에 여러모로 결정적인 역할을 했다).

백제 원정의 기본 방침은 이미 태종 때 세워져 있었으니 필요한 것은 세부 계획뿐인데, 거기서 가장 중요한 게 바로 신라와의 분업이다. 백제 정벌이야말로 신라가 바라 마지않던 꿈이므로 태종 무열왕은 적극적인 협력을 아끼지 않을 생각이었다. 그러나 유감스럽게도 그 분업 구도에서 신라가 맡은 임무는 그다지 적극적인 게 아니었다. 신라의 가장 큰 임무는 전투보다 '보급'이었기 때문이다. 물론 당군이 백제의 수도를 공격하는 동안 신라군은 백제를 동쪽에서 공략하기로 했지만, 전투의 주력은 당군이었고 무엇보다 작전의 모든 지휘권은 소정방을 비롯한 당군의 지휘관들에게 있었다.

일찍이 고구려 정벌에서도 중국이 가장 애를 먹었던 부분은 바로 군량을 확보하는 문제였다. 장성의 북변에서 랴오둥까지 1000리가 넘는 길을 원정하면서 출발할 때부터 군량을 지참해야 했다. 따라서 대규모의 보급 병력이 필요했다. 오히려 보급 병력이 정작 필요한 전투 병력보다 더 많은 경우도 있었다(앞서 본 것처럼 수의 고구려 침공 때는 보급 병력이 전투 병력의 두 배를 넘었다). 그런데 신라가 보급을 맡았으니 이제 당군은 그런 곤란을 겪을 필요가 없어졌다. 전투 병력으로만 이루어진 13만 대군은 '홀가분하게' 산둥에서 배를 타고 신라군과 만나기로 한 약속 장소인 덕물도(지금의 덕적도)에 상륙했다.

'보급대장' 격인 태종무열왕은 남천정(지금의 이천)에 자리 잡고 태자인 김법민金法敏(나중에 문무왕이 된다)에게 배편으로 한강을 내려가 소정방을 맞게 했다. 여기서 신라 측으로부터 보급품을 전달받은 뒤, 당군은 다시 배에 올라 백강(지금의 금강) 하구를 향했다. 신라군은 예정대로 동쪽의 뭍길로 백제의 도읍인 사비성을 향하기로 했다. 과연 성충의 유언은 정확하게 들어맞았다. 그러나 그 유언이 없었다 해도 백제는 탄현과 기벌포를 막는 게 상식이었다.

그러나 의자왕은 그 뻔한 방어책을 두고서도 갈피를 잡지 못했다. 나라가 망하려면 간신들이 판치는 법이다. 의자왕은 일찍이 성충과 뜻을 같이하다가 유배되어 있던 좌평 흥수興首에게 의견을 구했다. 흥수 역시 탄현과 기벌포를 해답으로 제시했으나 기존의 대신들이 유배된 신하의 견해를 중시할 리 없다. 흥수를 시기하는 대신들은 신라군이 탄현을 넘어온 다음에, 그리고 당군이 백강에 들어선 이후에 공격하자는 터무니없는 해법을 내놓았다. 분별력을 잃은 의자왕은 그들의 의견을 좇았지만, 실은 그가 정신을 차렸어도 달라질 것은 없었다. 백제 왕실에서 논의가 분분하던 그

백제의 충신 부여 삼충사에 소장된 계백의 영정이다. 이곳에 모셔진 백제의 3대 충신(계백·성충·홍수)이 하필이면 모두 나라가 멸망할 무렵의 인물이라는 게 백제의 비운을 말해준다. 하지만 계백은 세 충신 가운데서도 가장 비장한 죽음을 맞았기에 이후에도 충절의 표본으로 널리 존경을 받았으며, 특히 조선시대에 큰 인기를 누렸다.

● 그러나 이 전투를 마치고 서둘러 당군과 합류한 김유신은 소정방에게 예정된 기일에 늦었다는 이유로 호된 꾸지람부터 들어야 했다. 김유신이 황산벌의 처절한 전투를 보고했으나 10대 1의 병력으로 고전했다는 것 자체가 소정방으로서는 이해할 수 없는 일이었다. 까다롭게 구는 소정방과 발끈한 김유신은 한판 붙을 뻔했으나, 분업이 깨질까 우려한 소정방의 부관이 서둘러 중재에 나서서 무마시켰다. 소정방은 화도 났겠지만 트집을 잡아 신라를 '길들이려는' 의도도 있었을 것이다.

무렵에 이미 5만 명의 신라군이 탄현을 넘었고 당군을 실은 함대는 백강에 들어왔기 때문이다.

그제야 비로소 다급해진 의자왕은 달솔인 계백階伯(?~660)에게 5000명의 결사대를 주고 신라군을 막게 했다. 하지만 이미 때가 늦었으니, 그것은 소 잃고 외양간 고치기나 다름없었다. 계백이 전장으로 출발하기 전에 가족을 모두 자기 손으로 죽인 것은 그런 백제의 운명을 직감했기 때문이다. 어쨌든 그런 굳은 각오 덕분에 그는 황산벌(지금의 논산군 연산읍)에서 열 배의 신라 병력을 상대로 네 차례 싸워 모두 이기는 탁월한 전과를 올렸다.

그러나 손바닥으로 해를 가릴 수는 없었다. 백제에 대한 신라군의 두려움만 없앤다면 승산은 단연 신라 측에 있었다. 이 점을 감지한 김유신의 부관 김흠순은 아들 반굴盤屈을 전사시켜 사기를 고취하려 했고, 그에 뒤질세라 또 다른 부관 김품일도 열여섯 살의 아들 관창官昌(645~660)을 단기로 돌입하게 해서 자신에게 쏟아지는 김유신의 따가운 시선을 돌려놓았다. 두 젊은이의 피로 사기를 회복한 신라군에 백제의 결사대가 무너지면서 백제의 동쪽 전선이 붕괴했다.●

그러나 당군을 상대하는 서부 전선은 더

꽃이 떨어진 절벽　의자왕의 삼천 궁녀가 빠져 죽었다는 낙화암(落花巖)의 모습이다. 궁녀를 꽃에 비유해 낙화암이라는 이름이 생겼지만, 삼천 궁녀란 백제의 멸망이 의자왕의 사치와 방탕 때문이었음을 강조하기 위해 꾸며진 이야기일 것이다.

엉망이었다. 백강에 들어온 뒤 당군은 신라군이 황산벌에서 질척대고 있는 동안 거칠 것 없이 사비성으로 진격했다. 발등에 불이 떨어진 의자왕은 남은 모든 병력을 웅진강(백강의 지류)에 집결시켰는데, 그것은 적군이 백강에 들어오기 전에 했어야 할 일이었다.

　무난히 강변에 상륙한 당군을 상대로 백제군은 첫 교전을 벌였으나 무려 1만여 명이 전사했다. 의자왕은 참혹한 패전 소식에 넋을 잃을 새도 없이 태자인 부여효扶餘孝(백제 후기 왕실의 성은 부여씨다)를 데리고 옛 도성인 웅진성으로 도망쳤다. 그러자 둘째 아들 부여태가 멋대로 왕을 자칭하면서 도성 수비에 나섰다. 하지만 나라 잃은 왕실이 존재할 수는 없다. 결국 셋째 아들 부여융扶餘隆

(615~682)이 성문을 열어 항복했고, 며칠 뒤인 660년 7월 18일에 의자왕이 태자와 함께 사비성으로 와서 항복했다. 백제의 668년 역사가 문을 닫는 순간이었다.

백제의 두 번째 멸망

호랑이가 떠나면 여우가 위세를 떤다고 했던가? 항복한 부여융에게 더 가혹하게 군 사람은 실제 정복자인 소정방이 아니라 김춘추의 아들 김법민이었다. 승자인 신라의 왕자는 패자인 백제의 왕자를 말 앞에 꿇어앉히고 얼굴에 침을 뱉으며 꾸짖었는데, 놀라운 것은 그의 발언이다. "20년 전에 너의 아비가 내 누이를 원통하게 죽인 일이 있는데, 이제 네 목숨이 내 손에 달렸구나."

말할 것도 없이 그는 642년의 대야성 전투를 이야기하고 있는 것이다. 항복을 받은 뒤 첫마디가 20년 전의 이야기라면 김춘추 부자가 백제에 대해 얼마나 큰 사적인 원한을 품고 있었는지 충분히 알 수 있다. 하지만 김법민은 정복자가 아니므로 말은 그렇게 해도 실제로 부여융의 목숨까지 빼앗을 권리는 없었다. 따라서 그는 따로 화풀이 대상을 찾았는데, 백제군 포로 중에는 바로 대야성에서 백제에 투항한 검일이 있었다(234쪽 참조). 김법민은 검일을 죽이고 사지를 찢어 강물에 던져버림으로써 다소나마 원한을 달랬다.

하지만 부여융이 당한 수모는 그의 아버지가 겪은 굴욕에 비하면 아무것도 아니었다. 의자왕은 승리를 축하하는 파티에서 소정방과 김춘추에게 술을 따라야 했다(그 광경을 보고 백제의 많은 신하들이 울음을 터뜨렸다고 한다). 그런 굴욕을 당한 뒤 의자왕은 곧바로 당의 수도 장안으로 압송되었다가 얼마 뒤에 죽었다.

그러나 왕실은 사라졌어도 나라는 아직 사라지지 않았다고 주장하는 무리가 있었다. 게다가 백제는 중앙집권적 국가이면서도 지방자치제의 성격을 가진 담로擔魯의 전통이 있었으므로 도읍과 왕실을 잃었어도 지방 세력들은 건재했다.•

소정방은 신속하게 백제의 영토를 다섯 개의 도독부로 나누고 점령지 지배를 위한 일종의 '군정청'을 설치한 다음 귀국했다. 그러나 그는 20세기 중반 한반도에서 미 군정청이 힘을 발휘할 수 있었던 이유가 현지 정치 세력들에게 큰 인기를 누렸기 때문이라는 것을 알지 못했다(해방 직후 남한 대부분의 정치 세력들은 미 군정청에 온갖 추파를 던졌다). 백제의 지방 지도자들은 '당 군정청'의 권위를 무시하고 방금 역사의 뒷장으로 넘겨진 왕조를 부흥시키고자 했다.

그들의 우두머리로 떠오른 인물은 무왕의 조카이자 의자왕의 사촌 동생인 복신福信(?~663)이었다. 그는 승려 도침道琛(?~661)과 함께 주류성(지금의 서천 부근)을 근거지로 부활의 기치를 높이 세웠다. 그에게는 두 가지 시급한 과제가 있었다. 하나는 외부의 지원을 끌어들이는 일이었고, 다른 하나는 새 왕을 옹립하는 문제였다. 마침 두 가지 과제를 해결하는 수단은 한 가지였다. 일찍이 일본에 볼모로 가 있던 의자왕의 또 다른 아들인 부여풍扶餘豊을 왕으로 맞아들이면 자연히 일본의 지원군도

• 담로는 성(城)이라는 뜻의 백제어로서, 백제의 지방 지배 조직을 가리키는 이름이다. 백제의 강역이 크게 확장된 근초고왕 때 지방 지배를 위해 설치된 것으로 추측된다. 중국 측 사서인 《양서》에 따르면 전국적으로 22개의 담로가 있었다고 하는데, 백제의 성곽들 중에서 요처에 위치해 있거나 도시를 이룰 만큼 주민이 많은 곳이 담로가 되었을 것이다. 물론 담로는 중앙정부의 관할을 받았지만 비교적 자치의 폭이 넓었다. 그래서 일부 역사가들은 담로를 일종의 봉건 영지로 보기도 하는데, 사비로 도읍을 옮기면서 왕권을 강화시킨 성왕 때 담로가 약화된 것을 보면 충분히 가능성이 있는 주장이다.

따라오게 될 것이다. 태자의 신분도 아니었던 부여풍은 위기의 조국을 재건한다는 명분에다 왕위 계승까지 선물로 받았으니 당연히 대환영이다.

일본에서 오는 새 왕에게 또 다른 선물을 주기 위해서일까? 아니면 오히려 부여풍을 왕으로 앉히고 자신이 실권을 장악하려는 예비 공작일까? 복신은 수도 탈환을 계획했다. 이미 백제의 유민들이 속속들이 합류해오면서 백제 부흥군은 3만 명의 병력으로 늘어났다. 한편 당과 신라의 입장에서는 사비성을 내줄 경우 그동안 공들인 백제 정벌 자체가 수포로 돌아갈 위기에 처했다. 그래서 웅진도독('당 군정청의 장관' 격)인 유인궤劉仁軌는 일단 다른 곳들은 제쳐두고 전 병력을 당의 장수 유인원劉仁願이 수비를 담당하고 있는 사비성으로 집결시켜 방어에 나섰다.

그러나 백제 부흥군은 도성을 포위하는 데까지는 성공했으나 함락시킬 여력은 없었다. 유인궤가 이끄는 지원군이 후방을 공략해오자 그들은 사비성의 탈환을 포기하고 북쪽으로 이동해 임존성(지금의 예산 부근)으로 들어갔다. 마침 임존성은 백제의 달솔인 흑치상지黑齒常之가 이미 근거지로 삼고 독자적인 부흥 운동을 벌이는 중이었다.

비록 옛 도성을 수복하지는 못했지만 이제 부흥군은 옛 백제의 북서 방면에서 200여 개의 성을 장악하고, 반란군이 아니라 어엿한 '정부군'의 면모를 과시했다. 게다가 662년에는 드디어 부여풍이 170척의 전함을 거느리고 일본에서 금의환향했다. 백제가 부활했다! 그런 자신감에서 도침은 유인궤의 사신을 지위가 낮다는 이유로 돌려보내는 여유까지 보였다. 그러나 진정한 적은 내부에 있었다. 부활한 백제가 어느 정도 자리 잡았다 싶더니 곧바로 권

영욕의 산성　700년에 가까운 백제의 사직은 왕실이 항복했다고 해서 쉽게 무너지지 않았다. 사진은 백제 부흥군의 마지막 항전 장소였던 충남 예산의 임존성이다. 흑치상지가 거병했고, 나중에는 배반한 흑치상지를 맞아 지수신이 항거한 이곳은 백제의 영욕을 상징하듯이 지금은 풀만 무성하고 성곽의 흔적만 남아 있다.

력투쟁이 벌어졌다. 복신은 도침이 왕처럼 구는 게 영 못마땅했다. 게다가 그는 도침과 달리 유인궤와 타협해야만 부활한 백제가 생존을 도모할 수 있다고 믿었다. 이렇게 사적인 권력욕이 명분과 손을 잡자 그는 거리낌 없이 동지였던 도침을 살해해버렸다. 그러나 그의 판단은 완전히 잘못이었다.

　애당초 백제에 겁을 주고 복속시키는 선에서 만족할 심산이었다면 굳이 13만 명의 대군이 황해를 건너올 필요도 없었다. 즉 당군의 임무는 백제를 지도상에서 지워버리는 것 그 이상도 이하도 아니었다. 더구나 지금까지 부흥군에게 당한 이유는 무엇보다도 신라 측과 연결된 보급로가 끊겼기 때문이었다(백제 부흥 세력은 옛 백제의 북서부를 장악했으므로 한강 하류와 당이 지배하는 백제 남부가 차단된 상태였다). 복신도 그 점을 알고 있었기에 적의 보급로에 해당하는 진현성의 수비를 보강했지만, 이미 그의 마음속에 뚫려 있는 허점까지 보강하지는 못했다. 유인궤는 집요한 공격으로 진현성을 함락시켜 마침내 군량 보급로를 확보했다. 이제는 역공에 나설 차례다.

자신의 판단 실수로 결정적인 실패를 겪고서도 복신은 부여풍에게 권좌를 내주게 될 것만을 걱정했다. 그래서 그는 병이 든 것처럼 가장하고 부여풍이 문병을 오면 죽일 음모를 꾸몄다. 그러나 속셈을 알아챈 부여풍이 오히려 선수를 쳐 복신을 죽였다. 그는 이름만의 왕에서 벗어난 게 기뻤을지 모르지만, 이래저래 백제의 부활은 물거품이 될 조짐이 짙어졌다.

당군이 총공세로 나오자 부여풍은 고구려와 일본에 긴급 지원을 요청했으나 구원투수는 마운드에 오르지도 못했다. 일본에서 온 400척의 함선이 백강 하구에서 당군의 공격을 받아 모조리 침몰해버린 것이다(《삼국사기》에는 당시 하늘과 바닷물이 모두 빨개졌다고 기록하고 있다). 쓸 수 있는 카드를 모두 쓴 부여풍은 곧장 도망쳐버렸다(이후 그의 행방은 알려지지 않는다). 3년 만에 또다시 왕을 잃은 부흥군은 이제 완전히 판을 거둘 수밖에 없었다. 약삭빠른 흑치상지는 홀로 남은 임존성을 지킬 자신도 없고 또 지켜봤자 얼마 못 가리라는 판단에서 당군에 투항했고, 임존성에 홀로 남아 저항하던 지수신遲受信은 동료인 흑치상지가 공격해오자 고구려로 달아났다. 이렇게 해서 663년에 백제는 또 한 번 멸망하는 얄궂은 운명을 겪었다.

시나리오 2 : 사슬 해체하기

김춘추 부자는 의자왕이 따르는 술을 마시고 매국노를 잡아 죽인 것에 만족했을지 모르지만 소정방은 달랐다. 신라로서는 백제가 사슬이었지만, 당으로서는 한반도 전체가 사슬이고 백제는 그하나의 고리에 불과했다. 더 튼튼한 고리를 끊어야 사슬을 완전히 해체할 수 있었다. 그래서 660년 8월, 소정방은 의자왕의 술을 받아 마시자마자 자리에서 일어나야 했다. 우선 의자왕과 왕자들, 백제의 대신 88명, 여기에 무려 1만 2807명의 백제 백성들까지 장안으로 압송한 다음, 소정방은 곧바로 고구려 공략 작전에 임했다. 그해 11월에 고구려 원정군이 출발했으니, 도저히 예순다섯 살의 노인이라고는 볼 수 없는 슈퍼맨 같은 의지와 체력이었다.

영웅의 시대는 아직 끝나지 않았다. 소정방이 지휘하는 원정군을 맞아 다시 위기에 처한 고구려를 구한 사람은 고구려의 늙은 영웅 연개소문이다. 661년 8월, 당의 노슈퍼맨이 대동강으로 들어와 평양을 포위하자 고구려의 노영웅은 긴급히 수성에 나서는 한편 맏아들 연남생을 보내 압록강 쪽에서 오는 당군을 막게 했다. 그러나 영웅의 자질은 유전되지 않았다. 연남생은 3만 명이나 되는 병력을 죽이고 제 몸만 살아 돌아왔다. 결국 이듬해 1월 연개소문은 직접 군사를 거느리고 방효태龐孝太가 이끄는 당군과 맞섰다. 이 일대 접전에서 고구려는 대승을 거두어 당의 기세를 꺾었다. 때마침 내린 폭설에 평양을 포위하고 있던 소정방이 철군했다. 다시 한 번 고구려는 위기를 넘겼다.●

50년 전 수 양제의 침략부터 셈하면 무려 몇 차례의 선방일까? 그러나 한 사람의 최종 수비수에 국운을 맡기고 있다는 점은 고

● 고구려 원정에서 당과 신라의 분업은 더 분명하게 드러난다. 백제 정벌 때는 그런대로 전투 역할도 수행한 신라는 고구려 정벌에서는 완전히 보급부대로 전락했다. 당은 원정군이 출발하기 직전에 신라에 명을 내려 군량을 평양으로 수송하라고 지시했다. 이때 '보급대장'이 김유신이다. 그는 2000대의 수레에 쌀 2만 6000석을 싣고 북행길에 올랐는데, 황해도 남부에서 폭설을 만났다. 결국 그 자신은 평양까지 가지 못하고 부하들을 시켜 군량을 소정방에게 전달했으나, 역시 폭설로 고생하고 있던 소정방은 보급품을 받자마자 평양성에서 철수했으니 헛수고가 되어버렸다. 신라 최고의 장수가 보급대의 지휘관을 맡았다면, 당시 당과 신라의 분업 구도를 충분히 짐작할 수 있다.

구려의 운명이 오래가지 못하리라는 조짐을 보여주는 증거였다. 아니나 다를까, 665년에 연개소문이 죽고 맏아들인 연남생이 대막리지의 지위를 계승하자 그 조짐은 순식간에 현실화된다.

가장의 권위에 의존하는 집안은 그 가장이 사라지고 나면 오히려 더 빨리 해체되게 마련이다. 못난 맏아들 남생은 두 동생(남산과 남건)이 자신의 지위를 위협하지 않을까 걱정했고, 못난 두 동생은 형을 제거할 음모를 꾸몄다. 눈치챈 형은 어이없게도 적국인 중국으로 도망쳐 도움을 호소했다. 500년 전 동생 산상왕에게 쫓겨나 랴오둥으로 도망친 발기가 생각나지 않을 수 없는 장면이다. 과연 발기가 그랬듯이 남생도 당 고종이 내리는 관직을 받고 매국노가 되어 조국을 정벌하기 위한 전쟁에 한몫 거들게 된다.

문제는 500년 전과 달리 중국의 원정군은 그 옛날 공손탁의 랴오둥군과 같은 수준이 아니었다는 점이다. 666년 12월, 당 고종은 다시 고구려 원정을 명했다(이 무렵에는 당의 실권자가 측천무후였으므로 고종이 아니라 그녀의 결정일 수도 있다). 과연 이번 원정은 과거 그 어느 때와도 달랐다. 우선 신라를 복속시킨 데다 백제를 멸망시키고 부흥 운동까지도 완전히 제거했으므로 적은 고구려 하나밖에 남지 않았다. 이번 원정을 고구려 원정의 최종판, 나아가 한반도 정복의 최종 사업으로 삼겠다는 각오는 총사령관을 임명하는 데서도 보인다. 원정군 총사령관은 일찍이 당을 건국할 때 일등 공신이었고 대적인 돌궐을 물리친 전공을 세운 데다 20년 전에도 고구려 원정에 참여한 적이 있는 이적이라는 인물이었다. 비록 팔십 노구의 몸이었으나 경력에서나 경험에서나 슈퍼맨 소정방보다 한 급 위의 '울트라맨'이다.

과연 이적은 처음부터 한 차원 높은 전술 운용을 선보였다. 과거의 원정들이 전부 실패한 이유는 랴오둥을 방기하고 조급히 압록강을 건넜기 때문이다. 이렇게 판단한 이적은 시일이 걸리더라도 랴오둥을 완전히 정복하고 나서 고구려의 본토로 치고 들어간다는 기본 전략을 수립했다. 그는 먼저 랴오둥의 판세를 읽은 다음 요처인 신성을 함락시키는 데 전력을 집중했다. 이적의 명성과 당의 대군에 겁을 먹은 성주가 싸워보지도 않고 항복하자 서전은 손쉽게 승리로 장식되었다. 게다가 신성이 함락되자 인근 16개의 고구려 성이 와르르 무너지니 부수입도 짭짤했다. 하지만 이적은 서두르지 않았다. 667년 한 해 내내 그는 랴오둥을 차근차근 먹어 들어가면서도 무리하게 압록강을 건너려고 하지 않았다.

고구려에는 불행한 일이지만 명장 밑에 약졸 없다는 말은 사실이었다. 이적의 휘하에는 설인귀薛仁貴라는 맹장이 있었다. 신성으로 급파된 고구려 지원군을 거뜬히 물리쳐 첫 전공을 세운 그는 곧이어 5만 명의 고구려 대군을 몰살시키고 여러 성을 빼앗았으며, 이듬해인 668년 2월에는 고구려의 마지막 보루였던 부여성(지금의 중국 지린성의 능안)마저 함락시켰다. 그것을 계기로 40여 성이 항복하면서 압록강 이북은 완전히 당의 수중으로 넘어갔다.●●

●● 설인귀는 불과 3000명의 병력으로 부여성을 공략했는데, 당시 다른 지휘관들이 중과부적이라며 말렸으나 "병력의 규모가 아니라 어떻게 병력을 운용하는가가 중요하다."라고 하면서 작전을 강행했다. 공교롭게도 고구려 정복의 선봉장이었던 설인귀는 후대에 중국에서보다 우리나라에서 더 큰 인기를 누린다. 우리 무속 신앙에서 산신으로 추앙받는 인물이 된 것이다. 현재 경기도 양주의 감악산의 산신이 바로 설인귀다.

감악산 신라고비   경기도 양주시 남면 감악산 정상에 서 있는 감악산 신라고비는 속칭 '빗돌대왕비', '설인귀사적비(薛仁貴事蹟碑)'라고도 한다. 하지만 비문의 내용을 알 수 없기 때문에 모든 것이 수수께끼로 남아 있다.

● 부여성이 함락된 직후 당 고종은 전선에서 온 특파원에게서 전황 보고를 받았는데, 그 내용에는 흥미로운 대목이 있다. 특파원은 필승의 이유로 두 가지를 말했다. 첫째는 고구려에 허점이 있다는 것이다. 이것은 연개소문의 사후 고구려의 정정이 불안정해졌다는 것을 의미한다. 둘째는 고구려의 비밀기록이다. 그게 어떤 문헌인지는 알 수 없으나 "고구려 역사는 900년을 넘지 못하며 팔순 노장의 손에 의해 멸망한다."라고 되어 있다는 것이다. 팔순 노장은 물론 이적을 가리키는 말이겠지만 900년이라는 것은 무슨 뜻일까? 주몽이 나라를 세운 것은 기원전 37년이므로 멸망할 당시 고구려의 공식적 역사는 705년이다. 900년과 705년은 격차가 꽤 크다. 그렇다면 당시 중국은 김부식과 달리 고구려가 기원전 37년 이전에 성립한 국가라고 보았는지도 모른다. 혹시 김부식은 그것을 알면서도 고구려의 탄생을 신라보다 늦게 잡기 위해 역사를 잘라낸 게 아닐까?

이제 압록강을 건너 며칠만 행군하면 평양이었다. 그러나 고구려의 명맥을 완전히 틀어쥐고서도 이적은 여전히 서두르지 않고 전군이 압록강 북변에 모일 때까지 차분히 기다렸다. 최종적으로 평양성을 점령한 것은 668년 9월이었다. 그때까지 그는 7개월에 걸쳐 천천히 남하하는 압박 전술을 구사한 것이다. 도성이 포위된 상태에서 한 달가량 버티던 보장왕은 결국 연남산을 보내 이적 앞에 항복의 뜻을 전했다. 이것으로 당의 동북아시아 통일 전략은 완수되었고, 고구려는 705년의 사직을 뒤로한 채 역사의 무대에서 공식적으로 퇴장했다.●

삼국에서 일군(一郡)으로 전락한 한반도

연개소문의 삼형제 중 끝까지 저항한 사람은 둘째인 연남건이었다. 그에게는 그럴 만한 사정이 있었다. 형 남생을 쫓아내고 대막리지가 된 처지였으니, 항복한다고 해도 고구려 원정군으로 온 형의 용서를 받을 자신이 없었을 것이다. 평양성에 점령군이 들어오자 남건은 자살하려다가 실패했다. 나중에 형과 아우는 당의 관직을 받은 반면 그는 혼자 유배형을 받았다. 과연 그는 애국심의 대가라고 믿었을까, 아니면 줄을 잘못 선 탓이라고 여겼을까?

백제의 선례를 좇아 고구려에도 즉각 '군정청'이 설치되었다. 한때 중국의 화북 왕조와 맞설 만큼 강력한 왕국을 이루었던 고구려의 영토는 아홉 개의 도독부로 나뉘어 당의 지배를 받게 되었다. 그중 평양에 설치된 안동도호부가 당 군정청에 해당하는 기관이다. 3년간만 존속한 20세기의 미 군정청과 달리 '당 군정청'은 상설 기구였다(주한미군 사령관 하지에 해당하는 인물은 고구려 정복전에서 뛰어난 활약을 보인 설인귀였다). 이 기관이 계속 평양에 머물러 있었다면 장차 한반도는 신라까지 전역이 중국의 직접 지배하에 들게 되었을지도 모른다. 그러나 675년에 안동도호부는 한반도에서 나와 랴오둥의 랴오양으로 이사하게 된다. 명장 설인귀가 지키는 도독부가 왜 밀려났을까?

우선은 백제의 경우처럼 고구려에도 부흥 운동을 도모한 세력이 있었기 때문이다. 670년 고구려의 장수였던 검모잠檢牟岑은 당의 관리를 죽이고 보장왕의 외손인 안승安勝을 왕으로 옹립해 고구려의 부활을 선언했다. 그러나 몇 년 전 백제 부흥 운동에 곤욕을 치렀던 당은 과오를 다시 되풀이하지 않기 위해 신속하게 대응했다. 그 때문에 백제의 경우에는 부활한 나라가 어느 정도 자리를 잡은 뒤에 내분이 일어났지만, 고구려 부흥 운동은 당에서 진압군이 파견되자 곧 끝나버렸다. 안승이 검모잠을 살해하고 신라로 달아나버린 것이다.

그러나 안동도호부를 압록강 이북으로 내몬 주체는 고구려 부흥 세력이라기보다 신라였다. 안승이 신라로 달아난 이유도 그 무렵 신라와 당의 사이가 예전과 같지 않음을 간파했기 때문이다.

문무왕文武王(재위 661~681)은 당의 비위를 거스르는 것을 감수하면서까지 고구려 왕실의 망명자인 안승을 환영하고 고구려 왕으로 책봉했다. 불과 몇 년 전까지 찰떡궁합이었던 두 나라 사이가 어쩌다가 이렇게 틀어졌을까? 아버지 김춘추와 달리 문무왕은 대중국 강경 노선으로 되돌아설 만큼 기백이 있는 인물이었을까?

그럴지도 모르지만 그것은 개인적인 성향의 차이 때문이 아니다. 사실 백제 왕자 부여융에게 침을 뱉을 때만 해도 문무왕은 모든 일이 끝났다고 여겼다. 가문의 원수와 나라의 원한을 다 갚았으니 이제 신라는 왕실이나 백성들이나 두루 평안을 되찾을 수 있을 터였다. 그래서 고구려 원정에서 당이 신라의 병마를 징발할 때도 그는 군말 없이 동생 김인문金仁問(629~694)에게 군대를 주어 험한 북행길로 보냈다(원래는 김유신이 가야 했겠지만 때마침 병이 나는 바람에 김인문이 그 역할을 맡았다).● 그러나 한반도 문제에 관한 그와 당의 구도에는 근본적인 차이가 있었다. 백제와 고구려를 멸망시켜야 한다는 데는 이견이 없었지만 두 나라의 통일전선은 거기까지였다.

신라는 백제의 영토를 가져야 하고 당은 고구려의 영토를 차지해야 한다. 신라는 당을 상국으로 섬기겠지만 적어도 영토는 그렇게 나누어져야 한다. 문무왕은 그렇게 생각했고, 애초에 당과 신라가 분업을 이룬 목적도 그것이라고 여겼다. 그러나 당은 애초부터 신라에 독자적인 지배권을 부여할 생각이 전혀 없었다. 중국을 통일한 당 제국의 입장

● 비록 당의 황제에게 종처럼 굴었던 김춘추이나 그래도 그는 지략이 대단한 인물이었다. 둘째 아들 김인문의 역할에서 김춘추의 탁월한 구상을 엿볼 수 있다. 그는 자신의 사후에 자신이 한 역할을 둘로 나누어 대내 정치는 태자인 법민에게, 외교는 둘째인 인문에게 분담시키려 했던 듯하다. 651년 아버지의 명으로 당에 파견된 김인문은 장안에 머물면서 당과 신라의 관계를 다지는 외교 역할을 톡톡히 해냈다. 김춘추는 태종무열왕으로 즉위해(654) 신라에 머물 수밖에 없었으므로 그 뒤에 당이 백제 정벌에 나서도록 구워삶는 데 일조한 인물은 바로 김인문이었을 것이다. 백제를 멸망시킬 때 덕물도에서 김유신의 보급군과 조우한 것도 바로 그였다. 김인문은 이후 중국으로 돌아가 죽을 때까지 내내 당에 머물렀다.

에서 한반도는 영원한 변방일 뿐이었다.

동서남북의 다른 변방들처럼 신라는 당의 번진藩鎭(당 중앙정부는 변방의 수비를 위해 번진을 설치하고 그 우두머리에게 어느 정도 자치권을 내주었다)이 되어야 했다. 요컨대 당은 신라의 위치를 번진으로 여겼고 신라는 당의 조공국이 되는 선에서 자치를 얻으려 했다. 관점의 차이는 바로 여기에 있었다. 번진이나 조공국이나 제국의 중앙정부에서 왕을 임명하는 나라[國]라는 점에서는 같았으나 자치의 정도에서는 차이가 컸다. 게다가 당은 신라에 또 다른 고민을 안겨주었다. 백제와 고구려를 정벌한 다음 두 나라를 도독부의 형태로 되살리려는 당의 구도는 신라에 또다시 과거처럼 백제에 시달리게 될지 모른다는 악몽을 꾸게 했던 것이다.

백제에 다섯 개의 도독부가 설치되었을 때 문무왕은 비로소 관점의 차이가 심각하다는 것을 깨달았다. 아직 고구려가 생존해 있었으므로 일단 참았지만 고구려마저 정복하고 난 뒤에는 이 문제를 어떻게든 해결해야만 했다. 그러던 차에 고구려 부흥 운동을 빌미로 파견된 당의 진압군이 황해도까지 내려오자 문무왕은 무력 충돌을 감수하고서라도 신라의 발언권을 높여야 한다는 결심을 하기에 이르렀다. 674년, 고구려의 유민들을 적극적으로 받아들이고 백제의 옛 영토에 신라의 관리와 군대를 파견한 것은 바로 그런 생각에서였다.

물론 문제의 해결은 결코 쉽지 않았다. 예상한 대로 당은 크게 화를 내면서 문무왕의 관직을 박탈하고 정식으로 신라 정벌군을 편성해 보냈다. 그러나 애초에 통일전선의 목표였던 백제와 고구려가 사라진 이상 양측 모두 전면전을 벌일 생각은 없었다. 관점의 차이는 번진과 조공국의 차이였던 만큼 양측의 모순은 비적대적인 것이었다. 문무왕은 즉각 당 측에 사과했고, 당은 짐짓 물러서면서 문무왕의 관직을 회복시켜주고 군대를 거두어들였다(당시당은 문무왕에 대한 경고로 잠시 김인문을 신라왕으로 책봉하는 정치적 태도를 취했다).

이후 양측 사이에는 몇 차례의 소규모 전투가 벌어지기도 했다. 그러나 그것은 중국의 신생 통일 제국인 당과 한반도의 신생 통일 왕국인 신라의 새로운 관계를 안정시키기 위한 절차에 불과했다. 문무왕은 한편으로 당의 군대와 싸우면서도 다른 한편으로는 당의 비위를 거스르지 않기 위해 애썼다. 674년에 당의 달력을 전면적으로 사용하게 된 것도 그런 양면 전술의 일환이다(당에 유학하고 있던 덕복전德福傳이라는 자가 역법을 배우고 돌아와 역법을 개정하게 된 것인데, 이것이 우리 역사에서 공식적으로 중국의 달력을 쓰기 시작한 계기다).

쉽지 않았으나 문무왕은 자신의 의도를 관철시켰다. 675년 가을, 설인귀가 직접 신라 공격에 나섰다. 말하자면 신라가 중국에 병합되지 않기 위한 최종 '시험'인 셈이었다. 시험 치고는 치열했고 제법 어려운 시기도 있었으나 신라는 그 '독립 입시'에서 그런대로 좋은 성적을 올렸다. 결국 676년 11월에 기벌포로 들어온 설인귀의 군대를 접전 끝에 물리침으로써 신라는 백제의 옛 영토를 관리하는 능력에 관해 당의 인정과 승인을 얻었다. 이것이 공식적인 신라의 삼국 통일이다.

신라의 삼국 통일을 과연 통일이라고 부를 수 있느냐는 문제에 대해서는 여러 가지 견해가 있을 수 있다. 적어도 한반도에 국호를 가진 나라가 신라만 남게 되었다는 점에서는 삼국 통일이라 불러도 손색이 없을 것이다. 그러나 다른 면에서 보면 그것은 통일이 아니다. 우선 영토를 보면, 당시 신라가 확보한 영토는 지금의 대동강과 원산만을 잇는 선의 남쪽에 그쳤으므로 원래 삼국 영토의 절반이 되지 못했다(애초에 신라는 백제만을 병합하고자 했으니 당연한 결과였다). 또한 정치적으로 신라는 당에 조공하면서 간접 지배를 받게 되었으니 완전한 독립 왕국이라고 하기 어려웠다. 신라의 삼국 통일을 한반도 전체의 관점에서 본다면 세 왕국에서 하나의 중국 군현으로, 즉 '삼국에서 일군一郡으로' 전락했다고 할 수 있을 것이다.

당시의 맥락을 고려하지 않고 지금의 관점에서 신라의 삼국 통일을 평가하는 데는 무리가 따를 수밖에 없다. 사실 당시에도 신라의 삼국 통일이 완전한 통일인가, 불완전한 통일인가를 규정하는 것은 중요한 문제가 아니었다. 그보다 중요한 것은 바로 그 시기를 계기로 한반도와 중국 사이에 정식 사대 관계가 자리 잡게 되었다는 점이다. 이 관계는 장차 19세기에 이르기까지 1300년 동안 한반도와 중국 간의 기본 관계로 유지된다. 중국의 입장에서 한반도는 변방의 하나지만, 다른 변방과 달리 비교적 자치권이 보장된 조공국이다. 이 기묘한 사대 관계는 점차, 외교와 군사를 중국이 관할하고 내정은 한반도 왕조의 자치권에 맡기는 이중적 관계로 발전하게 된다.

4부

한반도의 단독 정권

한반도의 역사로 보면 신라는 삼국을 통일한 것이지만, 중국의 입장에서 보면 그것은 중국과 한반도를 아우르는 중화 세계를 완성한 것에 해당한다. 따라서 중화 질서의 변방인 신라는 중국이 붕괴하면 함께 무너질 수밖에 없는 처지다. 중화의 질서가 정점에 달한 8세기 초반에 잠시 평화와 번영을 누렸던 신라는 중국이 당말오대의 위기에 빠지자 함께 극심한 혼란기로 접어든다. 거란이 발해를 대신해 랴오둥을 무대로 삼고 비중화 세계의 대표 주자로 성장하는 가운데 한반도의 단독 정권은 고려로 넘어간다.

10장

새 질서와 번영의 시대

큰 통일과 작은 통일

식민지 총독부 격인 안동도호부가 랴오둥으로 옮겨간 것은 신라의 저항 때문이기도 했지만, 당의 정책 변화에도 이유가 있었다. 당시 신라는 당에 정면으로 대립할 처지도 아니었고 그럴 의지도 없었다. 만약 신라가 당에 저항하면서도 사대하는 양면 정책을 취하지 않았더라면 당은 필경 한반도의 지도에서 신라마저 지워버리는 계획을 추진했을 것이다. 이렇게 신라와 당이 서로에 대한 이중적 노선을 취한 이면에는 중국 역대 제국의 전통적인 대한반도 정책이 반영되어 있다. 이 정책은 역사를 더 거슬러 올라가면 단군과 고조선시대에까지 닿으며, 아래로 내려가면 19세기 말까지도 이어진다.

단군조선과 기자조선, 위만조선의 성립과 발전에 중국의 대륙풍이 크게 작용했다는 점은 앞에서도 말한 바 있다. 단군시대에 미작 농경과 제사 관습 등 중국의 농경 문명이 전해지지 않았더라면 한반도는 중원의 농경 문명보다 중원 북부 몽골의 유목 문명권이나 만주의 반농반목 문명권으로 편입되었을 것이다. 그러나 중국 문명을 받아들였어도 한반도와 중국은 거리상으로 상당히 멀다. 더욱이 중국이 문명의 발생기를 지나 국가의 형성기에 접어들면서 중국 문명의 중심은 중원에서 남쪽으로 향하고 동북방의 랴오둥과 만주, 한반도는 변방으로 밀려났다. 다만 랴오둥이나 만주와 달리 한반도는 그 남쪽에 마이너 문명권을 형성할 만큼 넓은 지역이 있었고, 상당한 인구가 이미 오래전부터 정주 생활을 하고 있었다. 이렇듯 중국 문명권에 직접 편입되기에는 거리가 멀고 별도의 독자적인 문명권을 꾸리기에는 메이저 문명권에 너무 가깝다는 점, 바로 이런 한반도의 지리적 특성이 중국과 한반도의 전통적인 관계를 규정하는 가장 근본적인 요소가 되었다.

그래서 중국에서 일어난 역사적 변동은 늘 한반도에 지대한 영향을 미쳤다. 중국에서 한 제국이 몰락할 즈음(2세기) 그 권력의 공백기를 틈타 한반도에서는 고대 삼국이 틀을 갖추었고, 중국이 2차 분열기(남북조시대)에 접어들었을 때 한반도 삼국은 중국의 화북과 강남에서 어지러이 발흥하는 여러 나라와 함께 자연스럽게 동북아시아 국제사회를 형성했다(이때가 동북아시아 역사상 가장 수평적인 국제 질서가 발전했던 시대).

그러나 중국의 지리적 여건에서 분열이란 오래 지속될 수 없었고 결국에는 통일로 향할 수밖에 없었다.* 북위가 화북을 장악한 5~6세기 150년 동안 중국과 한반도는 균형을 맞추면서 안정적인 발전을 이룰 수 있었으나, 어차피 중국이 정치적으로 통일되면 한반도는 다시 변방의 지위로 돌아갈 처지였다. 과연 581년 통일 제국 수가 들어서면서 예고된 변방 정리 사업에 착수했으며, 그 최종적인 결과가 바로 신라의 삼국 통일이었다. 이로써 한반도에 처음으로 단일 왕조시대가 개막되었지만, 그것은 중국에서부터 시작된 거대한 역사적 변동의 마무리에 해당한다. 중국은 백제와 고구려를 정벌하고 신라를 복속시킴으로써 '큰 통일'을 완성했고, 신라는 중국에 사대하는 처지로 전락하면서 한반도의 유일한 정권으로 거듭남으로써 '작은 통일'을 이룬 것이다.

이제 다시 중국과 한반도는 예전의 관계로 돌아가게 되었다. 즉 한반도는 예전처럼 중국의 영토는 아니면서도 중국의 영향권 아래 놓이게 된 것이다. 안동도호부가 랴오둥으로 물러난 것은 그런 관계의 복원을 상징적으로 보여주는 사건이다. '군정청'은 한반도 바깥으로 나갔으나 그렇다고 해서 신라가 옛 고구려의 영토, 즉 한반도 북부와 압록강 이북을 영토로 거느릴 권리를 가진 것은 아니다. 이것이 신라와 중국 사이에 암묵적으로 합의된 사항이었다.

신라는 당으로부터 백제의 옛 땅을 넘겨받았으니 만족이고, 당은 한반도의 단독 정권이 된 신라에 사대를 보장받았으니 만족이다. 큰 통일과 작은 통일은 이 선에서 이해관계가 일치했다. 그러나 이 애매한 관계는 또 다른 기묘한 결과를 낳는다.

● 이 점에서 동북아시아 문명은 유럽 문명과 성격이 크게 달랐다. 유럽의 경우 남유럽을 지배하던 로마 제국이 무너지면서 문명의 중심은 북쪽으로 이동해 중부 유럽과 서유럽을 중심으로 로마-게르만 문명이 탄생했다. 중심의 위치가 그대로인 채 변방을 중심의 문명권으로 끌어들인 중국의 경우와는 반대다. 이후 유럽 세계에서는 정치적 중심으로서의 제국은 두 번 다시 존재하지 않게 되며, 각 지역이 국제사회를 이루어 분권적으로 발전하게 된다. 기원전 221년 진시황의 통일 이후 신해혁명으로 청이 무너지는 1911년까지 내내 제국적 질서를 유지해왔던 동북아시아 역사에서는 통일이 기본이고 가끔 분열기가 끼어 있었던 반면, 로마 제국 이후 정치적 구심점이 없었던 유럽의 역사에서는 분열이 기본이고 이따금 국지적 통일이 이루어지는 역사가 전개되었다. 이 점이 동양 문명과 서양 문명의 가장 근본적인 차이다.

신라는 반도 북부까지 영토로 만들겠다는 야망을 품을 수 없는 처지였고, 당의 입장에서는 신라가 중국의 한 지방에 불과하므로 굳이 경계선을 명확히 설정할 필요를 느끼지 않았다. 그럼 당과 신라의 사이, 구체적으로 말해 안동도호부가 설치된 랴오양에서 신라의 북방한계선인 대동강 – 원산만까지의 지역은 어떻게 될까? 한반도 북부가 포함된 이 지역은 일단 당과 신라의 완충지대, 즉 힘의 공백 상태로 남게 되었다.●

하지만 옛 고구려의 영토에 해당하는 이 넓은 지역이 마냥 공백지로만 남기는 어렵다. 그래서 고구려가 멸망한 지 불과 30년 뒤인 699년에 이곳에는 발해라는 새로운 왕조가 들어서게 된다. 나중에 보겠지만 탄생의 동기부터 그랬기에 발해라는 나라는 처음부터 성격이 명확하지 못했고 지역 권력의 공백을 메우는 정도의 의미밖에 가지지 못했다.

● 신라 왕실은 당의 지방정권을 자임한 탓에 백제와 고구려를 독립 왕국으로 여기지 않으려 했다. 두 나라에 관한 역사서를 남기지 않은 게 그 증거다. 중국의 경우 새 왕조가 들어서면 50~100년 이내에 전 왕조에 관한 역사서를 편찬하는 게 관례이며 전통이다. 후대에 《25사(二十五史)》로 알려진 사서들이 그렇게 편찬되었다. 그러나 신라는 삼국 통일 이후는 물론 10세기에 멸망할 때까지도 백제와 고구려의 역사를 정리하지 않았다. 신라의 관점에서 고구려와 백제는 중국에 반기를 든 반란 세력에 불과했던 것이다. 삼국시대가 끝난 지 무려 500년이나 지난 12세기에 간행된 김부식의 《삼국사기》가 삼국을 다룬 유일한 정식 역사서로 남게 된 이유는 그 때문이다.

지방정권의 한계

삼국 통일의 주역 문무왕은 681년에 죽으면서 자신의 무덤을 따로 쓰지 말고 유골을 화장해 바다에 뿌리라는 특이한 유언을 남겼다. 불교가 융성하던 때였으니 화장이 이상할 것은 없으나 일국의 왕이 무덤을 쓰지 않는다는 것은 분명히 예사롭지 않은 일이다. 그는 왜 그랬을까?

용과 절   살아생전에 삼국 통일을 이룬 문무왕은 용이 되어 조국의 마지막 숙원인 왜구를 물리
치겠다면서 동해 바다에 자신의 묘를 정했고, 그의 아들 신문왕은 아버지의 숭고한 뜻을 기리기
위해 그 묘가 바라다 보이는 바닷가에 감은사를 지었다. 위쪽이 대왕암이고, 아래쪽이 지금은 터
만 남은 감은사다.

문무왕이 걱정한 것은 왜구의 침략이었다. 그래서 그는 죽어서 동해의 용이 되어 왜구를 막아내겠다는 의도로 그런 유언을 남긴 것이다. 왜구는 이미 오래전부터 신라의 동해안을 침범하면서 약탈을 일삼았다. 그러나 신라가 백제, 고구려와 치열한 다툼을 벌이던 시기에는 그다지 큰 문제가 되지 않았다. 이제 삼국 통일을 이루고 신라가 건국 이래 처음으로 완벽한 정치적 안정을 찾았으니 문무왕은 그 '사소한 문제'마저 극복하고 싶었을 것이다. 그래서 그의 묘는 경주 앞바다의 대왕암이 되었는데, 그의 아들 신문왕 神文王(재위 681~692)은 그 바닷가에 감은사라는 절을 지어 아버지의 뜻을 기렸다(지금은 사찰 건물이 사라지고 절터와 두 개의 탑만 남아 있다).

그러나 사실 왜구의 침략 문제를 근본적으로 해결하는 방법은 따로 있었다. 최선책은 물론 왜구를 정벌하는 것이다. 후대에 왜구는 일본 본토에서도 나오지만 당시까지는 쓰시마를 근거지로 삼고 있었으니까 쓰시마를 공략하면 된다. 하지만 수군이 없는 신라로서는 쓰시마까지 가는 현해탄의 험한 뱃길을 감당할 자신도 없었을 뿐 아니라 설사 군대를 보내 정복한다 해도 독자적 정권의 토대가 튼튼한 쓰시마를 영구적으로 복속시키기는 어려웠다 (당시 쓰시마는 일본 본토와 무관한 독립국이었다). 오히려 거리상으로는 더 먼 제주도를 662년에 정복할 수 있었던 이유는 쓰시마와 달리 제주도는 토착 정권의 힘이 약해 이미 5세기부터 백제의 지배를 받았기 때문이다.

쓰시마 정벌이 불가능하다면 차선책이 있다. 그것은 바로 수도를 옮기는 것이다. 왜구가 신라의 남쪽으로 침략하지 않고 동해안으로 우회해 쳐들어오는 이유는 그곳에 신라의 수도인 경주가

발해

대동강

신라

한강   동해

황해

●중원(충주)

낙
동   달구벌(대구)
강   ● ◉금성(경주)

탐라

변방의 수도   신라는 어엿한 한반도 단독 정권이 되었으나 수도를 옮기지 않았다. 여러 면에서
두루 살폈을 때 충주가 가장 적합했으나, 경주 세력만을 권력의 기반으로 하는 한계로 신라 왕실
은 끝내 천도를 하지 못했다. 경주의 서쪽인 달구벌로의 천도를 한 번 계획했을 뿐이다.

있기 때문이다(물론 당시에는 서라벌이고 경주라는 이름은 고려시대부
터 사용되지만 편의상 경주로 통일하자). 그러므로 수도를 바다 가까운
데 두지 않고 내륙으로 옮긴다면 왜구의 침략을 크게 걱정할 필
요가 없다. 어차피 왜구는 한반도에 발을 붙이고 살려는 게 아니
라 해안 지방을 약탈하려는 자들이니까 바닷가만 피하면 큰 국가

적 우환거리는 되지 못한다.● 더구나 신라는 어엿한 한반도의 단독 정권이 되었으니 행정의 편의를 위해서라도 반도 동남부 구석에 위치한 경주를 굳이 도읍으로 유지할 이유는 없다.

그런데 왜 신라 정부는 그런 차선책을 구사하지 않았을까? 사정에 따라 수도를 몇 차례나 옮긴 백제나 고구려의 역사를 보더라도, 수도를 옮기는 것은 그리 어려운 일이 아니다. 그런데 묘하게도 백제나 고구려와 달리 신라는 1000년에 가까운 사직을 유지하는 동안 도읍을 옮긴 적이 한 번도 없다. 삼국 분립기에는 그럴 기회를 잡지 못했다 치더라도 삼국 통일을 이룬 뒤에는 충분히 할 수 있지 않았을까? 지리적으로 보아도 경주가 수도라면 한반도 거의 전역을 통치하는 데 애로가 있지 않았을까? 신라 왕실이 굳이 경주를 수도로 고집한 이유는 무엇일까? 여기에는 두 가지 추측이 가능하다.

첫째 이유는 앞서 말한 신라의 지위를 생각한다면 알기 쉽다. 신라는 비록 한반도의 중부까지 영토로 거느렸지만 중국의 지방 정권이라는 '본분'을 분명히 인식하고 있었다. 이런 신라의 지위는 과거 고구려의 중국 관계와 다르다. 장수왕 시대에 고구려도 북위에 조공을 보내고 왕이 북위 황제의 책봉을 받는 처지였으나, 그것은 서열상으로 중국의 우위를 인정하는 동북아시아 외교 관계의 한 부분일 뿐 실제로 고구려가 중국의 지배나 규제를 받은 것은 아니었다(그랬기에 고구려는 독자 연호를 쓸 수 있었고, 천도도 마음대로 계획할 만큼 내치에서 완전한 자치를 누렸다).

그러나 신라는 중국에 대한 사대 관계를 공식적으로 채택하고 중국의 간접 지배를 인정했으므로 거의 중국의 정식 군으로 편입된 것이나 마찬가지였다. 독립국이 아니라 제국의 한 군郡이라면 그 중심지가 반드시 군의 지리적 중심일 필요는 없다. 독립국의 수도라면 국토 전역에 행정의 신경망을 고루 뻗칠 수 있는 위치에 있어야 하겠지만, 군청 소재지라면 위치가 군의 한복판이 아니라 해도 크게 문제될 것은 없다. 따라서 신라의 입장에서 천도는 큰 의미가 없었던 것이다(혹시 천도를 계획했다 해도 당의 승인 없이는 불가능했을 것이다).

둘째 이유 역시 첫째 이유와 밀접하게 연관되어 있다. 신라가 당의 한 군이라면 신라의 영토는 한 나라의 국토가 아니라 중국의 변방 영토에 해당한다. 그러므로 경주에 있는 신라 왕실은 비록 신라의 영토 내에서 가장 강력한 권력체이기는 하지만 그 지역을 중앙집권적으로 관할할 수 있는 지위는 되지 못한다. 즉 신라의 왕은 한반도를 독자적으로 다스릴 수 있는 신분이 아니라 단지 '서열 1위의 권력자'에 불과했다. 거꾸로 말하면 삼국 통일 이후에도 신라의 옛 강역이 아니었던 지역에서는 지방 귀족(호족)들이 여전히 독자적인 세력을 떨치고 있었다. 그렇다면 경주의 신라 왕과 귀족들이 굳이 도읍을 옮겨서 스스로 자신들의 권력 기반을 허무는 바보짓을 하지 않을 것은 당연하다.

앞에서 보았듯이 6세기에 백제 성왕은 기존의 권력 기반을 해체하고 왕권을 강화하기 위해 웅진에서 사비로 천도한 바 있다. 하지만 그것은 최소한 새 도읍지에서도 국왕으로서의 권력을 유지할 수 있다는 자신감이 있기에 가능한 일이었다. 그와 달리 중국으로부터 위임을 받은 대리 권력 이외에 전국적인 권위가 없는 신라의 왕실과 귀족들으로서는, 천도란 곧 기존의 권한과 권력이 사라지거나 약화될지 모르는 큰 모험이었을 것이다(그래서《삼국사기》에도 이후 신라의 역사는 왕실과 경주 귀족들의 역사를 중심으로 서술되어 있다).*

어떤 의미에서는 고대의 지방자치제라고 할까? 통일을 이룬 뒤에도 신라 중앙정부의 힘은 경주 부근, 넓게 잡아 옛 신라의 영토까지밖에 미치지 못했다. 이 점은 신라의 토지제도인 녹읍제祿邑制에서도 확인된다. 신라 중앙정부는 중국의 균전제를 모방해 토지를 분급했는데, 관리들에게 급료로 준 토지를 녹읍祿邑이라고 불렀다. 녹읍이란 '고을[邑]'을 '봉급[祿]'으로 준다는 뜻이므로 단순히 경작지만이 아니라 한 지역이나 촌락 전체를 의미한다. 즉 녹읍을 받은 관리는 그 지역의 토지 생산물만이 아니라 주민들에 대해서도 전권을 행사할 수 있었다. 그렇잖아도 지방에 대한 통제력이 약한 중앙정부는 녹읍제가 실시되면서 더욱 힘을 잃을 수밖에 없었다. 녹읍 내에서는 녹읍의 임자가 사실상의 왕이었으니까.

물론 신라 왕실에서도 중앙정부의 힘이 전국적으로 행사되지 못하는 현실의 문제점을 잘 알고 있었다. 그래서 나름대로 내놓은 대책이 상수리上守吏라는 제도였다. 지방의 향리[吏]를 중앙에 파견한다[上守]는 것이었으니, 말하자면 지방을 통제하기 위해 볼모를 잡아두는 방식이다. 이런 제도를 고안한 데는 예전에 고구려와

● 만약 당시에 신라 왕실이 천도를 계획했더라면 그 후보지는 어디였을까? 우선 호남 지역은 백제의 전통이 살아 있으므로 배제되었을 테고 지금의 서울은 '북방한계선'에 너무 가까워 위험하다. 그렇다면 유력한 후보지는 충주다. 충주는 삼국이 쟁패하던 시절부터 요충지였으므로 도시의 기반이 마련되어 있고, 한강을 통한 뱃길의 요지인 데다 지리적으로도 전국의 중심에 해당하며, 철광산이 많아 자원의 보고이기도 했다. 강원도 일대에 가끔 출몰하는 말갈의 침입만 제외한다면 최적의 도읍터였다. 따라서 왜구가 아니었다 해도 신라가 명실상부한 한반도의 정권이었다면 당연히 충주로 천도했어야 한다. 그러나 경주 세력만을 권력의 기반으로 하는 한계로 인해 신라 왕실은 끝내 천도를 계획하지 못했다. 단 한 차례, 689년 신문왕은 경주 서쪽의 대구(달구벌)로 천도를 계획했다가 실패한 일이 있었는데, 그것도 마찬가지 이유였을 것이다.

일본에 왕족을 볼모로 보낸 경험이 참조되었겠지만, 호족의 자제도 아니고 향리를 경주에 잡아두는 정도로는 중앙집권화에 별로 도움이 될 수 없었다.

이렇듯 신라는 삼국 통일을 이루고서도 대내외적으로 중국의 한 지방정권이라는 취약성을 벗어버리지 못했다. 경주 정권은 형식적으로 신라의 영토가 된 한반도 내에서도 강력한 중앙집권력을 행사할 수 없었다. 이는 곧 각지에서 호족들이 지역의 지배자로 군림하는 결과를 낳게 된다. 통일신라시대 내내 권력의 응집력이 미약했던 현상은 그 때문이다. 이런 문제점은 결국 신라 말기에 호족들의 세력이 왕성해지면서 다시금 분열 시대를 낳는 주요한 원인이 된다.

남북국시대?

신라가 당의 지방정권 노릇을 자임함으로써 적어도 한반도는 중국의 영향권 내에 들었지만, 새로운 동북아시아의 질서가 탄생하는 과정은 중국이 바라는 만큼 쉽게 진행되지 않았다. 언제나 그랬듯이 문제는 랴오둥이었다.

한족 왕조인 당의 입장에서 볼 때 친소親疎의 스펙트럼은 확연하다. 우선 중원 북방 몽골 초원의 '오랑캐'들은 전통적인 적이므로 초지일관 적대시하면 된다. 또한 한반도의 '오랑캐'들은 자발적으로 중국의 한족 왕조에 접근했으므로 특별 대우만 해주면서 다독거리면 만사 오케이다. 그러나 그 스펙트럼의 한가운데에 해당하는 랴오둥-압록강 이북 지역은 언제나 중국에 대해 양면적인 태도, 즉 중국의 힘이 강하면 사대하고 약하면 저항하는 태도를 취해왔으므로 이 지역에 대한 중국의 태도 역시 늘 모호할 수밖에 없었다.

중국의 입장에서는 고구려처럼 이 지역을 관할하는 확실한 임자가 있을 때는 차라리 속 편하다. 그러나 그렇다고 해도 그 임자가 고구려처럼 '지나치게' 강성해지는 것은 두고 볼 수 없다. 그런 이유에서 당은 고구려를 제거한 것이지만 어차피 두 마리 토끼를 다 잡을 수는 없었다. 당은 고구려의 유민들을 랴오둥으로 강제 이주시키는 정책을 구사해 랴오둥에 특정한 세력이 강해지는 것을 막으려 했으나, 그것은 불가피하게 이 지역에 힘의 공백을 만들어냈다. 안동도호부라는 지배 기구가 있기는 했지만 제국 정부의 힘은 장성에서 한참 떨어진 이곳까지 제대로 미치지 못했다.

결국 그 공백은 이 지역에 또 다른 정치적 변동을 유발한다. 그 신호탄은 696년에 이진충이 이끄는 거란족이 반란을 일으킨 것이다. 이듬해 이들은 장성 바로 안쪽의 베이징까지 공략했다가 당의 사주를 받은 돌궐에 의해 진압되었으나, 이제 이곳에 국지적 질서를 유지할 만한 중심 세력이 없다는 사실은 명백해졌다. 쉽게 말해 랴오둥은 무주공산이 된 것이다.

주인 없는 땅은 먼저 깃발을 꽂는 자가 임자다. 혼란을 기회로 여긴 고구려의 유민 대조영大祚榮(?~719)은 말갈의 족장인 걸사비우와 함께 봉기를 일으켰다.* 그도 앞서 거란의 반란이 실패한 이유를 잘 알고 있었다. 거란은 랴오둥에 깃발을 꽂으려 했기에 제국 정

● 중국 측 사서인 《신당서(新唐書)》에는 발해의 건국자가 대조영이 아니라 그의 아버지인 걸걸중상(乞乞仲象)이라고 되어 있다. 이 이름을 두고 역사학자들 간에는 여러 가지 논란이 있지만, 대조영과 걸걸중상은 동일인일 가능성이 크다. 거지를 뜻하는 걸(乞)을 이름자에 쓸 사람은 없으니 그 이름은 분명히 이두문이다. 대조영의 성인 대(大)는 알다시피 '크다'는 뜻이며, '클'과 '걸'은 발음이 비슷하다. 따라서 중국인들은 그의 성을 뜻으로 옮겨 '대'라고 했을 것이다 ('仲象'이라는 이름도 고대 중국어에서 '祚榮'과 비슷한 발음이었을 것이다).

고난 끝에 찾은 도읍 　대조영은 당군의 추격을 뿌리치면서 차오양에서 거의 1000킬로미터나 동쪽으로 행군해 발해를 세웠다. 사진에 보이는 한가운데 뾰족한 산이 바로 그가 첫 도읍으로 정한 동모산이다(백두산 북쪽 150킬로미터 지점에 있다). 엄청난 대장정이지만 랴오둥을 버리고 동만주에 둥지를 튼 것은 향후 발해가 동북아시아 질서에서 별다른 역할을 하지 못할 것임을 예고하고 있었다.

부가 민감하게 대응할 수밖에 없었던 것이다. 그래서 대조영은 랴오둥을 버리고 동쪽으로 이동해야 살 수 있다고 판단했다.

　생존을 위해서라면 그 판단은 옳았다. 당은 랴오둥에서 봉기한 그들 무리가 멀리 만주 방면으로 도망치려 했는데도 추격군을 보낼 정도로 민감한 반응을 보였으니까. 추격군과의 교전에서 걸사비우가 전사하자 대조영은 그의 휘하에 있던 말갈족까지 이끌고 동쪽으로 계속 이동했다. 일찍이 모세는 신의 도움을 받으며 이집트에서 이스라엘인들을 탈출시켜 가나안으로 들어갔지만, 대조영은 아무런 도움도 없이 파라오의 군대보다 더 끈덕지게 추격해오는 측천무후의 군대와 싸우면서 모세보다 더 먼 길을 도망쳐 마침내 '가나안'까지 오는 데 성공했다. 동모산(지금의 중국 지린성

10장 새 질서와 번영의 시대

의 둔화 부근)에 이른 그는 이곳을 터전으로 삼아 새 나라를 세웠는데, 그것이 후대에 발해라고 알려지게 되는 진국震國이다.

불과 20여 년 전에 한반도 정벌의 대역사를 치른 당의 입장에서는 제국의 영향권 바깥인 만주로 도망친 반란 세력까지 진압할 여력이 없었다. 추격군의 임무는 대조영의 반란 무리를 랴오둥에서 완전히 몰아내고 다시는 랴오둥을 넘보지 못하게 하는 데 있었을 것이다. 게다가 설사 만주까지 추격할 의지가 있었다 하더라도 추격을 계속할 수 없는 사정이 생겼다. 거란의 반란을 진압하는 데 도움을 준 돌궐이 오히려 랴오시에 둥지를 틀어버리는 바람에 당은 랴오둥으로 가는 교통로마저 여의치 않아진 것이다. 그래서 당은 대조영이 진국을 세우고 천통天統이라는 독자적 연호마저 정했어도 응징하기는커녕 어르고 달래는 정책으로 돌아설 수밖에 없었다. 결국 705년에 당의 황제 중종中宗은 대조영에게 화해의 사신을 보냈고, 다음 황제인 예종睿宗은 713년에 그를 발해군왕으로 책봉했다.•

● 중국의 책봉을 계기로 발해는 처음에 국호로 정한 진국 대신 발해(渤海)를 공식 국명으로 하게 된다. 하지만 실은 발해란 고유 명사도 아니고 당시 보하이만(渤海灣) 주변의 지역을 중국 정부에서 총칭하던 '일반명사'였다. 그래서 발해의 왕은 '발해군왕'으로 책봉되었으나 신라의 왕은 그보다 한 급 높은 '신라국왕'으로 책봉되었다.

고구려의 부활일까? 발해는 고구려를 계승한 걸까? 우리나라 사람이라면 심정적으로 누구나 그렇게 믿고 싶을 것이다. 역사가들도 대부분 그렇게 말하며, 발해가 존재하던 시기를 가리켜 신라와 발해가 함께 남북국시대를 이루었다고 주장하는 사람도 있다.

실제로 727년 발해는 일본에 보낸 국서에서 "고구려의 옛 땅을 수복하고 부여의 전통을 이어받았다."라고 당당하게 밝힌 바 있었으며, 무덤의 양식에서도 고구려의 전통을 상당 부분 계승하고 있다는 게 확인된다. 그러나 풍습에서 고구려의 것을 취하는 것은 지극히 자연스러운 일이다. 또한 대외적으로 고구려의 계승을 표방한 것은 신생국의 약점을 극복하기 위해 국제적 승인을 얻으려는 외교적 태도에 불과하다.

말이야 무엇이든 못하랴? 중요한 것은 발해가 실제로 고구려를 계승했느냐는 것인데, 이 점에서 발해는 대외적인 주장과는 달리 고구려와 거의 무관해 보인다. 우선 영토적인 면을 보아도 그렇다. 알다시피 고구려의 영토적 중심은 늘 랴오둥과 한반도 북서부였다. 하지만 발해는 처음부터 랴오둥을 포기했으며, 한반도 북서부에도 전혀 세력을 뻗치지 못했다. 한 번도 옛 고구려의 핵심부를 차지한 적이 없는데 고구려를 계승했다고 주장한다면, 좋게 말해 외교적 태도이고 나쁘게 말하면 고구려의 이름을 팔아먹은 것이다. 또한 주민의 구성으로 보아도 발해는 옛 고구려의 유민들보다 말갈을 비롯한 만주 거주 민족들이 다수를 차지했다. 일단 국가의 가장 기본적인 요소인 영토와 주민에서 발해는 고구려의 계승자가 될 자격을 전혀 갖추지 못한 것이다.

그러나 그보다 더 중요한 차이는 발해가 처음부터 스스로 당에 복속되었다는 점이다. 비록 발해는 독자 연호를 사용하면서 신라와의 차별성을 꾀하는 것처럼 보였으나 실은 적극적인 대중국 사대 노선을 취했다. 여기에는 대외적인 위신을 강화한다는 의미도 있었지만, '반란 세력'으로 남아 당의 집중 목표가 되는 일만큼은 피해야겠다는 의도가 컸을 것이다. 발해는 애초부터 살아남기 위해서는 당을 중심으로 하는 동북아시아의 새 질서에 동참해야 한다는 것을 알고 있었던 것이다. 대조영이 '발해국왕'도 아닌 '발해군왕'이라는 직책에 만족한 것은 새로 자리 잡은 동북아시아의 질서에 기꺼이 따르겠다는 태도에 다름 아니었다.**

●● 오늘날 한국사에서 발해를 고구려의 계승자로 보려는 입장이 힘을 얻는 이유는 조선 후기 실학자들이 발해사를 한국사에 포함시키려 노력했기 때문이다. 특히 18세기에 《발해고(渤海考)》를 쓴 유득공(柳得恭, 1749~?)은 "고려가 발해사를 쓰려 했다면, 고려로 망명을 온 발해 유민 10여만 명을 통해서 능히 쓸 수 있었을 것"이라면서 발해사가 제때에 기록되지 못한 것을 대단히 아쉬워했다. 사료가 부족한 탓으로 그는 자기 책에 '발해사'라는 제목을 붙이지 못하고 한 급 낮춰 '발해고'(발해를 생각한다)로 정했다.

사실 당시 당으로서는 한반도의 신라라면 몰라도 멀리 만주 동부에 터를 잡은 발해를 어떻게 해볼 만한 여력이 없었다. 따라서 당이 반란 세력에서 출발한 발해를 한 지역의 주인으로 즉각 공인한 것은 서로의 이해관계가 맞아떨어졌기 때문이다. 어쨌든 당과 발해의 관계가 정립된 것을 마지막으로, 이제 동북아시아 지역에는 중국을 중심으로 하는 동심원적 체제가 완전히 자리를 잡았다. 7세기 후반 중국의 한반도 정벌로 비롯된 약 50년에 걸친 진통은 새로운 질서를 낳았고, 바야흐로 동북아시아는 모든 갈등을 해소하고 평화와 번영의 시대를 맞았다.

중국화=신라의 번영

국제 정세가 안정되자 신라로서는 무엇보다 시급한 것이 대내 정비였다. 적어도 한반도 내에서는 단독 정권이 되었으므로 이제는 행정제도와 관제를 대폭 손보아야 했다. 그래서 신문왕은 우선 수도가 영토의 동남부에 치우친 결함을 극복하기 위해 지금의 충주와 남원에 각각 소경小京을 두고 주민들을 두 신도시로 강제 이주시켰으며, 전국을 대상으로 삼아 여러 가지 관직을 신설했다.●

나아가 신문왕은 300년 동안 김씨 정권을 가능케 해준 김씨 왕조의 시조 미추왕을 비롯해 자신의 4대 조상들에게 성대한 제사를 올려 새 나라와 새 질서를 자축했다. 다섯 조상에게 제사를 올린 것은 "천자는 7묘에, 제후는 5묘에 제사를 지낸다."라는 《예기禮記》에 따른 절차다(중국의 천자는 5대 조상들 외에 하늘과 산천에 제사를 드릴 권한을 가지고 있었지만―그래서 7묘다―신라 왕은 제후의 신분이었으므로 그럴 수 없었던 것이다).

그런데 미추왕에 올리는 제사는 당연했으나 흥미로운 것은 나머지 조상들이다. 신문왕은 아버지 김법민(문무왕), 할아버지 김춘추(태종무열왕), 증조 문흥왕, 고조 진지왕의 4대 조상에게 제사를 지냈는데, 그중에는 전대의 왕이 아닌 인물이 하나 끼어 있다. 문흥왕이라면 누굴까? 그는 바로 진지왕의 아들이자 김춘추의 아버지인 김용춘이다. 비록 죽은 뒤 갈문왕으로 추대되어 왕호를 얻기는 했지만, 갈문왕이 국가 대사 중 으뜸인 왕실 제사에 올랐다면 이미 신라는 사실상 새 왕조를 이루었다고 볼 수 있다(이후 신라의 왕들은 모두 그 전통을 따라 미추왕과 자신의 4대조를 '5묘'로 삼고 제사를 지내게 된다).

● 이 무렵의 신라는 사실상 신생국이나 다름없었으므로 왕권이 후대에 비해 오히려 강력했다. 그 힘을 바탕으로 신문왕은 689년에 녹읍을 폐지하고 관료전을 지급하는 방식으로 관리의 급료 제도를 바꾸는 개혁을 실시했다. 녹읍의 경우에는 관리들이 자기 토지의 생산물과 주민들을 모두 소유했으나 이제부터는 토지 생산물의 일부만을 급료로 받게 된 것이니 그 차이는 대단히 크다. 이 제도가 계속 유지되었더라면 신라 왕실은 전국적인 중앙집권화를 추진할 수 있었을 것이다. 하지만 앞에서 본 것처럼 신라의 중앙집권화는 원래 한계가 있었다. 귀족들은 중앙 권력에 집요하게 반발했고, 결국 경덕왕 때인 757년에 녹읍제를 환원시키는 데 성공했다.

새로운 신라의 건국자는 물론 김춘추라고 보아야 할 것이다. 진골로서 최초로 왕위에 올랐을 뿐 아니라 중국과의 진일보한 사대 관계를 수립하고 한반도의 단독 정권으로 가는 길을 열었으니까. 그렇게 보면 1000년 사직의 신라 왕국은 김춘추를 기준으로 삼아 두 개의 나라로 나누어도 좋을 것이다.

어쨌든 그런 예비 단계를 거친 뒤 새 질서가 완전히 정착된 8세기 초에 신라는 건국 이래 최대의 번영기를 맞았다. 효소왕孝昭王 (재위 692~702)이 아들을 두지 못하고 일찍 죽는 바람에 그의 동생으로 왕위를 이은 성덕왕聖德王(재위 702~737)은 왕위만이 아니라 번영의 토대까지도 물려받았다. 그는 아들인 경덕왕景德王(재위 742~765)과 더불어 신라의 역대 왕들 가운데 가장 행복한 왕일 것이다. 재위 기간 중 그는 당에 착실하게 조공한 것 이외에는 별다른 일을 한 게 없는데, 실은 그게 신라로서는 가장 중요한 정치 행위였다. 그는 좋은 시대에 태어난 덕분에 어느 누구보다도 나라를 잘 이끈 임금이 될 수 있었다.

성덕왕이 재위한 35년 동안 당에 사신을 파견한 회수는 40회가 넘어 역대 최고였다. 특히 그는 당에 신라의 귀족 자제들을 유학留學하도록 해달라고 요청했는데, 이는 유학儒學을 국가 통치 철학으로 적극 수용하려는 노력의 일환이었다. 당에서 선진 학문을 배우고 돌아온 유학생들은 신문왕 때 설립된 신라의 국립대학에 해당하는 국학國學에 들어가 유학을 크게 진흥시켰다.

이렇게 성덕왕은 통치 이데올로기를 확립했을 뿐 아니라 사회 제도도 크게 개혁했다. 그 가운데 가장 중요한 것은 722년에 농민들에게 정전丁田을 지급한 것이다. 정丁이란 조세와 요역을 부담하는 양민 남자를 가리키는데, 이들에게 정식으로 토지를 나누어주고 경작하게 한 것이다. 그 자체로 보면 새로울 게 없지만, 이는 국가가 토지를 직접 관리할 수 있게 되었다는 것을 나타낸다. 여기에는 북위 시대에 생겨나 당 시대에 일반화된 중국 균전제의 영향이 컸다(균전제도 알고 보면 토지를 균등하게 분급해 국가 세수와 농민 생활을 안정시키기 위한 단순한 제도였으나 이것이 확립되기까지 수백 년이 걸렸다).

좋은 시대를 만나 성군이 될 수 있었던 것이지만, 그래도 시대의 흐름을 올바로 탔다는 점에서 성덕왕의 지도력은 후한 평가를 줄 수 있다. 그 혜택을 누구보다 크게 누린 그의 아들 경덕왕은 아버지의 업적을 영원히 기리기 위해 구리 12만 근으로 거대한 종을 제작하게 했다. 이 종은 그의 아들인 혜공왕惠恭王(재위 765~780) 때 완성되어 지금까지 우리 역사상 최대의 종으로 전해지고 있다. 정식 명칭은 성덕대왕신종이지만 비공식 명칭은 에밀레종이다. 앞에서 보았듯이 경덕왕은 황룡사 대종도 만들었는데, 그 종은 무게가 무려 300톤짜리였으므로 성덕대왕신종보다 훨씬 더 컸을 것이다.

특기할 만한 사실은 성덕왕이 즉위한 직후인 703년에 일본에서 사신이 와서 수교를 맺었다는 점이다. 신라와의 첫 대면에 걸맞게 당시 일본에서는 무려 204명의 대규모 사신단이 파견되었다. 불과 40년 전 백제를 도와 당과 싸웠던 일본이 신라를 외교 파트너로 선택한 이유는 무엇일까? 말할 것도 없이 그 일본과 이 일본이 서로 달랐기 때문이다(더 엄밀히 말한다면 '이 일본'이 '진짜 일본'이다).

한반도에 대규모 전란의 구름이 드리웠던 645년에 일본에서는 당시의 집권자였던 소가蘇我씨 세력이 타도되고 천황 세력이 집권하는 다이카大化 개혁이 일어났다(다이카란 일본 최초로 제정한 연호다). 그러나 671년에 개혁의 주도자인 덴지 천황이 죽자 다시금 치열한 권력투쟁이 벌어졌다. 한반도의 백제가 멸망한 직후였으므로 그 투쟁에는 백제계 유민과 원래부터 있던 신라계 도래인도 한몫 거들게 되는데, 한반도에서처럼 신라계가 지원한 오아마가 승리하면서 덴무 천황으로 즉위하게 된다. 동북아시아의 새로운 질서를 맞아 덴무는 적극적으로 당의 제도를 수입해 권력을

일본의 기민함 당이 동북아시아 세계의 중심으로 발돋움하자 일본은 즉각 당의 문물과 제도를 받아들여 모방하기 시작했다(그때까지 선진 문물의 주요한 수입 통로였던 백제가 멸망한 것도 한 원인이었을 것이다. 그림은 일본이 당에 열 차례 이상 보냈던 견당선의 상상도다. 그러나 일본은 당이 쇠락의 기미를 보이자, 당과 함께 몰락한 신라와 달리 재빠르게 '당풍'에서 '국풍'으로 전환했다.

• 고대에 일본은 한반도를 통해 중국 문명을 전해 받았으므로 한반도에 비해 늘 뒤처졌던 것으로 여길 수 있지만 실은 그렇지 않다. 율령으로도 보듯이 일본은 적어도 6세기 이후로는 한반도에 뒤지지 않는 문명을 구축했다. 지리적으로는 선진 문명권에서 멀었으나 일본은 한반도의 1.5배에 이르는 면적에다 인구도 훨씬 많았으므로 출발에서 뒤진 것을 어렵지 않게 따라잡을 수 있었던 것이다. 게다가 일본은 신라에 비해 당의 영향권에서 자유로웠기 때문에 신라보다 한층 독자적인 역사를 꾸릴 수 있었다. 물론, 현해탄이 뭍이었다면 불가능했을 것이므로 일본은 섬이라는 지리적 조건으로 큰 이득을 누린 셈이다.

안정시키고 국력을 키우는 데 주력했다. 701년에 그는 다이호大寶 율령을 제정했는데, 율령은 곧 고대의 헌법이므로 사실상 이 시기에 일본이 나라로서 성립한 것이나 다름없었다(신라는 원래 고구려의 율령을 쓰다가 김춘추가 즉위하면서 독자적인 율령을 포기하고 당의 율령을 쓰기 시작했다). 실제로 일본이라는 국명도 이 무렵부터 사용되기 시작하니까 '진짜 일본'은 이때부터 시작이다.•

703년의 수교는 바로 이 진짜 일본과 한반도의 단독 정권 간에 이루어진 것이다. 이제 아시아의 평화, '팍스 아시아나Pax Asiana'는 완전히 무르익었다. 과연 중국은 모든 질서의 중심이었다. 중국이 안정되면서 동북아시아 전체가 평화를 되찾았기 때문이다. 신라와 일본은 동북아시아 평화와 문명의 중심인 당에 앞다투어 견당사遣唐使를 보내면서 본격적으로 당을 모방하기 시작했다(심지어 일본은 당의 수도인 장안을 모방한 계획도시를 새 수도로 만들어 천도하기도 했다). 일본 역사에는 그런 운동을 당풍唐風이라고 불렀다.

한반도의 '당풍', 중국화 정책은 경덕왕 때 절정에 달했다. 우선 그는 전통적인 신라식 이름으로 불리던 행정구역을 중국식으로 바꾸었다. 이를테면 삽량주, 한산주, 웅천주, 무진주처럼 토속적인 지명을 양주, 한주, 웅주, 무주로 바꾼 것이다(그 가운데 상주와 전주는 오늘날까지도 시의 이름으로 사용되고 있다).•• 곧 이어 경덕왕은 율령박사를 두어 중국식 율령을 시행하는 데 더욱 만전을 기했으며, 당의 중앙 제도를 본받아 시랑侍郎과 낭중郎中 등의 관제를 도입하고 당의 6부에 해당하는 기관을 설치했다.

•• 당시까지 전해지던 옛 지명들은 원래 한자가 아니라 우리말에서 나온 이름을 음역 또는 훈역으로 한자화한 것이었다. 예를 들면 웅천은 원래 '곰나루'였는데, 백제의 수도가 되었을 때 그 이름을 한자식으로 바꾸어 웅진(雄=곰, 津=나루)이 되었고 신문왕이 그것을 다시 웅천으로 바꾸었다. 이것이 웅주가 되면서 본래 지명의 기원은 사라져버렸다.

이처럼 경덕왕이 자신감과 소신을 가지고 개혁을 추진할 수 있었던 것은 당시가 신라의 최전성기였기 때문이다. 마치 소나기가 휩쓸고 간 뒤 새순이 돋는 것처럼 오랜 전란의 시대가 끝난 뒤 신라는 꿀맛 같은 휴식과 평화를 맛보고 있었다. 그래서 가장 신라적인 문화가 꽃피운 것도 이 시기다. 원효元曉(617~686)의 아들 설총薛聰이 이두를 총정리하는 학문적 업적을 남긴 게 무형문화재에 해당한다면, 불국사와 석굴암은 오늘날까지도 신라 문화를 대표하는 유형문화재다.

이 작품들을 기획한 김대성金大城(?~774)은 지금의 부총리급인 이찬伊湌까지 오른 인물로서, 공직에서 은퇴한 이듬해인 751년에 대규모 국책 사업을 시작했다. 이 사업은 그가 죽을 때까지 완공되지 못하고 이후에 국가에서 완성했는데, 만약 그가 더 살았더라면 오히려 불국사는 오늘날 수학여행지로 애용되지 못했을지도 모른다. 당시 신라 최대의 사찰은 단연 황룡사였는데, 김대성은 불국사를 황룡사보다 더 크고 화려하게 지어 신라의 대표적 사찰로 만들려는 야심을 품었을 것이다. 200년 전인 진흥왕 시절에 당시의 기술로 16년 만에 완공한 황룡사보다 더 긴 기간을 공사하고도 불국사의 완공을 보지 못하고 죽은 게 그 증거다. 그러나 불국사의 운명을 위해서는 그게 다행이었다. 황룡사는 최대 사찰이었기 때문에 13세기 몽골 침략 때 불타 없어졌으니까.•

그 덕분에 경덕왕은 신라의 달밤에 불국사의 종소리를 고즈넉이 들을 수 있었지만, 가장 신라적인 문화가 만개한 시기가 바로 가장 적극적으로 중국화 노선을 추진한 시기라는 것은 일종의 아이러니다. 이 중국화의 마무리는 788년 원성왕元聖王(재위 785~798)이 처음으로 시행한 독서삼품과讀書三品科가 장식한다. 이것은 일종의 과거제라 할 수 있으나 중국의 과거제와는 다르다. 과거제는 수 문제가 처음 만들었고 뒤이은 당 시대에 본격적으로 시행되었다.

그런데 지명이나 관직명은 중국의 것을 가져다 써도 내용적으로는 크게 달라질 게 없지만 과거제는 다르다. 과거제는 관리 임용 제도이므로 신라의 여건에 맞지 않는다면 도입 자체가 불가능하다. 앞서 말했듯이 중국의 과거제는 한 제국 시대에 유학을 공인하고 나서도 수백 년이나 지난 뒤에야 비로소 시행될 수 있었던 제도인데, 유학 자체가 막 도입되기 시작한 신라 사회에서 그런 관리 임용 제도가 통할 리 만무하다.

신라의 관리들이라면 누군가? 비록 성골이라는 피라미드의 맨 꼭대기가 사라지고 없다지만 신라에는 아직 골품제의 입김이 강

• 김대성이 불국사와 석굴암을 지은 데는 개인적인 사연도 있다. 그는 전생에 가난한 집안에서 태어나 품삯일을 하며 살았는데, 어느 날 흥륜사 스님에게서 "하나를 보시하면 만 배를 얻는다".라는 말을 들었다. 그래서 그는 어머니에게 밭을 절에 시주하자고 권했다. 그러나 그 뒤 그는 곧 죽었고 그의 벤처 투자는 후생에 빛을 보았다. 그 덕분에 김대성은 김문량이라는 귀족 가문의 아들로 태어난 것이다. 그래서 그는 전생의 부모를 위해 석굴암을 짓고 현생의 부모를 위해 불국사를 짓기로 결심했다. 그러나 토함산의 동서 양편에 자리 잡은 불국사와 석굴암의 위치로 미루어 다른 해석도 있다. 석굴암에서 굽어보는 바로 앞바다는 문무왕의 해중릉인 대왕암이 있는 곳이다. 이곳은 예로부터 왜구가 경주를 침략하는 주요 노선인 탓으로 신라 왕실에서 불력으로 방어하기 위해 절을 많이 지은 곳이었다. 그렇다면 불국사와 석굴암은 정신적인 왜구 방어지였던 셈이다.

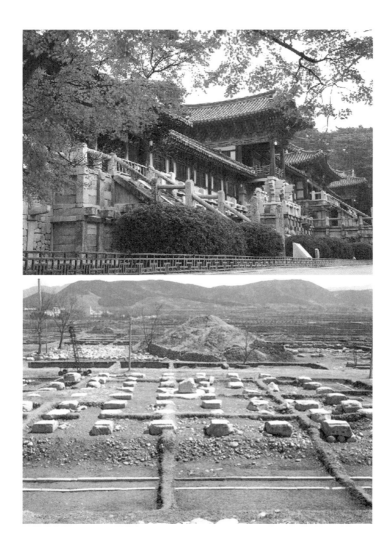

두 사찰의 엇갈린 운명   위쪽은 불국사의 전경이고, 아래쪽은 황룡사 목탑지다. 김대성이 불국사를 지을 때만 해도 황룡사는 동양 최대의 목탑을 자랑하며 웅장하게 서 있었지만 500년 뒤 몽골 침략 때 불타 지금은 터만 남아 있다. 김대성이 더 오래 살아 불국사를 직접 완공했더라면 황룡사보다 더 크게 짓지 않았을까? 그러나 그랬다면 몽골군의 목표가 되었을 테니 오히려 지금에는 불국사가 사라지고 황룡사만 남게 되었을지도 모를 일이다.

력하게 남아 있었다. 신문왕과 경덕왕이 관제를 정비하고 관직을 신설했다 해도 여전히 신라에서는 정상적인 관료제가 성립하지 못했다. 예나 지금이나 관리에게는 권력이 있다. 따라서 기존의 것이든 새로 생긴 것이든 모든 관직은 당연히 귀족들의 전유물일 수밖에 없다. 독서삼품과는 바로 그런 문제를 시정하기 위해 도입 된 제도였으니, 말하자면 선진적인 과거제와 전통적인 귀족제를 화해시키려는 시도였다.

만약 성공했더라면 독서삼품과는 과거제로 발전할 수 있었을 것이다. 그러나 그 성공 여부를 결정하는 것은 집권자의 의지가 아니라 사회의 수준이다. 시험이라는 객관적인 방식으로 관리를 선발하겠다는 원성왕의 의도는 현실적인 여건 앞에서 좌초한다. '골(성골, 진골)'에 속하는 왕족은 시험을 치르지 않고도 원하는 직 책을 가질 수 있었고, '품'에 속하는 귀족들, 그중에서도 최상층 세력인 육두품은 독서삼품과에 응시하느니 차라리 중국에 유학 을 가는 게 관직 임용에서나 학문적으로나 더 낫다고 생각했다. 결국 독서삼품과는 이후 우리 역사를 얼룩지게 만드는 중요한 요 소, 즉 '시험'과 '국가고시'를 무엇보다 우선시하는 전통을 최초로 만들었다는 오명만 남기고 퇴장했다.

11장

소용돌이의 동북아시아

흔들리는 중심

원성왕이 독서삼품과를 시행한 데는 그럴 만한 이유가 있었다. 쿠데타를 통해 집권했다는 흠이 있었기 때문이다. 전 왕인 선덕왕 宣德王(재위 780~785)이 후사를 남기지 못하고 죽자 상대등이던 그는 다른 대권 후보인 왕손 김주원(김춘추의 6대손)을 누르고 즉위했다.● 군신의 추대를 받는 형식을 취했으므로 유혈 쿠데타는 아니었지만, 적법한 계승자가 아닌 것은 명백했다. 그런 만큼 기존 귀족들의 눈초리가 따가웠을 테니 원성왕으로서는 귀족 세력을 제어하고 왕권을 강화하는 정책을 추구하지 않을 수 없었다. 그가 변형된 형

● 이 문제는 한참 뒤인 822년에 반란을 부르는 계기가 된다. 김주원의 아들 김헌창(金憲昌)은 아버지가 즉위하지 못한 원한을 40년이나 잊지 않고 있다가 웅천주 도독으로 부임해 반란을 일으켰다. 그는 지금의 전라북도와 충청도 일대를 장악하고, 장안국이라는 국호와 경운이라는 연호를 제정하면서 한때 기세를 올렸으나 경주 귀족들에게 진압되어 자살로 삶을 마감했다. 나중에 보겠지만 김헌창이 잠시나마 별도의 나라까지 세운 것은 당시 중국으로부터 불어온 혼돈의 바람에 힘입은 것이다.

299

11장 소용돌이의 동북아시아

중대의 시조　통일신라기의 왕릉 가운데 가장 화려한 원성왕릉이다. 십이지신상까지 거느려 격식을 잘 갖춘 왕릉인데, 그럴 만한 이유가 있다. 원성왕은 신라 중대 약 80년에 걸쳐 지속되는 새로운 왕계를 확립했으므로 말하자면 '중대의 시조'에 해당한다. 그러나 이 시대를 끝으로 신라의 번영과 안정은 끝난다. 결국 신라는 중대부터 말기적 증상에 시달린 것이다.

태로 '과거제'를 도입한 것은 결국 자신의 왕권을 위해서였던 것이다(실은 수 문제가 과거제를 시행한 것도 마찬가지 이유에서였다. 시험을 통해 관리를 선발한다는 것은 곧 국왕이 마음대로 정치를 주무를 수 있다는 것이니까).

　그런데 강압적인 분위기에서 군신들의 추대를 받아 최고 권좌에 오른 것은 현대사에서도 낯설지 않은 모습이다. 이른바 '체육관 선거'라는 간접선거를 통해 대통령의 타이틀을 연속 방어한 박정희와 그의 뒤를 이은 전두환이 바로 그렇지 않은가? 그럴 만도 한 것이, 그들은 처음부터 쿠데타를 통해 집권한 탓에 권력의 정통성이 결여되어 있는 자들이었다. 8세기 신라의 왕 원성왕도 마찬가지였다. 그는 선덕왕이 즉위하기 전에 둘이 함께 또 다른 쿠데타를 진압하면서 상대등에 오른 '신군부' 쿠데타 세력의 한 우두머리였던 것이다. 그런데 쿠데타로 왕위가 오갔다면 뭔가 사연이 있다는 이야기다. 과연 여기에는 작게는 신라 왕실이 흔들리고 크게는 동북아시아의 중심이 흔들리게 된 사연이 있었다.

때는 20여 년 전으로 거슬러 올라간다. 765년에 죽은 경덕왕은 신라 역사에서 성덕왕에 이어 두 번째이자 마지막으로 재위 기간 내내 행복을 누린 임금이었다. 따라서 신라 왕들의 운명은 이제부터 행복 끝, 불행 시작이다. 여덟 살의 나이로 왕위를 이은 경덕왕의 아들 혜공왕은 즉위 초부터 연이은 천재지변으로 인기를 잃었다. 그게 어린아이의 탓일 리는 없지만 문제는 귀족들이 그것을 기회로 여겼다는 사실이다. 우선 768년에 일길찬一吉湌(17관등 가운데 7등급이니까 고위직에 속한다)인 대공大恭이라는 자가 반란을 일으켰는데, 이것은 곧 진압되었지만 삼국 통일 이후 처음으로 일어난 반란이라는 점에서 문제가 컸다. 아니나 다를까, 2년 뒤에는 이찬 김융金融이, 다시 5년 뒤에는 시중 김은거金隱居가 연속 모반을 일으켰다.

시중이라면 국무총리 격인데 그런 자가 반란을 주동하다니! 아무래도 중국식 관직명 때문이 아닌가 생각한 혜공왕의 측근들은 이듬해인 776년에 관직명을 도로 신라식으로 바꾸었다(사실 경덕왕이 중국식으로 바꾼 데는 왕권 강화의 목적이 있었으니 귀족들은 불만이 었을 것이다). 그러나 780년에 다시 일어난 반란으로 결국 혜공왕은 스물세 살 한창 나이에 아내와 함께 살해당했다. 이 반란을 진압한 일등공신이 당시 상대등이던 김양상과 김경신인데, 김양상은 선덕왕이 되었고 김경신은 상대등을 물려받았다가 나중에 원성왕이 된 것이다(경덕왕의 중국화 작업으로 시중에 눌려 있었던 상대등은 권력이 잠시 약화되었다가 이 쿠데타를 계기로 다시 2인자의 관직으로 복귀했다).

김부식은 《삼국사기》에서 신라의 36대 왕인 혜공왕을 끝으로 신라의 중대(태종무열왕–혜공왕)가 끝나고 하대의 쇠퇴기가 시작되는 것으로 기록했는데, 실상 신라의 하대는 쇠퇴기 정도가 아니라 혼란기라고 말해야 한다. 그런 현실을 말해주는 한 예가 왕위 계승의 불안이다. 혜공왕 이후 신라가 멸망하는 935년까지 약 150년 동안 신라의 왕들은 무려 20명이 등장한다. 그전까지의 전체 신라 역사 840년 동안 불과 36명이었던 것에 비하면 엄청난 인플레이며, 따라서 평균 재위 기간도 예전의 3분의 1이 채 못 된다(게다가 그중 네 명은 쿠데타로 살해당했다).

바로 한 세대 전까지만 해도 최전성기를 구가하다가 그렇듯 갑작스럽게 혼탁해진 이유는 무엇일까? 아무리 어린 왕이 즉위했다 해도 그것만으로 시대의 흐름이 갑자기 바뀐 이유를 설명할 수는 없을 것이다. 더구나 시대의 흐름이 급박해진 것은 신라만이 아니다. 신라와 더불어 중국을 모방하기에 급급했던 일본도 8세기 후반부터 급격히 혼란의 도가니 속으로 빠져들기 때문이다(그런 탓인지 신라 경덕왕은 전 왕인 성덕왕과 달리 일본과의 교류를 탐탁하게 여기지 않았다). 여기서 잠시 일본의 사정으로 눈을 돌려보면, 당시 동북아시아를 휩쓴 혼란의 파도를 좀 더 생생하게 볼 수 있다.

일본의 경우 혼란의 신호탄은 최첨단 수입품인 율령이 유명무실화된 데서 비롯되었다. 원래 율령은 관료제의 토대 위에서만 기능하게 마련이다. 율령이란 지금으로 치면 헌법에 해당하는데, 법이 있다 해도 집행할 관리들이 없다면 말짱 헛것이기 때문이다. 관료제가 미약했다는 점에서는 신라나 일본이나 오십보백보였다.

따라서 독자적 율령을 만들었다 해도 일본은 아직 율령제 국가가 되기에는 시기상조였다.

국가의 골간인 율령이 기능하지 못하자 다른 제도들도 우르르 무너졌다. 중국의 균전제를 본떠 만든 반전제班田制가 붕괴하자 귀족들은 기다렸다는 듯이 토지 사유화에 나서 장원제가 발달했다. 급기야 780년에 징병제가 사라지자 귀족들은 또 기다렸다는 듯이 일제히 사병 양성에 나섰다. 이리하여 9세기에 이르면 일본은 각지에서 장원의 영주로 탈바꿈한 귀족들이 사병 조직을 거느리고 서로 치열하게 싸우는 내전의 시대로 돌입하게 된다(10세기를 넘어서면 그 사무라이들이 독자적 세력화를 이루며, 더 나중에는 바쿠후라는 일본 특유의 무사 권력체를 형성하게 된다).

이렇듯 신라와 일본이 같은 시기에 급속도로 체제 붕괴를 맞게 된 이유는 무엇일까? 당시 일본 사회에서 일어난 변화에 주목해보면 추측이 가능하다. 한때 당풍에 그토록 열광하던 일본의 귀족들은 9세기 중반부터 중국에서 더 이상 배울 게 없다며 견당사도 보내지 않았다.● 중국에서 배울 게 없다는 일본의 자세는 물론 다분히 허풍이 섞인 것이었지만, 적어도 중국이 예전만 못하다는 사실을 반영하고 있었다. 그렇다면 동북아시아 질서의 중심인 중국에서 뭔가 변고가 일어났다는 것인데, 과연 어떤 사태일까?

신라의 성덕왕이 번영기를 구가할 무렵 당 제국도 전성기를 맞고 있었다. 측천무후의 세력이 타도된 뒤 당 황실의 권력은 중종의

● 일본사에서는 당시의 이런 분위기를 국풍(國風) 또는 야마토풍(大和風)이라고 부른다. 당풍은 중국에 대한 문화적 사대주의인 데 비해 국풍은 말하자면 주체화 노선이다. 이것을 계기로 일본은 전통의 고유한 문화에 대한 관심으로 돌아서게 되는데, 그 최대의 산물은 가나라는 일본 문자다. 일본에서는 5세기부터 한자─백제의 아직기와 왕인이 4세기에 전했을 것이다(149쪽 참조)─를 이용해 일본어를 표기하는 '일본식 이두'를 사용했는데, 국풍의 시대인 9세기에 이것을 정리해 가나로 만들었다.

처가인 위씨 세력이 잠시 갖고 놀았으나 중종의 조카인 이융기가 쿠데타를 일으켜 그들을 축출하고 712년에 제위에 올랐다. 그가 바로 현종玄宗(재위 712~756)인데, 만년에 며느리 양귀비와 놀아난 행위로 후대에 좋지 않은 인상을 남겼지만 그의 치세 전반기는 '개원開元(현종의 연호)의 치'라 불리는 당 제국 최대의 번영기였다.* 당시 장안은 동북아시아 각국만이 아니라 멀리 아라비아에서 온 이슬람 상인들까지 드나드는 국제도시였으며, 동로마 제국의 콘스탄티노플과 함께 세계 최대의 대도시였다.

그러나 세계 제국 당은 현종의 시대에 산 꼭대기에서 갑자기 절벽으로 추락하게 된다. 사실 '갑자기'라고 말할 수는 없다. 초기부터 제국의 골간인 균전제가 서서히 무너진 게 화근이었기 때문이다. 더 정확히 말한다면, 덩치는 커졌는데 옷은 예전 그대로였던 탓이라고 해야 할 것이다.

균전제란 쉽게 말해 토지[田]를 농민들에게 고르게[均] 나누어주고 일정량의 생산물을 조세로 거두어들인다는 제도다(일본의 반전제도 내용은 같다). 지금 생각해보면 너무나 평범해서 굳이 제도라 부를 필요도 없어 보이지만 당시로서는 대단히 참신한 제도였다. 그러나 모든 제도가 그렇듯이 균전제도 시대에 따라 변하지 않으면 안 된다. 원래 새 나라가 출범할 무렵에는 토지가 흘러넘치게 마련이다. 이전 왕조의 토지 소유를 무효화하고 모든 토지를 국유화해서 새로이 분급할 수 있으니까. 그러나

● 적법한 제위 계승자가 아니었던 탓에 현종은 처음부터 신라에 대해 까다롭게 굴었다. 이름을 가지고 트집을 부린 게 그 예다. 그의 이름은 융기(隆基)인데 공교롭게도 성덕왕의 이름과 똑같았다. 현종은 즉위하자마자 신라에 사신을 보내 자신보다 10년이나 앞서 즉위한 성덕왕의 이름을 고치라고 명했다. 할 수 없이 성덕왕은 멀쩡히 쓰던 자기 이름을 흥광(興光)이라는 전혀 다른 이름으로 바꾸었다. 오늘날의 주권국가라면 마땅히 불쾌감을 나타내야 하겠지만 당시 신라 왕실은 오히려 그것을 선진적인 제도로 여긴 듯하다. 성덕왕의 아들 효성왕(孝成王, 재위 737~742)은 관직명에 쓰는 승(丞) 자가 자신의 이름 승경(承慶)과 같다는 이유로 좌(佐)로 고치게 했다.

천하를 주무른 여성   당 태종의 후궁이었다가 그의 아들 고종의 황후가 된 측천무후의 모습이
다. 그녀는 황후에 머물지 않고 최초의 여제가 되어 중국 천하를 손안에 넣었다. 신라의 두 여왕
보다 50년쯤 후배인 셈인데, 신라의 여왕들이 과도기를 잘 헤쳐나간 반면 측천무후는 당말오대의
씨앗을 심었다.

중기쯤 되면 토지가 부족해진다. 인구는 늘어나고 봉급을 주어야
할 관리도 늘어난다(관리의 봉급은 물론 토지다). 결국 그 부담은 농
민들에게 지워지고 견디다 못한 농민들은 토지를 버리고 떠난다.
당이 무너진 과정도 바로 그랬다.

　제국의 경제적 토대인 균전제가 흔들리자 모든 게 흔들렸다. 우
선 조세제도인 조용조租庸調가 무너졌다. 조용조 역시 균전제와
마찬가지로 북위에서 처음 만든 제도인데, 삼국시대에 한반도에
도 전해졌고 통일신라는 물론 이후 고려와 조선에서도 기본적인

조세제도로 기능하게 되니까 여기서 간단히 짚고 넘어가자. 앞의 조租는 토지를 대상으로 하는 세금(즉 곡물이다)이고, 뒤의 조調는 가구를 대상으로 하는 세금(원래는 특산물인데 일반적으로는 베를 짜서 국가에 바치는 것이었다)이며, 용庸은 국가에서 정기적으로 농민들을 불러 일을 시키는 것이다. 비록 조세의 명칭은 세 가지지만 모두 농민들을 쥐어짜는 것인데, 농민들이 토지를 이탈하는 판에 이런 제도가 멀쩡할 리 없었다.*

● 균전제와 조용조는 전형적인 농경 문명의 성격을 가진 제도였다. 농민에 비해 숫자가 훨씬 적기는 하지만 지주도 있고 상인이나 수공업자도 있는데 과세 대상은 오로지 농민만이었던 것이다. 이 문제를 개선하기 위해 당은 양세법이라는 것을 만들어 시행했으나, 이내 이것도 제대로 기능하지 못한다. 이에 비해 서양의 경우는 중국처럼 정치적 통일이 견고하지 못했기에 통일적인 조세제도가 없었다. 중국에서 균전제가 무너진 시기, 즉 9세기 초반의 유럽에는 세금이라는 게 없었고, 국가 재정은 귀족과 지주들의 기부금으로 충당했다. 이후 중세 유럽의 봉건영주들은 장원의 방앗간, 대장간, 양조장, 부두 시설 등의 이용료 명목으로 농노들에게서 rent를 받았다(rent는 보통 지대라고 번역되지만 토지를 포함해 이용료라는 뜻이다). 명목에 따라 징수한다는 점에서 서양의 세금제도는 오로지 정치권력의 힘만으로 집행되는 동양식 왕조의 조세제도와 달랐다.

말이 전성기일 뿐 실상 현종 대에는 그동안 서서히 누적되어온 제국 체제의 모순이 한계에 도달했다. 결국 그 모순이 겉으로 터져 나오는 계기가 생겨났다. 755년 번진의 절도사인 안녹산安祿山과 그 부하인 사사명史思明이 일으킨 안사의 난이 그것이다. 난리 초기에 현종은 멀리 쓰촨까지 도망쳤다가 이듬해 아들에게 제위를 이양하고 장안에 돌아왔으나 유폐 생활을 하다가 죽었다(신라의 경덕왕은 쓰촨으로 도망친 현종에게까지 사신을 보냈는데, 이 '특별한 오랑캐'의 지극정성에 감격한 현종은 직접 시 한 수를 지어 보내 치하했다). 안사의 난은 10년 가까이 지속되다가 진압되었지만 이 사건을 계기로 당은 사실상 멸망한 것이나 다를 바 없을 정도로 완전히 몰락했다. 오죽하면 후대의 역사가들이 이후의 시대를 당

말오대唐末五代(907년 당이 멸망하고 나서 다섯 왕조, 즉 5대가 교대로 들어서는데 이 시대를 당 후기와 묶은 것이다)라고 부를까?

그렇다면 신라가 혜공왕 때부터 그렇듯 갑작스럽게 쇠락의 길을 걷기 시작한 이유는 분명해진다. 혜공왕 대에 귀족들의 반란이 갑자기 잦아진 이유는 신라의 모국이라 할 중국이 흔들리고 있었기 때문이다(더욱이 신라의 토지제도는 당의 균전제를 모방한 것이었기에 신라 사회 역시 당과 똑같은 몸살을 앓고 있었다). 이제 중심은 없다. 일본은 아예 당으로부터 등을 돌렸고, 신라는 사대하고 모방할 대상을 잃었다. 질서의 축이 무너진 동북아시아는 서서히 혼돈의 소용돌이 속으로 빠져들었다.

문무의 두 영웅

원래 경주 부근에만 중앙정부의 힘이 미칠 만큼 중앙집권력이 약한 데다, 마땅히 구심점이 되어주어야 할 중국이 당말오대에 접어들면서 기능 마비 상태가 되었다. 신라는 그 소용돌이에서 헤어 나오지 못했다. 중앙이 약해지면 지방에서부터 문제가 터진다. 앞서 말한 김헌창의 반란은 이런 배경에서 발생했다. 물론 김헌창 개인으로서는 아버지가 원성왕에게 왕위를 빼앗겼다는(따라서 자신도 왕위 계승자가 되지 못했다는) 원한에 사무칠 수 있었겠지만 이미 40년이나 지난 일이었다. 더구나 원성왕의 증손인 헌덕왕憲德王(재위 809~826)이 재위하는 중에 새삼스럽게 해묵은 문제를 제기한 것은 어지러운 정세를 이용해 왕위를 찬탈하려는 의도에 다름 아니었다.

그렇다면 신라는 이제 지방 호족들이 스스럼없이 왕권을 넘볼 만큼 권력 구조가 취약해졌다는 이야기다. 공교롭게도 신라가 침몰하는 이 시기에 신라를 가장 빛낸 두 신라인이 등장한다. 후대에 까지 통일신라시대의 가장 대표적인 인물로 꼽히는 장보고張保皐 (?~846)와 최치원崔致遠(857~?)이 그들이다. 그들을 프리즘으로 삼 아 9세기 신라의 스펙트럼을 살펴보자.

어린 시절이었는지, 젊은 시절이었는지 확인할 수 없지만 궁복 弓福(혹은 궁파弓巴라고도 하는데 이두 이름이니까 같은 발음이었을 것이 다)이라는 신라인은 일찍부터 중국에 건너가 당의 지방군 장교로 근무하고 있었다. 장보고라는 중국식 이름으로 바꾼 것을 보면 그 는 당시 세계의 중심인 중국에서 출세해보겠다는 야심을 품었음 직하다. 하지만 그는 해적(왜구)들에게 잡혀 중국으로 팔려온 신 라인들이 노예처럼 취급되는 것을 보고 분개했다. 그런 일을 근절 하려면 해적들을 소탕해야 한다. 828년에 신라로 귀국한 그는 홍 덕왕興德王(재위 826~836)에게 군대를 모집할 수 있게 해달라고 요 청했다. 왕은 물론 대환영이다.

장보고의 충정은 의심할 여지가 없겠지만, 신라의 중앙 권력이 멀쩡했다면 그렇듯 민간인이 정부의 임무를 대신하겠다고 나설 수 있었을까? 또 장보고가 그런 제안을 했다고 해서 신라 정부가 쉽게 받아들일 수 있었을까?

다행히 장보고는 군사적 재능만이 아니라 무역과 외교적 감각 에도 두루 능한 인물이었다. 군사 1만 명과 청해진 대사라는 벼슬 을 얻어 완도('청해'는 완도의 옛 이름이다)에 진지를 차린 그는 홍덕 왕과 약속한 대로 해적을 소탕하는 데 나섰다. 결과는 대성공이었 다. 그는 해적들에게 빼앗겼던 동북아시아 무역로를 복구한 것은 물론이고 더 나아가 당과 신라, 일본을 잇는 삼각무역을 독점하 게 되었다.* 순식간에 막대한 부를 쌓고 국제적 거물로 발돋움했

청해진 유적 전경　청해진은 신라 흥덕왕 3년(828) 장보고가 설치한 해군기지이자 무역기지로, 전라남도 완도 앞바다의 작은 섬인 장도에 있다. 원래 무역기지로 설치되었으나 장보고는 이곳을 '본부'로 삼아 국정을 좌지우지했다. 당시에는 목책까지 둘러 성곽처럼 꾸몄다.

으니 그에게 정치적 야망이 생기지 않았다면 거짓말이다.

836년에 후원자였던 흥덕왕이 죽은 것은 그에게 좋은 기회였다. 흥덕왕은 즉위 초에 왕비가 죽고 나서 시녀조차 가까이 하지 않으면서 평생 '수절'한 왕이었으니 후사가 있을 리 없다. 왕위 계승을 놓고 흥덕왕의 동생과 조카가 다툼을 벌이자 여기에 귀족들이 편을 갈라 합세했다. 삼촌 김균정金均貞은 일찍이 김헌창의 반란을 진압한 공로가 있었으나 결국 조카 김제융金悌隆에게 살해당하고 만다. 김제융이 희강왕僖康王(재위 836~838)으로 즉위하자 ─ 쿠데타를 통한 집권은 이제

● 장보고는 당에 견당매물사와 교관선을 보내 당과 신라의 수출입을 독점했으며, 중국에 있는 신라인들을 조직해 무역로를 더욱 확장했다. 특히 그는 산둥에 유학하는 승려들을 위한 절을 세우는 등 불교에도 관심이 많았는데, 그의 이름이 유명해진 것도 그 덕분이다. 천태종의 고승으로 이름이 높은 일본의 승려 엔닌(円仁)은 당에 유학을 갔다가 돌아올 때 배편을 장보고에게 부탁했으며, 《입당구법순례행기(入唐求法巡禮行記)》라는 자신의 책에 장보고의 이름과 그에게서 받은 깊은 인상을 기록했다.

신라 왕실의 일상사가 되어버렸다—김균정의 아들 김우징金祐徵은 권력을 추구하기 이전에 생존을 도모해야 하는 신세로 전락했다. 그래서 그는 황급히 가족들과 함께 배를 타고 낙동강을 빠져나가 완도의 장보고에게 몸을 의탁했다. 이것만 보아도 당시 신라 중앙 정치의 혼탁한 분위기를 충분히 느낄 수 있지만, 더 큰 혼란은 그다음이다.

칼로 일어선 자 칼로 망한다고 했던가? 쿠데타로 집권한 희강왕은 재위 3년 만에 옛 동지였던 김명金明의 쿠데타가 발발하자 궁중에서 자살했다. 김명이 민애왕閔哀王(재위 838~839)으로 즉위했으나 그렇잖아도 경주를 노리던 장보고에게 그것은 거병의 명분이 되었다. 그는 즉각 군사 5000명을 경주로 보내 민애왕을 살해하고, 그때를 대비해 간직해둔 김우징 카드를 뽑아들었다. 김우징은 장보고의 꼭두각시나 다름없는 처지였지만 그래도 839년에 신무왕神武王(재위 839년 4~7월)이 되어 아버지의 한을 풀었다. 문제는 석 달밖에 재위하지 못하고 죽었다는 것인데, 그런대로 꼭두각시의 소임은 다했다.• 장보고에게 감의군사라는 벼슬을 내려 보답한 데다 자신의 아들이 문성왕文聖王(재위 839~857)으로 즉위하게 했기 때문이다.

장보고는 문성왕에게서 청해장군이라는 직함을 받은 것에 만족해야 했을지도 모른다. 부와 명예, 권력까지 그는 얻을 수 있는 것을 모두 얻었다. 심지어 840년에 그는 일본에 무역을 요청하는 특파원까지 마음대로 보낼 정도였으니 사실상 신라의 왕이나 마찬가지였다. 하지만 가진 자의 욕심이란 원래 끝이 없게 마련이 아니던가? 비록 그도 자신이 직접 신라의 왕이 될 수 없다는 것은 잘 알고 있었지만 그래도 킹메이커의 자리만큼은 계속 유지하고 싶었을 것이다. 그래서 그가 생각해낸 방책은 아주 간단한 것이었다. 딸을 왕비로 만들면 된다.

근친혼이 행해지던 왕실의 전통을 무시할 수는 없으므로(그에 따르면 신라 왕비는 무조건 김씨나 박씨여야 한다) 장보고는 딸을 정비가 아닌 계비로 집어넣으려 했다. 예상했듯이 문성왕은 장보고의 절대적 지원으로 팔자에 없던 왕위를 차지하게 되었으니 싫든 좋든 반대할 처지가 아니었다. 그러나 장보고는 이미 신라의 왕권이 실추될 대로 실추되어 있다는 점을 간과하고 있었고, 왕 대신 실권을 쥔 경주 귀족들은 그의 의도를 간파하고 있었다.

귀족들의 거센 반대로 결국 장보고의 계획은 좌절되고 마는데, 거기서 멈출 바에는 아예 걸음을 떼지도 않았다. 이듬해에 그는 공식적으로 반기를 들었다. 그가 킹메이커일 뿐만 아니라 '킹킬러'이기도 하다는 사실을 익히 알고 있던 문성왕과 경주 귀족들은 이제 살아도 산 목숨이 아니었다. 공포에 휩싸인 그들에게 구원의 검은 손길이 다가왔다. 일찍이 김우징의 쿠데타에서 공을 세웠던 염장閻長이라는 자가 단신으로 장보고를 암살하겠노라고 장담한 것이다. 지푸라기라도 잡아야 할 처지인 문성왕은 반신반의했지만 알고 보니 지푸라기가 아니라 튼튼한 동아줄이었다. 염장은 문성왕을 배반한 것처럼 가장하고 장보고에게 접근해서는 환영 석상에서 그를 찔러 죽이는 데 성공한 것이다. 장보고의 권위에 의존한 청해진은 한때 동북아시아 해상을 지배했던 근거지답지 않게 일순간에 몰락해버렸다.

장보고가 해상왕국을 건설하고 신라의 왕권마저 넘볼 수 있었던 이유는 당 제국이 더 이상 동북아시아 질서의 축으로서의 역할을 하지 못했기 때문이다. 안사의 난 이후 당은 걷잡을 수 없이 무너져 내렸다. 변방의 번진들은 사실상 독립국이 되었고, 중앙의 황실은 환관들이 쥐고 흔들었다(안사의 난 이후 황실에서는 감군사를 보내 번진을 감독하게 했는데, 그 임무를 맡은 게 바로 환관들이었다). 오죽하면 이 무렵의 황제들을 따로 부르는 이름까지 생겼을까? 9세기 초반의 덕종부터 당 제국이 문을 닫는 907년까지 100년 동안 11명의 황제들 중 한 명만 제외하고는 모두 환관들이 옹립했는데, 환관의 시험을 거쳐 제위에 올랐다 해서 이 황제들은 '문생천자門生天子'라는 명예롭지 못한 별명으로 불린다.

결국 총체적인 난국에 빠진 당의 명맥을 더욱 옥죄는 사태가 터졌다. 875년에 소금 밀매업자인 황소黃巢가 반란을 일으킨 것이다. 산둥에서 시작된 봉기는 소금 밀매 유통망을 타고 순식간에 전국으로 세력을 확대했으며, 880년에는 수도인 장안까지 접수하기에 이르렀다. 그 무렵 당의 관리로 있던 어느 신라인이 '토황소격문討黃巢檄文'이라는 문장을 지어 황소에게 보냈는데, 워낙 명문인 탓에 그것을 읽은 황소가 깜짝 놀라 침상에서 내려앉았다는 이야기가 전한다. 그가 바로 최치원이다.

최치원이 중국에 간 것은 열두 살 때니까 장보고보다도 어린 나이였을 것이다. 최씨라면 왕족은 못 되지만 신라 초기의 6성 가운데 하나(64쪽 주 참조)다. 성씨로 짐작할 수 있듯이 최치원은 신라의 두품 가운데 최고인 육두품 출신이었다. 그의 아버지는 진골이 정치와 행정을 독점한 세태에 한껏 불만을 품은 지식인이었던

사관과 신사　중국이 기침하면 신라는 감기 몸살을 앓는 시대였다. 이 무렵에 국제적 명성을 드높인 두 명의 신라인이 있었는데, 바로 장보고(왼쪽)와 최치원(오른쪽)이다. 그러나 대외적으로 당의 지방정권, 대내적으로 경주 정권에 불과한 데다 당이 흔들리는 시기에 신라 왕조는 두 사람의 포부를 끌어안을 여유와 능력이 없었다.

모양이다. 어린 최치원은 교육열에 불타는 아버지의 '바짓바람'에 힘입어 869년에 중국으로 유학을 떠났다. 당시 신라의 경문왕景文王(재위 861~875)은 어려서부터 지혜와 총기를 자랑하던 인물로서 학문을 적극적으로 권장했는데, 최치원이 어린 나이에 유학을 간 데는 그런 분위기도 작용했을 것이다.※

장보고가 군사·경제·외교 등 사회과학의 천재라면, 최치원은 역사와 문장 등 인문학의 천재였다. 그는 유학 생활 5년 만에 거뜬히 당의 과거에 합격했고, 2년 뒤

● 경문왕은 '임금님 귀는 당나귀 귀'라는 설화의 주인공으로도 유명하다. 왕의 모자를 만드는 사람이 경문왕의 큰 귀를 보고 함부로 발설하지 못하다가 죽기 직전에 대나무 숲에서 마음껏 외쳐 스트레스를 풀었다는 이야기다. 다른 왕들과 달리 그에 관해 이런 설화가 전해지는 이유는 그가 특이한 과정으로 즉위했기 때문이다. 그는 열다섯 살 때 아들이 없던 헌안왕(憲安王, 재위 857~861)의 눈에 들어 맏사위가 되었다가 장인의 왕위를 이었다. 사위 계승은 신라 초기에는 흔했지만 중기 이후에는 그가 유일했으니 아무래도 이야깃감이 많을 수밖에 없었을 것이다. 그러나 나중에 보겠지만 헌안왕이 사위로 대를 이으라는 유언을 남긴 것은 장차 또 한 명의 여왕인 진성여왕이 즉위할 때 다시금 문젯거리가 된다(321~322쪽 참조).

313

에는 관직까지 따냈다. 황소의 난이 일어나자 그는 종사관으로 복무하던 중 '토황소격문'을 지어 황소를 침대에서 떨어뜨리고 당의 황실을 감격케 한다. 이렇게 '대단한 신라인'으로 대국에서 이름을 날리던 그는 어떤 계기에선지 885년 한창 일할 나이인 스물여덟 살에 신라로 귀국했다. 좋게 보면 선진 세계에서 갈고 닦은 경륜을 가지고 고향을 위해 일하겠다는 뜻일 테고, 나쁘게 보면 아무리 대국이라 해도 지방 군수 정도의 직위에는 만족할 수 없었기 때문인지도 모른다.

일단은 금의환향이었다. 그러나 청운의 뜻을 품은 최치원은 그의 재주를 시기한 방해꾼들의 농간에 몹시 시달렸다. 신라의 중앙 정치는 그의 아버지 때와 전혀 달라지지 않았고, 경주 귀족들은 그를 어디서 날아온 '낙하산'처럼 여겼다. 좌절한 그는 중앙 정치를 포기하고 지방 군수직을 맡겠다고 자청했는데, 말하자면 닭 잡는 데 소 잡는 칼을 쓰는 격이다. 몇 년 동안 여러 지방을 전전하며 닭이나 잡던 그는 진성여왕眞聖女王(재위 887~897)에게 시국 해결책인 시무時務 10조를 제출해 육두품으로서는 최고의 벼슬인 아찬에 임명되었다. 중앙 정치로의 성공적 복귀일까? 그러나 이미 신라의 상황은 개혁적 지식인을 받아들일 여유가 없었다. 오히려 그는 경주 귀족들의 한층 날이 선 시선에 못 견디고 아예 정계에서 은퇴해버렸다.

최치원이 느낀 좌절은 두 가지로 요약된다. 첫째, 신분의 한계다. 육두품으로서는 중대 이래 진골들이 독점해온 중앙 정치 무대에서 뜻을 펼 수 없었다. 둘째, 신라의 지적 수준의 한계다. 그가 배운 학문은 당시 첨단 학문이었던 유학이다. 유학은 국가 경영을 목적으로 하는 실천적인 학문이기 때문에, 불교가 압도적인 영향

력을 발휘하고 전통적인 귀족제 사회의 틀을 벗지 못한 신라에서
는 아직 통하기 어려웠다. 오히려 그는 유학이 성행하는 고려시대
에 고인에게 주는 벼슬을 받았고 조선시대의 서원들에 이름을 남
겨 시대를 앞서간 인물로 역사에 남았다.

사실 최치원이 신라의 중앙 정치를 개혁하는 데 성공했더라면
오히려 그의 이름은 후대에 길이 남지 않았을 것이다. 현실 정치
에서 활동하지 못했기에 그는 학자로 여생을 보내며 책을 저술했
다. 그는 유학만이 아니라 불교, 도교, 그리고 고유의 풍수지리 사
상에도 두루 능한 르네상스인의 소질을 십분 발휘해 역사서《제
왕연대력帝王年代曆》과 불교 서적, 각종 비문 등을 남겼다. 그러나
지금까지 전하는 것은 아쉽게도 그의 사상을 엿볼 수 있게 해주
는 저작이 아니라 중국에 있을 때 써둔 시문들을 모은 문집《계원
필경桂苑筆耕》뿐이다(그래도 이 책은 우리 역사에서 유학을 다룬 문헌 중
가장 오래된 문헌이다).

북방의 새로운 기운

구심력이 약해지면 원심력이 작용하는 법이다. 소용돌이의 동북
아시아에서 질서의 중심인 중국과 그 변방의 분위기는 달랐다. 당
이 기침하고 신라가 몸살을 앓으며 동북아시아 남쪽의 중화 세계
가 무너져갈 때 비중화 세계인 북쪽에서는 새로운 기운이 싹트기
시작했다. 중국의 통일 제국이 약화되면 항상 장성 이북의 이민족
들이 흥기하는 것은 이제 동북아시아 역사에서 공식으로 자리 잡
았다. 그것이 농경 문명과 유목 문명의 주고받음이라면 그 신호탄

은 두 문명의 중간, 즉 반농반목 문명이라 할 수 있는 발해다.

남쪽의 신라에서 장보고의 야망과 최치원의 개혁이 물거품으로 돌아갈 무렵, 발해는 오히려 전성기를 맞았다. 8세기까지 아홉 명의 왕을 왕명부에 올린 것 말고는 별다른 활동이 없었던 발해는 9세기 초 선왕宣王(재위 818~830) 대에 이르러 도약의 발판을 마련했다. 우선 영토 확장이 눈부시다. 선왕은 멀리 북쪽의 헤이룽 강까지 강역을 크게 넓혀 만주 전역을 손에 넣었으며, 말갈족 중에서 유일하게 발해를 적대시하던 흑수말갈을 복속시키는 데도 성공했다. 그때부터 흑수말갈은 당에 보내는 조공을 끊었는데, 당말 오대에 접어든 당보다는 가까이 있는 발해가 더 두려웠기 때문일 것이다. 역사서에 나와 있는 이른바 5경 15부 62주라는 발해의 강역은 바로 이 무렵에 형성되었으며,《신당서》에 해동성국海東盛國이라고 등재된 것도 이 시기의 발해를 가리킨다.●

선왕 이후 발해의 역사는 중국 사서에 단편적으로 등장하는 것 이외에 상세한 내용이 알려지지 않고 왕계조차 불확실하다. 그러나 대체로 전성기의 강역을 유지하면서 만주의 패자로 군림했던 것으로 보인다. 적어도 한반도의 신라에 최악의 시기였던 9세기 동안 발해는 별다른 위기를 맞지 않았다. 그러나 건국자인 대조영부터 그랬듯이 발해는 전성기 때조차도 랴오둥을 노리지 않았다. 그것은 발해의 운명을 위해 커다란 판단 실수였

● 발해가 영토 확장에 나설 수 있었던 것은 물론 선왕의 역량도 있었겠지만 그보다는 역시 당의 국력이 약해졌다는 배경의 덕분이다. 안사의 난이 일어나기 전, 그러니까 8세기 초반만 해도 발해는 헤이룽 강 하구의 흑수말갈에 대한 지배권을 놓고 당과 싸우다 실패한 바 있었다. 726년 무왕의 동생 대문예(大門藝)가 흑수말갈을 공격하라는 왕명을 어기고 중국으로 도망치는 사건이 일어나자 발해는 그의 송환을 시도했다가 실패한 일이 있다. 6년 뒤에는 거란의 제의로 발해의 장군 장문휴(張文休)가 산둥을 공략했다가 물러난 적이 있었다(당시 신라는 당 현종의 명령으로 발해의 남부를 공격하려다가—당은 신라 군대를 징발할 권리를 가지고 있었다—폭설 때문에 퇴각했다). 이후 발해는 한동안 침체기에 빠졌으나 당이 힘을 잃는 것을 기회로 번영기를 맞게 된 것이다. 한반도의 신라는 중국에 완전히 복속되었기에 중국과 운명을 같이하는 분위기였으나 다른 변방들은 그렇지 않았다.

움츠림의 결과　발해의 수도였던 상경용천부 제1궁전 터다. 발해는 당말오대의 기회를 잘 활용해 북방의 패자가 될 수도 있었다. 그러나 랴오둥을 끝내 포기하고 동만주에만 안주한 나머지 랴오둥에서 일어난 거란에 결국 멸망당하는 신세가 되었다. 밖으로 뻗어나가야 할 때 안으로 움츠린 결과, 발해는 개국 초부터 거창하게 내세운 구호와 달리 끝내 고구려의 후예가 되지 못했다.

을 뿐 아니라 당말오대에 북방에서 일어나는 새로운 분위기에 역행하는 자세였다. 설령 힘이 모자란다 해도 당이 깊은 수렁에 빠져 있었다는 점을 감안하면 발해는 어떻게든 랴오둥에 진출하려 노력했어야 한다. 만주를 근거지로 삼는 왕조로서 랴오둥을 차지하지 못한다면 결국 패망하고 만다는 것은 일찍이 고구려의 역사 전체를 통해서도 분명한 사실로 확인된 바 있다.

　발해가 만주에 안주한 것은 곧 북방에서 부는 새로운 바람의 주인공이 되지 못하리라는 것을 의미한다. 발해를 대신해 세대교체의 선두 주자로 발돋움한 것은 거란이었다. 몽골 초원의 동부 끝자락에 자리 잡고 있던 거란은 당의 약화를 틈타 서서히 남쪽으로 내려오기 시작했다. 그들은 남북조시대에 북조를 지배한 옛 선비족의 후예였다. 그 시대에는 북중국을 차지한 대신 랴오둥을 고구려에 넘겨주었지만 발해가 고구려의 후예가 되기를 포기한 이상 랴오둥의 임자는 거란이 될 수밖에 없었다. 907년에 황소의 난을 진압한 절도사 주전충朱全忠이 장안의 황궁으로 들어가 환관들을 잡아 죽이고 당의 마지막 황제인 애제哀帝●에게서 제위를 이양받았을 때, 바꾸어 말하면 당 제국이 289년의 사직을 끝으로 멸망했을 때, 거란의 우두머리인 야율아보기는 드디어 요遼를 건국했다(랴오둥을 우리식으로 읽으면 요동遼東이므로 드디어 고구려 이래 처음으로 요동에 정식 왕조가 들어선 것이다).

● '애제'라면 '슬픈 황제'라는 뜻이니까 황제의 시호로는 영 이상하게 보이는데, 시호 자체가 죽은 뒤에 받는 것이기 때문에 그럴 수밖에 없다. 중국 역사에서 비운에 죽었거나 한 왕조의 마지막이 된 황제는 대개 애제 또는 공제(恭帝)라고 부른다. 재위 중에 쿠데타가 일어나 살해당한 신라의 혜공왕, 애장왕, 민애왕 등의 시호에 '공'이나 '애'가 들어 있는 것도 그런 이유다.

그러나 국호는 그랬어도 야율아보기는 랴오둥 지역을 차지하는 데 만족하려 하지 않았다. 요의 태조가 된 그는 건국한 지 10년 만에 거란의 여러 부족을 통일하고 요를 명실상부한 제국으로 성장시킨 다음, 조상들이 그랬던 것처럼 중원을 노렸다. 그렇다면 맨 먼저 할 일은 후방다지기다. 랴오둥의 후방이라면 바로 발해가 아닌가? 925년 12월 말에 야율아보기는 발해에 대한 대대적인 공략에 나섰다. 불과 보름 만인 926년 1월 14일에 거란군은 발해의 수도 상경용천부를 장악했고, 이것으로 227년 동안 우리 역사의 일부분을 담당했던 발해는 역사의 무대에서 완전히 퇴장했다(당시 거란은 발해가 방심한 틈을 타서 싸우지 않고도 이겼다는 기록을 남겼는데, 발해 내부에서 심각한 권력 다툼이 있었던 듯하다).

발해의 전성기에는 발해에 눌려 한동안 북방의 군소 민족으로 머물렀던 거란이다. 그러나 현실에 만족한 토끼는 잠만 자고 있었고, 거북은 꾸준히 발을 놀려 마침내 토끼를 따라잡았다. 이후 요가 우리 역사에 다시 등장하는 것은 그로부터 수십 년이 지난 고려 초기인데, 그때도 요의 후방 다지기에 한반도가 희생된다. 하지만 그때는 발해가 없었기에 고려가 직격타를 맞게 된다.

12장

단일 왕조시대의 개막

왕실의 진통

만주에서 발해가 전성기의 마지막 단꿈에 취한 나머지 랴오둥 진출의 기회를 놓치고 있을 무렵, 한반도의 신라에는 아예 아무런 기회도 없었다. 중국이 힘을 잃자 신라는 마치 부모를 여읜 아이처럼 혼자 힘으로 살아갈 수 없는 처지가 되었다. 진성여왕이 최치원의 건의를 받아들인 것에서 보듯이, 왕실에서는 나름대로 개혁의 필요성을 느끼고 있었으나, 이미 신라는 경주 귀족들이 왕권마저 좌지우지하는 단계였으므로 어떤 변화도 기대할 수 없는 실정이었다.

사실 7세기 초반 두 여왕의 치세 이래 200여 년 만에 다시 여왕이 즉위하게 된 사정도 그런 현실을 반영하는 것이었다. 200년 전의 두 여왕은 비록 비정상적이기는 해도 이후 신라의 도약을 마련하기 위한, 단적으로 말하면 성골의 대가 끊기고 태종무열왕의 계보로 이어지기 위한 토대로 기능했지만, 887년에 진성여왕이 즉위한 것은 순전히 비정상적인 사태 이외에 아무것도 아니었다.

그 발단은 861년 경문왕이 사위로서 즉위한 것이었다. 그전까지 80년 동안 원성왕의 후손이 이어오던 신라의 왕통이 다시 한 번 뒤틀린 것이었으니, 귀족들의 엉덩이가 들썩이지 않을 수 없었다. 사위도 왕이 될 수 있다는 것은 곧 경주 귀족들 중 누구도 왕이 될 수 있다는 뜻이다(하긴, 근친혼으로 얽혀 있었으므로 누구나 '누군가의 사위'가 된다). 경문왕의 치세 15년 동안 연이어 굵직굵직한 반란이 잇따른 것은 그 때문이다.

일단 경문왕의 사후에는 그의 두 아들이 헌강왕憲康王(재위 875~886)과 정강왕定康王(재위 886~887)으로 왕위를 이었다. 그래서 새로운 왕계가 자리 잡는 듯했지만, 정강왕이 아들을 두지 못하자 귀족들은 다시 들뜨기 시작했다. 정강왕은 겨우 2년간 재위한 뒤 887년에 병으로 죽으면서 이런 유언을 남겼다. "내 누이의 골상이 장부와 같으니 옛날 선덕·진덕의 고사를 좇아 왕위를 잇게 하라." 그의 누이가 바로 진성여왕이다.

언뜻 들으면 정강왕의 유언은 별 문제가 없어 보인다. 실제로 200년 전 두 여왕이 나라를 무난하게 다스린 전례도 있지 않은가? 그러나 그의 유언이 불과 25년 전 그의 외할아버지인 헌안왕의 유언과 정면으로 배치된다는 것은 어떻게 보아야 할까? 당시 헌안왕은 사위인 경문왕을 후계자로 지목하면서 "비록 고사에 선덕·진덕 두 여왕의 사례가 있으나 이는 본받을 일이 못 되니 사위가 후사를 잇도록 하라."라고 유언했던 것이다.

똑같은 상황을 두고 해결책은 물론 말까지 정반대로 바뀌었다

난세의 향락 대내외적으로 난세였던 헌강왕 시절 경주는 번영의 끝물을 말해주는 듯 질탕한 향락의 온상이었다. 당시 처용은 꽤나 인기 있는 난봉꾼이었던 듯하다. 그가 남긴 신라 최후의 향가인 〈처용가(處容歌)〉는 흥청망청하는 신라의 분위기를 잘 보여준다.

는 것은 당시 신라의 왕실이 얼마나 혼란스러웠는지를 말해준다. 정강왕은 누이를 왕위에 올리는 한이 있더라도 어떻게든 아버지 경문왕부터 시작된 왕실의 새 혈통(원성왕 계열이 아닌 혈통)을 끊고 싶지 않았을 것이다. 이는 그만큼 경주 귀족들이 왕위를 호시탐탐 넘보았다는 의미다.

불행히도 진성여왕은 200년 전의 선배 여왕들과 같은 조건에서 출발하지 못했다. 그때는 비록 왕실은 흔들려도 나라는 튼튼할뿐더러 무엇보다 진골 귀족들의 충실한 지원을 받았으니까. 역사서에는 진성여왕이 즉위 초부터 삼촌인 김위홍金魏弘(경문왕의 동생)과 사랑하는 관계였다고 기록되어 있는데, 고립무원인 그녀로서는 그에게 의지할 수밖에 없었을 것이다(근친혼의 시대에 삼촌과 조카의 사랑은 전혀 욕먹을 일이 아니었다. 나중에 보겠지만 고려 왕실에서도 이런 경우는 드물지 않았다). 그전부터 두 조카(헌강왕과 정강왕)를 충실히 보좌한 김위홍은 사실상 진성여왕에게서 국정을 위임받고 왕처럼 군림했다. 또한 승려인 대구화상大矩和尙과 함께 향가집 《삼대목三代目》을 공동 편찬한 것을 보면 그는 상당한 문화적 소양을 갖춘 인물이었던 듯싶다.[•]

《삼대목》을 마지막 업적으로 남기고 김위홍이 죽은 것은 진성여왕에게 무엇보다도 큰 상실이었다. 삼촌이자 내연의 남편이자 의지할 버팀목이 없어졌으니 그녀가 만사에 의욕을 잃은 것은 당연했다. 궁중에 미소년들을 불러들여 음행을 즐긴 것은 그런 후유증이었다. 그래도 가까스로 정신을 차리고 최치원의 시국 수습책을 받아들였으나, 여왕을 우습게 본 귀족들은 이미 여왕의 통제에서 벗어나 있었다. 그러고 보면 최치원의 좌절은 필연적이었던 셈이다. 진성여왕은 아들도 없었지만 설사 있었다 해도 후계자로 삼을 수 있는 처지가 아니었다. 결국 그녀는 오빠 정강왕이 언젠가, 어디선가 낳아둔 서자를 받아들여 태자로 삼고 재위 10년 만에 죽었다.

이렇게 해서 비정상적인 여왕의 치세가 끝나고 897년에 효공왕孝恭王(재위 897~912)이 즉위했다. 그러나 신라는 이제 왕실만이 아니라 전국이 비정상이다. 왕은 허수아비가 되었고, 지방에서는 호족들이 왕처럼 군림했다. 오죽하면 효공왕은 이런 편지를 당에 보냈을까? "지금 전국은 모두 도둑들의 소굴이 되었고 산천은 전쟁터가 되었습니다. 어찌해서 하늘의 재앙은 우리 해동에만 흘러드는 것입니까?"

물론 당의 조정도 마찬가지 처지였으니 해동에만 재앙이 깃든 것은 아니지만, 효공왕은 그렇게나마 참담한 심정을 호소하고 싶었을 게다. 그러나 푸념은 푸념일 뿐이고 그로서는 당장 특단의 조치가 필요했다. 우선 시급한 일은 경주 귀족들을 무마하는 일이었으므로 이를 위해 그는 모든 중앙 관리를 일계급 특진시켰다. 하지만 진성여왕을 농락한 경주 귀족들이 궁궐 바깥에서 태어나

● 《삼대목》은 지금 전하지 않지만 888년에 편찬된 우리 역사상 최초의 노래집이다('삼대'란 신라의 상대·중대·하대를 뜻한다). 현전하는 향가는 《삼국유사》와 《균여전(均如傳)》에 실린 25편이 전부인데, 《삼대목》이 전해졌더라면 수백 편의 각종 향가를 통해 신라의 사회와 문화는 물론 우리의 옛말에 관해서도 더 잘 알 수 있었을 것이다(지금은 오히려 8세기경에 간행된 일본 최초의 노래집 《만요슈(萬葉集)》를 통해 우리 고대어를 연구하는 실정이다). 그런데 하필이면 그 무렵에 흘러간 옛 노래와 최신 곡들을 문헌으로 집대성한 이유는 무엇일까? 거기서도 역시 '흔들리는 중국'의 영향을 읽을 수 있다. 앞서 말했듯이 일본도 9세기부터 당풍에서 국풍으로 문화의 조류가 바뀐 것을 보면 신라에서도 그와 비슷한 움직임이 있었으리라는 예상이 가능하다. 《삼대목》은 그런 '주체화'의 시류를 반영하는 문헌일 것이다. 나중에 보겠지만 우리 역사에서는 중국이 흔들릴 때마다 고유한 것을 찾는 주체적인 풍조가 유행한다. 원이 약화된 고려 말과 중국 대륙에 청이 들어선 소선 후기가 그런 예다.

자라다가 졸지에 왕이 된 효공왕을 충심으로 대해줄 리는 만무했다. 그런 상황에서 그가 16년이나 왕으로 버틸 수 있었던 것은 기적에 가깝다.

효공왕에게 후사가 있었는지는 알려지지 않았으나, 그가 죽자 귀족들이 다음 왕으로 추대한 인물은 놀랍게도 박경휘朴景暉라는 사람이었다. 그가 신라의 53대 왕인 신덕왕神德王(재위 912~917)인데, 아닌 밤중에 홍두깨처럼 박씨가 왕이 되다니 대체 무슨 일일까? 가장 '최근'의 박씨 왕은 무려 700년 전의 아달라왕이었고, 4세기의 내물왕 이래 신라 왕계는 김씨만으로 이어져왔다. 박씨는 그동안 신라 왕계와는 전혀 무관한 성씨였다(실제로 신덕왕은 아달라왕의 먼 후손이라고 한다).

왕실에 득시글거리는 수많은 김서방을 두고 박서방을 추대할 정도라면, 모르긴 몰라도 상당한 진통이 있었을 것이다. 기록에는 전하지 않지만 추측은 가능하다. 그 진통은 왕실 내의 박씨 세력이 일으킨 쿠데타가 아니었을까? 912년부터 15년 동안 박씨는 삼대(신덕왕-경명왕-경애왕)에 걸쳐 신라 왕위를 계승하게 되는데, 박씨의 집권이 쿠데타라고 추측할 수 있는 근거는 곧 밝혀진다.

다시 분열의 시대로

효공왕이 불명확한 태생과 불안정한 지위에도 불구하고 16년 동안 재위할 수 있었던 것은 어쩌면 전국의 상황이 어수선했기 때문인지도 모른다. 그전까지 왕권을 노리던 경주 귀족들은 효공왕 대에 이르러 더 이상 왕권이 문제가 아니라는 사실을 깨달았을 것이다. 당연한 말이지만 나라가 없다면 왕권도 아무 소용이 없다. 그런데 당시 신라는 나라 자체가 존망의 위기에 처해 있었던 것이다.

위기의 시작은 진성여왕이 김위홍을 잃고 상심에 잠겨 있던 889년에 전국적으로 터져 나온 반란이었다. 반란이야 9세기 초부터 늘 있었던 것이니 새삼스러운 일이 아니지만 이번의 반란은 좀 색달랐다. 그전까지의 수많은 반란은 거의 다 중앙 관직을 가진 경주 귀족들이 왕권을 노리고 일으킨 쿠데타였거나, 최소한 지방에 파견된 귀족이 불만을 품고 일으킨 것이었다. 그런데 이번에는 중앙과 무관한 지방에서, 그것도 고위 관리가 아닌 자들이 반란을 일으켰다. 게다가 반란의 원인도 중앙정부의 과세 정책에 반대한 것이었으므로 무엇보다 중대한 사건이 아닐 수 없었다. 아무래도 이번 반란은 쉽게 근절되지 않을 조짐이었다.

반란의 불길은 먼저 상주에서 일어났으나 곧이어 그보다 훨씬 더 큰 영향력을 발휘하게 될 반란이 원주에서 일어났다. 그 두목은 양길梁吉이라는 자인데, 그의 휘하에는 궁예弓裔(?~918)*라는 탁월한 무장이 있었다. 891년 궁예는 양길의 명으로 강릉을 점령하고 계속해서 2년 뒤에는 강원도와 경기도, 황해도를 휩쓸어, 두목에게 반란군의 수령이 아니라 일국의 왕에 가까운 지위를 선물했다. 그러나 양길이 왕의 꿈에 부풀었던 시기는 아주 짧았다. 궁예의 세력이 커지는 것을 경계한 그는 899년 휘하 군사를 이끌고 궁예를

● 일설에 따르면, 궁예는 헌안왕 또는 경문왕의 서자라고 한다. 그 자신이 부하들에게 그렇게 말한 듯한데, 만약 헌안왕의 아들이라면 헌안왕이 사위인 경문왕에게 왕위를 잇게 한 것은 의도적으로 아들 궁예를 버렸다는 뜻이 된다. 이야기인즉슨 이렇다. 그의 아버지—헌안왕이든 경문왕이든—는 그가 장차 나라에 이롭지 못할 인물이 되리라는 말을 점쟁이에게서 듣고 그를 죽이라고 명했다. 그런데 궁에서 일하던 여자가 그를 몰래 빼돌려 키웠다. 그 과정에서 궁예는 한 눈을 잃게 되었다. 사실 확인은 불가능하지만, 권력을 잡은 뒤 궁예가 신라를 멸도(滅都, 멸해야 할 곳)라고 부르며 신라에서 오는 자들을 모두 죽이라는 명을 내린 것은 그런 사적인 원한이 있었기 때문이다.

'궁예 성터'가 있는 철원평야 DMZ 궁예가 첫 도읍지로 정한 오늘날 철원의 위성사진이다. 이것으로 궁예는 반란군의 수괴에서 일약 일국의 왕으로 출세했는데, 이렇듯 중부 지방에서 쉽게 반란에 성공할 수 있었던 이유는 애초부터 신라가 전국적인 왕조가 되지 못하고 경주 정권에 머물렀기 때문이다. 곧이어 견훤이 전주에서 일어나는 것도 마찬가지 이유다.

처단하려다가 오히려 패퇴하고 말았기 때문이다.

　이것을 계기로 궁예는 양길의 부하들과 군대까지 받아들여 일약 한반도 중부의 패자로 발돋움했다. 사실상의 왕이 된 궁예에게 신라 왕실을 섬기던 지방 수령들도 줄줄이 휘하로 들어왔다(신라는 원래 '경주 정권'에 불과했으므로 중앙 권력이 바뀌면 각 지방이 줄을 서는 방향도 쉽게 달라졌다). 그러나 궁예는 895년에 그에게 충성을 다짐한 왕융王隆이라는 자만은 부하로 받아들이지 말았어야 했다. 당시 열여덟 살이었던 왕융의 아들은 나중에 궁예를 물리치고 고려를 건국하게 되는 왕건王建(877~943)이기 때문이다.

한반도 중부를 잃으면서 신라의 영토는 한반도 남부로 축소되었다. 아직 만주에 발해가 존속하고 있었으니, 이제부터는 '남북국시대'가 아니라 '남중북국시대'라고 해야 할까? 그러나 신라는 이미 남부에서마저도 주인이 아니었다. 양길이 봉기한 이듬해 이번에는 전주에서 견훤甄萱(867~936)이라는 자가 반란을 일으킨 것이다.

변변치 않은 집안에서 태어나 자수성가로 장군이 된 견훤은 한반도의 남해와 서해를 지키면서 갈고 닦은 실력을 바탕으로 순식간에 무주(지금의 광주)까지 손에 넣어 호남 전역을 지배했다(이 지역은 불과 한 세대 전에 장보고의 관할 구역이었는데, 견훤은 그 덕을 보았을 것이다). 옛 백제의 영토를 차지했으니 백제의 화려한 옛날이 생각나지 않을 수 없다. 과연 그는 900년에 전주에 도읍을 정하고 "의자왕의 원한을 풀겠다."라고 하면서 후백제의 왕을 자칭했다. 또한 그 소식에 자극을 받은 궁예는 그 이듬해에 송악(지금의 개성)을 도읍으로 삼고 "고구려의 옛 도읍인 평양을 수복하겠다."라고 선언하며 고려 왕을 자칭했다(중국 측 사서에 옛 고구려를 고려라 표기한 경우가 많은 탓으로 고구려는 고려라고도 불렸다).●

이렇게 해서 적어도 명칭상으로는 백제와 고구려가 부활했다. 비록 300년 전에 비해서는 작은 규모였으나 다시 찾아온 삼국시대,

● 후백제나 후고구려라는 국호에서 '후(後)'라는 수식어는 후대의 역사들이 붙인 것일 뿐 당대에는 그냥 백제와 고구려였다. 견훤과 궁예가 옛 왕조의 부활을 선언한 데는 중국 역사에서 모방한 탓도 있을 것이다. 중국 역사에서는, 특히 분열 시대에 탄생한 새 왕조들이 전통과 권위의 결여를 극복하기 위해 옛 왕조들(특히 춘추전국시대의 나라들)의 국호를 차용하는 경우가 많았다. 그래서 역사들은 이들을 본래 나라들과 구분하기 위해 보통 前, 後, 東, 西, 南, 北 등의 글자들을 붙인다(이를테면 後趙, 南燕, 前秦, 東晉 하는 식이다). 마침 한반도에 후삼국시대가 전개될 무렵 중국에서도 옛 왕조의 부활이 줄을 잇게 되는데, 예컨대 화북에서 연달아 정권 교체를 한 5대 왕조, 즉 양(梁)-당(唐)-진(晉)-한(漢)-주(周)는 역사에 후량-후당-후진-후한-후주라고 기록되어 있다.

이것을 후삼국시대라 부른다. 졸지에 한반도의 단독 정권에서 또다시 삼국의 하나로 전락한 신라는, 본래 삼국시대에서도 가장 약한 나라였지만 후삼국시대에서도 약소국의 신세를 면치 못했다. 이런 상황이었으므로 효공왕은 예상치 못한 왕위를 얻었고 예상치 못하게 오래 재위했으나 결코 행복한 삶을 보내지는 못했다. 오히려 그는 재위 기간 내내 부활한 백제와 고구려에 몹시 시달렸다.

엎친 데 덮친 격으로 그의 치세에는 동북아시아의 엄청난 격변이 일어났다. 907년에 중국의 당 제국이 마침내 멸망한 것이다. 오래전부터 예고된 사태였지만 그래도 중국은 신라 왕실의 영원한 정신적 지주였다. 이제 그 기둥이 무너졌으니 신라의 사직도 얼마 남지 않을 게 뻔했다.

후삼국의 쟁패

공식적인 출범으로는 후삼국의 막내라고 할 수 있지만, 후삼국시대의 초기를 주도한 것은 궁예다. 정치적 감각이 뛰어났던 그는 후고구려가 정복 국가에만 머문다면 오래가지 못하리라고 판단했다. 그래서 그는 904년에 국호를 마진摩震으로 바꾸고● 무태武泰라는 연호를 정한 다음, 신라의 제도를 모방해서 각종 관제와 직제, 군제 등을 제정했다. 또 이듬해에는 도읍을 미리 보아둔 철원으로 옮겨 새 왕조의 번듯한 기틀을 마련했다. 이렇게 장기적인 태세를 갖춘 것을 보면 그는 후삼국이 대치하는 시대가 제법 오래 지속되리라고 여겼던 듯하다.

어차피 장기전이라면 굳이 서두를 필요가 없다. 궁예는 개인적인 원수이자 궁극적 목표인 신라를 먼저 공략하지 않고 견훤과 예선전부터 착실히 치를 심산이다. 마침 견훤도 역시 901년에 신라의 대야성을 공격했다가 실패한 뒤(의자왕의 한을 풀겠다고 선언한 견훤이었으나 그는 의자왕처럼 대야성을 정복하지는 못했다) 목표를 궁예로 바꾼 터였다. 신라는 부전승을 한 셈이지만, 결국에는 두 나라 중 승자의 몫이 될 공산이 컸다.

양측이 크게 한판 붙은 것은 당이 멸망하기 직전인 906년 상주에서다. 본래 백제와 고구려도 그랬지만 부활한 두 나라의 힘도 고구려가 한 수 위였다. 이 전투에서 궁예는 완승을 거두었고, 여세를 몰아 910년에는 20대의 청년으로 성장한 왕건을 보내 금성(지금의 전라남도 나주)을 차지하고 남서해의 해상까지 장악했다. 사실 이때 후삼국시대는 끝날 수도 있었다. 신라는 간신히 상주 이남만 유지한 상태였고(효공왕은 모든 성에 적과 전투할 생각을 하지 말고 수비만 하라는 명령을 보냈다), 후백제는 지금의 전라북도로 축소되었으니, 두 나라 모두 궁예의 왕국 내에 고립된 섬이나 마찬가지였던 것이다.

그런데 왜 궁예는 그때 삼국을 재통일하지 않았을까? 상대방을 모두 외통수에 몰아놓고도 왜 게임을 끝내지 않았을까? 오히려 그는 911년에 마치 자신의 작명 솜씨를 과시하기라도 하듯이 국호를 태봉泰封으로 고치고 연호를 수덕만세水德萬歲라는 해괴한 것으로 바꾸는 등 쓸데없이 부산을 떨었다. 꼼짝 못하게 된 토

미륵의 힘　아무리 신라의 불교가 호국 불교라고 해도 승려의 신분으로 정식 정치인이 되기란 어려웠다. 그럼에도 궁예가 왕이 될 수 있었던 것은 미륵 신앙의 덕분이다(그가 의도적으로 그것을 택했는지도 모른다). 미륵은 곧 미래의 불교이므로 기존 불교의 격식으로부터 자유로울 수 있었다. 사진은 금산사의 미륵불인데, 공교롭게도 금산사는 견훤의 근거지에 있었고 나중에 견훤이 유폐되는 곳이다.

끼를 앞에 둔 호랑이의 여유였을까?《삼국사기》에 따르면, 그는 자신의 신민들에게 잔혹한 행위를 일삼은 폭군으로 그려져 있다. 심지어 미륵불을 자칭하면서 두 아들에게도 보살의 칭호를 내렸다.

이것을 보면, 궁예는 좋게 말해 몽상가이고 나쁘게 말하면 미치광이다. 그러나《삼국사기》는 고려시대에 왕명으로 편찬한 책이므로 당연히 궁예에 대한 평가가 좋을 리 없다. 좀 더 냉정한 시선으로 보면, 그런 궁예의 행동은 장차 통일 왕조의 왕으로 즉위하기 위한 예행연습이었던 듯하다. 904년부터 918년까지 연호를 무려 세 차례나 바꾼 것(마진→성책→수덕만세→정개)이나 대대적인 궁성 축조 사업을 벌인 것도 그 때문일 터이다. 그렇다면 그는 승리를 낙관하고 있었다는 건데, 그 근거는 무엇일까?

이 시점에 신라의 왕통이 갑자기 박씨로 바뀌었다는 사실에 주목할 필요가 있다. 기록에는 그 과정에 별 문제가 없었던 것으로 되어 있지만, 700여 년 만에 다시 박씨 왕계가 탄생했다는 것은 결코 사소한 변화가 아니다. 이 사태에 혹시 궁예가 관련되어 있었던 것은 아닐까? 자신을 낳은 김씨 왕실에 대한 적대감, 후삼국을 통일해 한반도의 단독 지배자가 되겠다는 야망, 이 두 마리 토끼를 쫓기 위해 궁예는 신라의 왕위 계승을 비트는 데 뭔가 결정적인 역할을 한 것은 아닐까? 그렇다면 상주 전투에서 대승을 거두고서도 견훤의 명맥을 조이지 않은 것은 마침 그때 신라에 대한 공작으로 분주했던 탓일 것이다.

아닌 게 아니라 박씨인 신덕왕의 치세에 신라는 후백제와 전투를 벌였을 뿐 태봉과는 전혀 마찰이 없었다. 바로 전 효공왕 시절에 궁예의 군대가 신라의 북변을 공략한 것과 비교하면 사뭇 대조적이다. 여러 가지 면으로 추측해볼 때, 궁예가 역사에 기록되지 않은 박씨 쿠데타를 지원했거나 조종했을 정황은 충분하다. 그랬다면 신라의 새 왕실을 사실상 장악한 그가 승리를 낙관한 것은 당연한 일이다.

그러나 해가 있는 쪽만 바라보면 그림자를 볼 수 없다. 파이가 커지면 노리는 입이 많아진다고 해야 할까? 바깥의 쿠데타를 조종하고 성공시킨 궁예는 정작 자신이 내부 쿠데타의 대상이 될 줄은 꿈에도 예상하지 못하고 있었다.

918년 어느 날 밤, 궁예의 측근들인 홍유와 배현경, 신숭겸, 복지겸이 남몰래 왕건의 처소를 찾았다. 그들의 뜻은 궁예의 무도한 처사를 두고 볼 수 없으니 대의를 위해 그를 제거해야 한다는 것이다. 하지만 궁예의 두터운 신임을 받고 있는 왕건은 망설인다. 모험을 통해 일인자를 꿈꿀 것인가, 아니면 안전하지만 영원한 2인자를 택할 것인가? 때는 두 번 오지 않는다는 네 사람의 설득도 집요했지만, 왕건의 마음을 움직인 사람은 하늘의 뜻이 당신에게 왔다면서 갑옷을 내미는 아내였다. 그날 밤으로 왕건은 궁성 앞에 나가 1만여 명의 군사를 얻었고, 갑작스런 변고에 놀란 궁예는 변장하고 달아났다가 얼마 뒤에 백성들에게 맞아 죽고 말았다.

결국 궁예는 통일로 가는 도로만 닦았을 뿐이고 정작 그 길을 신나게 달린 사람은 왕건이었다. 국호를 고려로, 연호를 천수天授

로 바꾼 것 이외에는 더 이상 고칠 게 없을 만큼 궁예가 닦아놓은 '통일고속도로'는 왕건에게 아주 유용했다. 궁예의 전략에서 왕건이 수정한 것은 다만 속도를 늦춘 것뿐이다. 고속도로를 앞에 두고서도 신중하기 그지없는 그는 궁예의 압박 전술을 포기하고 신라, 후백제와 삼각 구도를 유지하기로 마음먹었다. 그런 점에서 장기전에 실제로 대비한 것은 궁예라기보다 왕건이었다.

왕건이 속도를 늦춘 이유는 그동안 궁예의 권위로 유지되어온 고려를 일순간에 자신의 스타일로 개조하기는 어렵다는 판단에 서였을 것이다(도읍을 즉각 옮기지 않고 집권 3년째인 920년에야 송악으로 옮긴 데서도 그의 침착함을 엿볼 수 있다). 신민들의 지지를 받았다 해도 어쨌거나 그는 쿠데타로 집권한 것이므로 자중하는 심정은 충분히 이해할 수 있다. 하지만 문제는 그것을 기회로 견훤의 숨통이 트였다는 데 있다.

견훤으로서는 강적인 궁예가 죽은 데다 해빙 분위기로 바뀌었으니 사태의 반전을 마다할 이유가 없다. 그래서 그는 왕건이 집권하자 즉각 사신을 보내 축하했다. 그러나 그 사신은 외교적 제스처를 위해 파견되었을 뿐이고, 실상 견훤이 더 애타게 귀국을 기다린 사신은 같은 시기에 중국으로 보낸 사신이었다. 과연 남중국의 오월에 파견된 사신은 오월의 왕이 견훤에게 내주는 중대부라는 관직을 선물로 가지고 돌아온다. 견훤은 외교에서 앞서나가기 시작한 것이다.

궁예가 강력한 권위를 갖춘 군주였다면, 견훤은 정치적 감각이 뛰어난 인물이었다. 그는 궁예보다 한발 앞서 백제의 부활을 선언했을 뿐 아니라 궁예가 대내적 위상을 제고하기 위해 애쓸 무렵 국제적 승인을 얻기 위해 노력했다. 그도 그럴 것이, 견훤으로서는 고려와 맞서기보다 신라를 차지하는 게 급선무였던 것이다. 신라를 공격하기 위해서는 우선 신라의 전통적 후원자인 중국을 구워삶아야 한다. 중국의 승인을 얻는다면 중국을 자기편으로 끌어들이거나 최소한 중립화시킬 수 있다. 게다가 한반도 서부를 장악하고 있는 후백제는 지리적으로도 중국에 가까울뿐더러 중국이 분열 시대에 있다는 사실은 그에게 더 유리한 여건이다.●

궁예가 상주 전투 이후 고삐를 늦춘 것은 견훤에게 회복의 계기를 주었고, 궁예를 대체한 왕건이 속도를 늦춘 것은 견훤에게 역전의 계기를 주었다. 이제 바람의 방향은 후백제 쪽으로 바뀌었다. 천명을 받았다고 여긴 견훤은 점차 대권 후보로 나설 채비를 갖추었다. 중국이 후백제를 승인했다는 것은 곧 신라를 마음대로 요리해도 좋다는 뜻이다.

그러나 견훤이 알지 못한 것은 신라의 박씨 왕실이 이미 고려의 파트너가 되어 있다

● 907년 당이 멸망한 뒤부터 960년 송(宋)에 의해 통일될 때까지 중국은 예전의 남북조시대처럼 화북과 강남으로 나뉘었다. 이 시기를 5대10국 시대라고 부르는데, 북중국에 다섯 개의 이민족 왕조(5대)가 교대로 장악하고, 남중국과 변방에는 10개의 나라(10국)가 분립했기 때문이다. 오월은 바로 그 10국 가운데 하나였다. 신라의 전통적인 후원자였던 당이 사라지자 한반도의 후삼국은 대중국 관계에서 동등한 자격이 되었다. 쉽게 말하면 누구나 중국과 접촉할 수 있게 되었고, 거칠게 말하면 먼저 손을 잡는 게 임자였다. 견훤은 그러한 국제적 감각에서 가장 앞섰던 것이다.

는 사실이다. 궁예가 본의 아니게 왕건에게 물려준 가장 중요한 선물이 920년에 드디어 개봉된다. 신라 왕실이 왕건에게 사신을 보내 공식적으로 우호 관계를 요청한 것이다(왕건이 집권하고 2년 뒤에 선물이 개봉된 이유는 왕건의 쿠데타로 박씨 왕실과 왕건의 관계가 새로 설정되어야 했기 때문일 터이다). 비록 신라가 후백제의 공략에 시달린 것은 사실이지만 궁예가 주물러놓지 않았더라면 그렇듯 갑자기 태도가 돌변한다는 게 가능한 일이었을까? 더욱이 국력으로 보면 후삼국 최강은 고려였으므로 신라가 고려에 손을 내민다면

사실상 나라를 내주는 결과가 될 수 있다. 그런데도 신라가 고려 측으로 붙는다는 게 상식적인 일이었을까? 여러모로 볼 때 신라 왕실의 성씨가 바뀐 데는 궁예의 공작이 있었다는 추측이 가능하다.

바야흐로 삼국의 정세는 불안정한 포물선을 그리며 막바지로 치달았다. 처음에는 후백제나 고려(후고구려)나 같은 '반란군'의 처지였기에 신라를 공동의 적으로 삼고 암묵적으로 이해관계를 같이했다. 그러다가 906년부터 910년까지는 고려가 신라와 후백제를 크게 압박하면서 우위를 점했다. 곧이어 고려는 신라에 괴뢰정권(박씨 왕실)을 수립하고 후백제를 고립시켰으나, 후백제는 오히려 그 휴지기를 이용해 몸을 추스르고 중국 외교에서 선수를 칠 수 있었다. 그러자 위기감을 느낀 신라는 친고려 노선을 공식적으로 선언하기에 이르렀다.

후삼국시대가 본래 삼국시대와 가장 닮은 부분은 바로 그 장면이다. 옛 백제가 그랬듯이 후백제는 신라만을 목표로 삼을 뿐 고려와는 적대시할 의도가 없었다. 또한 신라 역시 백제가 부활하는 것만이 두려울 뿐 고려에 대해서는 전혀 거부감이 없었다.

따라서 신라가 고려에 접근하자 급해진 것은 견훤이다. 손에 잡힐 듯한 토끼가 또 한 발짝 달아나려 한다. 이참에 승부수를 띄우지 않는다면 게임은 끝일지도 모른다. 게다가 924년 신라는 중국 5대의 한 나라인 후당後唐에 조공을 보내 다시금 대중국 관계를 회복하려 했다. 그 공조 체제마저 복원된다면 견훤의 모든 작업은 물거품으로 돌아갈 것이다. 상황이 상황인 만큼 다소 무리를 감수하고서라도 신라를 복속시키지 않을 수 없다. 그래서 그는 곧바로 이듬해에 신라를 공략해 20개 성을 빼앗고, 재빨리 후당에 사신을

보내 후당의 번신藩臣을 자처하며 절도사의 관직을 받아냈다.●

전쟁과 외교를 적절히 배합하는 견훤의 노련함에 왕건은 어떻게 대처해야 할지 갈피를 잡지 못했다. 무엇보다 그는 옛 고구려처럼 두 나라의 분쟁을 조정할 수 있는 힘과 능력이 없었다. 어쩔 수 없이 견훤과 볼모를 주고받으며 화친을 맺으려 했지만, 신라의 경애왕景哀王(924~927)이 항의하자 이러지도 저러지도 못하는 처지가 되었다(당시 경애왕은 왕건에게 "견훤은 거짓이 많으니 화친해서는 안 된다."라고 말했는데, 백제는 거짓이 많아 함께하기 어렵다던 신라 왕실의 전통적인 백제관을 보여주는 발언이다. 170쪽 참조). 결국 왕건의 모호하고 소신 없는 태도는 견훤에게 기회를 주었다. 지금 신라를 공격한다면 왕건은 손을 쓰지 못하리라. 과연 그의 판단은 옳았다.

927년, 견훤은 직접 군사를 거느리고 느닷없이 신라의 왕궁으로 쳐들어갔다. 오로지 왕건만을 철석같이 믿고 있던 경애왕은 아무런 대비도 하지 못했고, 오히려 포석정에서 질탕하게 놀고 있던 참이었다. 손쉽게 왕궁을 접수한 견훤은 병사들에게 약탈 허가를 내주었으며, 후궁 한구석으로 달아나 숨은 경애왕을 찾아내 다시는 쓸데없이 입을 놀리지 못하게 했다(핍박해서 자결하게 했다는 이야기도 있다). 왕의 죽음으로 일단 신라는 멸망한 것이지만, 고려가 있는 한 견훤으로서는 신라를 합병할 처지가 아니었다. 그래서 그는 신라 지역을 맡아 '관리'할 대리인으로 김부金傅라는 자를 세우는데, 그가 바로 신라의 56대 왕이자 마지막 왕이 될 경순왕敬順王

● 물론 통일 제국이 못 되는 후당이었으니 견훤의 작위는 명예직일 뿐이고, 그 자신도 그 점을 잘 알고 있었다. 그래도 앞서 오월은 남중국의 왕조였지만 후당은 화북의 왕조였으므로 후당의 승인은 한 급이 높았다. 사실 중국의 입장에서도 한반도 왕조들을 거느리는 것은 제국의 위신을 강화하는 데 도움이 되었으므로, 분열기의 중국 왕조들은 한반도 왕조들이 보내는 구애의 손길을 마다하지 않았다. 심지어 후당은 924년에 진주에서 딴살림을 차린 신라 장군 왕봉규에게도 절도사의 직함을 내주었다. 이쯤 되면 관직의 인플레다.

놀이터에서 죽은 왕　신라 왕실의 놀이터였던 포석정이다. 경애왕이 여기서 술잔을 띄우며 놀고 있을 무렵 견훤의 군대가 들이닥쳤다. 이로써 3대 15년에 걸쳐 잠깐 경주를 지배한 박씨 정권은 끝나고 다시 김씨 정권(경순왕)이 들어서게 된다. 포석정은 박씨 정권의 마지막 향연장이 되고 말았다.

(재위 927~935)이다.＊

　여기서 하나 주목할 것은 경순왕의 성이 김씨라는 점이다. 그는 경애왕의 외척 아우뻘이 되지만, 견훤이 군이 김씨를 대리인으로 발탁한 이유는 무엇일까? 말할 것도 없이 박씨 세력이 왕건과 결탁하고 있었기 때문이다. 그렇다면 혹시 신라 궁성을 유린하는 작전에서 견훤은 김씨 세력의 내응을 받은 게 아니었을까?

　당시 견훤은 지금의 경북 영천을 공격하다가 경주까지 단숨에 진군해 왕궁을 습격한 것으로 기록되어 있다. 그런데 영천에서 경주까지는 무려 100리 길이다. 아무리 신라의 국력이 약해졌다 하더라도 신라 영토 안에서 먼 길을 달려와 가장 경비가 삼엄한 왕궁을 제 집 드나들듯이 마음대로 유린하는 게 그리 쉬운 일이었을까? 게다가 아무리 경애왕이 신통치 못한 인물이었다 하더라도 저승사자와 같은 견훤이 궁성을 향해 100리 길을 진격해오고 있다는 것을 알았더라면 그렇듯 태평하게 포석정 놀이를 하고 있었을까? 후백제군의 기습이 가능했던 데는 필경 박씨 세력에게 권력을 빼앗긴 김씨 세력의 적극적인 협조가 있었을 것이다.

행운을 차지한 왕건

이제 신라는 사실상 멸망하고 후삼국시대는 후백제와 고려가 대립하는 '이국' 시대로 바뀌었다. 실제로 이후 견훤은 신라 지역에 성들을 쌓으면서 신라의 주인 노릇을 톡톡히 한다. 게다가 경순왕 김부 역시 견훤을 맹렬히 비난하던 경애왕과 달리, 자신을 권지국사로 봉해준 견훤을 상왕上王으로 받들면서 왕건과의 관계를 멀리하려 한다. 그러나 비록 견훤의 지원으로 왕위에 올랐다 해도 왕실을 유린하고 나라를 멋대로 주무르는 견훤에게 진심 어린 복종심이 우러나올 수는 없다. 따라서 경순왕은 여러 가지로 착잡한 심정이다.

그러나 왕건의 심정은 착잡함을 넘어 참담하다. 어느새 이 지경이 되었을까? 눈치 빠른 호족들은 벌써 대세를 좇아 견훤에게 투항하기 시작했다. 신중하기 그지없는 그이나 이제 더 이상 신중할 수만은 없었다. 불과 얼마 전만 해도 모든 면에서 견훤을 앞서고

● 견훤은 경순왕을 권지국사(權知國事), 즉 '나랏일을 맡은 대리인'이라는 신분으로 책봉했으므로 어떤 의미에서 경순왕은 정식 왕이 아니다(오늘날 도지사(道知事)라는 직함에서도 보듯이 권지국사의 '知'란 '맡는다'는 뜻이다). 이렇게 본다면 신라는 55대 경애왕이 죽은 927년에 멸망한 것으로 볼 수도 있다. 권지국사란 원래 중국 황제의 책봉을 받기 이전에 임시로 왕의 일을 맡는다는 뜻에서 생겨난 직함이다. 따라서 견훤이 경순왕을 권지국사로 봉했다는 것은 당시 후백제가 신라의 상국이었음을 나타낸다. 이처럼 권지국사는 비정통적인 왕위 승계가 이루어졌을 때 사용된다. 왕건도 처음에는 권지국사였고, 조선시대에도 이성계나 중종, 선조 등 정상적으로 왕위가 승계되지 않은 왕들이 초기에 권지국사의 칭호를 썼다.

있어 궁예의 자취만 지워버리면 한반도의 주인이 될 수 있다고 믿었지만, 신라에 정변이 일어난 뒤 왕건이 앞선 것은 단 하나, 군사력밖에 없었다. 다행스런 점은 그게 가장 중요한 요소라는 것이다. 난세에는 뭐니 뭐니 해도 힘이 최고니까. 마침내 왕건은 힘으로 승부를 보자고 나섰다. 그러나 결과적으로 보면 그에게 대권을 가져다준 것은 힘보다는 행운이었다. 대세를 장악한 견훤이 그 뒤 연이어 악수를 두면서 순식간에 자멸했기 때문이다.

사실 견훤의 신라 공략은 시기상조의 느낌이 있었다. 삼킬 수 없으면 입에 넣지 말아야 한다. 김부를 권지국사로 임명한 데서 보듯이, 견훤은 신라를 멸망시키고도 그 영토를 직접 차지할 능력이 없었다(왕실만 손에 넣었을 뿐 아직 경주 귀족들을 아우르지는 못했기 때문이다). 그러나 이왕 일이 그렇게 되었다면 그는 어떻게든 신라를 완전히 정복했어야 한다. 그런 점에서 그가 경순왕을 세운 다음 전주로 돌아간 것은 중대한 판단 실수였다. 그로서는 경주가 정복지라기보다 적지라는 느낌이 강했겠지만, 설령 암살을 당할지 모른다고 해도 어떻게든 경주에 머물렀어야 했다. 정복자가 떠난 마당에 신라가 계속 정복지로 있을 리는 만무했다. 바로 이 점이 곧이어 벌어진 안동 전투에서 결정적인 역할을 하게 된다.

신라를 복속시킨 뒤 몇 차례의 소규모 전투에서 재미를 본 견훤은 929년 7월에 안동에서 고려군과 크게 한판 붙었다가 대패했다(몇 개월 전의 전투에서 왕건은 믿었던 의성 성주 홍술이 전사하자 "두 손을 다 잃었다."라고 하면서 슬퍼했으니 안동 전투의 대승은 다분히 왕건에게 행운이었다). 하지만 문제는 그다음이다. 8000명이 전사하는 참극을 당한 바로 이튿날 견훤은 나머지 병력을 모아 안동 부근의 순주성을 함락시켰다. 충분히 역전의 계기로 만들 수 있는 상황이었다. 그러나 그는 거기에 계속 주둔하지 않고 성의 백성들을 사로잡아 전주로 도망치는 데 급급했다. 간이 작은 탓이었을까? 그보다는 그때까지 신라 지역에 자신의 근거지라 할 만한 곳을 만들지 못한 탓이라고 보아야 할 것이다. 신라의 왕실을 정복한 성과는 이미 사라져버렸다는 이야기다. 견훤은 자멸의 길로 빠져들었다.

게다가 안동 전투는 왕건에게 예기치 않았던 부수입을 가져다주었다. 경순왕의 태도가 달라진 것이다. 김씨 쿠데타를 지원한 견훤, 그러나 그 김씨 왕실을 다시 핍박하는 견훤, 두 명의 견훤 사이에서 갈등하던 경순왕은 마침내 노선을 정했다. 이듬해인 930년에 경순왕은 경주 인근까지 찾아온 왕건을 직접 만나 "부모를 대하는 것 같다."라고 하면서 충성을 다짐했다(경순왕의 출생 연도는 전하지 않지만 979년까지 산 것으로 미루어 왕건보다 한 세대쯤 아래였을 것이다).

어차피 사실상 멸망한 나라의 왕실이었으니 그 자체로는 별 영양가가 없다. 그러나 왕건이 신라 왕실을 얻은 것은 고려의 위상을 강화하는 데 적지 않은 도움이 되었다. 무엇보다도 중국의 왕조들은 여전히 신라를 한반도의 적자로 보고 있었기 때문이다. 932년, 경순왕은 즉위한 뒤 처음으로 후당의 황제 명종에게 사신을 보내 조공하는데, 사신의 행낭 속에는 왕건과 고려에 대한 상세한 보고서가 들어 있었을 것이다. 과연 그 이듬해인 933년에 왕건은 드디어 바라던 후당의 책봉을 얻어냈다.

이제 왕건은 대권 후보로서 전혀 손색이 없었다. 우선 가장 중요한 군사력에서 최강일 뿐 아니라 그동안 취약했던 외교에서도 신라의 도움으로 큰 결실을 얻었다. 한반도 내에서는 신라의 충성을 서약받았고, 대외적으로는 중국 화북 왕조의 승인을 따냈다.

분위기가 반전되자 오히려 견훤의 휘하에 있는 호족들이 왕건에게로 줄을 서기 시작했다. 그 무렵 왕건은 이제야 후삼국시대의 종점이 보이는구나 싶은 기분이었을 것이다. 하지만 대세는 장악했어도 상황 종료를 외치기에는 쉽지 않았다. 아직 신라를 합병한 것은 아니었고 무엇보다 후백제의 근거지가 튼튼했기 때문이다. 그러나 끝은 허무할 만큼 이르게 다가왔다.

이미 그때까지의 행운만으로도 억세게 운 좋은 사나이라 불릴 만한 왕건에게 또 다른 행운이 찾아왔다. 935년 3월, 후백제의 왕실에서 쿠데타가 터지면서 견훤이 아들 신검神劍에게 밀려나 실각한 것이다. 게다가 견훤은 3개월간 금산사에 갇혀 있다가 간신히 탈출해 왕건에게 투항했다. 그것으로 한반도를 감싸고 있던 안개는 순식간에 걷혀버렸다. 누구보다 견훤을 두려워한 경순왕은 이제 거칠 것이 없어졌다. 그는 해를 넘기지 않고 그해 11월에 왕건에게 나라를 들어 바쳤다. 이것이 공식적인 신라의 멸망이다.

옛 백제나 고구려와 달리 신라는 타국의 침략 전쟁으로 멸망한 게 아니므로 부흥 운동 같은 것은 없었다. 경순왕의 맏아들은 아버지에게 1000년 사직을 어찌 그리 쉽게 넘겨줄 수 있느냐고 항의했지만, 뜻하지 않게 왕위 계승권을 잃은 자의 당연한 반발이었을 뿐, 그것이 부흥 운동으로 조직화될 수는 없었다.*

이제 후삼국시대는 끝났다. 남은 것은 절차뿐이다. 늘 행운이 따랐던 왕건이 이빨 빠진 후백제의 마지막 명맥을 조르는 데는 행운 따위도 필요 없었다. 견훤은 칠십 노구임에도 불효자를 응징하는 데 함께하겠노라고 소매를 걷어붙였고, 신검의 즉위에 불만을 품은 견훤의 사위 박영규朴英規는 남몰래 왕건에게 접촉해 투

통일 기념 사찰 개태사　고려와 신라를 거저 줍다시피 얻은 왕건, 그가 자기 힘으로 획득한 것은 후백제밖에 없었다(그것도 후백제의 내분과 견훤의 투항으로 한결 쉬웠지만). 왕건은 후백제를 접수한 그해에 개태사라는 절을 논산에 지어 후삼국 통일을 축하했다.

항할 뜻을 비쳤다.

936년 가을, 왕건은 마지막 전투를 위해 무려 10만 명이 넘는 대군을 거느리고 신검이 주둔하고 있는 선산으로 갔는데, 그것은 동네 싸움에 탱크를 몰고 간 격이었다. 별다른 접전 없이 후백제의 잔당이 항복하면서 왕건은 삼국 통일을 이루고, 역사상 최초의 완전한 한반도 단독 왕조시대를 열었다.

● 경순왕의 맏아들은 금강산에 들어가 베옷[麻衣]을 입고 살았다고 해서 훗날 마의태자(麻衣太子)라고 불렸는데, 그가 실제로 태자 책봉을 받았는지는 의문이다. 태자 책봉에 관한 기록이 다 전하지는 않으나, 그는 아버지 경순왕이 재위하던 시절에 태자로 정식 책봉되지는 않았던 듯하다. 경순왕은 불과 9년 동안 재위했고 왕건에게 나라를 넘겨줄 때도 나이가 비교적 젊었을 것으로 추정되기 때문이다(당시 마의태자의 나이는 10대를 넘지 못했을 것이다). 더구나 주변 사정이 어지럽고 신라의 국세가 약해진 상황에서 경순왕이 태자 책봉에까지 신경을 쓸 겨를은 없었을 것이다. 견훤에게서 권지국사라는 굴욕적인 직함을 받은 경순왕은 애초부터 신라의 사직이 자신에게서 끝나리라는 것을 예상하지 않았을까?

5부

국제화 시대의 고려

:

당-신라에서 송-고려로 멤버를 교체한 중화 세계는 어느새 강성해진 비중화 세계의 거센 도전에 시달린다. 그러나 중화의 두 형제는 거란의 요가 동북아시아 질서의 중심으로 자리 잡은 것을 환영할 생각이 없다. 모순에 찬 왕건의 훈요십조는 중화 대 비중화의 대결 구도를 예고한다. 하지만 고려는 중앙집권화를 이루지 못한 데다 고구려의 후예라는 구호와는 반대로 신라의 경주 정권을 계승한 데 불과했기에 중화 세계의 '약한 고리'로 남았고, 거란의 요와 여진의 금으로 이어지는 비중화 세계의 만만한 목표물이 될 수밖에 없다.

13장

모순에 찬 출발

첫째 모순 : 중앙정부 대 지방 호족

무혈 쿠데타로 고려를 세우고 평화롭게 신라 정권을 인수하고 피 한 방울 흘리지 않고 후백제마저 접수해 후삼국 통일을 이룬 왕건은 정말 억세게 운 좋은 사나이였다. 그러나 공짜란 없는 법이다. 두꺼비도 헌 집을 주어야 새집을 얻을 수 있듯이, 대개 새 왕조가 들어설 경우에는 헌 왕조를 무너뜨리는 아픔을 겪어야 정상이다. 그런 과정이 생략되었기에 고려는 새 나라답지 않게 처음부터 탄탄대로를 걷지 못하고 모순에 찬 첫걸음을 내딛게 된다.

건국자 왕건은 죽을 때까지 승자의 행복한 삶을 누렸지만, 그가 생전에 심어놓은 모순의 씨앗 때문에 이후 고려는 재건국이나 다름없는 진통의 과정을 겪었다. 그 첫 번째는 중앙정부와 지방 호

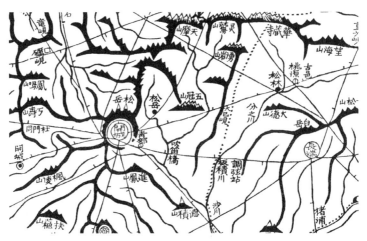

송악에서 개성으로 19세기 중엽에 제작된 대동여지도에 나오는 개성의 지도다. 고려의 도읍지가 되기 전까지 이곳은 송악(松岳)으로 불리다가 919년에 왕건이 수도로 삼으면서 개주(開州)로 이름이 바뀌었다. 여기서 비롯되어 고려시대에는 주로 개성이나 개경으로 불렸으며, 조선시대에도 대체로 개성이라는 이름이 사용되었다. 그러나 지도에서 보듯이 조선 후기까지 민간에서는 송악이라는 이름이 널리 사용되었다.

족 세력 간의 모순이다. 이제 고려는 한반도의 통일 왕조가 되었는데, 중앙과 지방의 갈등이 웬 말일까? 이 모순은 후삼국시대가 한창이던 고려 건국 시기에 싹텄다.

삼국이 대치한 형국이 옛 삼국시대와 닮은꼴이기 때문에 후삼국시대라는 말을 쓰지만 사실 이 시대는 본래 삼국시대와 다른 점도 많다. 우선 신라만 해도 7세기의 젊고 패기에 찬 왕국이 아니었고, 후백제와 고려는 이름만 백제와 고구려를 계승했을 뿐 영토와 주민, 왕실의 혈통으로 보아도 옛 두 나라와는 아무런 관계가 없었다. 따라서 견훤이 의자왕의 한을 풀겠다고 외친 것이나 궁예가 고구려의 수도를 되찾겠다고 부르짖은 것은 정치적 수사에 불과했다.

그들이 그런 태도를 취한 이유는 무엇일까? 일단 신분상의 콤플렉스를 극복하려는 의도로 해석할 수 있다. 견훤은 하급 무관 출신이고, 궁예는 왕의 서자라지만 그 자신의 주장일 뿐 공인된 사실은 아니다. 게다가 처음 봉기했을 당시 그들이 거느린 군대는 도적 떼나 다름없었다. 그런 처지에서 봉기에 성공하고 지역의 패자로 떠오르는 데까지는 성공했으나, 그 기세를 전국적으로 확대하려면 그럴듯한 명분이 필요했다. 그럴 때 화려했던 옛 왕조들의 이름은 얼마나 멋진 구호인가?

구호를 외치는 자가 있다면 듣는 자도 있을 것이다. 견훤과 궁예는 누굴 향해 구호를 외쳤을까? 백성들일까? 천만의 말씀. 역사적으로 신분제가 해체되고 시민사회의 시대가 도래하려면 수백 년은 더 기다려야 한다. 구호의 대상은 호족들이다. 대권 후보로 나선 견훤과 궁예에게 대권을 안겨다줄 '유권자'는 바로 그들이었다.

앞에서 보았듯이 통일신라시대 내내 중앙정부는 경주 인근에만 지배력을 행사했을 뿐 나머지 지역에서는 일종의 '지방자치'가 이루어지고 있었다. 행정구역상으로는 전국이 단일한 권력하에 편제되어 있었지만, 각 지역에서는 그 지방의 호족들이 독자적인 경제적 기반과 사병 조직까지 거느리고 토지제도와 조세제도, 군사제도, 관리 임용 제도 등에서 사실상 전권을 행사하고 있었다. 따라서 그들의 지지를 얻으면 그들이 지닌 영토와 주민, 군대를 모조리 손에 넣을 수 있었다. 이 정도면 누구보다 확실한 유권자가 아닌가?

왕건이 견훤과 궁예보다 앞선 점은 그 유권자들을 획득하는 방법이었다. 궁예의 부하로 있던 시절에 그는 권위의 허와 실을 뼈저리게 깨달았다. 궁예의 성장과 몰락에서 보듯이 잘 쓰면 약이 되지만 한 번만 잘못해도 독이 되는 게 권위다. 어차피 권위에서는 궁예를 능가할 수 없다고 판단한 왕건은 휘하의 호족들에게 고압적인 태도를 취하기보다 차라리 그들을 회유해 자기편으로 만드는 전략을 구사했다.

고려를 건국한 918년에 이미 측근들이 두 차례의 반역 음모를 꾸민 적이 있었으므로 왕건은 늘 불안한 마음이었다. 그래서 그는 즉위한 뒤 곧바로 호족들에게 일일이 사신을 보내면서 저자세를 취했다.* 935년 자신에게 투항해온 견훤을 상부上父라고 부르며 받든 것은 그런 외교의 대표적인 사례다(견훤은 그보다 불과 열 살가량 위였으니 왕건의 저자세가 어느 정도였는지 충분히 알 수 있다).

하지만 그렇다고 해서 호족들이 왕의 권위를 완전히 무시하는 지경에까지 이른다면 곤란하다. 그런 사태를 예방하려면 모종의 안전장치가 필요하다. 왕건이 생각한 안전장치는 신라의 상수리제도를 모방한 기인其人제도였다. 지방 관리를 수도에 파견하게 하는 상수리제도에 비해 기인제도는 관리가 아니라 호족의 자제를 볼모로 삼는 것이므로 더 강력했다.

그러나 수도에 호족의 자식 하나를 억류했다고 해서 호족을 완벽하게 휘하에 들게 할 수는 없었다. 뭔가 더 안전한 통제 체제가 필요했다. 이때 왕건은 대단히 효과적인 방안을 생각해냈다. 혈연보다 더 강력한 안전판이 또 있을까? 호족들을 다 친척으로 만들면 된다. 즉 통혼으로 혈연관계를 구축하는 것이다. 한 가족이니 서로 믿을 수 있을 뿐 아니라, 호족들은 국왕의 권위를 빌릴 수 있

● 그런 그의 정책을 중폐비사(重幣卑辭)라고 부른다. 말뜻은 비단[幣]을 주고 말[辭]을 낮춘다는 것인데, 실제로 왕건은 호족들에게 재물을 주고 후하게 대하면서도 그들 위에 군림하려 하지 않고 겸손하게 행동했다. 고압적인 궁예와는 정반대였으니 호족들은 당연히 만족했다. 아버지 때부터 오랜 2인자로 처신한 데서 몸에 익은 태도였겠지만, 결과적으로 그런 자세는 대성공을 거두었다.

고 국왕은 호족들의 힘에 의지할 수 있으니 누이 좋고 매부 좋은 일이다.

그 덕분에 왕건은 고려만이 아니라 우리 역사상 가장 많은 아내를 거느린 국왕이 된다(조선시대의 왕들은 더 많은 처첩을 거느렸지만 그때는 후궁이 제도화되었으므로 비교하기 어렵다). 기록에 나와 있는 것만도 무려 스물아홉 명(왕후 여섯 명, 부인 스물세 명)인데, 거의 대부분이 호족 세력과 결탁하기 위해 정략결혼을 한 결과였으니 그야말로 '육탄적'인 정책이 아닐 수 없다.

이런 식으로 왕건은 정주(개성 부근), 나주, 충주, 황주 등 신라 지역을 제외한 전국 요처를 지배하는 호족들의 딸을 아내로 맞아들였다. 또한 신라를 접수한 뒤에는 경순왕의 사촌누이를 아내로 받아들이고 그에게 자신의 두 딸을 시집보내 이 지역에도 튼튼한 혈연의 뿌리를 내렸다. 경순왕에게는 사심관事審官이라는 직책을 내려 경주 지역을 관장하게 했는데, 이렇게 지역의 우두머리를 중앙에서 임명하는 제도는 나중에 전국적으로 확대된다.

그런데 마땅히 시집보낼 딸이 없는 호족 가문이라면 어떻게 할까? 이런 집안이 많지는 않겠지만 그렇다 해도 걱정할 것은 없다. 가족으로 만드는 다른 방식도 있으니까. 왕건은 통혼으로 직접 연결할 수 없는 호족 가문(주로 세력이 작은 호족)에게는 자신의 성인 왕씨를 하사해—이것을 사성賜姓이라고 부른다—억지로라도 친족 관계로 만들었다.●●

그 모든 조치가 적어도 왕건 본인에게는 확실한 안전장치로 작용했다. 사실 태어나면

●● 통혼도 그렇지만 사성도 왕건의 독창적인 발명품은 아니다. 기원전 3세기에 한제국을 건국한 한 고조 유방은 군국제를 전국적으로 관철시키기 위해 자신의 성인 유(劉)씨를 지방의 수장들에게 하사했다(심지어 그는 오랑캐인 흉노의 족장들에게도 유씨 성을 주었다). 그런데 유방 역시 사성의 원조는 아니다. 진짜 원조는 옛 주나라 시대의 종법제도다. 주나라는 지배 집단을 대종(본가)과 소종(분가)으로 나누어 끈끈한 혈연관계로 체제를 유지했는데, 이것을 종법(宗法) 봉건제라고 부른다(《종횡무진 동양사》, 40쪽 참조).

서부터 왕이 아닌 신분이라면, 즉 새 왕조의 건국자라면 누구나 건국 초기에는 왕권이 불안정할 수밖에 없다. 새 왕조를 건국하기 전까지 전 왕조의 신하(혹은 전 왕조의 반란자)라는 신분이었다가 일약 일국의 왕으로 고속 상승하는 것이므로 주변의 시선이 곱지 않을 것은 불을 보듯 뻔하다. 비록 왕건은 부하들의 추대를 받았고 신민들의 지지를 얻었다지만, 지방 호족들이 왕건을 바라보는 시선에 오로지 충정의 마음만 가득 담겨 있지는 않았다. 그래도 왕건은 건국자이므로 권위가 인정될 수 있었으나 문제는 그다음이었다. 건국자의 아들들에게도 그런 권위가 보장되지는 않았기 때문이다. 더구나 스물아홉 명의 아내에게서 얻은 그의 아들들은 알려진 것만 해도 무려 스물다섯 명이었다. 이 왕자들이 고려왕조의 첫 번째 진통을 부른다.

킹메이커들의 내전

왕건이 각지에 뿌려놓은 혈연의 씨앗은, 그가 살아 있을 당시에는 왕권을 안정시키는 역할을 했으나 그의 사후에는 오히려 불화의 씨앗으로 변했다. 많은 아내를 두고 많은 아들을 얻은 것까지야 당시의 사회적 통념에서 보면 복 받았다고 하겠지만, 그 때문에 상속자가 많아진 것은 아무래도 문제가 될 수밖에 없었다.

943년에 왕건이 죽자 일단은 맏아들인 무武가 혜종惠宗(재위 943~945)으로 즉위했다. 하지만 그가 오래 버티리라고 예상하는 사람은 별로 없다. 맏이라는 강점은 있으나 스물다섯 명의 왕자들 가운데 한 명일 뿐이다. 더구나 그는 그 왕자들의 실제 서열을 가르는 기준에서 결격 사유가 있다. 그 기준이란 바로 외가의 힘이다. 왕자들 모두 아버지는 왕건으로 같으므로 왕자들의 '실력'은 곧 어머니 집안의 세력이기 때문이다.

혜종의 어머니는 나주 오씨, 그러니까 910년에 왕건이 궁예의 명을 받아 나주를 점령했을 때 인연을 맺은 집안이다. 당시에는 지방의 큰 토호였지만 전국이 통일된 지금은 미약한 세력이 되어버렸다. 그래도 왕건은 사실상 자신의 첫 아내이자(실제 첫 아내인 개성의 유씨는 왕건에게서 버림을 받고 절에 들어갔다) 첫 번째 세력 기반이었던 만큼 생전에 오씨와 맏이인 무를 각별히 배려했다. 여기에는 가족으로서의 정만이 아니라 장차 자신이 죽고 나서 복잡해질 왕위 계승 문제를 고려한 탓도 있었을 것이다. 그래서 그는 무에게 자신의 심복이었던 개국공신 박술희朴述熙(?~945)를 후견인으로 붙여주었다. 사실 무가 태자로 책봉된 데는 박술희의 입김이 크게 작용했다. 모르긴 몰라도 그때부터 박술희는 무를 간판으로 삼아 킹메이커로 군림하려는 야망을 품었을 것이다.

혜종이 즉위한 것으로 박술희는 야망의 사다리 꼭대기에 올랐다고 여겼음직하다. 그러나 원래 챔피언 자리는 도전하기보다 방어하기가 더 어려운 게 아니던가? 더구나 그에게 도전장을 내민 자는 한 체급쯤 위인 핵주먹의 소유자, 바로 경기도 광주廣州의 호족인 왕규王規(?~945)였다. 왕건에게 두 딸을 왕비로 들인 그는 외손자인 광주원군을 왕으로 밀기 위해 혜종을 두 차례나 암살하려는 계략을 꾸몄다. 혜종은 자신의 침실에까지 자객을 보낸 자가 바로 왕규라는 것을 뻔히 알면서도 어쩌지 못했으니, 왕규의 위세가 어땠는지 짐작하기 어렵지 않다(자객들 중 한 명은 혜종이 직접 때려 죽인 적도 있었고, 이후 왕규가 직접 자객들과 함께 혜종의 침소에 침입

● 사실 혜종은 왕규의 비위를 맞추기
위해 나름대로 애를 많이 썼다. 그의
아내 중에 왕규의 딸이 있는 것으로
미루어 그도 역시 아버지 왕건처럼 정
략결혼으로 왕권을 유지하려 했던 듯
하다(혜종이 왕규를 응징하지 못한
데는 그가 자신의 장인이라는 이유도
있었을까?). 그 덕분에 혜종은 아버
지 왕건과 부자간이면서 동서간이라
는 묘한 사이가 되었는데, 당의 황실
(측천무후와 양귀비의 경우)이나 신라
의 왕실에서도 그랬듯이 고려 왕실에
서도 근친혼은 일반적이었다. 오히려
왕건은 미약한 왕실을 강화하기 위해
근친혼을 적극 장려한 바 있었다(근친
혼이 금기시되는 것은 유학이 뿌리를
내리는 조선시대부터다).

한 적도 있었다).●

결국 장인의 끈질긴 노력이 빛을 발했는지 사
위 혜종은 재위 2년 만인 945년에 병으로 죽었
다. 그러나 혜종이 당시 서른셋의 한창 나이였음
을 감안하면 과연 진짜 병사했는지는 의문이다.
아무튼 혜종에게는 아들이 둘이나 있었지만 그
들은 왕위 계승은커녕 제 목숨이나 걱정해야 할
팔자다. 건국자인 왕건의 체면을 보아서 1라운
드를 탐색전으로 넘겼던 호족들은 이제 본격적
으로 챔피언 결정전에 나섰다.

만약 왕규가 혜종을 암살했다면 그건 죽 쑤
어 개 준 격일 것이다. 광주원군은 단독 대권 후
보가 아니었고 또 다른 막강한 라이벌이 있었기
때문이다. 충주 호족인 유씨를 외가로 둔 왕자 요堯는 외가만이
아니라 장인도 든든한 '빽'이었다. 그의 장인은 견훤의 사위로 왕
건의 후백제 정벌 때 공을 세운 박영규였기 때문이다(왕건은 박영
규의 딸을 아내로 맞아들인 적이 있으니 왕요도 배다른 형인 혜종처럼 아버
지 왕건과 부자간이자 동서간이 된다). 게다가 그는 혜종에 이어 왕건
의 차남이므로 형식상의 서열로 보아도 광주원군보다 앞선다.

사실 혜종이 살아 있을 때부터 왕규가 진정한 적수로 여겼던 것
은 혜종이나 박술희가 아니라 바로 충주 세력이었다. 과연 왕규가
걱정한 것처럼 혜종이 남긴 왕위는 광주원군이 아니라 요에게로
돌아가 그가 정종定宗(재위 945~949)으로 즉위한다. 이 과정에는
혜종의 사후에도 킹메이커로서의 지위를 유지하려 한 박술희의
역할이 컸을 것으로 짐작된다. 참지 못하고 반란을 일으킨 왕규가

맨 먼저 살해한 인물도 바로 박술희였다.

하지만 충주 세력은 작은 '갱단'이 아니라 이미 서경(평양) 세력과도 연계되어 있는 '빅패밀리'였다. 왕규가 반란을 일으키자 왕건의 종제이자 서경의 실력자였던 왕식렴王式廉(?~949)은 즉각 군대를 몰고 개경(개성)으로 내려와 반란을 진압하고 왕규 일당 300여 명을 대거 처형해버렸다(왕규, 왕식렴 등의 인물들이 다 왕씨인 것은 물론 왕건의 사성 정책 때문이다).

왕식렴의 충성에 감격한 탓일까? 아니면 중부 지방의 호족들이 판치는 개경에 신물이 난 탓일까? 아무튼 정종은 내친김에 왕식렴의 의견을 좇아 서경으로 천도하려 했으나 개경 귀족들의 강력한 반발을 사는 바람에 뜻을 이루지 못했다.●● 서경의 군사력을 바탕으로 즉위한 왕답게 그는 개경 귀족들에 대한 대대적인 숙청에 나섰지만, 오히려 그게 화근이 되어 결국 재위 3년 만에 친아우인 소昭에게 왕위를 이양하고 죽었다(정종에게도 경춘원군이라는 왕자가 있었으나 혜종의 아들들처럼 그도 역시 왕위 계승을 주장할 입장은 못 되었다). 소가 즉위하면서 비로소 고려의 왕권은 안정을 찾게 되는데, 그가 바로 고려의 4대왕인 광종光宗(재위 949~975)이다.

●● 어쩌면 충주 세력이 서경 세력을 등에 업었다기보다는 서경 세력이 충주 세력을 이용했는지도 모른다. 만약 그랬다면 물리력을 가지고도 왕규 일당을 제압하기만 하고 왕위를 욕심 내지 않은 왕식렴은 군인의 임무에 충실한 청렴한 인물이었거나, 건국자의 유지를 충실히 받들려 한 충신이었다고 할 수 있다. 하지만 서경 천도를 주장한 것을 보면 그가 실제로 권력을 꿈꾸지 않았다고 단정할 수는 없다.

왕위 계승을 둘러싼 초기의 혼란은 왕건이 뿌린 모순의 씨앗에서 비롯되었다. 적어도 이처럼 왕위 계승을 둘러싸고 분쟁을 넘어 내전까지 치르게 된 데는 왕건의 책임이 작지 않다. 실제로 943년에 그가 죽으면서 유언 삼아 자신의 후손, 즉 후대의 왕들에게 남긴 훈요십조訓要十條에는 왕위 계승에 관해 충분히 논란을 부를

고려 태조 왕건은 왕권 안정을 위해 각지의 호족들과 통혼을 맺어 살아 있을 당시엔 효과를 보았으나, 사후에는 왕위 계승을 두고 분쟁을 넘어 내전까지 치르게 됐다. 훈요십조에는 권력 승계의 원칙이랄 게 없고 두루뭉술하게 서술되어 후대의 혼란을 왕건이 자초한 셈이 되었다.

만한 조항이 있었다. "맏아들이 왕위를 잇는 것이 도리지만, 맏아들이 어리석을 경우에는 둘째 아들이 왕위를 잇고, 둘째 아들 역시 불초한 경우에는 나머지 형제 가운데 많은 사람이 추대하는 자가 왕이 되게 한다." 이것이 훈요십조의 3조인데, 개국 초기에 무엇보다 중요한 권력 승계의 원칙이 이렇듯 무원칙일 수 있을까? 도대체 스스로 어리석다거나 불초하다고 인정할 만큼 어리석고 불초한 왕자가 어디 있을까? 그렇게 보면 왕위 계승 분쟁은 이미 왕건 자신이 자초한 셈이다.

그러나 왕건이 남긴 모순된 유훈은 거기에 그치지 않는다. 그는 훈요십조 첫 조에서 "나라의 대업은 반드시 부처의 힘을 입어야 한다."라고 하면서 불교 장려를 촉구하는가 하면, 마지막 조에서는 "옛 경전과 역사서를 많이 읽어 나라 다스리는 일에 거울로 삼으라."라고 말하면서 은근슬쩍 유학을 국가의 통치 이데올로기로 권장한다. 이 엇갈린 가르침은 이후 고려 사회의 성격을 귀족제와 관료제가 뒤섞인 잡탕으로 만드는 데 기여하는데, 이것이 광종 때 등장하는 둘째 모순이다.

둘째 모순 : 관료 대 귀족

피비린내 나는 내전 끝에 즉위한 처지니 광종은 당연히 속내를 감추고 몸가짐을 낮출 수밖에 없었다. 배다른 형 혜종은 불과 2년, 친형인 정종은 겨우 3년 재위했고, 둘 다 한창 젊은 나이에 죽었다. 왕권을 능가하는 호족들의 권력, 광종으로서는 괴로운 심정이지만 조심하지 않으면 왕위는커녕 목숨조차 위협받을지 모른다. 그가 즉위 후 7년간이나 침묵으로 일관한 것은 그 때문일 것이다.

그러나 광종은 결코 왕위를 유지하기에만 급급한 쭉정이가 아니었다. 비록 자신이 즉위하는 데 호족의 도움을 입기는 했지만 호족들이 판치는 세상을 더 이상 놔둘 수는 없었다. 이대로 계속 간다면 고려는 무질서와 무정부 상태로 빠져들게 될 것이다. 형들의 재위 기간을 훌쩍 뛰어넘고 어느 정도 왕권이 공고해지자 광종은 비로소 질서를 바로잡는 일에 착수했다.

호족들을 제어하기 위해서는 먼저 그들의 물리력을 제거해야 한다. 그들이 왕위 계승에까지 마음대로 개입할 수 있었던 이유는 무엇보다도 그들이 독자적인 군사력, 즉 사병 조직을 거느리고 있었기 때문이다.

문제는 사병 조직의 근간이 노비라는 점이었다. 노비란 주인이 마음대로 부릴 수 있으니까 농사를 짓게 하든 군대로 편성하든 남이 뭐라 할 수 없었다. 그러나 찾으면 보이는 게 빈틈이다. 호족들이 많은 노비를 거느리게 된 것은 주로 신라 말기와 고려 초기에 호족들이 멋대로 토지를 병합하면서 토지에 딸린 양민들을 강제로 노비로 삼았기 때문이다. 당시는 비정상적인 혼란기였으니까 이제 와서 탓하기는 새삼스럽지만, 고려가 건국된 지 벌써 40

년이 지났고 삼국 통일을 이룬 지도 20년이나 지났다. 따라서 이제는 모든 게 정상화되어야 한다. 원래부터 노비였던 자들은 어쩔 수 없으나 강제로 노비가 된 백성들은 다시 양민의 지위를 회복해야 한다.

이런 근거에 따라 956년에 광종은 노비안검법奴婢按檢法을 시행했다. 노비들을 풀어주라는 조치였는데, 말하자면 노예해방인 셈이다. 그러나 실제 목적은 인도주의적인 데 있지 않고 호족들의 무장 조직을 약화시키려는 데 있었다. 호족들은 당연히 반발했으나 광종의 공세적 조치에 감히 저항하지 못했다. '7년간의 침묵'이 효력을 발휘했을 것이다. 그 기간 동안 왕권이 공고화되었을 뿐 아니라 왕이 참을 만큼 참았다는 인상을 주었을 테니까.

게다가 노비안검법은 광종에게 짭짤한 부수입도 주었다. 노비에서 양민으로 신분 상승한 그들이 이제 호족이 아니라 중앙정부에 조세를 바치게 되었기 때문이다. 이로써 호족들은 경제적 기반이 약해졌고, 그만큼 중앙 재정은 튼실해졌다.

그러나 광종의 개혁 정책은 거기서 그치지 않았다. 호족들의 물리력은 제압했지만 지역에서 그들이 행사하는 행정상의 권력은 여전했다. 사실 치열한 왕위 계승전이 끝나고 나라가 정상화된 지금에 와서는 그들에게도 군사력은 부차적인 권력 기반일 뿐이었다. 그들의 실제적인 권력은 자기 마음대로 지방 관리를 임명하고 지방행정을 주무르는 데서 나왔다. 따라서 그것마저 뿌리 뽑지 않으면 호족들의 세상을 종식시킬 수 없었다. 그래서 광종이 958년에

• 과거제의 영향은 오늘날에도 남아 있다. 시험을 통해 인력(공무원, 학생 등)을 선발하는 방식, 공부를 잘해야 성공한다는 사고가 그 흔적이다. 사실 과거제는 국가권력이 강력하지 않으면 생각할 수도, 시행할 수도 없는 제도였다. 관리(官吏)라는 말 자체가 '관에서 일하는 벼슬아치'라는 뜻이니까 '관'이 없다면 관리도 있을 수 없다. 서양의 왕조시대에는 '관'이 약했기에 동양식 관리와 같은 개념이 없었으며, 따라서 과거 같은 제도도 필요 없었고 가능하지도 않았다. 서양

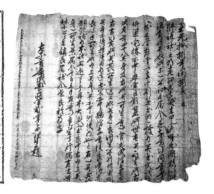

두 번째 건국　왕건은 고려의 명패만 올렸을 뿐이고 실제로 고려가 나라꼴을 갖추게 된 것은 광종의 공로다. 과거제와 노비안검법이 바로 광종의 양대 업적이기 때문이다. 원래 이 두 가지는 당대의 문제를 해결하기 위한 조치였을 뿐이지만 결과적으로는 역사적 업적으로 남았다. 왼쪽은 《고려사》에 나온 과거제에 관한 기록이고(쌍기의 이름이 보인다), 오른쪽은 고려의 노비문서다.

추진한 2차 개혁은 바로 과거제였다.*

　광종은 중국의 후주에서 귀화한 쌍기雙冀의 제안을 받아들여 과거제를 실시했는데, 이것으로 미루어 그는 아마 처음부터 호족들이 분립하는 무질서를 타개할 장기적인 구상으로 중국적 질서를 염두에 두었던 듯하다(쌍기는 후주에서도 황제 세종의 황권 강화를 위해 노력한 인물이었다. 그는 고려에 사신으로 왔다가 병을 얻어 치료하던 중 고려인으로 귀화했다). 중국이야말로 전통적으로 동북아시아 질서의 축이 아니던가? 무릇 한반도 왕조의 입장에서는 언제나 중국을 중심으로 하는 수직적 질서에 편입되는 게 안정이요 번영이었고, 그렇지 않으면 무질서요 혼란이었다. 광종이 과거제를 도입한 목적은 알려진 것처럼 주

의 경우에는 국민국가가 성립하는 17세기부터 관리와 관료제가 발달하기 시작하는데, 초기에는 주로 귀족과 성직자가 관직을 맡았고, 18세기 시민사회의 시대에 들어서는 시민들의 '선출'에 의해 관리가 임명되는 방식이 자리 잡았다. 그에 비해 동양 사회에서는 근대에 들어 중앙집권적 제국 체제가 무너질 때까지 과거가 가장 주요한 관리 임명 제도로 기능했다. 그 후유증이 지금의 입시 지옥과 각종 국가고시의 폐단이다.

● 즉위 직후 광종은 광덕(光德)이라는 독자적 연호를 제정하는 등 자주적인 입장을 취했지만, 실은 당시 중국이 분열 상태에 있었기 때문에 일시적으로 그럴 수 있었던 것뿐이다. 광종은 광덕이라는 연호를 얼마 사용하지 못했고, 곧 후주의 연호로 바꾸었다. 960년 후주의 절도사 조광윤(趙匡胤, 927~976)이 후주를 멸망시키고 송 제국을 세웠을 때 광종은 잠시 준풍(峻豊)이라는 별도의 연호를 쓴 적이 있지만, 송이 안정되자 곧 송의 연호를 채택했다(그 무렵 광종은 개경을 황도(皇都)라고 부르며 황제를 자칭하기도 했으나 그것은 신생 제국인 송을 쉽게 인정하지 않겠다는 정치적 몸짓이었다). 준풍을 끝으로 우리 역사에서는 19세기 말 청일전쟁으로 중국이 한반도에 대한 영향력을 잃기 전까지 두 번 다시 독자적인 연호를 사용하지 못한다.

체적이고 자주적인 국가 체제를 구축하려는 데 있는 게 아니라 중국적 질서에 편입되려는 데 있었던 것이다.●

어쨌든 시험으로 관리를 선발하는 제도가 생겨났다면 무엇보다 중요한 것은 과목이다. 시험 과목은 무엇으로 할까? 전통적인 불교 사상? 아니면 왕건이 탐닉한 도참설과 풍수지리설? 하지만 둘 다 관리를 뽑는다는 취지에는 걸맞지 않은 학문이다. 사실 광종은 애초부터 과목에 대해서는 걱정하지 않았다. 바로 신흥 학문인 유학이 있었기 때문이다. 유학은 옛 춘추전국시대에 공자가 창시할 때부터 국가 경영을 목적으로 하는 실천적인 학문으로서, 군주를 정점으로 삼고 사대부들이 보좌하는 수직적 질서를 뒷받침하는 이데올로기였다.

신라 말기에 독서삼품과나 최치원의 개혁이 실패한 이유는 유학이 아직 자리를 잡지 못한 탓이었으나 지금은 사정이 다르다. 신라는 유학을 도입하기만 했을 뿐 현실에 적용하지 못했기 때문에 하대에 들어 왕권이 약해졌고 멸망의 길을 걸은 것이다.

더구나 유학은 불교나 도참설에 비해 훨씬 체계적인 데다 문헌에 의존하는 학문이므로 과거의 과목으로 채택하기에도 최고였다. 모름지기 시험이라면 문제를 출제할 수 있어야 하고 교과서도 필요한 법인데, 유학은 마치 과거를 위해 태어난 학문인 것처럼 거기에 딱 들어맞았던 것이다.

이렇게 해서 시행된 과거의 과목은 명경과明經科, 제술과製述科,

입시 지옥의 기원   지금 우리에게 시험을 통해 관리나 학생을 뽑는다는 발상이 무척 익숙한 이유는 과거제의 역사가 오래되었기 때문이다. 나아가 학교의 성적 지상주의, 사회의 서열주의 같은 수직적 사고도 멀리 보면 과거제에 뿌리를 두고 있다. 그림은 중국 송대 과거 응시장의 풍경인데, 오늘날의 대학 입시와 별반 다르지 않다.

잡과雜科의 세 가지였다. 우선 명경과는 5경(《시경》,《서경》,《주역(역경)》,《예기》,《춘추》)으로 대표되는 유학의 경전들을 달달 외워서 문제를 푸는 것이니, 오늘날 대학 입시로 말하자면 수학능력시험에 해당한다. 또 제술과는 유학의 경전을 적절히 인용해 시詩, 부賦(산문), 송頌(제문), 책策(시사) 등 여러 장르의 글을 짓는 것이니, 이를테면 논술 고사다. 그리고 잡과는 말 그대로 '기타 학문'으로서 수학, 지리학, 의학, 법학, 점술학 등을 가리킨다. 유학 중심의 과거제에서는 중요하지 않고 단지 사회를 유지하는 기능으로서 필요한 과목들이다(고려의 과거제에는 무과武科가 없었는데, 이는 송 태조 조광윤의 문치주의를 모방한 탓이다. 그러나 고려 후기에 들면 무관을 차별한 대가를 톡톡히 치르게 된다).

노비안검법으로 호족들을 무장해제시키고 과거제로 그들의 행정력을 약화시키면서 광종은 비로소 명실상부한 왕권을 행사할 수 있게 되었다. 그 기세를 몰아 그는 960년에 송 제국의 구품중정제九品中正制를 본떠 관리들의 등급을 9품으로 구분하고 네 가지 색깔의 관복을 정했으며, 한반도 동북부와 서북부를 개척하는 등 국토 확장에도 힘을 쓸 수 있었다.

관리의 위계를 결정하고 영토를 확정했다면 새 나라의 건국이나 다름없다. 왕건이 고려라는 나라의 명패를 만들었다면 광종은 사실상의 두 번째 왕으로서 고려를 재건국한 셈이다. 그러나 그 과정에서 왕건이 훈요십조에 남긴 또 하나의 모순, 즉 귀족과 관료의 모순이 모습을 드러낸다.

과거제가 어울리지 않는 체제

과거의 핵심이 유학인 데서 알 수 있듯이, 광종이 과거제를 시행한 데는 단순히 호족들의 세력을 약화시키기 위해서만이 아니라 신흥 왕조인 고려를 유학 국가로 만들기 위한 목적도 있었다. 말하자면 과거제의 '형식'은 (관리 임명권을 중앙에서 쥐게 되므로) 호족 세력을 억제하는 효과가 있었고, 과거제의 '내용'은 (유교 체제를 성립시키는 데 도움이 되므로) 왕권과 중앙집권을 강화하는 효과가 있었다. 광종은 이 두 마리 토끼를 잡기 위해 평생의 노력을 기울였으며, 실제로 상당한 성과를 거두었다. 하지만 그의 기대와는 달리 아쉽게도 결과로 평가한 성적표는 별로 좋지 않았다.

문제는 고려 사회 자체가 과거제와 어울리지 않는 체제였다는 점이다. 과거제의 기본 기능은 중앙정부에서 단일한 절차를 통해 행정 관료들을 충원하는 것이다. 그러나 현실의 여건은 그 취지에 부합하지 못했다. 특히 지방행정이 그랬다. 광종의 강력한 압박 전술로 호족들은 개국 초기처럼 왕권을 넘볼 만큼 위세를 떨치지는 못하게 되었으나, 그래도 여전히 자기 지역에서는 거의 독립적인 지배자로 군림하고 있는 실정이었다. 따라서 아무리 중앙에서 관리를 파견한다 해도 그 관리가 지역의 실세인 호족들을 무시하고 중앙에서 위임받은 행정을 담당하기란 불가능했다.

물론 중앙정부는 모든 현의 지방관, 최소한 지방 수령 하나만이라도 중앙에서 파견한 관리로 충원하고 싶은 마음이 굴뚝같았으나 그것은 공염불에 불과했다. 호족의 힘이 약한 지역은 어느 정도 제어가 가능했지만, 강력한 호족이 단단히 똬리를 틀고 있는 지역에서는 좀처럼 중앙의 입김이 먹혀들지 않았다. 호족들은 예전처럼 왕권에 간섭하거나 반란을 일으키지 않는 대신 지역의 지배자라는 신분만큼은 어떻게든 유지하고자 했다.

과거제를 통해 중앙집권을 이룬다는 꿈은 이미 물 건너갔고, 결국 중앙정부는 호족들과 다시 타협할 수밖에 없었다. 그 결과로 탄생한 것이 속현屬縣(중앙에서 지방관이 파견되지 않은 행정구역)이다. 대호족의 근거지는 호족의 세력을 그대로 인정해 주현主縣으로 삼고, 그 휘하에 있는 중소 호족들의 세력권은 속현으로 편성하는 것이다. 쉽게 말해 중앙정부가 파견한 지방관은 대호족의 '손님'처럼 형식적인 수령의 지위만 유지하고 사실상의 지방행정은 호족이 알아서 관장하는 식이다. 모두 335개에 이르는 고려의 현 가운데 속현의 비율이 무려 90퍼센트 이상이었으니, 이것만으로 보면 고려 왕실은 사실상 한반도의 단독 정권도 못 된 셈이다

(이후 속현은 조금씩 줄었으나 완전히 소멸한 것은 중앙집권화가 확실히 이루어진 조선시대의 일이다).

과거제는 처음부터 실패였다. 하기야, 애초에 무력으로도 이루지 못한 중앙집권을 과거제라는 제도로 이루기는 어려운 노릇이다. 그런 점에서 과거제는 처음부터 근본적인 목적을 실현할 수 없는 운명이었다. 사실 그런 한계는 과거제 바깥에서만이 아니라 안에서도 찾을 수 있었다. 고려의 과거제는 제도 자체로도 완벽하지 못했기 때문이다.

국가고시를 통해 관리를 선발하는 방식이라면 모든 관리, 특히 일정한 직위 이상의 관리는 반드시 과거를 통해 임용되어야만 할 것이다. 그러나 과거만이 고려 사회의 유일한 등용문은 아니었다. 적어도 가문이 좋은 집안의 자제들은 과거를 통하지 않고도 관직에 오를 수 있었는데, 이른바 음서蔭敍라는 제도다. 말 그대로 조상의 '음덕'에 힘입어 고시에 무시험으로 패스하는 방식이다. 음서는 처음에 개국공신들의 자제만으로 한정했으므로 원칙적으로는 일회성에 그쳐야 했으나 원래 특권이라는 게 근절하기 쉽지 않은 법이다. 음서는 점차 그 폭이 확대되면서 과거와 더불어 '정규' 관리 임용 제도로 자리 잡게 된다. 이것 역시 지방 호족들의 현실적 영향력을 배려한 탓이었다.*

이제 결론은 명백해졌다. 과거제는 왕권을 강화하는 데 효과가 있었으나 장기적이고 궁극적인 목적, 즉 유학을 지배 이데올로기로

● 공식 기록에 따르면, 음서로 관직에 오른 관리의 수는 과거를 거친 관리보다 훨씬 적었기 때문에 언뜻 보면 음서가 큰 비중을 차지하지 못한 것처럼 보인다. 이를테면 《고려사》 열전에 등장하는 650명의 관리들 중 과거에 합격한 자는 340명, 음서 출신은 40명이고, 기타가 270명이다. 그러나 적어도 조상의 음덕이라는, 편법으로 악용될 여지가 충분한 등용문이 공식적으로 제도화되어 있다는 점에서 과거제를 통해 관료제 사회를 구현하기에는 한계가 있었다. 게다가 합격자를 선발하는 데도 지공거(知貢擧, 고시관)의 입김이 컸고, 과거에 합격해도 현직에 임용되거나 승진하기 위해서는 문벌이 중요했다. 앞에 말한 '기타 270명' 역시 음서는 아니었어도 그와 비슷한 비공식적인 통로를 통해 임용된 관리라고 추측할 수 있다.

하는 중앙집권화를 가져오지는 못했다. 사상적인 측면에서 고려 사회는 유교보다 불교와 도참설을 근간으로 했으며, 정치체제의 측면에서 과거를 바탕으로 하는 관료제 사회라기보다는 전통의 호족들이 자기 지역을 관리하는 귀족 사회였다.

이렇듯 과거제가 시행되면서도 귀족 지배 체제에 머물러 있는 사회, 중국 역사에서 그런 경우는 바로 당 제국에서 볼 수 있었다. 그런 점에서 고려는 동시대에 중국을 지배한 송 제국보다는 전 시대의 당 제국과 같은 위상이다. 일찍이 당은 과거제를 도입했지만 실제 행정권은 과거를 통해 임용된 관료가 아니라 전통의 문벌귀족(관롱집단)이 지니고 있었으며, 안사의 난 이후에는 변방의 절도사들이 중앙정부의 통제를 벗어나 자기 지역에서 사병을 거느리고 자치권을 행사했다. 고려와 당은 여러모로 닮은꼴이다.●●

당이 그랬듯이 고려도 이념적으로는 유학 이데올로기를 지향하고자 했으나 현실적으로는 귀족(호족) 체제에서 벗어나지 못했다. 이러한 이념과 현실 사이의 모순은 근본적으로 보면 왕건의 모순된 건국이념(훈요십조)에 기인한다. 하지만 광종 때까지는 아직 지배 체제의 문제일 뿐이니까 사회 전반에 대한 파급력은 별로 없었다. 지방행정을 지방관이 담당하든 호족이 담당하든 백성들의 삶은 달라질 게 없었기 때문이다. 그러나 그 모순은 다음 왕인 경종 景宗(재위 975~981) 때 토지제도의 문제점으로 이어진다.

●● 중국의 송에 해당하는 한반도 왕조는 후대의 조선이다. 당에서 시행된 과거제가 송대에 꽃피웠다면, 고려에서 시행된 과거제는 조선사회의 골간이 되었다. 송이 완벽한 유교 제국이었다면, 조선은 완벽한 유교 왕국이었다. 즉 송과 조선은 둘 다 유학 이념에 입각한 사대부 지배 체제의 완성형을 이루었다. 그렇다면 나중에 보겠지만 송과 조선에서 당쟁이 극에 달한 것은 지극히 당연한 현상이다. 유학이 체제 내에 완전히 뿌리를 내렸다면 그다음에는 유학 내부의 논쟁이 벌어지는 게 순서일 테니까.

소유권과 수조권

광종은 왕위 계승 문제 하나만큼은 분명하게 해결했다. 광종의 뒤를 이은 경종은 광종의 맏아들이니까 고려 왕실로서는 개국 이래 처음으로 평온한 왕위 세습이 이루어진 것이다. 그러나 갓 스물의 이 젊은이는 아버지와 같은 권위가 없을 뿐 아니라 오히려 아버지가 추진한 개혁의 후유증에 심하게 시달려야 했다. 광종 대에 대대적으로 숙청된 호족 세력들이 자기들끼리 살벌한 복수극을 펼친 것이다. 그나마 그들이 한목소리로 결집되어 왕을 탓하고 나서지 않은 게 다행이랄까? 그랬더라면 경종은 불과 6년밖에 안 되는 재위 기간마저 유지할 수 없었을 테니까.

그 짧은 치세에 경종은 유일한 치적이자 역사적으로 대단히 중요한 업적을 남기는데, 바로 전시과田柴科라는 토지제도다. 통일 왕조답지 않게 고려는 그전까지 사실상 토지제도라고 할 만한 게 없었다(하긴 그때까지는 치열한 왕위 계승전 때문에 제도를 정비할 만한 여유도 없었겠지만). 태조 왕건은 940년에 역분전役分田이라는 제도를 시행한 바 있었지만, 그것은 개국공신들에게 보답하기 위해 공로에 따라 토지를 분급한 것이므로 일회적인 '행사'일 뿐 특별히 '제도'라 부를 만한 것은 못 되었다. 그러나 광종 때에 이르면 나름대로 관제를 갖추었으므로 당연히 지속적이고 정기적인 토지 분급 제도가 필요해진다.

전시과란 전지田地(경작지)와 시지柴地(땔감을 얻는 토지)를 합친 말인데, 용어의 유래 따위는 중요하지 않다. 근본적인 취지는 국가에서 임용하는 관리들에게 녹봉을 주는 방식이라는 것이다. 오늘날로 치면 공무원 급료제도인 셈이다. 전시과가 급료제도이면서 동시에 주요한 토지제도라는 것 자체가 고려 사회, 나아가 동양 사회의 성격을 말해준다. 정치권력과 관치가 비대하게 발달하고 민간 영역과 화폐경제가 발달하지 못한 동양의 왕조 사회에서는 관리를 임명하고 처우하는 제도와 토지제도가 늘 국가의 경제제도 전반을 규정하는 중요한 요소였다. 관이 민을 어떻게 지배하느냐가 곧 국가 운영이었기 때문이다.

광종이 정해놓은 관등의 등급에 따라 토지를 배분하면 되니까 전시과를 제정하고 시행하는 것은 전혀 어려운 일이 아니다. 단, 그러려면 그 관제가 완벽해야 한다. 만약 강력한 왕권을 바탕으로 전국의 토지를 모두 국유화한 다음 관등에 따라 관리들에게 일제히 나누어줄 수 있다면 아무런 문제도 없다. 실제로 고려 왕실은 전시과를 그렇게 운영하고 싶었을 것이다.

그러나 앞에서 본 것처럼 고려는 중앙정부가 전국에 대해 일사불란한 지배권을 행사하는 중앙집권적 국가가 아니라 호족들이 각 지역을 장악한 분권 체제였다. 따라서 지방관조차도 파견하지 못하는 중앙정부가 통일적이고 보편적인 토지제도를 구상하고 집행하기란 불가능했다. 어차피 지방에 대한 영향력에 제한이 있는 게 현실이라면, 제도도 그러한 현실을 감안해서 제정하고 운영하지 않을 수 없다. 그래서 전시과에서 토지를 분급하는 기준에는 관품官品과 더불어 인품人品이라는 모호한 요소가 섞이게 된다.

관품이란 관등을 가리키니까 어렵지 않다. 관직의 고하에 따라 토지를 주면 된다. 그런데 인품이란 무엇일까? 말뜻 자체는 사람됨이나 도덕성을 가리키지만, 공식 용어이므로 그런 뜻으로만 사용되는 것은 아닐 터이다. 인품이란 지방 호족들의 세력을 뜻하는 용어다. 쉽게 말해 세력이 큰 호족은 인품도 높다는 것이다(실은 왕건이 역분전을 나누어줄 때도 인품을 기준으로 삼았는데, 그때는 고려의 건국에 어느 정도로 기여했는가를 인품으로 계산했다).

이렇게 토지를 분배하는 기준으로 관품 이외에 인품을 설정한 의도는 어렵지 않게 추측할 수 있다. 지방 호족들은 중앙 관직을 가지고 있지 않다. 관품만 채택한다면 관직은 없고 실제 세력은 강력한 호족들에게는 해당 사항이 없어진다. 그래서 왕건은 공식적인 관품 이외에 비공식적 성격이 강한 인품이라는 잣대를 도입해야 했던 것이다. 거꾸로 말하면 인품이라는 기준은 호족들의 현실적인 힘(토지 소유)을 인정하고 제도권 내로 수용하려는 고육지책이었다. 관품과 더불어 인품이 전시과의 기준이라는 것은 곧 고려가 관료제를 지향하면서도 실은 귀족 체제에 머물고 말았다는 또 하나의 증거다.

그러나 전시과의 더 중대한 결함은 다른 데 있었다. 전시과든 뭐든 토지제도가 제대로 기능하기 위해서는 먼저 토지 소유권이 명확해야만 한다. 그런데 이 점에 관해서는 고려만이 아니라 동양식 왕조 자체의 생래적인 모순이 있었다.

춘추전국시대에 나온 유학의 경전인 《시경詩經》에는 이런 구절이 있다. "普天之下 莫非王土 率土之濱 莫非王臣(하늘 아래 왕의 땅이 아닌 곳이 없고, 땅의 사람 중 왕의 신하가 아닌 자가 없다)." 이것을 왕토王土, 왕민王民 사상이라고 부르는데, 정치적 지배자가 나라 전체의 주인이라는 동양 특유의 사상이다.* 이 사상에 따르면 모든 토지는 왕의 소유이므로 토지를 누구에게 준다는 것은 있을 수 없다.

그러므로 국가가 관리들에게 토지를 녹봉으로 내준다고 해서 토지 자체의 소유권을 넘겨주는 것은 아니다. 사실 소유권 자체를 주면 근본적인 문제가 생기게 된다. 토지를 받은 관리가 퇴직하고 나서 반환받을 수도 없어질 뿐 아니라 나중에는 재정(토지)이 바닥나 새로 관리를 뽑을 수도 없게 될 것이기 때문이다. 따라서 전시과에 따라 관리들에게 주어지는 '토지'란 토지의 완전한 소유권이 아니라 재임 기간 중 할당받은 토지의 생산물(즉 조세)을 수취할 권리, 즉 수조권收租權이다.**

문제는 여기서도 이념과 현실 사이의 괴리가 싹튼다는 점이다. 원칙적으로 전국의 토지 소유권자는 국왕이지만 현실적으로는 각 수조권자(관리)가 자신에게 할당된 토지를 소유한다. 관리가 현직에 있을 경우에는 수조권과 소유권이 일치하므로 아무 문제가 없다. 그러나 그 관리가 퇴직하고 나면 어떻게 될까? 고려와 조선에서 관리는 보통 종신직이었지만 나이가 너무 많거나 병이 들면 자리에서 물러나야 했다.

산관散官(퇴임한 관리)은 임기가 끝났으므로 법제상으로는 토지의 수조권을 반납해야 한다. 하지만 오늘날처럼 퇴직금이 있는 것도 아니기 때문에, 수조권을 반납하고 나면 관리와 그의 가족들은 먹고살 길이 없다. 그래서 관리가 퇴임한 뒤에도 사실상 수조권은

● 이 점에서 서양의 소유권은 달랐다. 고려와 같은 시기, 서유럽의 중세 사회는 동양처럼 토지의 단일한 소유권자가 없었다(역사적으로 동양의 군주가 왕국의 주인이었다면, 서양의 군주는 왕국의 최고 경영자였다). 봉건영주가 최대의 지주였지만 유럽에는 영주들이 수천, 수만 명이나 되었으므로 왕토의 관념이 설 수 없었다. 게다가 중소 지주, 자유농민, 심지어 농노도 토지를 사유할 수 있었다. 그렇기 때문에 앞에서(306쪽 주 참조) 본 것처럼 서양에서는 조세의 관념보다 rent(이용료)의 관념이 발달한 것이다.

●● 수조권을 기준으로 토지는 두 가지로 나뉘었다. 우선 수조권을 왕실이나 국가기관이 가진 공전(公田)이 있다. 화폐가 통용되지 않았던 시대이므로 모든 경비는 토지에서 나오는 생산물로 충당해야 했다. 그래서 왕실이나 관청에서 사용하는 경비를 충당하기 위한 토지가 필요했는데, 이것이 공전이다. 물론 공전이라고 해서 왕족이나 공무원이 직접 경작한 것은 아니고 관노비들이 투입되었다. 공전 이외의 모든 토지는 사전(私田)인데, 이것이 전시과의 대상이 되는 토지다. 말뜻 그대로라면 '사유지'인 셈이지만 오늘날에도 그렇듯이 재산이 있으면 세금을 내야 한다. 그 세금이 곧 관리들의 녹봉에 해당한다. 오늘날에는 정부기관이 세금을 총괄적으로 거두어 공무원들에게 봉급을 주지만, 고려시대에는 공무원들이 주어진 토지에서 직접 봉급을 수취했다고 보면 된다.

田爲擅賣兩奪者悉還其主　恭愍王二年
十一月分遣田民別監于揚廣全羅慶尚道
義成德泉有備倉田及諸賜給田標內監刷
公私田推刷悉還本主　十一年密直提學
白文寶上箭曰京師近地平廣膚腴可以
耕稼者爲牧場而奪其利宜移牧牛山谷島
嶼以興地利且畿內八縣田土亦不須頒祿
科均給大夫士祭田以濟居京者之所恭
十二年五月敎曰田法弊久國匱民貧仰都
評議使司當於農隙遴選官吏改行經理以
便公私　辛禑八年十二月設折給都監以
判開城府形等爲別坐分給士田　十四年
八月昌令六道觀察使各舉副使判官改量
土田
田柴科太祖二十三年初定役分田統合時
朝臣軍士勿論官階視人性行善惡功大
小給之有差　景宗元年十一月始定職散
官各品田柴科勿論官品高卑但以人品定

〔高麗卷七十八　大〕

고려시대의 급료명세서 《고려사》에서 전시과에 관해 설명한 부분이다. 역분전(役分田)이라는 용어와 경종 원년에 시정전시과를 시행했다는 내용이 보인다. 화폐경제의 시대가 아니었기에 관리들에게는 월급봉투 대신 토지를 주었다. 그러나 모든 토지의 소유권은 왕(국가)에게 두고서 수조권만 준 데서 모든 폐단이 비롯된다.

계속 보장된다. 이런 관행이 자리 잡으면서 그 토지의 수조권은 자연스럽게 자식에게도 상속된다. 애초에 녹봉으로 받은 토지가 사실상 그 가문의 소유지가 되어버리는 것이다. 이 과정이 되풀이되면 토지가 부족해지는 현상이 생겨날 것은 뻔하다.

　이런 문제가 있었기에 전시과는 976년에 처음 제정된 이후로 몇 차례나 개정 과정을 거치게 된다. 목종穆宗(재위 997~1009) 때인 998년에 개정된 것을 개정전시과라고 부르는데, 여기서는 인품이라는 모호한 기준이 약화되고 관제의 직급에 따라 토지를 할당하는 방식이 강화되었다. 더 중요한 것은 현직 관리를 우선으로 하고 일정한 직무가 없는 벼슬아치인 산관에게는 차별 대우를 하기로 한 것이다. 관리들의 급료로 주는 토지가 부족해진 현상을 어떻게든 완화하려는 조치다.

그러나 제도를 개정해도 사태는 근본적으로 개정되지 않았다. 그래서 문종文宗(재위 1046~1083) 때인 1076년에 다시 한 번 개정하는데, 이것을 경정전시과라고 부른다. 여기서는 그때까지 무시되어왔던 무관들에 대한 대우를 개선하고 향직鄕職(지방에서 자체적으로 정한 관직)에게도 토지를 부여하는 등 중요한 면에서 개정이 이루어졌으나 그 대신 산관에 대한 대우는 완전히 폐지되었다.

이것이 말해주는 사실은 두 가지다. 첫째, 산관까지 배려할 만큼 토지의 여유가 없어졌다. 건국 초에는 빈 도화지처럼 토지가 남아돌았으나 건국 이후 150여 년이 지나면서 어느새 고려의 도화지에는 그림이 빽빽이 그려졌다. 전시과로 관리들에게 분급된 토지가 사유화되는 현상이 누적된 탓이다. 고려의 국가 재정은 거의 파탄이 날 지경에 이르렀다. 둘째, 이미 권력을 지닌 산관들은 토지를 가질 만큼 가졌다. 애초에 수조권으로 분급을 받은 토지의 상속이 대대로 이어진 결과 신흥 문벌들이 생겨났고, 이들 가문은 사실상 토지를 영구적으로 소유하게 된 것이다. 그들은 토지를 반환하기는커녕 오히려 그 재력을 바탕으로 토지 겸병에 나섰다. 고려 중기 이후 토지제도의 문란과 경제의 혼란은 바로 여기서 비롯된다(나중에 보겠지만 이런 혼란은 전시과를 재탕한 조선의 과전법에서도 그대로 되풀이된다).

이렇듯 전시과는 여러 면에서 문제가 많았으나 그래도 고려가 관료제 사회로 이행하는 데 필수적인 제도였다. 관료제는 과거제라는 관리 임용 제도로 유지되었다. 과거제는 노비안검법과 더불어 왕권 강화와 중앙집권화를 꾀하기 위한 조치였다. 왕권 강화와 중앙집권화는 고려왕조가 성립하기 위한 기본 전제였다. 이렇게 보면 그 일련의 과정은 고려왕조가 개국한 이후 밟아나갈 수밖에 없는 필연적인 수순이었다고 할 수 있다. 관료제를 지향하면서도 귀족 체제에 머물게 된 모순, 전통 사상을 현실로 인정하면서도 유학을 국가의 지배 이데올로기로 삼으라고 권유한 훈요십조의 모순은 결국 고려 사회의 체제상 불가피한 것이었다.

셋째 모순 : 먼 친구 대 가까운 적

또 하나의 모순이 없었다면 고려왕조는 그런대로 순조롭게 나아갔을지도 모른다. 첫째 모순 때문에 튼튼한 중앙집권 국가를 형성하지 못했고, 둘째 모순 때문에 원만한 관료제 사회를 이루지 못했지만, 그래도 그런 정도로 나라가 존망의 위기에 처하지는 않는다. 그러나 셋째 모순은 고려 사회 내부에만 국한되는 게 아니기 때문에 훨씬 강력한 파급력을 가지고 있었다.

훈요십조의 4조와 5조에서 왕건은 거란을 '금수禽獸의 나라'로 규정하고 배척하라면서 서경을 중시하라고 가르쳤다. 거란이라면 당시 랴오둥을 장악하고 있던 북방 민족이므로 고려와 거의 국경을 맞대고 있는 것이나 다름없었다. 그런데 왕건은 지리적으로 가까운 그들을 적대시하고, 그 적대감을 시위하듯이 서경을 전진기지로 삼으라는 유언을 남긴 것이다. 물론 왕건은 늘 고려가 옛 고구려의 후예임을 강조했으니까 그런 유훈을 이해할 수 없는 것은 아니다. 하지만 접경하고 있는 이웃을 군이 배척하라고 가르친 이유는 그 때문만이 아닐 것이다. 더욱이 옛 고구려는 중국의 이민족 왕조인 북위와 돈독한 관계를 유지하면서 전성기를 누린 왕조가 아니었던가?

만약 왕건이 중국에서 한족의 송 제국이 통일 왕조로 등장하는 것을 보고 죽었더라면 그는 훈요십조가 아니라 훈요십일조를 남겼을지도 모른다. 송을 받들고 나라의 모범으로 삼으라는 조항이 포함되었을 것이기 때문이다. 재위 중에 그는 중국의 5대 왕조에 10여 차례나 사신을 보내면서 적극적인 외교를 펼친 바 있었다. 그렇다면 그가 북방의 거란을 배척하고자 한 이유는 명백하다. 친구의 적은 나의 적, 중국의 한족 왕조를 받들고자 노력한 그로서는 한족 왕조의 적인 북방의 이민족 국가를 적대시해야 했다.

그것은 곧 왕건이 겉으로 내세운 슬로건과는 달리, 고구려보다는 오히려 신라를 계승하려 했음을 보여주는 증거다. 하기는, 신라의 경주 정권을 인수하면서 입지를 확실히 굳힌 그로서는 그러지 않을 수도 없었을 것이다. 실제로 경주의 옛 신라 왕족과 육두품 세력은 초기부터 고려왕조에 적극적으로 협력했으며, 궁예 시대부터 이어진 후고구려 세력을 제치고 고려의 최대 파벌로 떠올랐다(중기 이후 이른바 권문세족으로 발돋움하는 경주 김씨, 경주 최씨, 안동 권씨 등은 모두 신라계다). 경주 귀족이라면 모름지기 중국의 한족 왕조에 사대하는 게 기본 의무다.•

하지만 그것은 중대한 판단 실수였고, 더

• 이런 점에서 보면 사실 고려는 굳이 신라를 멸망시키고 그 자리를 메울 필요가 없는 왕조라고도 할 수 있다. 단지 왕실의 혈통만이 달라진 것 이외에는 제도로 보나, 지배 세력으로 보나, 지배 이념으로 보나 신라와 거의 차이가 없기 때문이다(신라는 말기에 왕실이 심하게 흔들렸지만 관료제 사회로의 진화가 이루어지고 있었으며, 유학 이념도 점차 확산되는 중이었다). 물론 고려와 신라를 같은 체제라고 볼 수는 없겠지만 사회 진화의 정도에서만 차이가 있을 뿐 본질적인 성격은 다를 바 없다. 나중에 고려를 대체하는 조선도 고려와 근본적으로 다르다기보다 고려의 업그레이드 정도라고 보면, 삼국시대 이후 한반도 왕조들은 항상 내적인 필연성이 없이 교체되었다고 할 수 있다. 그렇다면 한반도의 왕조 교체는 내적인 요인보다 외적인 요인에 기인한다. 신라에서 고려로 이행할 때 중국에서는 당–송 교체기였고, 고려에서 조선으로 이행할 때 중국에서는 원–명 교체기였다는 것은 결코 우연이 아니다.

구나 고려가 신흥국임을 고려한다면 심각한 사태를 부를 수도 있었다. 927년에 발해를 멸망시키면서 북방의 패자로 발돋움한 거란은 대륙의 지배자인 송마저 위협하는 강국이었기 때문이다. 앞서 보았듯이 거란은 처음부터 랴오둥 진출을 포기한 발해보다는 분명히 한 급 위의 국가였다. 거란은 최소한 랴오둥을 터전으로 삼지 않으면 생존할 수 없다고 판단했으며, 나아가 랴오둥을 발판으로 대륙의 중심인 중원을 정복하려는 계획까지 세웠다. 왕건이 궁예에게서 정권을 인수받기 2년 전인 916년에 거란의 야율아보기가 국호를 중국식 이름인 요遼로 바꾸고 연호를 제정하고 황제를 칭한 것을 보면 그 야망을 충분히 짐작할 수 있다.

그러나 오로지 중국 한족 왕조의 낙점만을 애타게 바라는 왕건의 눈에는 그런 거란의 성장이 보이지 않았다. 933년, 왕건은 5대 왕조의 하나인 후당의 책봉을 받고서 한반도의 주인이 되기 위한 예비고사를 통과했다고 기뻐했지만, 그 후당은 불과 3년 뒤에 요에 멸망당하고 말았다. 당시 동북아시아 세계에서는 그 소식이 핫뉴스였지만, 왕건은 같은 해에 후백제를 접수하고 후삼국 통일을 이룬 것에만 마냥 흡족했다.

후당을 멸망시킨 부수입으로 요는 베이징 인근의 연운 16주를 얻었다(후당을 대체한 후진이 요의 힘을 빌린 대가로 제공한 땅이다). 이로써 거란으로서는 역사상 처음으로 이 지역에 사는 한족 백성들을 지배하게 되었다. 그다음 목표는 당연히 중원이었다.

그 뒤 요는 내부 권력 다툼으로 잠시 성장세가 주춤했는데, 따지고 보면 960년에 조광윤이 송을 세우고 대륙 통일을 이룰 수 있었던 것은 그 덕분이 크다. 그러나 비록 좋은 기회를 놓친 셈이지만 요에도 그 기간은 매우 요긴했다. 권력의 안정을 되찾을 수 있

한족과 '금수'의 차이   조광윤(위 그림)이 건국한 송이 통일 제국으로 자리 잡는 것을 본 광종은 송과의 수교가 아버지 왕건의 뜻에 부합한다고 확신했을 것이다. 그래서 그는 송과 사대 관계를 맺었는데, 불행히도 그것은 '금수'의 분노를 샀다.

었을 뿐 아니라 문화적으로는 여전히 앞서 있는 한족 왕조에서 선진 문물을 수입할 수 있었기 때문이다. 971년, 조광윤이 대장경을 만들게 한 것을 본받아 독자적인 대장경을 조판한 게 그런 예다(그에 대한 경쟁으로 고려도 나중에 대장경을 만들기 시작했다).

　평온하던 송 – 요 관계에 먹구름이 끼기 시작한 계기는 조광윤의 동생으로 제위를 물려받은 송 태종이 연운 16주를 아까워한 데서 비롯되었다. 979년과 986년에 그는 두 차례에 걸쳐 잃어버린 땅을 찾고자 요를 침략했으나 그것은 동전을 주우려다 지갑마저 떨어뜨린 결과를 빚고 만다(당시 태종은 고려에 지원 병력을 요청했으나 아직 대중국 사대 관계가 정착되지 않은 상황이었으므로 거절당했다). 오히려 그 전쟁에서 승리한 요는 중원 정복의 꿈을 구체화하기 시작했다.

이래저래 고려가 고래들의 싸움에서 새우가 될 가능성은 점점 짙어졌다. 거란을 멀리하라고 가르친 훈요십조는 고려왕조가 실은 새우의 처지임을 망각하고 있다는 증거였다. 일찍이 진시황은 원교근공遠交近攻(멀리 있는 나라와 교류하고 가까이 있는 나라를 공격한다)이라는 정책을 효과적으로 구사해 대륙 통일을 이룬 바 있었지만, 그것은 주체가 힘과 실력을 갖추고 있을 때나 쓰는 전략이다. 바깥으로 내세울 것 없고 안으로 취약한 고려가 지리적으로 가까운 요를 적대시하고 먼 송에 사대하려 한 모순된 대외 정책은 결국 한반도에 피바람을 부른다.

14장

고난에 찬 등장

중국화 정책

송대 초기에 고려가 잠시 중국과 교류를 단절한 이유는 새로 생긴 송 제국이 과연 대륙의 진정한 주인이 될 수 있을까 하는 우려 때문이었다. 하기야 907년에 당이 망한 뒤 50년도 채 못 되는 기간에 벌써 다섯 왕조(5대)가 교체되었으니 충분히 할 수 있는 우려다. 게다가 고려의 광종은 5대의 마지막 왕조인 후주와 우호를 맺은 지 얼마 안 되었던 터라, 후주의 무관으로 있다가 제위를 빼앗고 송을 건국한 조광윤을 바라보는 시선이 고울 수 없었다(그랬기에 광종은 연호를 별도로 정하고 황제를 자칭하며 한껏 호기를 부린 것이다).

그러나 시간이 지나면서 조광윤이 대륙의 새 임자라는 사실이 점차 분명해졌다. 고려는 바뀐 현실을 인정하지 않을 수 없었다.

375

14장 고난에 찬 등장

972년에 광종은 송에 사신을 보내 수교를 청했는데, 그 사절단에는 장차 20년 뒤 외교관의 자질을 유감없이 발휘하게 되는 서희徐熙(942~998)가 끼어 있었다.

신생 제국 송과의 서먹한 감정이 해소되자 고려는 기다렸다는 듯이 중국화를 서둘렀다. 이미 과거제와 전시과로 기본적인 토대를 갖추어놓았으니, 수교가 이루어진 마당에 더 이상 망설일 이유가 없었다. 성종成宗(재위 981~997) 때 꿰어진 본격적인 중국화 작업의 첫 단추는 우선 유학을 활성화시키는 것이었다. 과거제를 도입함으로써 유학 이념이 현실 정치에 적용될 수 있는 통로가 열렸으므로 이제 고려를 유학에 입각한 사회로 만들려는 것이었다. 그래서 즉위하자마자 성종은 옛 신라 육두품 세력의 유학자들을 대거 기용했다. 그 가운데 대표적인 사람이 최승로崔承老(927~989)였다.

982년에 왕명에 따라 성종에게 올린 시무 28조에서 최승로는 불교를 집중적으로 성토하면서 고려 사회 전반을 유교적으로 재편하자고 제안했다. 물론 훈요십조의 첫 항이 불교를 숭상하라는 것이었으므로 정면으로 불교를 공격하기는 어렵다. 그래서 그는 불교와 유교의 교묘한 '분업'을 유도한다. "불교를 실천하는 것은 수신修身의 근본이며, 유교를 실천하는 것은 치국治國의 근본입니다." 언뜻 들으면 둘 다 중요하다고 말하는 듯하지만, 따지고 보면 불교는 개인적 신앙이나 도덕의 영역으로만 제한하고 국가와 사회의 골간은 유교를 바탕으로 해야 한다는 이야기다.

최승로의 메시지를 잘 이해한 성종은 즉각 중앙관제의 개편에 나섰다. 당의 제도를 본받아 정正과 종從의 구분으로 관직의 품계品階를 정하고(이 제도는 조선에까지 이어진다), 최고 의결기관에 해당하는 내사문하성內史門下省과 내각 격인 어사도성御史都省을 갖추어 3성 6부 체제를 완비한 게 그 성과다.* 그 밖에 군사와 왕명 하달을 맡은 중추원中樞院(숙종 때 추밀원樞密院으로 이름이 바뀐다), 사법부에 해당하는 어사대御史臺가 모두 성종 대에 신설되었으니, 오늘날로 치면 행정·입법·사법의 3부가 갖추어진 셈이다.

중앙관제가 자리 잡았으면 그다음은 지방이다. 물론 지방은 아직 호족들의 세상이므로 함부로 중앙집권식 제도를 추진할 수는 없다. 하지만 그렇다고 마냥 방치해둔다면 나라꼴이 나지 않는다. 뭔가 절충안이 필요한 상황에서 최승로가 제안한 방책은 전국 각지에 지방관을 상주시키는 것이었다. 지방관이 직접 지방행정을 담당할 수는 없다 해도 최소한 중앙과 지방을 연결하는 연락관의 역할은 할 수 있을 것이다. 그래서 성종은 전

• 품계도 그렇지만 3성(三省)제도도 당의 중앙관제를 본뜬 것이다. 원래 3성은 중서성(조칙에 관한 업무), 문하성(중신의 건의 통로), 상서성(이·호·예·병·형·공, 6부의 관할)을 가리킨다. 고려 초기 왕건은 태봉의 중앙관제를 본받아 광평성·내봉성·내의성의 3성을 갖추었는데, 이것들은 각각 상서성·문하성·중서성에 해당한다. 업무의 성격상 귀족들의 이해관계를 대변할 수밖에 없는 광평성이 가장 중심이었다는 사실에서 고려 초기의 사정을 짐작할 수 있다. 왕권 강화를 꾀한 성종은 광평성을 어사도성(곧 상서도성으로 개칭된다)으로 바꾸어 약화시키고 왕실 직속 기관인 내사문하성(중서성+문하성)의 기능을 강화했으므로 사실상 중국식 3성 체제를 갖춘 것은 그 무렵으로 보아야 한다. 이 점에서도 고려와 당의 유사성을 볼 수 있다. 일찍이 당 조정에서도 외척 귀족과 환관 세력이 문하성과 상서성을 지배하면서 황실을 좌지우지한 폐단을 익히 알고 있던 조광윤은 문하성과 상서성을 중서성에 통합해버렸지만, 그와 같은 강력한 지도자가 없었던 고려는 옛 당의 중앙관제를 본받을 수밖에 없었다.

국 주요 도시에 12목牧을 두고 목사牧使들을 파견한다(쉽게 말해 전주나 상주처럼 주州라는 이름을 가진 큰 도시, 즉 주현이 목으로 편성되었다고 보면 된다. 이때 생겨난 목은 조선시대에도 지방행정구역으로 사용되며, 오늘날 도道라는 행정구역의 시초이기도 하다). 목사가 지방행정에서 당장 큰 역할을 한 것은 아니었으나 그래도 연락관을 상주시킨 효과는 있었다. 일부 힘센 호족들은 그 통로를 이용해 중앙의 정치 무대에 진출했으며, 약한 호족들은 점차 독자적인 세력을 잃

고 지방 향리로 격하되어갔다.

아직 완전하지는 않지만 이로써 고려는 신생국이라는 딱지를 떼고 안정과 번영의 길로 접어들었다. 개국한 지 70년, 반도 통일을 이룬 지 50년을 끌어오면서 태생적인 모순 때문에 여러 가지 진통도 많았으나 이제는 얼추 극복한 듯싶다. 사실 대내적으로만 보면 평안해 보인다. 비록 지방 호족들이 여전히 강성하지만 어차피 대세는 중앙집권의 방향으로 흐르고 있으므로 궁극적으로는 그들도 고려 왕실에 완전히 복속될 것이다. 그리고 아직 과거제가 완전히 뿌리내리지는 못했지만 장기적으로 고려는 유학 이념에 입각한 관료제 사회로 발달해갈 게 틀림없다. 그렇게 되면 당시까지의 한반도 역사상 가장 평화로운 시기였던 8세기 초반의 '팍스 아시아나' 시대로 되돌아갈 수 있을지도 모른다.

중앙과 지방 행정제도의 개편을 완료한 993년에 성종은 그간의 치적에 대한 마무리 삼아 양경(개경과 서경)과 12목에 상평창常平倉을 설치하면서 마냥 뿌듯한 심정이었을 것이다. 상평창은 이름 그대로 '항상[常] 일정한[平] 곳간[倉]', 즉 풍년을 맞았을 때 국가가 곡물을 비싸게 사두었다가 흉년이 들 경우 싸게 되파는 물가 조절 기관인데, 그의 개혁 중 유일하게 순수한 행정적 조치에 해당한다. 이렇듯 민생을 위한 비정치적 분야에까지 골고루 신경을 쓸 수 있었다는 것은 곧 성종이 체제 안정에 상당한 자신감을 품었음을 말해준다.

그러나 그것은 착각이었다. 안으로만 보면 완벽했으나 바깥과 관련지어보면 그렇지 않았다. 그전까지의 한반도 왕조들이 모두 그랬듯이, 고려도 궁극적인 안정을 이루기 위해서는 대외적인 평화가 더 중요했다. 신라 역사에서 1000년 동안 유일한 번영의 시기였던 8세기 초반도 중국의 당이 동북아시아 질서의 강력한 구심점 역할을 했기에 가능하지 않았던가? 더욱이 송이 들어설 당시 동북아시아 지역은 역사상 그 어느 때보다도 북방 민족들의 힘이 강성한 시기를 맞았다.[•]

중국에 한족 통일 제국이 들어설 때마다 중원 북변을 집요하게 공략해왔던 이민족들은 바야흐로 간헐적인 침략과 약탈의 수준에서 벗어나 별도의 왕조 체제를 갖추고 본격적인 중원 입성을 준비하고 있었다. 그 선두 주자가 바로 거란의 요다. 고려가 친송親宋 정책을 추구하는 것에 불편한 기색을 감추지 못한 그들은 결국 고려에 잘못된 중국화의 대가가 어떤 것인지 보여준다.

● 역사서를 보면 송은 조광윤이 모토로 삼은 문치주의 때문에 물리력이 약해졌다고 하지만, 그보다는 북방 민족들이 강해졌기 때문에 송이 상대적으로 약화된 것으로 보아야 한다. 사실 송은 역사적으로 중국식 제국 체제의 완성형에 해당한다. 유학을 기준으로 보면 송은 그때까지 중국사의 정점에 해당하기 때문이다. 춘추전국시대에 유학의 이념이 생겨났고, 한대에 유학이 국가 이데올로기로 공인되었으며, 남북조시대에는 장차 유학 제국을 이루기 위한 기본 조건들(균전제와 과거제)이 숙성되었다. 그 결과물이 당 제국이었으나 당은 과거제를 도입하기만 했을 뿐 귀족 지배 체제를 완전히 극복하지 못했다. 그래서 천자를 정점으로 하고 사대부들이 보좌하는 완벽한 유교 관료제 사회는 다음 송의 숙제로 넘겨졌다. 조광윤이 강력한 전제 체제를 구축한 것은 곧 송대에 이르러 중국식 제국이 완성되었음을 말해준다.

외교로 넘긴 위기

고려의 성종이 상평창을 설치하고 뿌듯해하던 그해에 압록강 부근의 여진족은 머잖아 요의 황제 성종이 침공해오리라는 불길한 소식을 고려 측에 전했다(당시 고려의 왕은 成宗이고 요의 황제는 聖宗이지만 공교롭게도 한글 발음으로는 같다). 당시 여진은 랴오둥의 요와 대동강 이남의 고려 사이에 해당하는 중립지대에서 살고 있었는데, 아직 부족 통일을 이루어 국가 체제를 형성할 만한 단계는 아니었다(이렇듯 랴오둥은커녕 옛 고구려의 심장부에 해당하는 압록강 주변 지역조차 관장하지 못했으니, 영토적으로 보아도 고려가 고구려를 계승했다는 주장은 어불성설이다). 말이 중립이지 실상 여진은 이 지역을 제패하려는 거란으로부터 시달림을 받고 있었으므로 상대적으로 고려에 친화적이었다. 고려에 거란의 준동을 경고해준 것은 그런 심정의 발로였다.

과연 여진족의 경고대로 해를 넘기지 않고 993년 말에 요 성종은 소손녕蕭遜寧을 사령관으로 삼아 무려 80만 명의 대군으로 느닷없이 고려의 북변을 침공하게 했다. 일단 앉아서 당할 수는 없으므로 고려의 성종은 서둘러 군대를 북쪽으로 파견했지만, 아직 국력이 크지 못한 데다 개국 초부터 무관을 차별 대우해온 고려의 군사력이 거란군을 당해내기는 어려웠다. 더구나 그의 마음을 답답하게 만든 것은 도대체 왜 요가 침공해왔는지를 모른다는 점이었다. 몇 차례 패전을 거듭한 뒤 성종은 거란 측에 사신을 보내의도를 타진했는데, 소손녕은 무조건 항복만을 요구할 뿐이었다.

사실 그들이 침략해온 이유는 알기 어렵지 않다. 그것을 말해주는 단서들이 이미 명백히 존재하고 있었기 때문이다. 요의 궁극적 목표는 중국 대륙이지 고려가 아니다. 더구나 불과 몇 년 전에 요는 연운 16주를 수복하려는 송과 싸운 바 있다. 그런데 지금 그들은 고려를 침략하면서 항복만을 요구한다. 또한 고려는 개국 초부터 송에 사대하는 것을 대외 노선으로 삼았다. 이 고리들을 꿰맞추면 하나의 사슬이 나온다. 즉 요는 송을 공격하기 전에 후방의 정지 작업을 도모한 것이다. 대적과 싸우기 전에 먼저 뒤를 든든히 다지는 것은 상식이니까.

그러나 다급해진 고려 조정의 눈에는 이런 상식이 보이지 않는다. 정세 분석이 잘못되면 그릇된 대책이 나오게 마련이다. 소손녕의 태도를 잘못 분석한 고려 조정은 엉뚱하게도 요에 대동강 이북의 땅을 내주자는 결론을 내린다(소손녕은 땅을 요구한 게 아니었을 뿐 아니라, 대동강 이북은 원래 고려의 영토도 아니었으니 터무니없는 결론이 아닐 수 없다). 이 다수의 결론에 반발하고 나선 사람이 서희다. 거란에 맞서 싸우자는 것이다. 서희의 강경론에 성종이 편을 들고 나서자 사태는 묘하게 돌아간다. 이길 수 없는 싸움을 계속하자는 전략이 대체 어디 있을까? 사실 서희가 그런 무리한 주장을 편 데는 옛 신라계 세력이 고려 조정을 휘어잡고 있는 데 대한 반감도 작용했을 것이다. 서희는 원래 경기도 이천의 토착 호족이었다가 아버지 대부터 중앙 정치 무대에 등장한 신흥 세력이었기 때문이다.

다행히도 운은 아직 고려의 편이다. 항복하겠다는 대답을 듣지 못한 소손녕은 급한 마음에 군대를 움직였다가 청천강 부근의 안융진에서 가로막혀 주춤한다. 어차피 고려의 항복만 받아 가면 될 뿐 고려를 정복하려는 의지는 없었으므로 그는 다시 고려 측에 대화를 요구한다. 결자해지結者解之라 했던가? 고려 측 협상 파트너는 당연히 주전론을 주장한 서희가 될 수밖에 없다.

거란군 진영에 마련된 협상 테이블에 앉은 두 사람은 우선 기싸움으로 시작한다. 소손녕이 신하의 예를 갖추라고 하자 서희는 그러지 말고 대등한 관계에서 협상하자고 맞선다. 한반도의 역대 왕조들은 하나같이 중국의 한족 제국 이외에 어느 누구에게도 머리를 굽힌 적이 없지 않은가? 그러나 소손녕은 서희의 당당한 기세가 실은 허세임을 안다. 그래서 그의 첫마디는 예리하기 그지없다. "고려는 신라의 땅에서 일어났으면서도 왜 요의 땅인 압록강 부근으로 진출하려 하는가?" 날카롭기는 해도 까다롭지는 않은 질문이다. 고려는 실제로 신라를 계승했지만 명분상으로는 고구려를 계승한다는 이중적 태도를 취하고 있기 때문이다. "고려는 국호에서도 알 수 있듯이 고구려의 후예다. 따라서 영토로 따지면 오히려 요의 심장부인 랴오양도 우리 땅이 되어야 하는데, 무슨 소린가?" 여기까지는 서희도 명분에서 밀리지 않았으나 정작 본론은 그다음이다. "그건 그렇다 치자. 그럼 고려는 왜 이웃인 요를 멀리하고 바다 건너에 있는 송을 받드는가?"

고려의 건국이념에 내포된 모순을 단도직입적으로 지적한 뼈아픈 질문이다. 뭐라고 대답해야 할까? 정답을 말한다면 "역사적으로 우리는 늘 중국의 한족 왕조에 사대해왔다."라고 해야 할 것이다. 그러나 아무리 목숨을 걸고 적진에 들어간 서희라 해도 그렇게까지 대답할 배짱은 없다. 그렇다면 요와 고려는 돌아올 수 없는 다리를 건너게 되니까. 그래서 서희는 여진을 팔기로 마음먹는다. "요를 받들고 싶지만 간사한 여진의 도적들이 조공길을 막고 있어 불가능하다." 영리하지만 야비하기 그지없는 술책이다. 여진은 오히려 고려를 도우려는 세력이 아닌가?

어쨌든 효과는 만점이었다. 무리를 감수하고서 고려를 정복할 생각은 없는 소손녕과 어떻게든 지금의 난국을 타개하려는 서희의 계산은 바로 그 지점에서 맞아떨어졌다. 양측은 여진을 공동의 적이자 희생양으로 삼는 데 동의했다. 고려는 조공길을 튼다는 구실로 여진의 거주지인 압록강 동쪽을 정복할 수 있고, 요는 고려의 복속을 받아낸 것은 물론 고려의 손을 빌려 은근한 골칫거리인 여진마저 제압할 수 있다. 이것으로 각본은 다 짜였다.*

약소국을 놓고 강대국들이 맺는 조약은 예나 지금이나 다를 바 없다. 당시 서희는 그로부터 1000년이 지난 뒤 1905년에 미국과 일본 두 강대국이 필리핀과 조선의 지배를 서로 묵인하기로 하는 가쓰라-태프트 밀약을 맺으면서 후손이 나라를 잃게 되리라는 사실은 알지 못했을 것이다. 가쓰라와 태프트가 한반도와 필리핀의 운명을 전혀 배려하지 않았듯이, 소손녕과 서희는 여진의 처지 따위는 안중에도 없었다.

조약은 이듬해부터 발효되었다. 994년에 고려는 요에 대한 복종의 증거로 통화統和라는 요의 연호를 쓰기 시작하면서 송과의 국교를 끊었고, 거란어를 배우기 위해 요에 유학생을 보냈으며, 압록강 하류 일대를 여진에서 빼앗아 강동 6주를 설치했다. 고려의 국경이 압록강에 이른 것은 이번이 처음이지

● 서희는 미리부터 요의 의도가 영토 확장에 있지 않다는 것을 간파하고 있었다. 그래서 땅을 떼어주자는 할지론(割地論)에 반대했던 것이다. 그렇다면 그는 고려와 송을 떼어놓으려는 요의 진의를 알고 있었을까? 알고 있었을 것이다. 협상에 나서면서 그는 처음부터 송과의 국교를 끊고 요의 연호를 사용할 것을 각오하고 있었을 것이다. 어쩌면 고려 조정도 알고 있었으나 송을 배척하고 오랑캐인 요에 사대하느니 차라리 땅을 떼어주는 게 훨씬 낫다는 판단에서 그것을 인정하지 않았을지도 모른다. 영토와 주권이 어느 것보다 중요한 오늘날의 국제 관계에서라면 서희의 입장이 단연 옳겠지만, 명분이 중요한 시대에는 반드시 그렇지도 않으므로 서희의 입장을 일면적으로 평가할 수는 없다.

만, 그것은 강대국에 사대하고 약한 여진을 괴롭힌 결과였다. 더구나 요의 입장에서 보면, 그것은 중국 역대 한족 왕조의 전매특허인 이이제이以夷制夷(오랑캐로써 오랑캐를 제압함) 수법을 멋지게 써먹은 결과였다. 요는 고려를 제압해 후방 다지기에 성공했을 뿐 아니라 고려를 복속시켰으므로 고려가 개척한 여진의 땅 역시 요의 영토라고 여겼을 것이다.

전란에의 초대

근대적 관점에서 보면 도덕성의 문제는 있지만, 어쨌든 고려의 입

장에서 국가적 위기를 외교로 넘긴 서희의 성과는 오늘날 흔히 말하는 '실리 외교'의 전형이라 할 수 있다. 그러나 명분이 실리보다 중요한 시대에 실리 외교란 좋은 평가를 받을 수 없는 법이다. 과연 고려 조정의 대신들은 명분을 들어 서희의 외교를 폄하하거나 반대했다.

신라계 귀족들의 그런 태도는 사실 예견된 것이었다. 그들이 보기에 한족 왕조인 송을 저버리고 오랑캐인 거란에 굴복하는 것은 있을 수도 없고 있어서도 안 되는 일이었기 때문이다. 그런 여론을 충분히 예상했음에도 서희가 '굴욕적인' 외교를 강행한 데는 그가 지방 토호 출신이라는 배경이 한몫하지 않았을까? 모르긴 몰라도 서희에게는 신라계가 장악한 중앙정부를 다른 색깔로 바꾸어보고자 하는 야심도 있었을 것이다.

고려 조정은 시끄러웠으나 요는 그 조약에서 바라던 목적을 달성했다. 고려는 요를 섬기기로 했으니, 장차 요가 송을 공략할 때 가담하지는 않을망정 적어도 중립은 유지할 것이다. 영토상으로 보면, 고려로부터 영토를 획득하기는커녕 오히려 내준 결과이기는 하지만 그 대신 고려가 요의 속국이 되었으므로 그다지 억울해할 일은 아니었다(적어도 고려가 독자 노선을 걸을 경우 그것을 응징할 구실로 삼을 수 있을 것이다). 따라서 기록에는 없으나 소손녕은 요의 조정에서 서희만큼 심한 비판을 받지는 않았을 것이다.

이렇게 후방 다지기에 성공한 요 성종은 이윽고 1004년에 송을 침공해서 수도인 카이펑開封까지 점령하고 송의 황제 진종과 전연澶淵의 맹약을 맺었다. 흥미로운 것은 이 조약이 소손녕-서희 조약의 확대판이라는 점이다. 고려와의 조약에서 요는 명분을 얻고 실리를 내주었지만, 전연의 맹약에서는 거꾸로 송에게 명분을

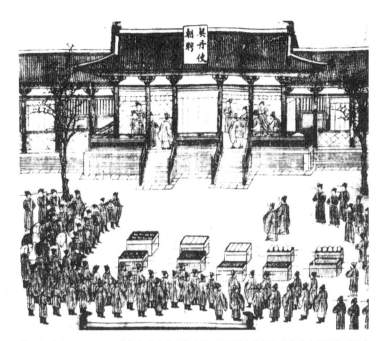

완벽의 허점   송은 중국 역사상 가장 완벽한 유학 제국이었으면서 동시에 가장 허약한 제국이었다. 이 두 가지 점이 합쳐지면, 물리력이 강한 비중화 세계가 중화 세계를 침략할 경우에는 속수무책이라는 이야기가 된다. 과연 1004년에 요 성종은 송을 침략해 전연의 맹약을 맺고 중화를 비중화에 복속시켰다. 그림은 조약을 맺는 광경이다.

내주고 실리를 얻었다. 조약의 결과로 송은 요의 상국이라는 명분을 얻었고 그 대가로 요에 매년 10만 냥의 은과 20만 필의 비단을 바치기로 했다. 게다가 송은 잃어버린 연운 16주를 영구히 포기하고 두 나라의 국경 부근에 군사 시설을 설치하는 권리마저 잃었다. 송으로서는 굴욕적이기도 했지만, 이후 요가 여진족이 세운 금에 망할 때까지 100년 이상이나 공물을 바쳤으니 그로 인한 재정적 피해도 막심했다.

이것으로 안개 정국은 끝났고, 동북아시아 3국의 서열이 정해졌다. 고려에는 요가 형님이고 요에는 송이 형님이니까 공식 서열은 송-요-고려 순이다. 그러나 국력으로 평가한 실제 랭킹 1위가 요라는 것은 누가 보아도 명백하다. 랴오둥을 근거지로 삼고 중원과 한반도를 휘하에 거느리게 된 요, 영토와 위세로 본다면 옛 전성기 고구려의 후예는 고려가 아니라 바로 그들일지도 모른다(다만 거란은 오늘날의 한국처럼 역사를 관리해줄 후손이 없었기에 정당한 평가를 받지 못했을 뿐이다).

요 성종은 한족이 아닌 민족으로서, 그때까지의 동북아시아 역사상 가장 위대한 제국을 건설했다. 그러나 자부심에 가득한 그의 심기를 건드리는 것이 있었다. 그것은 서열 3위의 고려가 큰 형님만 섬길 뿐 작은 형님에 대해서는 충심으로 대우하지 않는다는 것이다. 그도 그럴 것이, 서희 같은 실리파라면 몰라도 고려 조정에 득시글거리는 명분파 대신들은 오랑캐인 요의 연호를 쓴다는 사실이 오로지 창피할 따름이었다. 그래서 고려는 비공식적으로 송과 우호 관계를 유지했으며, 1003년에는 송에 군사를 요청하기까지 했다. 하지만 고려에 불행하게도 요 성종이 트집을 잡을 만한 사건이 벌어졌다. 그것은 고려 왕실에서 일어난 정변이었다.

고려의 성종은 굴욕적인 조약 이외에 대내적으로는 거의 모든 것을 뜻대로 이루었지만 안타깝게도 딸만 두었을 뿐 후사가 없었다. 마침 사촌형인 경종이 남긴 아들이 있었으므로 성종은 그를 후계자로 삼았는데, 997년에 그 조카는 열아홉 살에 목종으로 즉위했다. 여기까지는 무리가 없었으나 문제는 그의 어머니인 헌애였다.

경종의 두 왕비인 헌애와 헌정은 친자매간이자 성종의 누이동생들이었다(신라만이 아니라 고려 왕실에서도 근친혼이 장려되었다는 사실은 앞서 말한 바 있다). 경종이 죽자 아직 10대의 나이에 과부가 된 두 왕비는 공교롭게도 둘 다 친척 남자와 정을 통해 아들을 낳았다. 헌애는 자신의 외척인 김치양金致陽(?~1009)과, 그리고 헌정은 왕건의 아들이자 경종의 숙부이자 그녀 자신에게는 삼촌이 되는 왕욱王郁과 정분이 난 것이다. 아무리 근친혼의 관습이 허용된다 해도 성종의 눈에 그 자매의 모습이 좋을 리 없다. 하지만 그에게 그 자매는 형수이자 친누이이므로 내칠 수도 없고 놔둘 수도 없는 애매한 입장이다. 그래서 성종은 김치양을 멀리 귀양 보내는 것으로 사태를 일단락했다. 그러나 그가 죽고 목종이 즉위하면서 사정은 달라진다.

오빠 왕이 죽고 아들을 왕위에 올린 헌애는 이제 눈치를 볼 사람이 없어졌으므로 곧바로 김치양을 궁으로 불러들여 사실상의 남편으로 삼고 함께 국정을 주물렀다. 목종이 아들을 낳지 못한 것은 그 '내연의 부부'에게 좋은 기회였다. 그들 사이에서 낳은 아들로 후사를 잇는다면 부부의 권세는 대를 이어 지속될 수 있을 테니까. 하지만 목종의 생각은 달랐다. 어머니의 행각에 넌더리가 날 뿐 아니라 자칫하면 고려 왕실의 성씨가 김씨로 바뀔지도 모르는 상황이니 긴장하지 않을 수 없었다. 그래서 목종은 별도의 후보를 내세웠는데, 공교롭게도 그 후보는 왕욱과 헌정의 아들인 대량원군이었다(일단 '왕씨' 왕실은 수호하자는 생각이었을까?).*

● 굳이 촌수를 따지자면 목종은 '씨 다른' 동생에 대항해 자신의 당숙이자 사촌 동생을 후사로 삼으려 한 셈이다. 우선 김치양과 어머니 헌애의 아들은 목종에게 동모제(同母弟)가 된다. 또 대량원군의 어머니는 목종의 이모인 헌정이지만 아버지는 태조 왕건의 아들인 왕욱이므로, 대량원군은 목종에게 이종사촌 동생인 동시에 당숙에 해당한다(목종의 아버지 경종은 왕건의 손자다). 물론 당시에는 촌수라는 개념이 미약했으니까 복잡하게 촌수를 계산하지 않았겠지만, 고려 왕실의 근친혼이 어느 정도였는지 말해주는 사실이다. 게다가 전직 왕비들이 그렇듯 마음대로 애정 행각을 벌일 수 있었다는 것, 헌애가 김씨 아들로 왕위를 잇겠다는 마음까지 먹었다는 것은 당시 고려 왕실의 권위와 위엄이 그다지 강력하지 않았음을 말해준다.

강력한 라이벌인 대량원군을 눈엣가시로 여긴 김치양과 헌애 부부는 그를 절에 보내 승려로 만들어놓고도 안심하지 못하고 여러 차례 암살을 시도했다. 위험을 감지한 목종은 서북 지역의 방어를 담당하고 있던 장수 강조康兆(?~1010)를 불러들였다. 그러나 전방의 군대를 권력 다툼에 끌어들이는 것은 언제나 위험을 내포하고 있다. 그렇잖아도 개경의 혼탁한 정세에 불안을 느끼고 있던 강조는 군사 5000명을 거느리고 개경으로 달려와 김치양 일당을 잡아 죽였다. 불행히도 강조는 거기서 멈추려 하지 않았다. 내친 김에 그는 대량원군을 왕으로 옹립하고 목종마저 살해해버린 것이다.

쿠데타를 방지하려다가 쿠데타를 당한 격이었다. 그 결과 개국 초기의 내전 이후 실로 오랜만에 킹메이커가 다시 등장했다. 더구나 그 킹메이커는 예전처럼 여러 명이 아니라 강조 한 명이다. 우여곡절 끝에 1010년 팔자에 없던 왕위를 물려받은 대량원군 현종顯宗(재위 1010~1031)에게 실권이 있을 리 없었다. 왕권과 중앙집권을 강화하는 데 일생을 바친 광종과 성종의 피땀 어린 노력에도 불구하고 고려의 왕권은 또다시 지방 세력의 손아귀에 들어갔다. 그러나 그보다 더 시급한 문제는 요 성종이 그 사건을 응징의 빌미로 삼았다는 사실이다.

과연 그해 11월에 성종은 강조의 쿠데타를 문죄한다는 빌미로 고려를 침략했다. 이번에는 장수를 시킨 게 아니라 직접 40만 대군을 거느리고 남침에 나섰다. 명분은 요가 고려의 상국이라는 것이었으니, 결국 서희의 굴욕적 외교가 낳은 후유증이었다. 더 오랜 역사의 사례를 찾아보면, 일찍이 연개소문의 쿠데타를 구실로 삼아 고구려를 쳐들어온 당 태종이 생각나는 장면이다. 실제로 강

실리 외교의 대가   서희의 외교는 문제점이 없지 않았으나 그런대로 위기의 고려를 구했다. 그는 이천 출신의 중부 귀족이었으므로 옛 신라계 귀족들이 판치는 고려 정부에서 참신한 사고가 가능했을 것이다. 그러나 그가 죽고 나서 그나마 고려 정부의 외교적 역량은 완전히 사라져버렸다. 사진은 경기도 이천에 있는 서희의 묘다. 서희의 고향인 이곳에는 그의 동상도 있다.

조가 호기만 부리지 않았더라면 전쟁의 진행마저도 거의 그 복사판이 될 뻔했다.

개전 초기에 요 성종은 10여 년 전 고려에 강동 6주를 허용한 것을 뼈저리게 후회해야 했다(요가 고려를 침략한 근본 원인이 그것 때문이라는 해석도 가능하다). 300여 년 전 당 태종도 랴오허를 건넌 다음 랴오둥의 고구려 성곽들을 정복하는 데 애를 먹었듯이, 요 성종도 압록강을 건너는 데까지는 무리가 없었으나 곧바로 강동 6주의 수비망에 걸려버렸다.

가만히만 있었어도 강조는 연개소문처럼 승리를 낚을 수 있었으리라. 그러나 그는 연개소문보다 고혜진이나 고연수를 본받고 싶었던 모양이다. 쿠데타의 책임자답게 강조는 30만 군대를 이끌고 북으로 달려가 자신의 행위에 대한 검증을 받고자 했다. 그러나 그것은 만용이었다. 병력의 차이는 크지 않았으나 원래 공성攻城에는 약해도 전면전에는 강한 게 대륙의 군대다. 그래도 강조는 책임을 질 줄 아는 인물이었다. 통주에서 패해 사로잡힌 강조에게 성종은 자기 신하가 될 것을 권했으나 그는 그것을 거부하고 죽음을 택했다.

강조의 참패로 고려는 수비망에 구멍이 뚫려버렸다. 고려의 주력군을 격파했으니 이제 거란군은 굳이 강동 6주를 함락시키려 애쓸 필요 없이 우회해버리면 되었다. 심지어 그들은 서경마저도 그냥 지나쳐 곧장 개경을 향해 남진했다. 이 소식에 놀란 현종은 황급히 개경을 빠져나와 이듬해 1월에 멀리 나주까지 대피했는데, 왕이 백성을 버리고 가는 것이니 대피라기보다는 도피다.● 요 성종은 개경의 왕궁을 유린하는 것으로 분을 풀었으나 나주까지 추격할 힘과 의지는 없었다. 그래서 그는 명분만 얻으면 철수하겠다고 결심하는데, 마침 현종이 그 명분을 주었다. 군대를 돌려 물러가준다면 현종이 직접 요의 황궁으로 가서 입조하겠다는 것이다. 이렇게 해서 거창하게 시작된 전쟁 드라마는 두 달여 만에 싱겁게 막을 내렸다.

● 이후 우리 역사에서는 현종처럼 최고 지도자가 자기 한 목숨만 살겠다고 도망치는 경우가 많았다. 대표적인 사례를 들자면, 몽골의 침략 때 강화도로 도망친 고려의 고종, 정묘호란 때 역시 강화도로 내뺀 조선의 인조, 임진왜란 때 가족들만 거느리고 의주까지 야반도주한 조선의 선조, 1895년 아내가 일본의 깡패들에게 살해당하자 러시아 공사관으로 도망쳐 1년간이나 버틴 조선의 고종, 1950년 수도 서울을 사수하겠다는 대국민 약속을 팽개치고 한강을 건너 도망친 다음 인도교마저 끊어버린 이승만 등을 꼽을 수 있겠다.

새로운 동북아시아 국제사회

비록 드라마는 조기 종영되었어도 아직 미니시리즈가 다 끝난 건 아니다. 1부(소손녕의 침략)와 2부(성종의 침략)로 스토리가 마무리되지 못했기 때문이다. 연출자인 요 성종은 피곤하지만 어떻게든 이 인기 없는 시리즈를 끝내야만 한다. 그러므로 그로서는 고려의 현종이 입조의 약속을 지켜준다면 그것으로 종결을 지으려는 마음도 있다. 하지만 현종은 사신을 보내 병 때문에 출연 약속을 지킬 수 없다는 소식을 전한다. 예상하지 못한 바는 아니지만 그래도 한갓 배우가 감독의 요구를 거부했다는 생각에 성종은 열을 받지 않을 수 없다.

그것만 해도 충분히 3부를 제작할 구실은 된다. 그러나 이미 2부작에서 성공을 거두지 못한 성종은 가급적이면 여기서 시리즈를 끝내고 싶다. 그래서 그는 출연 거부에 따른 피해 보상을 요구한다. 즉 사전에 출연료로 지급된 강동 6주를 반환하라는 것이다. 물론 현종은 그럴 마음이 없다. 계약 위반이라고 생각한 성종은 3부작을 강행하기로 결심한다. 더구나 고려가 다른 연출자인 송에 붙은 것은 그의 결심을 더욱 굳게 만든다.

사실 고려보다 먼저 요의 침략에 시달린 바 있는 송은 계속 고려에 추파를 던져왔다. 송 조정에서는 이른바 연려제요聯麗制遼, 즉 고려와 연대해 요를 제압한다는 전략으로 취약한 물리력을 보완하려고 애썼다. 물론 그것은 중국의 전통적인 이이제이 전략이었지만, 중국의 한족 왕조에 대한 봉사 정신에 투철한 고려는 송이 보내는 손짓이 반갑기만 했다. 그러나 그런 태도가 요에 대한 선전포고가 될 수 있다는 사실은 깨닫지 못했다.

압록강에 부교를 설치하면서까지 강동 6주를 무력으로 탈취하려는 시도가 몇 차례나 실패하자 드디어 1018년 말에 요 성종은 2차전에서 개경 점령의 전공을 세운 소배압蕭排押을 사령관으로 삼

설화가 된 구국의 영웅　국가를 위기에서 구한 영웅으로 강감찬은 역사 기록은 물론이고, 수많은 설화의 주인공으로도 기록되었다. 귀주대첩이야말로 신화라 불릴 만한 대사건이기 때문이다. 귀주대첩 당시가 칠십 줄이었으니 연로함을 이유로 사직하려 했으나, 현종은 지팡이까지 하사하며 만류했다. 그림은 거란의 마지막 침입을 물리치고 승리한 귀주대첩을 기념해 그린 민족 기록화다.

아 10만 명의 군대를 파견했다. 일단 원정군의 규모로 보면 1차전의 80만 명, 2차전의 40만 명에 비해 훨씬 적은 병력이다. 혹시 성종은 두 편의 시리즈를 통해 고려를 정복하기 위해서는 병력의 수보다 병력의 운용이 더 중요하다고 판단한 걸까?

만약 그랬다면 성종은 송을 무릎 꿇린 걸출한 군주답지 않게 큰 판단 실수를 범한 셈이다. 소배압은 처음부터 강동 6주를 비롯한 고려 북부의 성곽들을 그냥 지나칠 심산이었다. 1, 2차전에서 그는 고려가 한반도 왕조답게 수성과 농성의 힘이 대단하다는 것을 절감한 바 있었다. 그래서 그는 고려의 성들을 깨뜨리기 위해 힘을 허비하는 대신 개경으로 곧장 진격하는 전략을 택한 것이다. 일리가 있는 구상이지만 그는 하나를 간과하고 있었다. 2차전에서 개경을 점령하는 개가를 올린 것은 그나마 대병력이기에 가능했던 것이다.

소배압이 이끄는 3차 원정의 10만 거란군은 몇 차례 접전에서 패전을 거듭하면서도 개경을 향해 남진했으나 결국 한계를 느끼지 않을 수 없었다. 어렵사리 개경 인근의 신은현(지금의 황해도 신계)까지 쳐들어온 그들은 개경을 점령하기는커녕 철군하기도 어려운 상황에 처하고 말았다.

마침 고려에서는 강감찬姜邯贊(948~1031)과 강민첨姜民瞻(963~1021)이 이끄는 고려군이 남진하는 적군을 뒤에서 추격하고 있었다. 누가 공격하고 누가 방어하는지 모를 형세였다. 거란군은 공격군의 면모를 잃고 생존을 도모하는 데 급급한 처지가 되었다. 어쩔 수 없이 소배압은 남은 군대를 모아 퇴로를 뚫기로 했다.

거란군은 청천강까지 그럭저럭 넘는 데 성공했다. 그러나 압록강을 얼마 앞둔 구주에서 강감찬에게 덜미를 잡혀 도륙당했다. 거란군은 겨우 수천 명만이 살아남아 압록강을 건너 돌아갔는데, 이것이 역사에 구주대첩이라고 알려진 사건이다(을지문덕의 살수대첩 전적지도 이 부근이었으니까 지금이라도 이 지역을 발굴하면 1000년이 넘은 병장기들이 무수하게 나올지 모른다).

체면을 구기고 귀국한 소배압은 성종에게 호된 꾸지람을 듣고 보직 해임되었다. 그러나 그 전략적 실수가 어찌 그의 탓일까? 성

● 3차 침략 초기에 거란군이 압록강을 넘어왔을 때 강감찬은 흥화진에서 쇠가죽 주머니들을 만들어 강물을 막아두었다가 일시에 흘려보내 적군을 무찔렀다는 이야기가 전한다. 사실인지는 확인할 수 없으나 그가 책략이 풍부한 인물이었음을 말해주는 일화다. 더구나 당시 강감찬은 칠십 줄에 들어선 노인이었으니 대단한 노익장이 아닐 수 없다. 그 전공으로 그는 현종의 존경을 받았고(2차전에서 현종을 나주로 피신시킨 것도 그였다) 일약 고려의 인기스타로 떠올랐다. 그 덕분에 이후 전국 각지에서 강감찬에 관한 설화들이 생겨나 널리 퍼졌는데, 대표적인 것은 그가 얼굴이 곰보인 추남이었다는 이야기다. 원래 그는 미남이었으나 얼굴이 너무 잘나면 장차 큰일을 할 수 없다는 생각에서 스스로 마마신을 불러 곰보가 되었다고 한다. 그게 사실이라면 요즘과는 정반대의 성형수술을 받은 셈이다.

종은 강동 6주를 공략하지 않고 지나친 게 패인이라고 탓했지만, 처음부터 원정에 동원된 병력이 10만 명인 것으로 미루어보면 그 전략은 소배압의 단독 판단이 아닐 것이다.

어쨌든 고려 원정 3부작 미니시리즈는 마무리되었다. 전장이 된 고려의 피해가 훨씬 더 컸지만 요의 병력 손실도 그에 못지않았다. 그래서 성종은 현종의 입조와 강동 6주의 반환 문제를 없던 것으로 하고 1차전이 끝날 당시의 상황으로 되돌리기로 결심했다. 즉 고려가 송과의 국교를 끊고 다시 요의 연호를 사용하는 정도로 사태를 봉합하려는 것이다. 성종은 1019년 두 차례에 걸쳐 화해의 손짓을 보냈고, 고려는 그의 요구를 수락하는 것으로 화답했다.

이제 견적서는 나왔다. 승부 자체는 무승부지만 크게 보면 요는 원하는 것을 얻었다. 송과 고려의 사이에 위치한 요는 동북아시아의 서열에서 형식상으로 둘째, 실제로 첫째의 지위를 그대로 유지할 수 있었다. 비록 고려를 길들이는 데는 실패했지만 적어도 삼국이 정립하고 있는 동북아시아의 정세에서 주도권을 확보하게된 것이다.

고려 역시 크게 잃은 것은 없었다. 어차피 완전히 독자적인 노선을 취하기는 어려웠으므로 송을 받들든, 요를 섬기든 큰 차이는 없었다(사실 이후에도 고려는 송과의 비공식 관계를 계속 유지했다). 오히려 전란을 계기로 고려는 두 가지 소득을 얻었다. 하나는 한족 왕조에 대한 사대주의를 표방한 신라계 귀족들의 입김이 다소 약해지면서 진취적인 기상이 부활한 것이고, 다른 하나는 요로부터 선진 문물을 도입해 무역의 폭이 확대되었다는 것이다. 요의 대장경을 본받아 고려대장경을 조판하기 시작하고, 포로가 된 거란인들을 통해 요와의 무역이 활성화된 것이 이후 고려 사회의 변모된 모습이다. 또한 고려가 국제사회의 무대에 등장하는 것도 한족 왕조와 비교적 거리를 두기 시작한 이 무렵부터다.●

● 고려에서 나온 코리아(Korea)가 오늘날 대한민국의 영어 명칭이 된 데는 요의 영향이 컸다. 당시 요는 유목 제국답게 극동 세계만이 아니라 멀리 서역, 즉 중앙아시아 지역과도 활발하게 교류했다. 그 덕분에 오늘날 거란이라는 이름은 캐세이(Cathay)라는 어느 항공사의 명칭으로 남았는데, 이 말은 중앙아시아 민족들이 거란을 키타이(Kitai)라고 부른 데 기원을 두고 있다. 고려가 송과의 국교만 고집했다면 지금 대한민국은 코리아가 되지 못했을지도 모른다. 고려는 요가 주도한 세계 무역로의 한 끝을 담당하면서 해상으로 동남아시아까지 진출했다.

15장

안정의 대가

전성기 코리아

● 이것을 초조대장경(初彫大藏經: 처음 만든 대장경)이라고 부른다. 전설에 따르면, 대장경을 제작하기로 결정하자 거란군이 곧바로 물러갔다고 한다. 제작 기간은 40여 년 또는 70여 년이라는 설이 있는데, 11세기 중반 수십 년에 걸쳐 완성된 것은 확실하다. 초조대장경 판각은 안타깝게도 1232년 몽골 침략기에 불타 없어졌으나, 최근에 인쇄된 판본의 일부가 여러 곳에서 발견되고 있다.

1010년 요의 2차 침략을 받았을 때 현종은 대장경을 조판하게 했다.● 부처의 힘을 빌려 전란을 극복하려는 의도였다. 하지만 거란도 역시 독실한 불교 국가였으니 부처라 해도 과연 어느 편의 손을 들어주어야 할지 난감했을 것이다(이 대장경의 판은 나중에 몽골 침략 때 불타 없어졌고, 지금 전하는 팔만대장경은 13세기에 몽골 침략을 막으려는 목적에서 새로 조판한 것이다). 현종은 대장경을 만들기보다 나주까지 도망치지 말고 개경에 남아 궁성과 수도의 백성들을 구하는 게 훨씬 당당한 군주의 처신이 아니었을까?

대장경의 조판 이외에도 현종은 성종이 중단했던 거국적 불교 행사인 연등회燃燈會와 팔관회八關會를 부활했으니, 불교에 대한 신심이 상당히 깊었다고 볼 수 있다. 그러나 그렇다고 해서 그가 불교 국가를 구현하고자 했다고 보기는 어렵다. 앞에서 본 최승로의 말처럼 불교는 어디까지나 도덕과 신앙의 차원에서 기능할 뿐이고 국가 체제를 위해서는 뭐니 뭐니 해도 유학이 최고였다(세상의 어느 군주가 유학처럼 지배자에게 매력적인 이데올로기를 거부할까?).

현종은 오히려 승려의 과대한 권한을 억제하고, 한림원翰林院을 두어 유학 국가 특유의 학자 – 관료 체제(2권 80쪽 참조)를 도모하는 한편, 설총과 최치원 등 유학의 위인들에 대해 공식적으로 제사를 지냈다. 이것이 문묘종사文廟從祀의 시작이다(문묘란 공자의 사당이고, 문묘종사란 유교 의례에 따른 제사를 뜻한다). 그러나 시대는 아직 완벽한 유학 국가가 도래하기에는 일렀다. 게다가 현종에게는 그보다 더 시급한 일이 있었다. 전란이 남긴 결과를 추슬러 고려의 지도를 새로 그려야 했기 때문이다. 어렵사리 새로 얻은 북방의 영토를 포함해 그는 전국을 5도 양계로 재편함으로써 지방행정구역을 확정했다.●●

전란의 고초와 희생을 겪은 대가로 이제 모든 게 안정을 찾았다. 신라시대에도 그랬듯이 한반도의 안정과 번영은 역시 동북아시아의 국제 정세가 자리를 잡아야만 가능했다. 현종 대에 이르러 대외적으로 전란이 종식되고 대내적으로 제도가 정비되면서 고려 사회는 비로소 평화와 번영의 시대를 맞게

●● 5도 양계란 양광도(경기도와 충청도)·경상도·전라도·교주도(강원도)·서해도(황해도)의 다섯 개 도(道)와 동계와 북계의 두 계(界)를 가리키는데, 양계는 북변의 국방을 위한 군사적 목적으로 편성된 단위다. 이렇게 지방행정구역이 변경되면서 성종이 설치한 12목도 8목으로 줄었다. 그 과정에서 중앙집권화는 한층 진척되었으나 앞서 말했듯이(361쪽 참조) 지방관이 파견된 주현보다 속현의 수가 많은 현상은 고려 말까지 지속된다. 그렇게 보면 고려시대 내내 조금씩 중앙집권화가 진전되었다고 볼 수 있다. 5도 양계의 행정구역은 고려 말까지 유지되다가 조선시대에 들어 1413년 태종이 전국을 지금의 8도로 재편하게 된다.

종교의 퓨전 신앙으로서는 불교를, 이념으로서는 유교를 권장한 최승로의 시무 28조에서 보듯이 고려는 종교적으로 퓨전 체제였다. 현종은 불교에 심취했으면서도 문묘종사를 시작했고 도교 제사도 올렸으니 말하자면 퓨전의 극치다. 그래도 가장 기본적인 종교를 꼽으라면 역시 불교다. 사진은 높이 18미터로 국내 최대의 석불인 관촉사의 은진미륵불상으로, 광종 때 건립되었다.

되었다. 뒤이은 덕종德宗(재위 1032~1034)에서부터 문종까지의 약 50년간은 고려 역사상 최고의 전성기다. 말하자면 '팍스 코레아나 Pax Koreana'라고 할까?

이 시기에 고려는 정치적으로나 경제적으로 안정되었을 뿐 아니라 사회 전반적으로 다원화가 두드러졌다. 신앙으로서의 불교와 지배 이데올로기로서의 유교가 가장 잘 조화를 이룬 것도 이 시기다. 또한 불교와 유교에는 미치지 못했지만 도교도 융성기를 맞았다. 보통 유·불·선이라고 말하는 한반도 전통 사상이 뿌리를 내리게 된 것도 이 시기의 일이다. 게다가 문화와 예술의 측면에서도 신라를 계승하는 전통적 흐름과 더불어 송과 거란의 문화를 수용해 고려 특유의 문화를 형성했다. 이 시기는 이후의 역사까지 포함해서 한반도 역사상 가장 문화적으로 다원화된 시대일 것이다.

그러나 잘 풀리면 다원화가 되지만 안 풀리면 고유한 정체성이 사라질 수도 있다. 전성기의 고려 사회에서 문화적 크로스오버의 현상이 많았던 것은 지배적인 이념이 없었던 덕분이다. 문묘종사를 제도화한 현종이 독실한 불교도였고 궁궐에서 도교 제사도 지냈다는 사실이 그런 점을 말해준다(멀리 보면 그것도 왕건이 물려준 유산이다). 이후의 국왕들도 이념적으로 퓨전인 경우가 많았는데, 대표적인 예가 예종

睿宗(재위 1105~1122)이다. 그는 최초로 경연經筵을 도입했고, 팔관회에서 〈도이장가悼二將歌〉를 읊었으며, 최초의 도관道觀인 복원궁을 건립했으니, 가히 르네상스형 군주라고 부를 만한 왕이었다.•

그래도 그 세 가지 이념 중에 가장 잠재력이 큰 것은 역시 유학이다. 이 점은 특히 문종의 국가 경영 구도에서 뚜렷이 드러난다. 그는 즉위하자마자 당대 최고의 유학자인 최충崔沖(984~1068)을 문하시중(국무총리 격)으로 발탁하고 유교적 국가 체제의 마무리를 맡겼다. 과연 최충은 왕의 기대에 부응해 기존의 율령을 정비하고 형법을 체계화하는 것으로 마무리 작업을 완수했으며, 개인적으로는 공직 생활도 마무리하고 한반도 최초의 사립학교인 구재학당九齋學堂을 열어 유학 이념의 전파에 지대한 공헌을 했다. 또한 앞에서 말했듯이 전시과를 최종적으로 개정해서 고위직(5품 이상) 관료들에게 수조권이 세습될 수 있도록 배려한 것도 문종 때인데, 이것 역시 유학 이념에 입각한 체제 정비 작업의 일환이다. 유교적 국가 체제의 안정을 위해서는 무엇보다 관료들의 재정적 안정이 긴요하니까.

그런데 경정된 전시과가 완벽하게 기능하려면 조건이 필요했다. 토지를 측량하는 객관적인 기준이다. 이것이 없다면 전시과 자체가 성립할 수 없다. 전통적인 토지 단위인 결結이 있지만 문제는 객관적인 단위가 못 된다는 점이다. 원래 1결은 소 한 마리

• 경연이란 신하가 임금에게 유학의 경서를 강의하는 것을 말하는데, 조선시대에 더욱 확고한 제도로 자리 잡게 된다. 나중에 보겠지만 조선 초기에 경연은 왕권을 제약하는 요소였으나 후기에는 오히려 왕권 강화의 한 수단으로 사용되었다(특히 18세기에 영조가 전매특허로 애용했다). 〈도이장가〉는 1120년에 예종이 팔관회에 참가해 고려의 개국공신인 신숭겸과 김락의 두 장수[二將]를 추도[悼]하면서 읊은 이두 가요다(그들은 927년 왕건이 대구에서 후백제와 싸울 때 왕의 목숨을 구하고 전사했다). 한편 도관이란 도교 사원을 가리킨다. 이렇게 예종은 유학을 숭상하고 불교에 심취하고 도교를 장려한 유·불·선의 삼위일체 격인 군주였다. 예종이 의식적으로 그런 통합을 추진했다기보다는 당시의 시류가 그랬을 것이다.

가 나흘간 경작할 수 있는 면적이라고 정해져 있었으나, 이런 기준이라면 아무래도 주먹구구식으로 적용될 수밖에 없다.

국가 재정의 총체라고 할 수 있는 토지를 객관적으로 측량하는 단위가 없다면 전시과는커녕 조세 수입에도 차질이 생긴다. 이 점을 시정하기 위해 문종은 1069년에 양전보수법量田步數法을 제정했다. 말 그대로 토지를 걸음[步]으로 측량하는 것이다. 그에 따라 1결은 사방 33보의 토지로 확정되었다. 엄격한 도량형이 개발되지 않았던 시절에는 그런대로 최선의 토지 측량법이라 할 수 있겠지만, 누구의 보폭으로 재느냐는 것은 여전히 문제로 남을 수밖에 없다.

완성과 동시에 시작된 해체

고려왕조는 왕건이 세웠으나 광종과 성종이 다듬었고 문종이 최종적으로 마무리한 나라다. 국가 재정에서 가장 중요한 토지제도를 비롯해 지방행정구역을 재편하고 법체계 등 제반 국가 체제를 완비한 시기가 문종 때이기 때문이다. 고려가 건국되고 나서 나라꼴을 갖추게 되는 데 무려 150년이나 걸린 셈이다.

그런 과정을 거친 뒤, 그때까지의 한반도 역사상 가장 완벽한 왕국이 성립했다. 정복 국가의 수준에 머물렀을 뿐 행정국가를 이루지는 못한 고대 삼국, 중국의 한 지방정권으로서 존재한 통일신라와 달리, 고려는 이제 명실상부한 왕국이 되었다. 또한 독자적인 연호를 사용하지는 못했으나 그래도 송, 요와 더불어 동북아시아 국제사회의 당당한 일원이라는 자격도 획득했다.

그러나 고려의 그런 도약이 순전히 자체의 힘만으로 가능했을까? 만약 중국의 송이 당만큼 강력한 제국이었다면 고려가 그렇듯 독립적인 왕국으로 발돋움할 수 있었을까? 고려도 예전의 신라처럼 중국의 지휘와 통제를 받았다면 선진 문물을 수입해 문화적 발전을 이루는 데는 유리했을지 몰라도 대외적 위상에서는 그런 지위를 누릴 수 없었을 것이다. 고려가 번영을 누릴 수 있었던 데는 중국의 한족 제국인 송이 너무 허약하고 거란의 요가 세력을 대등하게 차지한 환경이 크게 작용했다. 8세기 초반 신라의 번영기는 당이 동북아시아 질서의 구심점으로 역할한 데서 나온 반면, 11세기 후반 고려의 번영기는 오히려 송이 그 역할을 하지 못한 데 기인한다. 이 기묘한 불일치가 말해주는 것은 무엇일까?

앞서 말했듯이 송은 중국식 제국의 완성형이었다. 옛 주나라 때 중화 이념이 생겨났고, 이것이 춘추전국시대에 유학으로 체계화되었으며, 이어 한대에는 유학이 지배 이데올로기로 공인되었고, 남북조시대에는 유학에 기초한 관리 임용 제도인 과거제와 그 체제를 뒷받침해주는 경제 제도인 균전제가 탄생했다. 그러나 그 뒤에 들어선 통일 제국 당은 제도적 개선만 이루었을 뿐 귀족 체제의 한계를 끝내 극복하지 못했다. 그에 비해 송은 그때까지의 모든 발전을 집대성해 유사 이래 처음으로 가장 완벽한 유학 제국을 이룬 것이다. 그 결과물은 황제를 정점으로 하는 강력한 중앙 집권 체제와 더불어 관료들이 황제를 보좌하는 사대부 체제로 요약된다.* 고려가 열심히 본받으려 한 것도 바로 그런 체제였다.

그 자체로만 보면 나쁠 것은 전혀 없다. 사실 유학 국가 체제는 사회의 질서와 안정을 도모하기에 대단히 유리하고 편리하다(특히 지배계급에게는 피지배민의 충성이 보장되는 유학은 가장 매력적인 지

● 이렇듯 이념이 먼저 만들어지고 오랜 세월에 걸쳐 그 이념을 실현하는 제국이 형성된 중국에 비해, 유럽의 경우는 정반대의 역사 발전을 거친다. 유럽에서는 중국에서 중화 이념이 생겨난 시기보다 1000년 이상이나 늦게 통일을 위한 이념(그리스도교)이 생겨났으며, 다시 수백 년이 지난 뒤에야 비로소 그 이념을 지배 이데올로기로 공인했다(313년 로마 황제 콘스탄티누스의 밀라노 칙령). 이것은 동양의 역사가 그만큼 인위적으로 진행되어왔다는 뜻이다. 통일적 이념이 부재했기에 자연스럽게 분권화의 길을 걸을 수 있었던 서양과 달리, 동양의 경우에는 처음부터 통일을 겨냥한 이념을 가지고 시작함으로써 이후 내내 부자연스러운 정치적 통일을 지향했다. 그 결과는 알다시피 근대에 접어들면서 서양 문명이 동양 문명을 정복하고 흡수하는 것으로 나타났다.

●● 당대에는 그것이 더 큰 문제였으나 역사적으로 더 중대한 문제는 유학 체제가 철저하게 지배층만을 위한 체제라는 점이다. 중국과 한반도의 유학 국가는 지배층이 절대 권력과 억압적 관료제로 다수의 피지배층을 착취하는 체제였다. 유학 이데올로기는 심지어 그런 질곡에서 벗어나려는 피지배층의 의식마저 충효 사상으로 억압했다(동양 역사에서 혁명이 부재한 이유는 그 때문이다). 이것은 근대 국민주권의 개념이 생겨나기 전까지는 문제가 되지 않지만, 그 때문에 동양 사회의 역사적 발전이 지체된 것은 분명한 사실이다.

배 이데올로기다). 북극성(천자) 주변을 스물여덟 개의 별자리들(제후들)이 하루에 한 바퀴씩 일사불란하게 돌아가는 우주적 조화를 인간 세상에 옮겨다놓은 게 바로 유학적 질서다. 얼마나 매력적인가? 다만 문제는 우물 안의 개구리만 그 매력을 느낄 수 있다는 점이다. 즉 유학 체제는 안에서만 완벽하게 기능했다.●●

'바깥'이 없다면 유학 질서는 더없이 훌륭하다. 즉 지구상에 중국과 중국을 받드는 오랑캐들로 이루어진 중화 세계만 존재한다면 그 아름다운 질서는 영구히 유지될 것이다. 하지만 불행히도 그 중화 세계는 송과 고려로만 이루어진 좁은 세계였다. 그러므로 그 질서의 매력도 애초부터 제한적일 수밖에 없었다.

정상에 올랐으면 내려가야 하는 게 원칙이다. 중국식 제국의 완성형인 송은 오랜 역사의 정점에 오른 기쁨을 채 누리기도 전에 일찌감치 하산을 서둘러야 했다. 요에 치욕을 당한 것은 그 예고편에 불과했다. 차세대의 주역은 요가 아니었다. 자칫하면 예상보다 훨씬 이르게 문을 닫을 뻔한 송이 제국의 명패를 유지할 수 있었던 이유는 다행히도 이후 요가 쇠퇴하기 시작했기 때문이다.

고려의 현종이 죽은 해(1031)에 요 성종이 죽으면서 요는 더 이상의 대외적 팽창을 포기하고 그간에 얻은 성과를 토대로 체제 안정을 도모했다. 그 덕분에 송과 고려에 대한 북방의 압력은 한층 느슨해졌다(그러나 요는 번영을 얼마 누리지 못하고 곧 쇠퇴한다). 이 공백을 이용해 고려도 짧은 번영기를 맞았고 서둘러 체제 정비에 나설 수 있었지만, 이 시기에 고려보다 더 다급한 처지에 놓인 것은 송이었다. 고려는 그나마 영토라는 실익이라도 얻었지만 송은 오랑캐에 수도를 짓밟히는 치욕을 당한 데다 막대한 조공을 바치는 처지로 전락했다. 송에 필요한 것은 고려처럼 체제 정비의 수준이 아니라 전면 개혁이었다. 이런 배경에서 등장한 게 왕안석王安石(1021~1086)의 신법新法이다.

조공이 초래한 재정난은 부국책으로 막고, 부족한 군사력은 강병책으로 키운다. 이름하여 부국강병책이다. 이를 위해 왕안석은 농민 생활을 안정시키는 청묘법, 물가 안정을 위한 균수법, 토지 조사를 위한 방전균세법 같은 부국책과 함께 병농 일치를 꾀하는 보갑법과 보마법 등의 강병책으로 개혁을 추진했다. 하지만 이런 급진적인 정책에 반발이 없을 리 없다. 특히 지주들과 더불어 송대에 크게 성장한 대상인 세력은 왕안석의 조치에 반대하는 기존의 정치권과 결탁해 거세게 저항했다. 개혁파(신법당)에 맞서 보수파(구법당)를 이룬 그들의 주장은 "정치란 사대부들을 위한 것이지 서민들의 이익을 대변하는 것이 아니다."라는 것이었다(지금의 가치관으로 보면 터무니없는 생각이지만, 당시에는 그게 오히려 현실을 제대로 반영하는 입장이었을지도 모른다).

왕안석의 든든한 후원자인 송 황제 신종이 죽자 그 갈등은 부국강병과 거리가 먼 정쟁으로 발달했다. 이것이 송대에 극성을 떨치

중화의 두 영웅　　유학 제국의 완성형이자 모순의 집약체인 송대에는 위기에 처한 중화 세계를 구하기 위해 두 명의 영웅이 등장했다. 왼쪽은 11세기에 대대적인 체질 개선을 도모한 왕안석이고, 오른쪽은 그의 노력이 실패하자 12세기에 이데올로기적으로 위기를 타개하려 한 주희다(주희의 아버지는 왕안석의 '광팬'이었다고 한다).

● 사실 당쟁은 어느 시대든 있었지만 송대에 특히 치열했던 데는 원인이 있다. 바로 과거제 때문이다. 과거제는 전통적인 귀족 집단의 혈연 대신 '학연(學緣)'이라는 새로운 '연줄'을 만들어냈다. 과거를 통해 관료로 임용된 자는 자신을 길러준 스승보다 뽑아준 과거 시험의 감독관을 추종했고, 합격 동기와 선후배 등을 통해 연고를 넓혀갔다. 관료의 임용이나 승진에는 고관의 후원이 필요했는데 이 과정도 연줄이 자라날 수 있는 토양이 되었다. 이런 배경에서 왕안석의 신법이 출현했으니 당쟁으로 이어진 것도 당연했다. 당시 고려에서는 송과 달리 과거제가 확고히 뿌리내리지 못한 탓에 분명한 당파가 형성되지는 못했다. 그래서 한반도의 역사에서 당쟁의 시대는 조선으로 넘겨진다.

게 되는 당쟁의 시작이다.● 이렇게 해서 야기된 당쟁은 결국 유학의 근본이념에 관한 논쟁으로 이어지면서 주희朱熹(1130~1200)의 성리학을 낳게 된다.

북방의 새 주인

성공하지 못한 개혁은 차라리 하지 않느니만 못하다. 왕안석의 신법이 용의 머리로 출발했다가 뱀의 꼬리로 끝나자, 그렇잖아도 좌초할 지경인 송 제국은 더욱 깊은 소용돌이 속으로 빠져들어 갔다. 더구나 송이 낭비해

버린 '찬스 카드'는 단 한 번만 쓸 수 있는 것이었다. 한동안 힘의 공백 상태였던 북방에서 새 주인이 나타났기 때문이다. 거란을 대체한 여진이 바로 그들이다.

거란과 고려가 압록강 일대를 두고 흥정을 벌일 무렵, 여진은 두 강대국의 손아귀에 운명을 맡긴 약소민족의 처지였다. 그러나 때는 바야흐로 북풍이 거세지는 시대인 데다 그들은 거란과 고려보다 더 풍부한 잠재력을 지닌 민족이었다. 쇠는 달궈졌을 때 두드리지 못하면 좋은 연장을 얻을 수 없는 법이다. 카이펑을 함락시키고도 그냥 물러나버린 거란과 달리 여진은 랴오둥이나 만주에 안주하려 하지 않고 중원 정복의 원대한 포부를 지니고 있었다(실제로 북방 민족이 장기적으로 생존하려면 그래야만 했다. 이 점은 앞서 고구려의 전성기 때도 실감했던 사실이다). 송-요-고려의 3국이 정립을 이루고 있는 동안, 여진은 서서히 결집하고 성장하면서 세대교체의 조짐을 점차 가시화하고 있었다.

사실 고려도 그런 분위기를 알고 있었기에 이미 여진의 침략에 대비해 여러 차례 북방의 방어를 강화한 바 있었다. 하지만 거란과 접경한 한반도 서북변에는 압록강이라는 분명한 '국경선'이 있는 데 반해 그 동쪽의 여진에 대해서는 강역마저 명확치 않을 정도였으므로 딱히 방어라 할 만한 태세를 구축하기 어려웠다. 무엇보다 적의 형체가 명확해야 대비든 뭐든 할 게 아닌가? 그래서 고려가 본격적으로 여진과의 경계선 문제를 고민하기 시작하는 때는 여진의 여러 부족이 서서히 통일을 이루며 군소 국가의 체제를 갖추기 시작하는 11세기 후반부터다.

문종 때까지만 해도 여진은 고려의 상대가 아니었다. 그러나 11세기 말부터 만주의 하얼빈을 근거지로 삼은 완안부족이 구심점으로 떠오르면서 여진은 점차 한반도의 동북부를 장악하기 시작했고, 급기야 12세기부터는 한반도 북부, 지금의 함흥 일대까지 진출했다. 그러자 고려의 숙종肅宗(재위 1095~1105)은 더 이상 그런 사태를 두고 볼 수 없다고 판단했다. 그렇잖아도 어린 조카 헌종獻宗(재위 1094~1095)의 왕위를 빼앗아 마음 한구석이 찜찜하던 그로서는 없는 구실이라도 만들고 싶은 판이었다. 이참에 여진 정벌을 시도해 성공한다면 꿩 먹고 알 먹기였다.*

● 숙종은 1097년 주전도감(鑄錢都監)을 설치하고 5년 뒤 우리 역사상 최초의 유통화폐인 해동통보(海東通寶)와 동국통보(東國通寶) 등을 만들었다. 여기에도 비정상적인 자신의 집권을 새 제도로 만회하려는 의도가 있지 않았을까 싶다. 화폐 주조를 제안한 사람은 송에 유학을 다녀온 숙종의 친동생이었는데, 그는 바로 고려에 천태종을 부활시킨 것으로 더 유명한 대각국사 의천(義天, 1055~1101)이다. 왕실에서도 스스럼없이 승려가 배출될 만큼, 고려 왕실은 유학을 국가 운영의 골간으로 삼으면서도 개인적으로는 대부분 불교를 숭상했다.

하지만 맞붙어본 결과는 예상과 달랐다. 유목민족답게 기병 전술에 능한 여진은 오히려 편제가 엉성한 고려 정벌군을 크게 무찌르며 기세를 올렸다. 이때 숙종에게 발탁된 인물이 비운의 스타 윤관尹瓘(?~1111)이다. 기병이 없이는 이길 수 없다고 판단한 그는 기병을 중심으로 하는 별무반別武班이라는 군대를 편성했는데, 이름 그대로 여진 정벌을 위해 '별도로' 창설한, 말하자면 임시 군대다.

숙종은 얼마 뒤 죽는 바람에 별무반의 효과를 보지 못했지만, 1107년에 윤관은 드디어 별무반을 선봉으로 삼아 17만 대군을 거느리고 동북 원정에 나섰다. 아무리 여진이 날랜 기병대를 가지고 있고 한창 기세가 올랐다고 해도, 변변한 국가조차 이루지 못한 상황에서 고려의 대군을 맞아 이길 수는 없었다. 결국 이 전쟁은 윤관과 척준경拓俊京(?~1144)을 스타로 만들면서 고려의 압승으로 끝났다. 윤관은 함흥에서 길주에 이르는 지역에 9성을 쌓고 개선했다.

욕만 먹은 영토 개척 한창 기세가 뻗어나는 여진을 상대로 완승을 거둔 윤관은 귀환길에 오르면서 내심 포상을 기대했을 것이다. 그러나 그에게 돌아온 것은 왜 쓸데없이 영토를 개척했느냐는 개경 귀족들의 핀잔이었다. 그림은 《북관유적도첩》에 실린 〈척경입비도〉로서 윤관이 9성을 쌓고 기념비를 세우는 장면을 담은 것이다. 이 작업에 동원된 고려 백성들도 나중에 여진에 돌려줄 줄 알았더라면 이렇듯 열심히 일하지 않았을 것이다.

내친김에 두만강까지 치고 올라갔다면 삼국시대 이래 처음으로 한반도 전역이 한반도 왕조의 손아귀에 들어왔으리라. 하지만 불행히도 고려는 더 나아가기는커녕 어렵게 얻은 9성마저 오래 보유하지 못했다. 삶의 터전을 잃은 여진이 강력히 반발하고 나선 것이다. 그러자 고려 조정에서는 괜히 긁어 부스럼을 만든 게 아니냐는 볼멘소리가 튀어나왔다.

정복과 영토 확장이 긁어 부스럼이라니? 개국 초부터 고구려를 계승한다는 구호를 외치면서도 진취적 기상을 보여주지 못했건만, 체제 안정기에 접어든 고려 조정에서는 이제 그것은 슬로건으로도 사용되지 않았다. 대신들은 오히려 새로 개척한 땅이 너무 넓지 않으냐며 아우성이었다. 대다수 대신들이 9성의 반환을 주장하는 판에 학문을 사랑하는 문화군주인 예종이 굳이 반대할 리 없었다.

결국 여진으로부터 평화 유지를 약속 받는다는 조건으로 9성은 여진에 반환되었고, 윤관은 졸지에 개선장군에서 비운의 스타로 전락했다. 그는 영토 개척의 공로를 인정받기는커녕 명분 없는 전쟁으로 국력을 탕진했다는 오명을 뒤집어쓰고 관직까지 박탈당했다. 그나마 예종이 그를 처벌해야 한다는 대신들의 주장을 끝내 물리치고 보호해준 게 다행이었다고 할까?

사실 당시 여진의 욱일승천하는 기세를 감안하면 고려 조정의 비겁한 태도가 오히려 현실적이었는지도 모른다. 그러나 9성을 둘러싸고 벌인 해프닝은 여진의 세력 확장에 엔진을 달아준 격이 되었다. 한때 여진을 놓고 핑퐁 게임을 벌이던 거란과 고려는 어느새 서산에 지는 해가 되어버렸고, 바야흐로 여진은 동북아시아의 새로운 패자로 발돋움하고 있었다. 9성을 돌려받은 지 불과 몇 년 뒤인 1115년에 여진은 드디어 나라를 이루고 금金이라는 국호를 채택했다(거란과 달리 처음부터 중국식 국호를 정한 데서도 여진의 포부를 엿볼 수 있다).

적에게서 배운다는 말은 바로 금으로 변신한 여진의 행보를 가리킨다. 오랜 기간 거란의 지배를 받은 경험을 토대로 여진은 나라를 세우자마자 거란이 보여준 행보를 답습했는데, 그 속도가 훨씬 빠르고 규모도 훨씬 컸다. 요가 그랬듯이, 금도 맨 먼저 착수한 사업은 '고려 길들이기'였다. 언제 고려를 상국으로 섬겼던가 싶게 금은 건국 직후인 1119년에 고려에 형제의 맹약을 강요했다. 9성의 자진 반납으로 기가 꺾인 예종은 여진이 하자는 대로 할 수밖에 없었다.

거란이 그랬듯이 여진의 목적은 한반도 정복이 아니라 후방 다지기에 있었다. 이후 그들의 행보는 더욱 빨라졌다. 1125년에 금은 마침내 랴오둥의 요를 멸망시켜 만주에서 랴오둥에 이르는 지역의 단독 패자로 발돋움했으며, 곧이어 2년 뒤에는 옛 거란처럼 송의 심장부로 쳐들어가 현직 황제인 흠종과 전 황제인 휘종을 비롯해 황족과 중앙 관료 3000명을 잡아갔다. 이것이 정강靖康(흠종의 연호)의 변變이라고 불리는 사건인데, 이로써 송은 사실상 멸망했다.●

간신히 피랍을 면한 흠종의 동생이 남은 대신들과 함께 곧바로 남쪽으로 도망쳐 임안(지금의 항저우)을 도읍으로 삼고 송을 재건국했다. 하지만 그것은 어디까지나 망명정부일 뿐이었다. 어쨌든 역사가들은 이 새로운 송을 남송南宋, 이전까지의 송을 북송北宋이라고 구분한다.

역대 한족 제국의 완성형이면서도 역사상 가장 허약한 제국이었던 송이 남송으로 명맥만 유지하게 되면서, 그렇잖아도 구심점이 없던 동북아시아는 더욱 '무정부 상태'로 빠져들었다. 일찍이 신라시대에도 당이 약화되

● 전연의 맹약, 정강의 변 등 북방 민족에게 연이어 굴욕을 겪은 송은 사실 멸망을 자초한 감이 있다. 100년이 넘도록 요에 막대한 조공을 바치고 있던 송은 처음에 여진의 등장을 반겼다. 송은 금의 힘을 빌려서라도 지긋지긋한 요를 물리치려 했는데, 그 전략은 이이제이도, 원교근공도 되지 못했다. 눈앞의 현실에 눈이 어두워 장기적인 판단력을 잃은 결과였다. 금의 도움으로 요를 멸하는 데는 성공했으나 늑대를 물리치느라 호랑이를 집안에 불러들인 격이 되었기 때문이다. 금이 쳐들어왔을 때 송은 다시 고려를 부추겨 연려제금(聯麗制金)을 시도했으나, 고려의 내부 사정으로 좌절되었다. 당시 고려는 이자겸 사태로 골머리를 앓고 있었다.

면서 한반도에 심각한 후유증을 전달한 바 있었으니, 이번에도 예외가 아닐 터이다. 그럭저럭 안정을 유지하던 고려는 동북아시아의 격변기를 맞아 심한 몸살을 앓게 된다.

왕의 쿠데타

여진의 전광석화 같은 팽창 정책으로 한때 동북아시아의 삼각 정립을 이루었던 3국의 신세는 처량해졌다. 요는 완전히 멸망했고, 송은 강남의 망명정권으로 전락했다. 고려는 여진과 형제 관계를 약속했지만 동북아시아의 새 주인이 그 정도의 계약에 만족할지는 의문이었다.

아니나 다를까, 북송을 멸망시킨 뒤 여진은 그 형제 관계를 군신 관계로 바꾸자고 강요했다. 고려 조정에서는 당연히 반대했다. 그러나 당대 최고의 실력자는 홀로 금을 섬기자는 사금책事金策을 주장해 마침내 관철시켰는데, 바로 이자겸李資謙(?~1126)이라는 자였다. 당시 그는 지군국사知軍國事('권지국사'의 경우처럼 '知'란 '맡는다'는 뜻이므로 군대와 국가의 총책임자를 가리킨다)를 자칭하며 '왕위의 왕'으로 군림하고 있었으므로 그의 결정은 곧 국가의 정책이나 다름없었다. 그는 어떻게 왕을 능가하는 권력을 지니게 되었을까?

앞에서 보았듯이, 왕건 이후 고려 왕실은 처음부터 취약한 왕권을 강화하기 위해 근친혼을 통해 왕족의 혈통을 보존하려 했다. 그래서 왕족이 결혼하는 상대방의 집안도 충주 유씨, 황주 황보씨, 경주 김씨 등 몇 개의 가문으로 한정되어 있었다. 이런 전통을 처음으로 깬 사람이 현종이다. 황보씨인 어머니와 두 이모(헌정과 헌애)의 난잡한 사생활에 넌더리가 난 탓일까? 그는 열세 명의 아내들 중 무려 열 명을 '고정된 처가' 이외의 다른 가문에서 받아들였다. 이것을 계기로 이후의 왕들은 관례상 첫 아내만 왕족 내에서 근친혼으로 얻었고 나머지 아내들은 다른 성씨인 지방 토호 가문에서 맞아들였다. 또다시 왕건의 '육탄적인' 통혼 정책으로 돌아간 셈인데, 이는 한편으로 왕실이 그만큼 안정되었음을 반영하는 것이지만 동시에 왕건이 그랬듯이 왕실 외척 가문의 수를 늘려 왕권 강화를 꾀하려는 의도이기도 했다.

문제는 그 과정에서 강화되는 게 왕권만이 아니라는 점이다. 차라리 왕실 내에서 근친혼이 행해질 때는 외척이라는 세력이 없었는데(외척 역시 왕실의 일부였으니까), 다른 성씨의 왕비들을 맞아들이면서 새롭게 외척이 정치 세력으로 등장하게 되었다. 이자겸의 집안인 인주(지금의 인천) 이씨가 바로 그 과정에서 성장한 세력이었다.

이자겸의 할아버지인 이자연은 11남매를 두었는데, 집안을 일으키는 데 크게 기여한 것은 아들보다도 딸이었다. 그의 세 딸이 모두 문종에게 시집을 간 것이다. 그중 인예왕후가 낳은 세 아들은 12대 왕인 순종順宗(1083년 즉위 3개월 뒤 병사)과 13대 선종宣宗(재위 1083~1094), 15대 숙종이 되었다.● 이렇게 인주 이씨가 단연 고려 최대의 가문으로 떠오른 데 힘입어 이자겸은 일찍부터 음서로 관직에 진출해 초고속으로 승진했다. 1108년

● 그사이에 재위한 14대 헌종은 선종의 아들이다. 앞에서 말했듯이 그는 삼촌인 숙종에게 곧 왕위를 넘겼는데, 이 과정에도 인주 이씨 가문이 연관되어 있다. 이자연의 손자 이자의는 겨우 열 살에 즉위한 헌종이 병약한 것을 기회로 여기고 자신의 조카를 즉위시키려 했다. 이것을 눈치챈 계림공이 먼저 선수를 쳐 이자의를 죽이고 조카인 헌종에게서 왕위를 이양받아 숙종이 되었다(그래서 숙종은 인주 이씨가 아닌 정주 유씨 가문에서 왕비를 택했다). 선종의 왕비 셋이 모두 인주 이씨였음에도 이자의가 친조카를 즉위시키기 위해 모반을 꾀했다는 사실은 이미 가문 내부에서 권력 다툼을 벌일 정도로 인주 이씨의 세력이 거대해졌다는 것을 말해준다.

둘째 딸을 예종의 비로 집어넣으면서 그는 날개를 달았고, 1122년 예종이 죽고 외손자가 왕위에 올라 인종仁宗(재위 1122~1146)이 되자 그는 비상을 시작했다. 그 첫 번째 작업은 그동안 그를 시기해온 정적들을 제거하는 일이었다. 그는 조정 대신 50여 명을 싹 쓸이하고 무소불위의 권좌에 올랐다.

그러고도 마음이 놓이지 않은 이자겸은 안전장치로 셋째 딸과 넷째 딸을 인종의 비로 집어넣었다. 인종으로서는 이모들을 아내로 맞아들인 격이지만 외할아버지이자 장인이 된 이자겸에게 찍소리도 할 수 없는 처지였다. 이자겸이 지군국사로 자처하기 시작한 것은 바로 이 시기부터다.

말이 지군국사일 뿐 이자겸은 사실상의 왕이었다. 죽은 자기 조상들에게 작위를 수여한다든가, 자기 생일을 인수절仁壽節(고려 왕의 생일을 가리키는 말)이라고 부른다든가, 왕을 자기 집에 불러들여 거기서 칙령을 내리게 한다든가 하는 행위는 왕이 아니면 할 수 없는 일이다. 심지어 그는 십팔자도참설十八子(즉 '李'씨가 왕이 된다는 설인데, 한문에서 흔히 구사하는 파자破字를 이용한 개그다)마저 믿었으니 실제로 왕이 되려는 욕심이 있었음이 틀림없다. 만약 그의 의도대로 되었더라면 실제보다 3세기쯤 앞서 한반도에 '이씨' 왕조가 들어섰으리라(조선을 건국하는 이성계는 전주 이씨니까 관계는 없지만).

아무리 장인이자 외할아버지라 해도 인종은 이자겸이 노는 꼴을 더 이상 두고 볼 수 없었다. 때마침 1126년 이자겸의 전횡에 반대하는 대신들이 이제 열일곱 살이 된 인종에게 이자겸 일파를 제거하자고 부추겼다. 인종은 즉각 동의하고 비밀리에 음모를 꾸몄는데, 말하자면 왕이 반란을 획책하는 셈이니 왕의 체면도 말이 아니다. 그러나 이자겸은 국왕의 반란을 진압할 만한 물리력을 갖추고 있었다. 이자겸의 동업자이자 군사력을 담당한 인물은 바로 윤관의 부관으로 9성을 개척하는 데 공을 세운 바 있는 척준경이었다.

김찬, 안보린, 지녹연 등 왕당파는 문벌 세력이 나라를 쥐락펴락하는 데 반대하는 하급 무관들을 조직해 착실히 반란을 준비했다. 이윽고 거삿날을 맞아 그들은 궁성에서 봉기했는데, 기세는 태산을 울릴 듯했으나 정작으로 잡은 건 쥐꼬리뿐이었다. 겨우 척준경의 동생을 잡아 죽인 성과밖에 올리지 못한 것이다. 오히려 화가 난 척준경이 군사를 일으켜 왕의 반란을 진압하고 관련자들을 죽이거나 유배를 보냈다. 이 과정에서 궁성마저 불타 없어졌으니 인종은 이제 권력만이 아니라 집마저 잃은 비참한 국왕이 되었다. 자포자기로 그는 아예 왕위를 이자겸에게 넘기려 했으나, 아직 때가 아니라고 판단한 이자겸은 일단 왕을 연금했다. 기회를 보아 왕을 독살하고 자신이 즉위한다는 게 그의 시나리오다(실제로 그는 독살을 시도했으나 자신의 딸이 남편인 인종에게 알리는 바람에 실패로 돌아갔다).

그러나 꽉 막힌 사태를 푸는 열쇠는 물리력을 지닌 척준경에게 있었다. 그 점을 알아차린 최사전이라는 자가 다시 비밀리에 인종과 접촉해 척준경을 이자겸에게서 떼어내면 승산이 있을 것이라고 귀띔을 해주었다. 무장으로서는 뛰어나지만 단순무식한 척준경은 인종이 지난 일을 잊겠다고 말하면서 다독거리니 그만 넘어가버렸다. 결국 왕의 사주를 받은 척준경이 선수를 쳐서 이자겸 일당을 잡아들이는 것으로 왕의 반란이라는 기묘한 사건은 끝났다.

이자겸은 전라도 영광에 유배되었다가 곧 죽었다. 이로써 7대 80여 년에 걸쳐 고려 왕실의 외척으로 떵떵거리던 인주 이씨는 권좌에서 물러났다. 안타까운 것은 척준경의 운명이다. 이자겸과 왕당파 양측에 모두 일등공신인 척준경은 이듬해인 1127년 탄핵을 당해 유배되었다. 그는 토끼를 잡은 뒤 사냥개가 어떻게 되는지 온몸으로 체험했을 것이다.

비록 쿠데타를 성공시켜 '왕정복고'를 이루기는 했으나 고려 왕실의 권위는 땅에 떨어졌다. 상황이 이 지경까지 된 이유는 물론 왕실의 외척 세력이 지나치게 커진 탓이지만, 여기에는 단순히 고려의 내부 사정만 연관되어 있지 않다. 개국 초부터 사대의 대상이던 한족 왕조 송이 힘을 잃고, 현종 이래 고려의 상국으로 군림한 요가 멸망하는 일련의 국제적 격변은 동북아시아 지역 전체의 질서를 무너뜨렸고 고려의 권력 구조에도 큰 영향을 미쳤던 것이다. 그렇다면 동북아시아가 혼란 상태에 있는 한 고려의 진통은 이자겸 사태로만 그치지 않을 것이다. 과연 고려 왕실에는 곧이어 또다시 한바탕 회오리가 몰아닥친다.

북벌의 망상

척준경을 탄핵하는 일은 결코 쉽지 않았다. 이자겸이 제거되고 나서 잠시 척준경은 이자겸의 역할을 대신하는 듯했다. 비록 그는 이자겸의 파트너였다는 전과가 있기는 하지만 그가 신발을 거꾸로 신지 않았다면 왕정복고가 불가능했으므로 누구도 그의 전력을 문제 삼기 어려웠다. 인종 스스로가 애초에 그의 과거를 용서

하겠노라고 하지 않았던가?

그러나 성공한 쿠데타라고 해서 처벌할 수 없다면 쿠데타의 가능성은 언제나 열려 있는 셈이다. 언제든 정권이 바뀔 수 있는 나라가 제대로 된 나라일 수는 없다. 사람을 반쯤 죽여놓고도 치료만 해주는 것으로 면죄부를 받을 수 있다면 폭력은 끊이지 않을 것이다. 따라서 척준경은 언제, 어떤 방식으로든 제거되어야 했다. 그러나 누가 감히 고양이 목에 방울을 달 것인가?

그 일을 자원한 용감한 쥐의 이름은 정지상鄭知常(?~1135)이었다. 그때까지 그는 시인과 문장가로서는 꽤나 이름을 날렸으나 정치적 위상은 대단하지 않았다. 그런 그가 자칫하면 역공을 당할 수도 있는 위험을 무릅쓰고 척준경의 탄핵안을 올린 것은 자기 나름의 정치 이력을 건 승부수였을 것이다. 어쨌든 그 승부수는 통했다. 아직 열여덟 살의 청소년에 불과한 인종으로서는 외척 세력마저 잃은 터에 앓던 이를 빼준 그가 고맙고 미더울 수밖에 없었다. 왕의 후의에 힘입어 정지상은 일약 스타덤에 올랐다. 사실 그는 자기 고향인 서경(지금의 평양)에서 삼성三聖의 한 사람으로 꼽힐 만큼 유명세를 떨치는 인물이었다.

삼성이란 세 성인이라는 뜻일 텐데, 나머지 두 명의 성인은 누굴까? 일관日官(점술 관원)*을 맡고 있는 백수한白壽翰(?~1135)과 승려인 묘청妙淸(?~1135)이 그들이다. 셋이 똑같은 성인이지만 이 '성인 삼총사의 지휘자'는 묘청이었다. 이들의 나이는 밝혀지지 않았으나 정지상과 묘청은 연배와 위상이 비슷했던 듯하고, 백수한은 묘청을 스승처럼 받

* 지금 관점으로 보면 관직에 점술을 맡은 직책이 있다는 게 터무니없지만, 그 시대에 일관은 제법 요직이었다. 그나마 삼국시대에는 백제의 경우 일관부라는 관청이 있을 정도로 요직이었다가 고려시대에 들어 위상이 다소 낮아진 것이다. 일관은 천체의 변화를 통해 점을 쳤으므로 천문학적 지식을 가지고 있었고, 또 실제로 천문학의 발달에 기여하기도 했다. 조선시대에는 관상소(觀象所)라는 이름의 관청이 있어 소속 일관들이 점술만이 아니라 기상예보도 담당했다.

드는 위치였던 듯하다(묘청은 풍수지리설과 도참설의 대가로 이름이 높았으니 일관인 백수한은 그에게서 배운 것을 자신의 직무에 요긴하게 써먹기도 했을 것이다). 정지상이 백수한을 천거하고 두 사람이 다시 묘청을 적극적으로 천거함으로써 묘청은 드디어 인종의 관심을 끌게 되었다.

그런데 이 서경 삼총사의 행보는 다분히 저의가 수상쩍었다. 고려의 수도를 자신들의 텃밭인 서경으로 옮기려는 것이었기 때문이다. 그러자면 인종을 움직여야 했고, 왕에게도 천도가 도움이 된다고 주장해야 했다. "개경은 기가 쇠하고 궁궐마저 불탔으나 서경은 왕기王氣가 있으니 도읍을 옮겨야 한다." 이게 그들의 근거였다. 마침 이자겸의 반란이 있었던 데다 집도 잃어 개경에 신물이 난 인종은 그들의 설득에 솔깃했다.

왕의 태도에서 가능성을 읽은 묘청은 일단 천도 준비를 서둘렀다. 1128년 말에 서경의 명당자리를 골라 석 달 동안 토목공사를 벌인 끝에 대화궁을 지었다. 혹한기를 무릅쓴 강행군이라서 공사에 동원된 백성들의 원성을 좀 샀지만, 어차피 고려의 수도가 서경으로 옮겨온다면 그 원성은 곧 갈채로 바뀔 터였다. 대내적으로는 추락할 대로 추락한 왕권, 대외적으로는 오랑캐인 금에 사대하는 치욕, 점차 인종의 마음은 그런 사태의 해결책이 천도에 있다는 쪽으로 기울었다. 묘청은 지덕地德이 강한 서경으로 천도하면 왕의 권위를 회복하는 것은 물론 금도 저절로 항복하고 천하를 통일할 수 있다고 말하지 않는가?

오늘날 같으면 미신으로 일축해버리겠지만 풍수지리와 도참설이 강력한 힘을 발휘하던 시기였으니 그런 묘청의 주장이 먹혀든 것도 충분히 이해할 수 있는 일이다. 하지만 당대에도 묘청 일파의 주장을 정치적으로 독해할 근거는 충분했다. 게다가 초보적인 형식논리학은 누구나 알고 있었다. 풍수지리설이 아무리 과학적 근거와 무관하다고 해도 자체 근거에 모순이 생기면 유지될 수 없는 게 상식이다.

우선 대화궁을 준공했는데도 금은 항복하지 않고 천하는 전혀 통일될 조짐을 보이지 않는다. 게다가 완공된 대화궁에 벼락마저 떨어지는 불미스런 사태가 일어난다. 엎친 데 덮친 격으로 인종이 대화궁을 보러 서경으로 행차하던 중 폭풍우가 몰아닥쳐 마부와 말이 쓰러져 죽는 천재지변이 잇따른다. 풍수지리가 전공인 묘청이 풍수지리를 예측하지 못한다는 것은 바로 논리적 모순이다.

그렇잖아도 천도에 반대하고 싶었던 개경 귀족들은 기회를 잡았다. 그들의 우두머리는 정지상과 학문과 명성에서 필생의 라이벌을 이루며 사사건건 대립하던 김부식金富軾 (1075~1151)이었다.● 그동안 분위기에 눌려 입을 열지 못한 그들은 오히려 정적의 주 무기인 풍수지리 현상을 이용해 일제히 천도를 성토하고 나섰다. 결국 그들의 서슬에 눌린 인종은 천도를 포기하고 말았다. 그동안 외할아버지이자 장인의 꼭두각시에 불과했던 젊은 왕에게 확고부동한 정치적 결단력을 요구하기는 무리였을 것이다.

다 된 밥에 코 빠뜨린 격이 된 묘청 일파는 전략을 급히 수정했다. 어차피 고려의 국왕은 상징일 뿐 실세는 아니다. 따라서 그 상징을 서경으로 옮길 수 없다면 새로운 상징을

● 김부식과 정지상은 여러모로 대비되는 인물이다. 정지상은 과거를 통해 관직에 오른 만큼 기본적으로는 유학자였으나 불교와 역학, 풍수지리에도 통달한 팔방미인인데다가 어린 시절에 이미 뛰어난 시를 지어 세인들을 놀라게 했고 그림에도 능했다. 이에 반해 김부식은 전통적 세력 가문인 경주 김씨 출신으로 어렸을 때부터 유학을 중심으로 한 정통 엘리트 코스를 밟아온 학자였다. 김부식은 정지상을 비정통적인 잡학의 대가라고 비난하면서도 내심으로는 그에게 열등감을 느꼈을 것이다. 마침 이자겸이 숙청되면서 왕실의 외척 세력이 힘을 잃은 때였으니, 정지상과 김부식이 각각 서경 세력과 개경 세력을 대표하면서 차세대 정치를 이끌 리더로서 대립하기에 알맞은 상황이었다.

만들면 된다. 이제 서경은 천도의 자리가 아니라 새 도읍의 자리다. 새 전략에 따라 1135년 묘청은 아예 서경에서 딴살림을 차리기로 결심했다.

묘청은 우선 개경에서 파견된 서경의 관리들을 잡아 가두고, 자비령 이북의 길목을 차단했다. 그런 다음 북부의 전군을 서경으로 불러모으니 제법 나라꼴이 났다. 그렇다면 나라 이름이 없을 수 없다. 그래서 묘청은 대위大爲라는 국호와 천개天開라는 연호를 정했다. '크게 된다'는 국호에 '하늘이 열린다'는 연호를 정했으니 그의 포부가 얼마나 거창했는지 알 수 있다. 더구나 고려왕조도 독자적으로 사용하지 못하는 연호를 사용했으므로 이제 대위는 왕국의 수준이 아니라 어엿한 제국이다. 과연 묘청은 칭제건원稱帝建元(황제를 칭하고 연호를 정함)을 넘어 자신의 군대를 '하늘이 내린 충성스런 군대', 즉 천견충의군天遣忠義軍이라고 부르면서 마음껏 호기를 부렸다.

묘청은 새 나라를 세운 것이었으니 반란이 아니라고 하겠지만, 고려왕조로 볼 때는 명백한 반란이다. 그래서 역사에는 이 사건이 묘청의 난이라고 기록되었다. 사실 묘청은 거사 소식을 당당하게 고려 조정에 전했으며, 국호와 연호를 제정하고 칭제까지 했으면서도 직접 황제나 왕을 자칭하지도 않았고, 별도로 왕을 옹립하지도 않았다. 인종의 마음이 돌아설 여지를 남겨두었을 것이다.

그러나 인종은 개경파의 우두머리인 김부식의 수중에 있었다. 그는 즉각 왕에게서 평서원수平西元帥, 즉 서경을 평정하기 위한 총사령관이라는 직함을 받고 토벌군을 조직했다. 문관으로서 졸지에 지휘관이 되었지만 김부식은 노련했다. 맨 먼저 그가 한 일은 묘청이 서경에서 그랬듯이 개경에 있는 서경의 스파이들을 잡아 죽이는 일이었다. 묘청이 급작스럽게 거사한 탓에 미처 서경으로 도피하지 못한 정지상과 백수한은 김부식에게 잡혀 처형당하고 말았다. 이제 삼성은 '일성一聖'으로 줄었다.

묘청의 기대와는 딴판으로, 김부식이 이끄는 '성인 토벌군'은 서경으로 북상하면서 오히려 주변의 호응을 얻었다. 민간의 눈으로 볼 때 묘청의 거사는 역시 건국이 아닌 반란이었던 것이다. 서경이 토벌군에게 포위되자 묘청의 세력 내부에도 이반이 일어났다. 급기야 묘청의 심복이었던 조광趙匡이라는 자는 과격하게 항복 의사를 표명했다. 자신의 목숨을 건지기 위해 묘청을 비롯한 수뇌부를 살해한 다음 그들의 머리를 관군의 진영에 보낸 것이다. 건국한 지 몇 개월밖에 안 된 '신생국'에서 반란이 일어난 격이다. 그러나 조광의 기대와는 달리 '선물'을 들려 보낸 그의 사신은 토벌군에게 잡혀 투옥되었다. 뒤늦게 판단 실수를 후회한 조광은 그때부터 비타협적인 투쟁을 전개했는데, 그래도 1년이 넘도록 항전했으니 수뇌부가 건재했더라면 어떻게 되었을지 모를 일이다. 결국 1136년 2월 서경이 토벌군에게 함락되면서 묘청의 난은 대단원의 막을 내렸다.

대위를 건국하면서 묘청은 칭제건원만이 아니라 북벌까지 주장했다. 이 점에서는 고려 왕실보다 오히려 묘청이 서경을 중시하고 북방 이민족을 배척하라고 가르친 훈요십조에 더 충실했던 셈이다. 아울러 그것은 옛 고구려를 계승한다는 건국이념에도 부합된다. 이런 사실 때문에 민족사학자 신채호는 묘청의 난을 '조선 역사 1000년 동안 최대의 사건'이라 부르기도 했다.* 하지만 과연 그럴까?

물론 묘청의 일정에 북벌이 올라 있었던 것은 사실이다. 그러나

● 신채호는 묘청의 난을 매우 자주적이고 진취적인 사건으로 보았다. 그는 이 사건을 낭불양가(郎佛兩家: 낭가(郎家)란 한반도의 토착 사상을 가리킨다) 대 유학 세력의 싸움이며, 독립당 대 사대당, 진보파 대 보수파의 대결이라고 규정하면서 묘청의 실패를 무척 아쉬워했다. 여기서 민족주의 세력이 패배하고 사대주의 세력이 승리함으로써 이후 한반도는 기나긴 사대주의의 터널에 빠져들었다는 이야기다. 그러나 지금까지 보았듯이 한반도 역대 왕조들은 처음부터 사대주의로부터 자유롭지 못했다. 한반도의 사대주의는 짧게 잡아 648년 '사대주의 원년'부터 시작되며(249~250쪽 참조), 길게 잡으면 단군 이래, 즉 유사 이래로 지속된 현상이다. 신채호의 의도는 충분히 존중할 수 있지만 그가 묘청을 반(反)사대주의의 기수로 본 것이나 사대주의가 묘청의 난 이후에 시작되었다고 여긴 것은 다 옳지 않다.

그것을 어느 정도까지 진실로 볼 수 있을까? 의도가 있고 그 의도를 표방한다고 해서 무조건 진실이 되는 것은 아니다. 우선 묘청은 서경마저 제대로 장악하지 못했으니 북벌을 추진할 능력이 전혀 없었다. 따라서 북벌은 다분히 그의 정치적 슬로건에 불과하다고 보아야 한다.

그런 사실은 북벌론 자체에서도 확인할 수 있다. 고려를 억압하는 금과 싸우겠다는 자세는 일단 민족적이고 애국적이며 진취적이라고 할 수 있겠지만, 과연 당시 동북아시아를 제패한 게 금이 아니었다면 묘청이 그런 슬로건을 내걸 수 있었을까? 바꾸어 말해 중국의 한족 왕조인 송이 동북아시아 질서의 중심이었다면 그가 그렇듯 '자주적인' 입장을 취할 수 있었을까?

묘청이 북벌의 망상을 품은 데는 필경 송(북송)이 멸망하고 동북아시아 지역이 '오랑캐' 세상으로 바뀌었다는 현실 인식이 크게 작용했을 것이다. 그렇다면 묘청의 입장은 결코 사대주의에서 벗어난 게 아니라 중국 한족 왕조에 대한 변함없는 사대주의에서 나온 것이라고 보아야 한다(2권에서 보겠지만 이런 허망한 북벌론은 17세기에 여진의 후예인 만주족의 청 제국이 중국 대륙을 정복한 뒤 조선의 조정에서도 제기된다).

《삼국사기》 미스터리

묘청이 자랑스러운 독립당이 아니라 '위장한 사대당'이었다는 사실은 신채호 같은 민족사학자만이 아니라 오늘날 우리에게도 실망스러운 일이다. 그러나 당시 사대주의의 핵심 인물은 물론 묘청이 아니라 김부식이었다.

묘청의 난을 평정한 김부식은 그야말로 팔자가 늘어졌다. 이자겸의 몰락으로 외척 세력이 제거되고, 묘청의 몰락으로 서경의 라이벌이 뿌리 뽑히면서 이제 세상은 개경 귀족들의 것이 되었다. 게다가 그 와중에 김부식은 정지상이라는 학문적 라이벌이자 최대의 정적도 제거했고, 반란 진압의 공로로 최고위 중앙 관직인 문하시중의 자리까지 따냈다.** 당대의 그는 시중으로서 더 이름을 떨쳤겠지만 후대에 그를 더 유명하게 만든 것은 1145년 인종의 명을 받아 열 명의 학자들을 거느리고 편찬한 《삼국사기》다.

《삼국사기》는 고구려, 백제, 신라의 고대 삼국에 관한 정사正史로서는 유일한 책이다. 그런 만큼 귀중한 문헌적 가치를 지니고 있지만, 유교적 세계관과 사대주의 사관史觀에 바탕을 둔 탓에 후대 학자들의 비판도 많이 받았다. 그 비판의 논지는 시대에 따라 달라지는데, 지금은 사대주의가 심하다고 여기는 게 보통이지만 조선시대에는 오히려 사대주

●● 묘청의 난이 일어나자 정지상을 즉각 살해한 데서도 보듯이 김부식은 '점잖은 유학자'답지 않게 정적을 제거하는 데 능한 '정치적' 인물이었다. 묘청의 난을 진압할 당시 자신의 부관이었던 윤언이(尹彦頤, 1090~1149)를 제거한 것에서도 그의 술책을 볼 수 있다. 윤관의 아들인 윤언이는 평소에 자기 아버지가 쓴 의천의 비문을 김부식이 마음대로 뜯어고친 것에 불만을 품고 있었는데, 인종 앞에서 《주역》을 놓고 벌인 논쟁에서 김부식을 능가하는 논리로 깊은 인상을 남겼다. 그랬으니 김부식에게 미운 털이 박힌 것은 당연했다. 묘청의 난이 일어나자 김부식은 윤언이가 정지상과 내통했다고 몰아붙여 지방 관직으로 몰아냈다(가문으로 따지면 고려와 조선 두 시대에 걸쳐 권문세가를 이룬 파평 윤씨가 경주 김씨에 밀려 잠시 수난을 겪은 시기다). 윤관의 비운이 아들에게도 이어진 셈인데, 유능하고 충직한 인물이 시기를 받아 몰락하는 것은 우리 역사에서 흔히 보는 현상이다.

의적 색채가 부족하다는 비판을 받았다. 어쨌든 사관을 둘러싼 평가에 관해서는 널리 알려져 있으니 새로울 게 없다. 사실 그보다 더 중요한 점은《삼국사기》의 편찬 과정에 관련된 두 가지 미스터리다.

첫째,《삼국사기》의 편찬 시기다. 왜 하필 삼국이 멸망한 지 무려 500년이 지났고 통일신라가 멸망한 지도 200년이나 지난 시점에 삼국을 다룬 '공식' 역사서가 편찬된 걸까? 앞서 말했듯이 중국의 경우 새 왕조가 들어서면 50~100년 이내에 전 왕조에 관한 역사서를 편찬하는 게 관례다. 그런 중국의 전통을 익히 알고 있었을 고려 왕실에서《삼국사기》를 뒤늦게 편찬하게 된 이유는 무엇일까? 나라의 기틀을 만드느라 바빴던 탓일까? 그러나 그렇게 바쁜 중에도 새 왕이 즉위했을 때 전 왕의 치세에 관한 '실록'은 꼬박꼬박 챙겼을 뿐만 아니라 현종 때에는 태조에서부터 목종까지 일곱 왕의 치세를 정리한《7대실록七代實錄》까지 편찬한 것을 보면 여유가 없었기 때문은 아니다.

정확한 사유는 기록에 전하지 않지만 추측해볼 수는 있다. 삼국의 역사를 정리하는 작업이 수백 년이나 늦어진 이유는 일찍이 신라가 삼국 통일을 이룬 다음 고구려와 백제의 역사서를 편찬하지 않은 이유와 같은 게 아니었을까? 앞서 보았듯이 당시 신라는 중국의 군현이라는 처지였으므로 멸망한 두 나라의 역사를 정리할 권리도, 의지도 없었다. 초기의 고려 역시 중국을 섬기는 입장이었으니 삼국의 역사를 정리할 권리도, 의지도 없었던 게 아닐까?

그렇다면 건국한 지 200년이나 지나서 새삼스럽게 삼국의 역사서를 편찬할 마음을 먹게 된 이유도 분명해진다. 우선 중국의 송

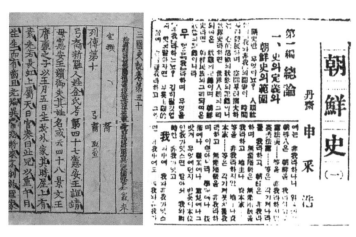

라이벌 역사서　유교사관, 사대주의, 신라 중심주의로 왜곡된 역사서? 현존하는 가장 오래된 정사(正史)? 《삼국사기》의 이 두 측면 중에서 일제 식민지 시대의 언론인이자 민족사학자인 신채호는 첫 번째 측면에 관해 통렬하게 논박했다. 왼쪽이 《삼국사기》이고, 오른쪽이 신채호가 연재를 시작한 '조선사'다. 신채호의 글은 해방 후 《조선상고사(朝鮮上古史)》라는 제목으로 출간되었다.

(북송)이 멸망했으니 이제 고려는 사대의 대상을 잃었다. 더구나 중국의 중심인 중원을 오랑캐인 금이 차지하면서 고려는 이제부터 모든 일을 독자적으로 처리해야 한다는 자각이 생겼을 것이다. 그전까지 몰랐던 삼국에 관한 역사서의 필요성을 느끼게 된 것은 그런 배경에서였을 것이다(인종에게 《삼국사기》를 편찬하도록 압력을 가한 인물이 당시 금의 황제인 희종이었다는 설도 있는데, 충분히 가능한 이야기다. 금의 입장에서도 고려가 송에 대한 사대 관계에서 벗어나도록 유도하는 게 유리했을 테니까). 나중에 살펴보겠지만 17세기 청나라가 중국을 정복한 뒤 조선에서 주체화가 시작되고 실학이 발달하게 되는 배경과 마찬가지다.

　둘째, 《삼국사기》의 편찬에 사용된 사료다. 소설을 쓰려 한 게 아니라면 당연히 편찬자들은 당대까지 전해지던 고대 삼국의 사료를 참고했을 것이다. 실제로 삼국의 건국 시기는 김부식에게도 무려 1000년 이상의 까마득한 옛날이었으니 사료가 없다면 편찬할 엄두도 낼 수 없다. 그는 책의 서문에서 중국 사서를 참고했다고 밝혔는데, 물론 그랬을 것이다. 그러나 중국의 역사서만으로 삼국의 역사를 구성하기란 불가능한 일이다. 중국의 역대 제국들은 예외 없이 한반도만이 아니라 중국 주변의 모든 민족과 나라를 '중국의 변방'으로서만 인식하고 있었으므로 당연히 그 변방에 관해 상세한 기록을 남기지는 않았다.• 중국 사서만 참고했다면, 예컨대 "대무신왕 4년 12월에 왕이 군사를 내어 부여를 쳤다."라든가 "고이왕 3년 10월에 왕이 사냥을 나가 사슴 40마리를 잡았다."라는 식의 상세한 연대적 기록이나, 삼국의 인물들을 다룬 열전列傳 부분은 도저히 서술될 수 없다.

그러므로 《삼국사기》를 편찬하는 데는 중국 사서보다도 그때까지 전해 내려오는 고유의 기록이 더 큰 역할을 했을 것이다. 아닌 게 아니라 김부식은 《삼국사기》의 곳곳에서 《해동고기海東古記》, 《삼한고기三韓古記》, 《신라고기新羅古記》, 《신라고서新羅古書》 같은 옛 기록[古記]에서 인용한 부분을 싣고 있다. 하지만 삼국의 왕계에 관해 연도까지 자세하게 다루고 있는 것을 보면(물론 앞서 2세기에 관한 기록에서 보았듯이 연도가 틀린 경우도 많지만), 그는 그런 고기들 이외에도 삼국에 관한 어느 정도 체계적인 역사서들도 참고했을 가능성이 크다(그것들은 삼국이 직접 편찬한 고구려의 《신집》, 백제의 《서기》, 신라의 《국사》 같은 문헌들이었을 것이다).

그런데 문제는 그 기록들이 모두 후대에는 전하지 않는다는 사실이다. 김부식이 《삼국사기》를 편찬한 뒤 그 기록들은 얼마 안 가서 폐기 처분된 듯하다. 그렇다면 혹시 그는 《삼국사기》를 편찬하고 나서 그 옛 기록들을 '공식적으로' 없애버린 것은 아닐까? 일종의 12세기 고려판 '분서갱유'가 아니었을까?

김부식이 아니라면 또 하나의 범인은 조선왕조로 추측할 수도 있다. 《삼국사기》가 간행된 뒤에도 일부 기록들은 남아 있었고, 이규보나 일연 같은 고려 말의 문인들은 그것들을 참조하기도 했다. 그렇다면 조선왕조의 개국 초에 옛 기록들에 대한 대대적인 폐기 작업이 실행된 것은 아닐까? 어쨌거나 만약 그런 '역사적 범행'이 실제로 있었다면, 두 용의자(김부식과 조선왕조) 모두 동기는 똑같다. 유학적 사관과 사대주의적 관점에서 보면 한반도의 독자적인 역사서들을 '공식' 역사서로 간주할 수 없었을 테니까.

6부

표류하는 고려

:
:
:
:
:
:

중앙집권화를 이루지 못한 대내적 문제와 시대착오적인 중화 세계의 일원으로 남으려 한 대외적 문제는 결국 고려 사회의 붕괴를 앞당긴다. 내부 문제는 무신정변을 불러 때 이른 '군사독재'를 성립시키고, 외부 문제는 거란-여진에 이어 새로이 비중화 세계의 선두 주자로 부상한 몽골 제국의 침략을 불러 한반도 역사상 최초의 식민지 시대를 연다. 몽골이 한 세기 동안의 지배를 마치고 물러가면서 고려는 부활의 기회를 잡았으나, 중국에 명이 성립한 것을 새로운 가능성으로 파악한 신진 사대부들은 다시금 중화 세계의 낡은 우산 밑으로 기어든다.

16장

왕이 다스리지 않는 왕국

쿠데타의 조건

강감찬, 서희, 윤관, 김부식의 공통점은 무엇일까? 모두 위기에 처한 고려를 구해낸 명장들이다. 하지만 그 답은 옳기도 하고 그르기도 하다. 위기의 국가를 구한 것은 사실이지만 '명장'은 아니기 때문이다. 그들은 모두 무관이 아닌 문관이다. 따라서 명장과 졸장을 구분하기 이전에 그들은 '장수'가 아니었다. 이렇듯 문관이 안팎에서 벌어진 전란의 해결사로 역사에 이름이 남았다면 뭔가 사연이 있을 터이다.

960년에 송 제국을 세운 조광윤은 자신이 후주의 절도사라는 무관의 신분으로 새 왕조를 건국했기에 처음부터 문치주의를 앞세웠다. 그 이유는 명백하다. 5·16군사쿠데타를 성공시킨 박정희는 1963년 대통령에 출마하기 위해 군대에서 전역하면서 "두 번 다시는 나와 같은 불행한 군인이 나오지 않기를 바란다."라고 말했는데, 1000년 전 중국의 조광윤도 마찬가지 심정이었다. 행여 다른 절도사가 자신의 흉내를 내면 안 될 테니까. 이런 중국의 분위기는 그대로 한반도의 고려에 전해졌다. 광종이 노비안검법을 시행해 호족들의 군대 조직을 약화하고 과거제를 도입해 관료 사회를 앞당기고자 한 게 바로 그런 문치주의의 일환이다.

문제는 정권을 유지하려는 의도가 지나친 나머지 문무의 균형을 고려하지 않았다는 점이다. 과거의 과목에 무과가 없다는 게 그 증거다. 앞에서 보았듯이 과거에서 가장 중요한 과목은 이른바 양대업兩大業이라 부른 명경과 제술이다. 오로지 글을 읽고 쓰는 것만 중시된 것이다. 사실 호족 세력이 강력했던 초기 고려의 상황에서는 과거에 굳이 무과를 포함할 필요가 없었다. 모든 무장은 지역의 지배자인 호족의 휘하에 있으면서 그 호족을 왕처럼 받들고 있었기 때문이다. 따라서 중앙정부에 필요한 군사력 이외에 특별히 무관을 둘 이유가 없었다.

그러나 호족 세력이 약화되고 왕권이 강화되면서, 바꾸어 말해 고려가 중앙집권적 왕국의 모습을 취하기 시작하면서 사정은 달라졌다. 현실은 변하는데 제도는 변하지 않는다. 몸은 자라는데 옷은 바뀌지 않는다. 그 점을 감지한 예종이 1109년 과거에 무학재武學齋라는 명칭으로 무과를 도입해 새 옷을 맞추어주었으나 얼마 못 가서 인종 때인 1133년에 다시 낡은 옷을 걸쳤다*(무과가 부활하는 것은 조선시대의 일이다). 이런 제도에서 무관이

● 이렇게 수구적인 자세로 되돌아간 데는 이자겸과 척준경이 남긴 후유증이 한몫했을 것이다. 이자겸의 난을 진압하고 척준경마저 제거하고 난 뒤 인종과 개경 귀족들은 유학 국가 체제만이 살 길이라 믿고 소폭의 체제 개편을 실시했다. 각 지방의 주현에 향학(鄕學)이라는 유학 교육기관을 세우고 서적소를 설치해 유학자를 체계적으로 길러내고자 했다. 말하자면 난리를 겪고서 문치주의 경향을 더욱 강화한 것인데, 그 마무리 작업이 바로 예종이 도입한 무과를 폐지한 조치다.

올라갈 수 있는 최고 관직은 상장군上將軍이었으나 이것은 정3품의 벼슬일 뿐이니 2품 이상은 꿈도 꿀 수 없었다. '무관'이 되지 못하는 무장은 전투 기술자 또는 싸움꾼일 따름이었다.

그나마 생활의 안정이라도 보장된다면 관직의 꿈은 포기할 수도 있다. 하지만 문신들이 지배하는 세상에서는 그것마저 불안하다. 무신의 봉급은 그들에게 주어진 영업전永業田이라는 토지다. 군인들은 현직에 있는 한 영업전의 수조권을 가지고 있었고, 죽은 뒤에도 식구 중에 군인직을 승계하는 자가 있으면 이 권리를 세습할 수 있었다(직업[業]을 계속하는 한 영구히[永] 소유할 수 있다는 뜻에서 이름이 영업전이다). 전란이 많았던 초기에 군인의 역할이 컸던 만큼 당연히 영업전의 수혜 폭은 확대되어야 했다. 그러나 현실은 오히려 그 반대로 굴러갔다.

그 예로, 거란의 침략을 받은 현종 때 변방에서 공을 세운 상장군 김훈金訓(?~1015)과 최질崔質(?~1015)은 내심 문관 승진을 기대했다(무관은 정3품이 한계니까 그 이상을 원하면 문관이 되어야 한다). 그러나 기득권층인 문관들은 전혀 그들을 승진시켜줄 마음이 없는 데다, 현종은 나라를 지키는 데 유교와 불교의 힘(문묘종사와 대장경)이 군인들의 힘보다 더 낫다고 믿었다. 가뜩이나 불평과 불만이 팽배한 그들에게 좌절을 넘어 분노를 안겨준 사건은 1014년에 문관들이 경군京軍(수도 경비군)의 영업전을 빼앗아 부족한 문관들의 녹봉에 충당하기로 결정한 일이다. 오늘날로 치면 국방비를 빼다가 공무원 연금으로 전용한 격이다.

더 이상 잃을 것이 없었던 김훈과 최질은 군사를 거느리고 궁성에 쳐들어가 그 정책을 지휘한 문관들을 잡아 죽이고 권력을 장악했다. 그러나 그 최초의 군사 쿠데타는 5개월 만에 막을 내렸다.

서경의 책임자인 왕가도王可道(?~1034)가 서경에서 파티를 열고 현종과 쿠데타 세력을 초대한 다음 거기서 그들 일당을 도륙해버린 것이다(이처럼 개경이 쿠데타 세력에 넘어가도 서경이 또 다른 수도로 기능할 수 있었기에 묘청의 난도 가능했다).*

새는 좌우의 날개로 날듯이 국가가 돌아가려면 문무의 날개가 필요하다. 그런데 위기를 넘기고서도 근본적 문제를 해결하려는 노력은 없었다. 그렇다면 같은 사태가 또 발생할 것은 필연이다. 하지만 곧이어 사태가 터지지는 않았다. 거란의 침략이 끝나고 군인의 필요성이 줄어들면서 일단 그 모순이 유예된 것이다. 윤관의 9성 문제로 잠시 여진과의 다툼이 벌어졌을 때도 전쟁으로 확대되지 않고 금과의 형제 관계가 군신 관계로 우호가 업그레이드되면서 다시 모순은 잠복했다.

대외적인 문제가 일단락된 이후 이자겸과 묘청의 반란이 없었다면 그 모순이 곧바로 발동했을 것이다. 군인들은 여전히 제 몸값을 받지 못하고 있었고, 여러 차례의 전란을 치르면서 점차 발언권이 커졌기 때문이다. 결국 그 두 사태가 끝난 뒤 이윽고 모순이 모습을 드러냈다. '군사 쿠데타'의 조건은 충분히 숙성되었다. 다만 이자겸의 난으로 외척을 제거하고 묘청의 난으로 서경 세력을 제거한 뒤 독주 태세를 갖춘 개경 귀족들만 그런 분위기를 모르고 있을 뿐이다.

* 만약 집권에 성공한 김훈과 최질이 좀 더 침착하게 새 체제를 준비했더라면 무신 정권의 시대가 더 일찍 왔을지도 모른다. 하지만 권력에 굶주린 그들은 바로 전까지 그들이 증오하던 문신들과 똑같이 행동했다. 그들은 상참(常參: 매일 아침 왕을 배알할 수 있는 고위직 관리) 이상의 무관이면 문관을 겸할 수 있게 했을 뿐 아니라, 업무의 특성상 문관이 담당해야 하는 사법 기구인 어사대에도 무관들을 참여시켰다. 결국 그들은 분풀이만 했을 뿐 새 시대를 열 능력이 전혀 없었다.

무심한 청자　나라가 안팎의 위기를 맞았어도 문화는 무심하게 발달한다. 왼쪽은 11세기 초반에 등장한 비색청자이고, 오른쪽은 그 직후에 제작되기 시작한 상감청자다. 오늘날까지도 세계적으로 예술성을 인정받는 청자가 탄생한 시기였지만, 그 배경에는 개경 귀족의 흥청거리고 사치스런 생활이 자리하고 있었다.

한 세기를 끈 쿠데타

역사적 대형 사건은 대개 사소한 계기 때문에 발생하는 경우가 많다. 그 사건의 근본적인 원인과 배경은 오랜 기간에 걸쳐 숙성된 것이지만, 실제로 일이 터져 나오는 계기는 필연이라기보다는 우연이다. 기원전 264년 시칠리아의 작은 도시 메시나가 시라쿠사와의 다툼으로 로마 원로원에 구원 요청을 하지 않았더라면 포에니 전쟁은 일어나지 않았을지도 모른다. 303년 서진의 사마염이 흉노 족장 유연을 팔왕의 난에 끌어들이지 않았다면 중국의 남북조시대는 없었을지도 모른다. 물론 그런 계기들이 없었다 해도 기원전 3세기에 로마는 어차피 지중해 세계를 통일했을 테고, 4세기에 중국은 오랜 분열기로 접어들었을 것이다. 그러나 계기로만 보면 지극히 사소할 뿐 아니라 당시 그 계기를 만든 자들은 그런 결과가 빚어질지 미처 알지 못했다.

1170년부터 1270년까지, 정확히 100년간 고려 후기의 역사를 장식한 무신 정권도 지극히 사소한 계기로 터져 나왔다. 아버지 인종이 치세 내내 이리저리 치이며 고생한 것을 잘 알고 있는 의종毅宗(재위 1146~1170)은 개경 귀족들과 결탁하는 것만이 왕권과 중앙집권을 강화하는 길이라고 굳게 믿었다. 또한 개경 귀족들 역시 막 손에 쥔 권력을 계속 독점하기 위해서는 국왕을 형식적인 정점으로 하는 사대부 지배 체제를 굳혀야 한다고 믿었다. 의종은 팔관회를 장려하고 서경을 다독거리는 등 전통적인 사회 요소들을 끌어안기 위한 노력도 게을리하지 않았으나, 기본적으로는 완벽한 유학 국가의 수립을 목표로 삼았다. 고려의 건국 이후 200년 동안 끊이지 않은 내외의 전란과 혼란은, 어찌 보면 유학 국가를 낳기 위한 진통이었다. 그 모든 고통이 사라진 지금 의종과 개경 귀족은 국왕과 사대부가 아름다운 조화를 이루는 유학 국가의 정당한 지배계급이다.

이런 공동의 이해관계와 더불어 개인적으로도 학문을 사랑했던 의종은 여러모로 개경의 문신 세력과 죽이 잘 맞는 군주였다. 그의 불행은 사태를 지나치게 낙관한 데서 비롯되었다. 열아홉 살에 즉위해 마흔셋이 될 때까지 24년간이나 모든 일이 순조로웠다. 지난 시대의 혼란은 아버지 대에서 모두 끝난 듯싶었다. 1170년 한여름에 즐겨 다니던 보현원이라는 유원지에 문신들과 어울려 놀러 간 것은 그런 여유로움이었을 것이다.

왕과 군신의 행차에 호위 병력이 없을 수 없다. 전쟁과 내전의 시대가 지났으니 군대의 가장 주요한 임무는 바로 그런 행사를 호위하는 정도에 불과하다. 그런데 일행이 나들이의 중간 휴식처인 흥왕사를 향할 즈음, 그렇잖아도 손대면 터질 것만 같은 군인들의 가슴에 불을 지르는 사건이 터졌다. 의종의 명으로 호위병들은 수박手搏(태견과 비슷한 전통 무예인데 태견이 주로 발을 쓰는 데 비해 수박은 손을 쓴다) 시범을 보였는데, 여기서 사소한 사건이 일어났다. 나이 예순의 노장 이소응李紹膺(?~1180)이 젊은 병사와 겨루다가 넘어지는 모습을 보고 한뢰韓賴라는 젊은 문신이 그의 뺨을 치며 놀려댄 것이다. 일단 분을 삭이고 흥왕사에 도착한 호위대장 정중부鄭仲夫(1106~1179)는 즉각 이의방李義方(?~1174), 이고李高(?~1171) 등의 부하들을 불러 거사를 지시했다.●

최종 목적지인 보현원에 도착하자마자 호위병은 반란군으로 돌변했고, 놀이터는 도살장으로 바뀌었다. 정중부 일당은 문신과 환관 수십 명을 살해한 다음 놀이터 연못 속에 시신들을 던져버렸다. 즐거운 놀이를 기대한 문신들이 무신들의 놀잇감이 되어버린 것이다.

우연하고도 사소한 계기였으나 일단 사건이 터지자 무신들은 군인 특유의 기동력을

● 사실 정중부는 개인적으로도 이미 오래 전부터 문신들의 처사에 대해 분노를 품고 있었다. 천민 출신으로 오로지 자신의 힘으로 군직에서 성공한 그는 인종 때 김돈중(金敦中)이라는 젊은 문신에게서 수염을 촛불에 그슬리는 수모를 당한 일이 있었던 것이다. 당시 30대 후반이었던 정중부는 참지 못하고 김돈중을 기둥에 묶어놓고 겁을 주었는데, 오히려 그 사건으로 꾸지람만 들었다. 그도 그럴 것이, 김돈중은 왕조차 함부로 대하지 못하는 당대 최고 실력자인 김부식의 아들이었던 것이다. 인종의 중재로 벌은 간신히 면했으나 정중부로서는 결코 잊지 못할 치욕이었다. 1167년에도 김돈중은 의종이 행차할 때 호위병의 화살이 잘못해서 왕이 탄 수레에 맞는 사건이 일어나자 길길이 날뛰어 많은 무신을 귀양 보낸 일이 있었다. 이래저래 무신들에게 미운 털이 박힌 그는 결국 1170년 무신의 난이 일어나자 도망치다가 잡혀 죽었는데, "나 때문에 여러 사람이 화를 당했으니 나의 죽음은 당연하다."라는 말을 남겼다.

유감없이 발휘했다. 즉각 개경으로 달려가 나머지 문신들을 싹쓸이한 정중부 일당은 의종을 거제도로, 태자를 진도로 멀리 유배를 보내고 의종의 동생인 익양공을 왕으로 옹립했다. 그는 무신들이 세운 최초의 왕인 명종明宗(재위 1170~1197)이 되었다(명종은 형 의종에게 자기 궁을 빼앗긴 일이 있으니 내심으로는 그 사태가 반가웠을지도 모른다).

　무력으로 권력을 찬탈한 다음 반대파를 숙청하고 허수아비를 왕으로 세운다. 이것은 우리 현대사에서도 익숙한 군사 쿠데타의 전형적인 공식이다. 다만 쿠데타의 우두머리가 직접 권좌를 차지한 현대사의 쿠데타와 달리 12세기의 고려는 왕조 사회였기에 쿠데타 세력이 직접 왕위를 차지하지는 않았다. 그러나 철없는 문신의 사소한 손찌검으로 비롯된 무신 정권의 시대가 이후 100년이나 지속될 줄은 당시 누구도 몰랐을 것이다.

하극상의 시대 : 윗물

칼로 일어선 자 칼로 망한다. 우리 현대사에서 군사 쿠데타의 대명사인 박정희가 온몸으로 증명해준 격언이지만, 그의 까마득한 선배 격인 정중부도 그 철칙에서 벗어나지 못했다. 그래도 출발은 좋았다. 1953년 장성이 되고 나서 8년 동안 겨우 별 하나 늘렸다가 쿠데타 이후 2년 만에 별 두 개를 제 손으로 갖다 붙인 게 박정희라면, 정중부 일당은 한술 더 떠서 집단으로 초고속 승진을 했다. 품계로만 보면 초고속 승진이 아닐지도 모른다. 정중부의 벼슬 자체는 종2품인 참지정사参知政事에 머물렀다. 그러나 그때까

지 무관에게는 '신성불가침'이던 2품의 관문을 뚫은 데다 참지정
사는 문관직이라는 데 큰 의미가 있다. 이제 무관이 오르지 못할
나무는 없어진 것이다.

하지만 예나 지금이나 쿠데타 정권의 근본적인 취약점은 정통
성의 결여다. 쉽게 말해 한 번 하극상이 용인되었으므로 그다음의
하극상을 막을 길이 없다는 것이다. 권위로 권력을 유지하지 못하
니까 모든 일에 힘을 앞세울 수밖에 없다.

그래도 정중부는 젊은 시절 호되게 당한 경험이 있는 데다 나이
도 있는 만큼 매사에 조심했다. 문관 최고직
인 시중 자리까지 욕심내지 않은 것도 그 때
문이다. 하지만 그의 신중한 태도는 부하들
에게까지 전달되지 못했다. 사실 쿠데타로
집권한 자가 비둘기처럼 군다면 별로 보기
좋은 모습이 아니다. 그 때문에 정중부는 점
차 상징적인 존재로 물러앉고 실권은 매파인
이의방과 이고가 장악하게 되었다(사실 쿠데
타를 모의하는 과정에서도 두 사람의 입김이 강했
다. 수박 놀이에서도 이고가 분을 참지 못하고 현장
에서 칼을 빼들려는 것을 정중부가 만류했다).

성질 급한 두 이씨가 마냥 사이좋게 지냈
다면 거짓말일 것이다. 일단 갓 태어난 정권
을 안정시킨다는 점에서는 이해관계가 일치
했으므로 초기에 그들은 중방重房을 사랑방
이자 오락실로 삼고 국정을 좌지우지하며 별
마찰 없이 지냈다.● 1171년 일부 문·무관들

● 중방은 원래 존재하던 군 지휘관들의 회
의기구였는데, 정중부의 난 이후 실질적인
최고 정치기구로 형질 변경되었다. 중방 정
치가 실시되면서 왕은 상징적인 존재로 물
러나고 상장군이 실권을 장악하는 묘한 '이
중권력'의 군사독재가 자리 잡았다. 흥미롭
게도 이 점은 때마침 같은 시기 일본의 정정
과도 비슷한 면이 있다. 12세기 중반 일본에
서는 천황의 권위가 무너지고 사무라이 가
문들끼리 치열한 내전을 벌였다. 여기서 승
리한 미나모토 가문의 요리토모가 1190년에
가마쿠라(도쿄 인근)에 최초의 바쿠후(幕府)
를 설치하고 세이이다이쇼군(征夷大將軍),
즉 쇼군(將軍)이 되면서 바쿠후 정치라는 무
신 정권 시대를 열었다(《종횡무진 동양사》,
237~243쪽 참조). 이후 일본의 바쿠후는
고려의 중방처럼 장군이 지배하는 최고 정
치기구로 군림했다. 또한 일본의 천황은 무
신 정권 시기 고려의 왕처럼 명맥은 유지하
면서도 무신들의 꼭두각시나 다름없는 상징
적인 존재로 전락했다. 이웃이지만 서로 교
류가 거의 없었던 두 나라의 묘한 일치다.

이 무신 정권을 처음으로 비판했을 때는 그들을 모두 잡아 죽여 '살벌한 우의'를 다지기도 했다. 문제는 한 둥지에 매 두 마리가 함께 살기에는 너무 좁다고 여기는 데도 의견이 일치했다는 점이다. 식구 수를 줄이기로 먼저 결심한 것은 이고였고, 선수를 친 것은 이의방이었다. 이고가 반란을 일으키려 한다는 첩보를 입수한 이의방이 먼저 궁성 밖에서 기다리다가 이고를 쇠망치로 때려 죽인 것이다.

이리하여 이의방이 권력을 독점하게 되었으나 여전히 중방을 유흥 시설로, 정치를 오락으로 이해하고 있는 그가 새삼스럽게 개과천선할 리는 만무하다. 더구나 정부 내에서 무신 정권에 대한 비판이 제기되었다는 사실은 당시의 전반적인 분위기를 반영하는 것이었음에도 이의방은 전혀 개의치 않았다. 딸을 태자비로 집어넣는 '고도의' 정치 행위를 감행할 수 있었던 것도 그런 무신경 덕분이다.

정부 바깥에서 무신 정권에 처음으로 도전한 인물은 김보당金甫當(?~1173)이었다. 문신으로서 동북병마사였던 그는 1173년 군대를 거느리고 남쪽으로 내려와 거제도에 유배되어 있던 의종을 받들고 거사했다. 전직 왕이자 현직 왕의 형이 현직 왕을 상대로 반란을 일으킨 셈인데, 결과적으로 의종은 유배 생활을 계속하느니만 못했다. 진압군으로 내려온 이의민에게 살해되고 말았기 때문이다. 이 후유증으로 김보당은 물론이고 다시 수많은 문신이 연루 혐의를 받고 떼죽음을 당했다.

반란은 그럭저럭 진압되었지만 이제 고려는 본격적인 하극상의 시대를 맞았다. 전통적인 서열은 이미 무너졌고 누구보다 서열을 따지는 문신들도 거의 씨가 말랐다. 이듬해인 1174년에는 서경유

438

수인 조위총趙位寵(?~1176)이 들고일어나 북부 40여 개의 성을 장악하고 개경까지 쳐들어오는 기세를 떨쳤다. 비록 개경을 점령하는 데는 실패했지만 그는 금에까지 지원 요청을 하며 서경에서 2년간이나 버텼다(당시 금은 40여 개 성을 바치겠다는 조위총의 요구를 거부하고 그가 보낸 사신을 고려 정부에 인계했다).

사태가 이 지경이 되자 국정의 총책임자도 가만히 있을 수는 없게 되었다. 그러나 진압 사령관으로 서경에 간 이의방은 오히려 반군에게 패하고 돌아오는 길에 정중부의 아들 정균鄭筠(?~1179)이 보낸 자객에게 살해되고 만다. 결국 조위총의 난은 윤인첨尹鱗瞻이 맡아서 진압했는데, 그는 바로 윤언이의 아들이었으니 대를 물려가며 서경 세력과 맞싸운 셈이다(문신으로서 어렵게 살아남은 그는 여러 차례 무신들의 따가운 눈총을 받아왔으나, 이를 계기로 파평 윤씨 가문을 일으키는 데 성공했다).

정중부는 아들 덕분에 정권을 탈환하는 데 성공했으나 곧 그 아들 덕분에 안락한 노후를 맞지 못하게 된다. 그 자신은 칠십 줄에 들면서 권력 욕심을 버렸지만 아들 정균의 입장에서는 이제 막 권력의 단맛을 보기 시작했을 따름이다. 그러나 상상력이 부족했을까? 정균은 자신이 죽인 이의방을 본받아 왕실과 혼맥을 맺으려 했다가(그는 공주를 아내로 맞아들이려 했다) 무신 세력 내부에게서조차 거센 반발을 샀다. 5년 동안 권력을 누리던 정중부 가문은 결국 1179년 스물네 살의 경대승慶大升(1154~1183)이 일으킨 반란으로 일가가 모두 도륙당하면서 칼로 일어난 죄과를 호되게 치렀다.

나이가 젊은 것도 특이하지만 경대승은 여러모로 다른 무신들과는 다른 이색적인 인물이었다. 그는 음서를 통해 무관직에 오를 만큼 가문도 좋았고, 무신임에도 정중부의 난에 가담하지 않았다.

게다가 문신을 적대시하기만 한 이전의 단순무식한 무신들과 달리 문신들에 대해서도 우호적이었다. 그런 탓에 대다수 무신들과 등을 돌리게 된 그는 집권한 직후 중방의 기능을 정지시키고 새로 도방都房을 설치했는데, 이는 자신을 보호하려는 친위대 조직이었다.

적어도 경대승은 새가 좌우의 날개로 난다는 것을 알 만큼 균형 잡힌 사고를 했던 듯하다. 비록 중방 정치 대신 도방 정치를 열었지만 도방을 오락장으로 전락시키지는 않았고 문신들을 기용하는 데도 인색하지 않았다(심지어 자기 아버지가 빼앗은 토지를 농민들에게 돌려주어 사람들의 칭송을 받기도 했다). 그는 5년 동안 집권하다가 병으로 젊은 나이에 죽었는데, 혹시 그가 더 오래 살았더라면 무신 정권은 단순한 쿠데타 권력에서 벗어나 그 시기 일본의 바쿠후처럼 장기적인 집권에 성공했을지도 모른다.

사실 고려 왕실에 경대승의 죽음은 무신 정권을 끝장낼 수도 있는 기회였다. 그 기회를 무산시켜버린 것은 못난 왕 명종이다. 이름만 왕일 뿐 어느덧 꼭두각시로 지내는 데 익숙해진 그는 자신의 팔다리를 묶고 있던 끈이 끊어지자 자유를 느끼는 대신 오히려 겁을 집어먹었다. 그래서 명종은 부랴부랴 새 주인을 찾았는데, 하필이면 바로 김보당의 난에서 자신의 형 의종을 살해한 이의민이었으니 얄궂은 운명이 아닐 수 없다(당시 명종은 이의민이 반란을 일으킬까 두려워 그를 불러들였다고 한다).

경대승을 피해 고향인 경주로 달아나 있던 이의민은 왕의 위촉을 받아 화려하게 중앙 무대에 복귀했다. 명종이 새 주인을 맞아 만족했을지는 알 수 없지만, 이의민은 왕의 주인 노릇을 끝까지 책임졌다. 자신의 아들들과 더불어 마음껏 권세를 휘두르다가

1196년 그가 최충헌崔忠獻(1149~1219)에게 살해당하면서 이듬해 명종도 폐위되었기 때문이다.

하극상의 시대 : 아랫물

정중부의 난으로 시작된 하극상은 정치 무대만의 현상이 아니었다. 윗물이 흐리면 아랫물도 맑을 수 없듯이, 정치가 혼탁해지자 모든 게 흔들렸다. 정계에서 권력을 놓고 무신들이 푸닥거리 굿판을 벌이는 동안 그 혼란스런 분위기는 금세 사회 전반으로 전염되었다. 김보당과 조위총의 난은 그나마 관료 집단이 이끈 반란이었고, 따라서 권력을 목표로 한 쿠데타라고 할 수 있다. 그러나 그다음부터는 일반 농민이나 천민이 들고일어난다. 말 그대로 '민란民亂', 즉 하극상의 극치다.

봉기의 신호탄이 터진 것은 조위총의 난이 한창이던 1176년 1월이었다. 공주의 명학소에 사는 천민인 망이亡伊와 망소이亡所伊는 동료 천민들을 이끌고 공주 관아를 습격해 기세를 올렸다.● 당시 집권자였던 정중부는 북쪽의 반란이 끝나지 않은 데다 개인적으로는 왕실의 공주를 며느리로 맞으려는 판이었으므로 남쪽의 공주에서 일어난 새 반란에 대처할 여유가 없었다. 그래서 그는 반군 측에 황급히 사신을 보내 어떻게든 달래보려 했다.

● 명학소의 소(所)란 향(鄕), 부곡(部曲)과 더불어 고려의 지방행정제도에서 최말단에 속하는 구역이다. 이 지역에 사는 천민은 신분상으로 노비보다 약간 나았지만 거의 다를 바 없었다. 개인 노비가 아니라 국가에서 부리는 노비라고 보면 된다. 다만 소의 천민은 향민이나 부곡민과 달리 특수 직업을 가지고 있었다. 향과 부곡은 신라시대부터 있었던 제도로, 둔전이나 공해전(公廨田: 관청의 경비를 충당하는 토지) 같은 국유지를 경작하고 토목공사에 동원되었으나 소는 국가에서 필요로 하는 특수한 물건들을 생산했다. 금광을 채굴하면 금소(金所), 도자기를 생산하면 자기소(瓷器所), 종이를 만들면 지소(紙所), 소금을 생산하면 염소(鹽所)라고 부르는 식이었다.

그러나 이미 공주를 장악한 데다 병마사를 자칭할 만큼 세력이 커진 망이와 망소이는 아무 소득도 없이 깃발을 내릴 의사가 전혀 없었다. 정부는 강경책으로 돌아서 3000명의 군대로 진압에 나섰지만, 결과적으로 오히려 천민 반란군에게 정부군을 물리쳤다는 자부심마저 안겨주었다. 결국 정부는 다시 유화책을 제시했다. 명학소를 충순현이라는 정식 현으로 격상시켜주겠다고 제안한 것이다(오죽 다급한 심정이었으면 현의 명칭도 충순忠順, 즉 충성과 순종일까?).

하지만 한껏 끗발이 오른 반란군은 그 제안을 거부하고, 예산과 충주까지 점령하면서 전선을 확대했다. 자칫하다가는 후삼국시대 이래 250년 만에 다시 분열기를 맞을 판이었다. 다행히도 때마침 1176년 말에 조위총의 난이 진압되면서 여유를 찾게 된 정부는 대대적인 토벌 작전으로 전환해 반군의 세력 확대를 저지하는 데 성공했다. 그제야 비로소 양측은 강화를 도모했는데, 반군의 입장에서 정부의 약속을 믿은 것은 바보짓이었다. 정부는 약속대로 일단 충순현을 설치하고 나서 책임자 처벌에 나섰다. 그러나 그것은 꺼진 불씨에 바람을 불어넣은 격이었다.

집안 식구들이 체포되자 망이와 망소이는 다시 들고일어나 이번에는 개경까지 함락시키겠다고 을러댔다. 비록 으름장이기는 했지만, 아산까지 손에 넣고 충청도 일대를 거의 장악한 그들을 내버려두었다가는 아예 나라를 둘로 나누자고 나올지도 모르는 상황이었다. 이번에는 정부도 단호한 자세로 나서서 충순현을 다시 명학소로 강등하고 결전의 의지를 불태웠다.

벌써 몇 차례나 오락가락과 갈팡질팡을 거듭하던 정부였지만, 자세를 바로잡고 보니 과연 반군이 맞설 상대는 아니었다. 게다가 정부군은 프로 군인이었으나 반군의 주축인 농민들은 아마추어 였다. 어차피 식량과 무기가 제한되어 있어 장기전에는 승산이 없는 데다 농번기에 들어 농민들이 대열에서 이탈하자 반군의 힘은 급격히 약화되었다. 결국 1177년 여름에 망이와 망소이가 체포되면서 반란이 최종적으로 진압되었다.

중앙정부가 반군에 무너지는 일까지는 당하지 않았으나 이미 고려 사회는 총체적인 하극상으로 온통 만신창이가 되었다. 백성들이 걸핏하면 관청을 불사르고 양곡을 탈취하는가 하면, 관청의 노비들마저 들고일어났다.

경대승의 집권기에 중앙 권력이 안정되면서 잠시 주춤했던 민란은 이의민이 명종의 초대를 받아 권좌에 오른 것을 계기로 다시 터졌다. 그 가운데 특히 1193년 김사미金沙彌(?~1194)와 효심孝心(?~1194)이 일으킨 반란은 신라의 부흥을 표방했다는 점에서 흥미롭다. 경상도 청도에서 봉기한 김사미와 멀지 않은 울산에서 일어난 효심은 자연스럽게 서로 합쳐 한 무리를 이루었고 신라를 부활하겠다고 호기롭게 주장했다. 그들도 동향의 집권자인 이의민과의 전략적 제휴를 염두에 두고 있었을 것이다.

이의민이 그들과 내통한 것은 분명하다. 그의 아들 이지순李至純이 정부 진압군에 관한 정보를 비밀리에 전해준 덕분에 반군은 여러 차례 관군을 격파할 수 있었기 때문이다. 하지만 결국 그들도 그해 말에 파견된 대규모 정부군에 의해 진압되었는데, 몇 년 뒤 이의민이 실각한 데는 이 사건에서 헛다리를 짚은 후유증이 컸을 것이다.

이제 집권자는 민란을 통과하는 게 관례처럼 되어버렸다. 이의민을 살해하고 집권한 최충헌도 예외가 아니었다. 불행이라면 그에게 주어진 시험문제가 그전까지의 어느 것보다도 충격적인 것이었다는 점이다. 관리에서 농민으로, 농민에서 천민으로 반란 주동자의 신분이 점점 아래로 내려왔다면, 그 '저점'은 바로 노비가 될 것이다. 과연 최충헌이 해결해야 할 민란은 바로 고려 사회의 최하층인 노비들이 일으키게 된다.

사실 최충헌은 처음부터 자기가 예전의 깡패 같은 무신들과는 다르다는 점을 강조하려 애썼다. 조위총의 난을 진압하는 데 공을 세운 그는 개인적인 권력의 안정을 위해서나 국가 운영을 위해서나 무엇보다 질서를 회복하는 게 가장 시급하다고 여겼다. 말하자면 권력을 누리는 데 급급한 이의민보다는 권력을 장기적으로 유지하려 한 경대승의 해법을 따른 것이다(실제로 최충헌은 경대승과 더불어 무신 집권자들 가운데 가장 좋은 가문 출신이었으며, 처음에는 문관으로 관직 생활을 시작했다).

집권하자마자 최충헌은 명종에게 봉사십조封事十條라는 개혁안을 올렸는데, 명종이 그것을 제대로 시행할 위인이 못 된다는 것을 처음부터 익히 알고 있었을 것이다. 바로 이듬해인 1197년에 그는 그것을 빌미로 명종을 폐위하고 후임 허수아비 군주로 명종의 아우인 신종神宗(재위 1197~1204)을 옹립했다. 또다시 신하가 국왕을 갈아치우는 하극상이 일어났으니 그 여파가 일파만파로 번질 것은 이미 각오한 일이었다. 그러나 수도 개경의 노비들이 봉기할 줄은 미처 몰랐을 것이다. 더구나 그 주역은 최충헌 자신이 거느린 노비 만적萬積(?~1198)이었다.

1198년 늦봄에 만적은 동료 노비들과 함께 개경 뒷산에 나무를 하러 갔다가 일장 연설을 했다. "경계庚癸(경인년과 계사년의 무신란, 즉 1170년 정중부의 난과 1173년 김보당의 난을 가리킨다) 이래로 천한

말하는 짐승　고려시대의 노비 상속 문서다. 물론 노비에게 재산을 물려준다는 게 아니라 귀족 집안에서 부리는 노비를 자식에게 상속한다는 내용이다. 신분제 사회에서 노비는 중요한 재산이었다. 고대 로마에서는 노예를 '말하는 짐승'이라 부르기도 했다. 무신 정권으로 윗물이 흐려지자 아랫물도 탁해져 노비까지 들고일어나는 세상이 되었다.

노비가 고관대작에 오르는 경우가 많이 생겼다. 장군과 재상의 씨가 따로 있는 게 아니라 때가 오면 누구나 할 수 있는 것이다."

그때까지 무신으로서 집권한 자는 경대승과 최충헌을 제외하면 모두 근본 없는 천민 출신이었으니, 대단히 정확한 지적이 아닐 수 없다.•

사회의 최하층 신분이 스스럼없이 최상층 신분을 넘볼 만큼 고려의 병은 깊다. 요즘 같으면 유동성이 흘러넘치는 바람직스런 사회라고 할 수 있겠지만, 자치와 자율의 역량을

● 언뜻 시대를 앞서가는 것처럼 보이는 슬로건이지만, 그렇다고 해서 당시의 민란을 신분 해방운동으로 간주하기는 어렵다. 물론 천민들이 봉기한 데는 사회적 신분 차별에 대한 불만이 어느 정도 작용했겠지만, 18세기에 근대의 산물로 역사에 등장하는 보편적 인권의 관념을 12세기의 왕조 사회까지 소급하는 것은 무리다. 당시의 정황에서 민란의 주동자들조차 실제로 자신들의 슬로건을 액면 그대로 믿지는 않았을 것이다. 무엇보다 무신란으로 국가 질서 자체가 무너진 시기가 아니었다면 그런 하극상의 발상이 가능하지 않았을 것이기 때문이다.

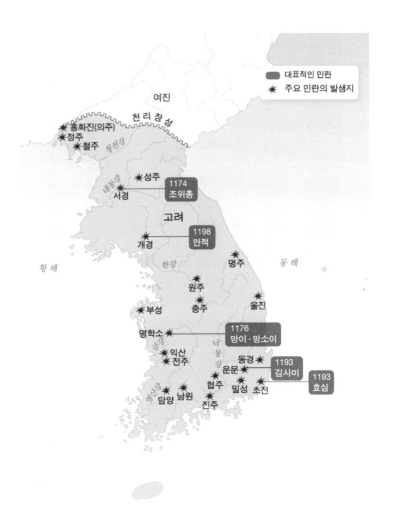

하극상의 시대 무신정권은 단순한 정권 교체가 아니라 국가의 질서 자체를 뒤흔들었다. "저들이 할 수 있다면 우리도 할 수 있다!" 이런 자세로 하급 관리, 양민, 천민까지 하극상의 기치를 치켜들었다. 지도는 1170년 무신정권이 성립한 이후 수십 년 동안 전국적으로 일어난 반란을 보여준다.

갖춘 시민의 시대가 오기 훨씬 전이므로 그것은 명백한 사회 혼란이다. 만적의 생각은 쉽게 말해 남이 하는 일은 나도 할 수 있다는 것, 혼란을 틈타 신분 상승을 이루어보자는 것뿐이다. 몽상가이거나 기회주의자에 불과하다.

어쨌든 만적은 자신의 신념을 굳게 믿을 만큼 배짱이 두둑한 인물이었던 듯하다. 내친김에 그는 노비들에게 자신의 엄청난 음모도 밝혔다. 거사 일자를 정하고 그 날짜에 모두 함께 궁성으로 쳐들어가 같은 신분인 궁노들을 규합하자. 그리고 집권자인 최충헌을 죽인 다음 각자 자기 주인집으로 가서 주인들을 죽이고 천적賤籍(노비 문서)을 불사르자.

계획대로 되었다 해도 성공 가능성은 거의 없었겠지만 그 음모는 실행에 옮겨지지도 못했다. 사실 만적의 허망한 꿈을 믿은 노비는 만적 자신을 비롯해 얼마 되지 않았고 나머지는 모두 분위기에 취했을 따름이었다. 그 나머지 중 하나가 자기 주인에게 음모를 고발하자 그 엄청난 거사는 불발로 끝나고 말았다. 결국 아무것도 실행되지 못하고, 나무하러 갔다가 애꿎게 끼어든 100여 명의 노비만 몰살당한 셈이다. 일어나지도 않은 반란이 역사상 유명한 사건으로 남게 된 것은 후대의 역사가들이 그 사건을 신분 해방이라는 '후대의 이념'으로 과대 포장한 덕분이다.

틀을 갖춘 군사독재

1196년 최충헌이 이의민을 죽이고 집권했을 때 사람들의 관심은 과연 그가 얼마나 버틸까였을 것이다. 정중부 이래로 30년 남짓

지나는 동안 권좌의 임자는 벌써 다섯 차례나 바뀌었고, 경대승을 제외한 나머지 모두가 후임자의 손에 살해당하는 비극을 겪었다. 비록 최충헌이 나름대로 소신 있게 나오고 있지만 결국 본색이 드러날 테고 누군가에 의해 칼로 일어난 대가를 치르게 되리라.

그러나 최충헌은 난세의 지도자답게 잔머리와 냉혹성을 겸비한 인물이었다. 봉사십조를 이용해 왕을 갈아치운 게 잔꾀라면, 동생 최충수崔忠粹(?~1197)를 죽인 것은 그의 단호함을 보여준다. 자신이 집권하는 데 결정적인 기여를 한 동생(터무니없게도 그들 형제는 이의민의 아들이 최충수의 집에서 기르던 비둘기를 빼앗으려 한 사건을 계기로 거사했다)이 자기 딸을 태자비로 집어넣으려 하자 최충헌은 동생을 죽여 분쟁의 싹을 제거해버렸다.

동생이자 동지마저 죽일 정도라면 최충헌이 권력을 누구와도 나누려 하지 않을 것은 뻔했다. 과연 그는 정적은 물론이고 정적이 될 가능성이 있는 사람들까지 가차 없이 숙청했다. 여기에는 왕도 예외가 아니었다. 1204년, 병에 걸린 신종의 뒤를 이은 희종熙宗(재위 1204~1211)이 환관과 모사해 최충헌을 제거하려다가 발각되자 그는 주저 없이 희종을 폐위하고 명종의 아들을 불러다 강종康宗(재위 1212~1213)으로 즉위시켰다. 덕분에 강종은 우리 역사상 가장 늦은 나이(예순 살)로 즉위한 왕이 되었는데(왕계가 불명확한 삼국시대 초기의 왕들은 제외다), 결국 얼마 안 가 죽고 아들 고종高宗(재위 1213~1259)에게로 왕위가 계승되었다. 최충헌은 자신의 집권 시기에 네 명이나 왕을 갈아치우고 왕계도 마음대로 바꾸면서 고려 왕실을 주물렀다.

최충헌이 왕위 계승보다 더 중시한 것은 실질적 집권자의 계승이었다(당시 일본에서 천황의 계승보다 바쿠후 정권의 소유자인 쇼군의 계승이 더 중요했던 것과 마찬가지다). 왕이야 허수아비니까 얼마든지 대체할 수 있지만 애써 장악한 실권이 자기 가문에서 상속되지 못한다면 죽 쑤어 개 주는 격이 된다. 게다가 어차피 무신 정권이 들어섰으니 나라를 위해서도 정권의 안정이 무엇보다 긴요하다.

여기서 최충헌은 자연스럽게 선배들의 집권 과정으로 눈을 돌렸다. 이고와 이의방과 이의민은 함부로 권세를 휘두르다가 살해당했고, 정중부 일가는 권력의 세습까지는 성공했으나 권력을 유지하기보다 향유하고자 했다는 점에서 앞의 세 이씨와 마찬가지다. 그렇다면 본받을 선배는 경대승밖에 없다. 그래서 최충헌은 경대승이 설치한 도방을 부활하고 더욱 강화했다. 그러나 친위대는 단기적으로 권력을 보장해주지만 장기적으로 국정 운영의 기구가 되지는 못한다. 경대승도 더 오래 살았더라면 도방만으로 국정을 운영할 수는 없음을 깨달았을 것이다. 그렇다면 뭐가 또 필요할까?

고민하던 최충헌에게 해답의 실마리를 준 것은 불교였다. 물론절에 가서 불공을 드리다가 깨달음을 얻은 것은 아니다. 그는 불교 세력이 연루된 반란을 진압하면서 새로운 통치 기구를 만들어낸다.

당시 최충헌의 독재에 맞설 만한 유일한 세력은 사원이었다. 고려 초기부터 사원은 면세 특권을 누리면서 방대한 사원전을 소유하고 있었으며, 왕실이나 귀족 세력과 돈독한 관계를 유지했다. 게다가 자체 무장 조직까지 갖추고 있었다(나중에 임진왜란에서 단단히 한몫을 하게 되는 승병의 기원이다).

1209년 최충헌에게 반감을 품은 청교(지금의 개풍)의 관리들은 사원 세력을 규합해 독재를 타도하고자 했다. 그러나 꼬리가 길면

불행한 왕의 최후　고려 21대 왕 희종은 1211년 환관 왕준명(王濬明) 등과 함께 당시 정권을 휘두르던 최충헌을 죽이려다가 실패하고 도리어 최충헌에게 폐위를 당해 강화로 쫓겨난다. 그 후에도 여러 곳으로 거처를 옮겨야 했고, 1227년 최우에 의해 다시 강화도로 쫓겨났다가 교동으로 옮겨서 1237년 법천정사에서 죽었다. 사진은 강화에 있는 희종의 릉, 석릉의 모습이다.

밝히는 법, 비밀 결의문이 사원을 두루 거치며 전달되던 중 귀법사에 이르렀을 때 결국 사고가 나고 말았다. 귀법사 승려의 귀띔을 받은 최충헌은 즉각 진압에 나섰다(희종이 폐위된 것은 이 사건에 연루되었기 때문이다).* 이것을 계기로 사원 세력은 일망타진되었고 최충헌은 덤으로 고민도 해결했다. 반란자들을 처벌하기 위해 임시로 설치한 교정도감教定都監을 아예 상설 기구화한 것이다.

　처음의 목적에서 알 수 있듯이, 교정도감의 첫째 기능은 정치인과 관리 들에 대한 사찰이었다. 그러나 권력이 실린 기관은 기능도 확대되게 마련이다. 사찰 기구로 출발한 교정도감의 기능은 점차 넓어져 행정과 세무는 물론 전반적인 국정의 중대사까지 두루 총괄하게 되었다. 교정도감을 상설화하면서 최충헌은 그때까지 찾지 못한 자신의 적절한 직함까지 얻었는데, 그것은 바로 교정도감의 책임자, 곧 교정별감이었다(1205년에 그는 꿈에도 그리던 문하시중이 되었으나 낡아빠진 문신의 최고위직이란 이미 그에게 어울리는 직함이 될 수 없었다).

이것을 계기로 교정도감은 무신 정권기 내내 사실상의 최고 권력기관으로 군림하게 되며, 무신 집권자는 자동으로 교정별감이 되는 전통이 생겼다. 당대의 일본사에 비유하면 무신 집권자는 바쿠후의 쇼군에 해당하지만, 그보다 더 익숙한 우리 현대사에 비유하면 교정도감은 박정희 정권 시대에 설치된 중앙정보부이고, 교정별감은 무소불위의 권력을 휘둘렀던 중앙정보부장에 해당한다. 이제 무신 정권은 시대를 초월한 독재 권력의 전형적인 면모를 갖추었다.

권력이 안정되자 최충헌은 비로소 다른 분야에도 신경 쓸 여유를 얻게 되었다. 각지에서 민란은 여전히 끊이지 않았으나 중앙 권력이 확실한 만큼 버텨낼 수 있었고 차차 질서를 잡아나갈 수 있었다. 따라서 이제부터의 과제는 권력의 태생적인 결함, 즉 물리력에만 기반을 두고 있다는 취약점을 개선해나가는 것이었다. 이규보李奎報(1168~1241)와 같은 문신들을 중용하기 시작한 것은 그런 여유에서 나온 노선 전환이다(그런 탓에 이규보는 권력에 아부한 지식인으로 비난을 받기도 하지만, 왕조시대에 권력으로부터 자유로운 사람이 있을 수 없다는 점을 고려하면 무의미한

● 무신 정권이 성립하자 종교로서의 불교도 영향을 받지 않을 수 없었다. 기존의 불교는 의천의 영향 아래 발달한 교종 계통의 천태종이 지배했는데, 그에 맞서 이 시기에는 선종 계통의 조계종이 새로 발달하게 된다. 오늘날 불교계의 2대 종파가 이 무렵에 형성된 셈이다. 조계종의 스타는 보조국사로 알려진 지눌(知訥, 1158~1210)이다. 그는 왕실과 귀족들에게 성행하던 교종보다 선종을 중흥시키기 위해 노력하는 한편 교종과 선종의 통합을 주장했는데, 하극상의 시대적 분위기에 걸맞은 종교개혁이라 하겠다. 최충헌에 대한 반란도 당시 지눌이 선도한 불교 대통합 분위기의 영향을 받았을 것이다. 의천과 지눌은 모두 교종과 선종의 통합을 외쳤지만, 그 생리상 완전 통합은 불가능했다(쉽게 말해 교종은 교과서에 충실하자는 것이고, 선종은 깨달음을 중시하자는 것이다. 여기서 비롯되어 오늘날 불교계에서도 공부와 깨달음의 우선순위를 놓고 자주 논쟁이 벌어지지만, 그건 사실 닭과 달걀의 논쟁과 다를 바 없고 불교만이 아니라 어느 종교나 학문에서도 흔한 쟁점일 뿐이다).

비난이다).

시대를 앞서 '군사 독재'의 기틀을 마련해놓은 덕분에 최충헌은 칼로 일어난 자는 칼로 망한다는 법칙에서 예외가 될 수 있었다. 1217년에는 다시 들고일어난 사원 세력에 대한 대대적인 숙청으로 승려 800명을 집단 살해하는 만행을 저지르기도 했지만, 2년 뒤에 그는 암살이나 살해가 아닌 정상적인 죽음을 맞았다. 또한 교정별감이자 고려판 중앙정보부장이자 한반도판 쇼군의 지위는 아들 최우崔瑀(?~1249)에게로 순조롭게 상속되었다.

사실 말이 좋아 무신 정권이지 이제 고려는 왕국이 아니라 깡패 집단이 지배하는 나라나 다를 바 없다. 게다가 그 보스는 대물림이 가능하므로 단순한 '조폭' 정도가 아니라 마피아 수준이다.

무신 집권자로서는 처음으로 권력을 무난하게 상속받았다는 자신감 때문일까? 아버지 최충헌이 갓 잡은 권력을 안정시키는 데 급급했다면, 최우는 거기에 약간의 상상력을 보태 창조적인 독재 정권으로 발전시켰다. 그가 창조한 기구는 정방政房과 서방書房인데, 이름부터 '청廳(관청)'이 아닌 '방房'인 데서 짐작할 수 있듯이 둘 다 최우의 집안에 설치된 지배 기구였다. 기능 면에서 정방은 쉽게 말해 '집안에 있는 교정도감'에 해당한다. 힘으로 정상에 오른 권력자가 흔히 걱정하는 것은 바로 잦은 바깥출입에서 변을 당하는 일이다. 그래서 최우는 아예 집안에서 모든 국정을 처리하기로 한 것이다.

그래도 정방은 무신들이 완전 독점한 교정도감과 달리 문신들을 적극적으로 참여시킨 지배 기관이었다. 그런 점에서 나름대로 정치기구로서의 면모는 더 분명했다. 그 덕분에 훗날 무신 정권이 끝났을 때 교정도감은 폐지되었어도 정방은 계속 남게 된다. 서방은 문신들의 기숙사쯤 되는데, 최우가 정치 자문을 얻기 위해 설치한 기관이었다.

이제 최우는 문무 양측을 모두 아우르는 명실상부한 권력자가 되었다. 정방보다 문신 참여율이 더욱 높은 서방까지 창설한 것은 그런 자부심의 발로였다. 정방이 집행기관이라면, 서방은 국정 자문기관이므로 문신과 유학자 들을 대거 참여시킬 수 있었다. 게다가 무신 정권기에 소외되었던 문신 세력을 회유하는 부수적 효과까지 거둘 수 있으니 최우의 입장에서는 일석이조였다.

바깥에는 별채(교정도감), 집안에는 방 세 개(도방, 정방, 서방)를 갖추고 수많은 사랑방 손님과 식객(문신, 유학자)까지 거느리는 것으로 '무신의 집'이 완성되었다. 이렇게 지배 기구를 완비하고 나서 최우는 미루어두었던 군제 개편에 나섰다. 장기 집권은 물론 권력 세습까지 보장된 판에 사병 조직이란 어울리지 않는다. 그래서 그는 새로 마별초馬別抄라는 군대를 창설했다.● 물론 그것 역시 도방처럼 최우의 친위대였으므로 사병 조직에서 크게 벗어나지는 않았으나 그래도 집권자의 사병 조직이라는 점에서 공식적인 의미가 있었다.

도방이 보병들로 이루어진 데 비해 마별초는 기병대였으므로 일종의 의장대와 같은 역할도 맡았다. 마별초에서 재미를 본 최우는 이후 도성 내의 치안 유지를 위해 야별초夜別抄도 편성했다. 나중에 인원이 많아지면서 야별초가 좌별초와 우별초로 나뉘고, 여기에 신의군神義軍(몽골에 포

● 별초란 이름 그대로 '특별히[別] 뽑은[抄] 군대'를 뜻하는 것으로 고려 초기부터 있었는데(윤관이 편성한 별무반도 별초의 하나), 마별초라면 말할 것도 없이 기병대를 가리킨다. 그전까지 고려의 군대 조직은 궁성 경비대와 변방의 진지에 주둔한 군대 이외에 별도로 상비군이 없었고 그때그때 필요한 경우가 생기면(이를테면 반란이 일어난다든가) 모병하는 식이었다. 따라서 최우는 역사상 최초로 직업군인들로 이루어진 상비군을 편성한 셈이다(최초의 상비군이 나라를 지키기 위한 게 아니라 무신 권력을 수호하는 목적을 지녔다는 것은 보기에 영 좋지 않지만). 이는 몽골이 성장하고 있는 대륙의 정세 변화에 대비한 것이기도 했다.

로로 잡혀갔다가 돌아온 병사들로 만든 군대)이 더해지면서 후대에 삼별초三別抄라고 알려진 군대를 이루게 된다.

최충헌과 최우 부자의 2대에 걸친 노력으로 그간 혼란스러웠던 중앙 권력은 안정을 찾았다. 하지만 '정상적인' 왕국이었던 그전과는 너무도 다른 체제다. 왕은 나라의 대표자라는 상징적 존재로 강등되었고, 모든 실권은 최씨 무신 정권이 차지했다. 이렇게 무신 정권기 고려 사회의 지배 체제가 종전과 근본적으로 달라졌다면, 고려는 나라의 이름만 변하지 않았을 뿐 이 무렵에 새로운 나라로 바뀌었다고 해야 할지도 모른다.

아닌 게 아니라 무신 정권기부터 고려 사회는 여러 가지 측면에서도 전과 달랐다. 별일만 없었다면 이후부터는 그런 변화가 두드러지게 나타났을 것이다. 그러나 그 변화를 지연시킨 '별일'이 고려 바깥에서 터진다. 최씨 집권기에도 간간이 발생하던 민란마저 중단시키고 전국을 폭풍의 소용돌이 속으로 몰아넣은 그 사건은 바로 몽골의 침략이다.

격변의 동북아시아

최우가 정작으로 걱정해야 할 것은 자기 집 바깥이 아니라 나라 바깥이었다. 그에게 최소한의 역사적 안목만 있었더라도, 고려의 대내적인 안정과 번영을 위해서는 반드시 대외적인 국제 질서가 안정되어야 한다는 것을 깨달았을 것이다. 그때까지의 고려 역사만 살펴보아도 알 수 있다. 광종 때는 송과 국교를 트면서 왕권 강화와 재건국의 기회를 얻었고, 현종 때는 요와의 관계를 정립하면서 번영을 누리지 않았던가? 비록 여진의 금과 군신 관계를 맺었을 때는 안정 대신 내란을 겪었지만, 그것은 고려의 권력 구조 내에 누적된 외척 세력과 문치주의의 모순이 분출 및 해소되는 과정이었으니, 나름대로 필요한 단계이자 긴요한 시기였다.

이렇게 고려왕조가 틀을 갖추고 발전해오는 과정에는 중요한 고비마다 대외 정세가 결정적인 영향력을 행사했다. 그런데 다시 그 바깥의 정세가 달라지고 있는 것이다. 무엇보다, 수십 년 전만 해도 조위총이 원조를 요청했을 때 그것을 단호히 거부하고 그의 사신을 고려 정부에 인계할 만큼 고려와의 군신 관계를 돈독히 유지했던 금이 흔들리고 있었다.

한족 제국이든 이민족 제국이든 중국 대륙을 통일하지 못하는 왕조는 동북아시아 국제 질서의 근본적인 안정을 가져올 수 없다. 그렇다면 금은 북송을 무너뜨린 성과에 만족하지 말고 대륙 정복을 추진했어야 한다. 그래야만 요처럼 단명한 제국에 머물지 않을 수 있었다. 그러나 금은 거란이 랴오둥에 안주한 탓에 크게 뻗지 못했다는 점을 처음부터 알았으면서도, 막상 북송을 정복하고 중원을 손에 넣는 순간 그 성공에 도취해버렸다.

고려가 내란에 시달리던 시기에 금은 정복왕조의 껍데기를 벗고 중국식 제국 체제로 이행하기 위해 노력했으나(그 때문에 고려의 내정에 적극적으로 간섭할 여유가 없었다), 북중국에 국한된 '반토막' 제국으로는 불가능한 일이었다. 오히려 그 과정에서 금은 정복왕조 특유의 활력마저 잃어버렸다. 12세기 중반에 한때 남송 정복에 나섰다가 내부 반란으로 실패한 것은 그 때문이다.

북방에서는 다시 세대교체의 분위기가 숙성되었다. 역사의 시간표에 따르면 다음의 임자는 누가 되든 요와 금의 전철을 되풀

역전되는 문명 드디어 비중화 세계의 뒤집기가 이루어졌다. 동북아시아 문명의 발생 이래 내내 중화 세계에 뒤져 있던 중국 북방의 유목 문명은 중화 농경 문명이 현실에 안주하고 있는 동안 꾸준히 힘을 키운 끝에 마침내 중화 세계를 정복하는 데 성공했다. 그림은 칭기즈 칸 부대의 행렬 장면이다.

● 칭기즈 칸은 한자로는 成吉思汗이라고 쓰고 Chingiz Khan이라고 읽는다(한자를 우리말로 읽으면 '성길사한'이 되겠지만 발음을 그렇게 표기한 것일 뿐 한자의 뜻과는 아무 상관도 없다). 여기서 주목할 것은 한(汗, Khan)이라는 글자다. 몽골만이 아니라 원래 중국 북방의 유목민족들은 우두머리를 한, 간, 칸 등으로 불렀는데, 이 말의 한자어 표기가 바로 汗이다. '한'의 음은 '간'이나 '칸'과 통한다. 음운상으로도 k음(ㄱ, ㅋ)과 h음(ㅎ)은 서로 통한다(예컨대 Cossack=코사크=카자흐, Khazar=하자

이하지 않고 중국 대륙 전체를 정복할 웅대한 뜻을 지닌 민족이어야 할 것이다. 요는 송을 제압했고, 금은 한발 더 나아가 화북을 차지했다. 다음의 패자는 중국 전체를 정복할 게 뻔하다. 그 새 임자는 바로 몽골이었다.

금의 지배를 받고 있던 몽골 초원에서 12세기 말부터 통일의 바람이 불기 시작했다. 몽골 한 부족의 족장이었던 테무진은 인근 부족들과 연대와 투쟁을 거듭한 끝에 이윽고 1189년에 몽골 부족연합의 맹주로 추대되어 칭기즈 칸(1162~1227)●이라는 영예로운 칭호를 받았다. 1206년 그는 통일을 완료하고 몽골 제국을 세웠으며, 9년 뒤에는 금의 수도이자 중원의 중심인 연경燕京(베이징)을 손에 넣어 북방의 패자로 떠올랐다.

고려의 최충헌이 독재의 기반을 구축하고 아들 최우에게까지 권력을 물려주는 시기에 신흥 강국 몽골은 예전의 요나 금과 달리 한반도에 관심을 두지 않았다. 요와 금은 랴오둥과 만주를 근거지로 삼았고 반농반목 문명이었으나 몽골은 더 멀리 몽골 초원에서 일어난 유목 문명이었기 때문이다.

칭기즈 칸은 한반도는커녕 중국 대륙에도 관심이 없었다. 남송 시대부터 비약적으로 발달한 서역(중앙아시아)과의 경제적 교류에

일찌감치 주목한 그는 금을 제압하는 선에서 동방 경략을 일단락 짓고 서역 원정에 나섰다. 유목 제국의 우두머리답게 그는 중화 세계에 만족하는 한족의 천자라면 품지도 못할 꿈을 가졌던 것이다. 그것은 예부터 동서 무역의 중추였던 비단길을 장악해 경제 대국을 이룩하는 것이었다. 중앙아시아를 넘어 서아시아의 호라산(지금의 이란)까지 정복하자 그 목표는 어느 정도 달성되었다.

그러자 칭기즈 칸의 아들 오고타이 칸(재위 1229~1241)은 노선의 변화를 주기 시작했다. 그의 과제는 두 가지였다. 첫째는 아버지의 정복 사업을 계승하는 것, 둘째는 신흥 몽골 제국을 반석 위에 올리는 것. 카라코룸에 궁성을 지어 수도를 옮기고 새로 얻은 정복지들을 잇는 도로망을 건설하고, 예법과 의식, 화폐제도와 조세제도를 정비해 정복왕조의 한계를 탈피하려 한 것은 둘째 과제에 속한다. 그러나 이 모든 조치는 첫째 과제를 실행하기 위한 예비 절차에 불과하다. 궁극적 목표인 정복의 완성을 위해 그는 한동안 중단된 동북아시아 경략에 나서는데, 그 일환으로 1231년부터 시작된 게 바로 고려 정벌이다.**

르=카자르). 그렇다면 신라 초기의 왕명이었던 거서간이나 마립간의 '간'도 그런 예로 볼 수 있다(이사금, 왕검, 임금 등의 '금'이나 '검'도 같은 어원일지 모른다). 앞서 신라는 외래 이주민들, 특히 북방 출신의 민족들이 유입되면서 형성된 나라라고 했는데, 그에 대한 하나의 증거가 될 것이다.

●● 몽골 제국 전체의 관점에서 볼 때 고려 정벌은 작은 부분에 지나지 않았다. 몽골은 1234년 금의 명맥을 끊었고, 그 이듬해에는 역사적인 유럽 원정을 시작했다. 바투가 이끄는 20만 명의 유럽 원정군은 특유의 기동성으로 6년 만에 러시아와 동유럽 일대를 유린하고 서유럽의 관문인 폴란드와 독일의 동부 접경지대에 이르렀는데, 여기서 그만 오고타이가 급작스럽게 죽음으로써 철군하게 된다(《종횡무진 동양사》, 279~285쪽 참조). 당시 정복의 초점은 당연히 유럽 전선에 있었으므로 몽골에 고려는 정복의 대상이라기보다 후방 다지기의 대상에 불과했다. 실제로 고려 정벌도 몽골 주력군이 아니라 본국으로부터 이 지역을 할당받은 칭기즈 칸의 동생 오치긴이 주도한 것이었다. 고려가 30년이나 항전할 수 있었던 데는 이런 배경이 있었다.

17장

최초의 이민족 지배

다시 부는 북풍

처음부터 몽골이 고려를 침략하려 한 것은 아니었다. 양측이 첫 대면을 한 것은 1218년 몽골에 쫓긴 거란이 한반도 북부로 밀려들어 왔을 때다. 몽골군은 서경 동쪽의 강동성에 거란을 몰아넣고 고려에 군량 지원을 요청했다. 고려 조정은 고민했으나 당시 서북면 원수元帥를 맡고 있던 조충趙沖(1171~1220)이 단독 결정으로 군량을 보내자 김취려金就礪(?~1234)를 지휘관으로 삼아 병력을 보냈다. 이듬해 1월 몽골과 고려는 함께 거란의 잔당을 소탕했다(당시 조충은 고려로 보내진 거란 포로들을 북부의 각 주현으로 분산시켜 특정 구역에 모여 살게 했는데, 이것이 후대에 거란장契丹場으로 불리게 된다).

이렇듯 우호적인 분위기 속에서 조충과 김취려는 몽골 장수들과 함께 두 나라의 서열을 형제 관계로 정했다. 그러나 변방에 파견된 장수들이 마음대로 국제 관계를 맺는 것도 문제였지만 더 큰 문제는 따로 있었다. 고려의 조정은 몽골의 동생이 되는 것을 원치 않았다는 것이다.

거란-여진-몽골에 이르기까지 이미 북방 유목민족의 동생 노릇을 하는 데는 이골이 난 고려였으나 한 번도 진심으로 그들을 섬긴 적은 없다는 게 고려의 자부심이었다. 그런 판에 새로 섬기게 된 형은 이전의 형들과 달리 오만하고 까다롭게 굴 뿐 아니라 동생에게 무리한 조공까지 요구했다. 동생은 당연히 심기가 뒤틀렸으나 힘에서 밀리는 탓에 감히 내색을 하지는 못했다. 심지어 몽골 사신이 마음에 들지 않는 공물을 국왕인 고종 앞에서 팽개쳐버리며 행패를 부리는데도 동생은 감히 저항하지 못했다.

몽골은 고려와 처음부터 사이좋게 지낼 마음이 없었던 듯하다. 그게 아니면 제국의 중앙정부에서 극동을 할당받은 몽골의 오치긴이라는 자는 아무리 모욕을 가해도 전혀 싸울 뜻을 내비치지 않는 고려가 오히려 불만이었을지도 모른다. 어쨌든 1225년 몽골의 무례한 사신 제구유가 귀국하던 도중 압록강에서 살해된 사건은 그에게 좋은 빌미가 되었다. 고려 정부는 금의 이간질이라고 주장했지만—사실 그럴 개연성도 있었다—진실 따위는 아무래도 좋았다. 그 사건을 구실로 몽골은 고려와 '형제 관계'를 끊고 침략의 명분을 만들었다.

1230년, 오고타이는 직접 군대를 거느리고 숙제로 남겨두었던 금의 정벌을 시작하면서 살리타에게 별도의 군대를 주어 랴오둥에 주둔한 금의 군대를 소탕하게 했다. 그 임무를 완수한 살리타의 군대가 이듬해 여름에 압록강을 건너면서 30년에 걸친 고려 정벌이 시작되었다.

한족 왕조가 주로 침략했던 옛 고구려 시대까지 포함하면, 외국의 대군이 압록강을 건넌 경우는 부지기수였다. 그런데 희한한 일은 거의 매번 침략군은 한반도 왕조의 강력한 수비망에 걸려 반도 북부의 성곽들을 점령하지 못했다는 점이다. 거기서 포기하고 돌아선 경우가 있는가 하면 그 성곽들을 그대로 지나쳐 남쪽으로 진군한 경우도 있었다.

그 이유는 무엇일까? 한반도 왕조들이 수성에 워낙 능한 탓도 있지만, 그보다는 성곽 대부분이 산성인 탓이다. 한반도의 성들은 평지가 아니라 중요한 길목 부근의 험준한 산꼭대기에 위치해 있었다. 이는 성을 쌓은 목적이 중국이나 유럽의 경우처럼 성곽 도시를 형성하려는 데 있는 게 아니라 외침에 대한 방어용 진지로 사용하려는 데 있었기 때문이다. 산꼭대기에 성을 쌓아놓고 강력히 지키는 데야 아무리 대군이라 해도 정복이 수월할 리 없었다.

몽골군 역시 예외가 아니었다. 살리타는 몇 차례 북부의 성곽들을 찔러보다가 이내 공성을 포기하고 개경을 향해 내달렸다. 그러자 다급해진 최우는 서둘러 병사를 모았으나 교활하게도 만일의 경우에 대비해 자신의 친위대 병력인 별초군은 동원하지 않았다. 산성 방어에 능한 군대가 평지에서 전 병력이 기병인 몽골군을 막을 수는 없었다. 몽골군은 가볍게 방어군을 무찌르고 순식간에 개경을 포위했다. 게다가 포위 병력을 그대로 둔 채 다른 병력이 남하를 계속해 경기도와 충청도 일대를 쑥밭으로 만들었다.

궁성은 포위되었고, 국토는 유린되고 있었다. 누가 보아도 절망적인 상황에 이르러서야 비로소 최우는 항복할 마음을 먹었다. 하지만 항복하는 주체는 상징적 '국가 대표'이자 허수아비인 국왕이니 최우로서는 걱정할 필요가 없었다.* 결국 고종이 몽골의 사신을 영접하고 많은 공물과 함께 몽골의 관례에 따라 왕족을 인질로 보내는 조건으로 살리타는 고려의 항복을 받아들였다. 많은 선물에 대한 대가로 살리타는 고려가 전혀 고맙게 여길 수 없는 것으로 답례했다. 개경을 포함해 고려의 서북방 40여 개 성에 다루가치라는 몽골의 총독들을 파견한 것이다(이 성들은 대부분 조위총이 금에 바치려 한 성들이었을 것이다).

살리타가 물러가자 그제야 장막 뒤에 숨어 있던 최우가 다시 나왔다. 물론 그가 장막 뒤에서 마냥 놀기만 한 것은 아니다. 그는 나름대로 해법을 구상했고, 이제 다시 자기 세상이 되자 그 해법을 실행에 옮겼다. 그러나 그가 구상한 대책은 엉뚱하게도 강화도로 천도하는 것이었다.

천도의 근거는 간단했다. 몽골군은 육지에서는 천하무적이라도 선박이 없어 수전水戰에는 약하다. 인천 앞바다는 밀물과 썰물의 차이가 크고 조류의 속도가 빠르므로 몽골군이 건널 수 없을 것이다. 게다가 조운선漕運船(조세를 운반하는 선박)이 다니기에는 개경보다 강화도가 더 유리하니까 식량을 걱정할 필요도 없다.

물론 군신들 대부분은 반대했다. 사실 그런 이유로 도읍을 비좁은 강화도로 옮긴다는 것은 상식 이하의 행위였다. 그러나 최우는 가장 큰 목소리를 내던 야별초 장군 김세충金世沖(?~1232)을 잡아 죽여 공포 분위기를 조성해가면서 끝내 천도를 관철했다. 이렇게

● 그늘의 권력자는 늘 기회주의자다. 일본의 바쿠후와 고려의 무신 정권은 둘 다 상징 권력(일본 천황과 고려 국왕)과 실제 권력(쇼군과 무신 집권자)이 나뉘는 일종의 '이중 권력' 체제였다. 그런데 일본의 쇼군은 고려의 무신 집권자와 달랐다. 고려의 무신 집권자는 철저히 그늘에만 머물면서 권력의 단물만 빼먹은 데 비해, 일본의 쇼군은 천황을 대리하는 역할을 수행했다(나중에 보겠지만 몽골 침략에 맞설 때도 쇼군이 직접 나섰고, 중국 황제가 일본 왕으로 책봉한 대상도 천황이 아닌 쇼군이었다). 고려의 무신 집권자는 국왕을 마음대로 갈아치우는 짓도 서슴지 않았으나, 일본의 쇼군은 천황의 혈통을 대단히 중시한 것은 물론 정기적으로 교토를 방문해 천황에게 문안을 드리고 국가의 상징으로서 예우했다. 깡패 집단으로 끝난 고려의 무신 정권에 비해 일본의 바쿠후 정권이 훨씬 오래갈 수 있었던 이유는 거기에 있다.

섬으로 망명한 고려 정부　몽골군이 쳐들어오자 최우는 내뺄 궁리부터 했다. 그가 피신처로 택한 곳은 바로 강화도였다. 일국의 정부가 백성들을 버리고 좁은 섬으로 도망쳐왔으니 체면이 말이 아니다. 거기서 30년 가까이 버티게 될 줄은 최우도 예상하지 못했을 것이다. 사진의 강화도 고려 궁의 모습에서도 망명 정부의 초라함이 묻어난다.

해서 1232년 7월부터 고려의 수도는 강화도로 바뀌었으며, 고려의 중앙정부는 망명 정부로 전락했다.

아무리 고려의 사직과 왕권이 보잘것없다 해도 일국의 왕과 중신들이 국토와 백성들을 버리고 조그만 섬으로 가는 게 어떻게 가능했을까? 장기적으로 대몽 항쟁을 위한 준비였다는 해석도 있지만 그것은 억지 변명에 불과하다. 사실은 훨씬 간단하다. 최우가 자신의 권력을 유지하기 위해 감행한 극약 처방이다.

몽골이 고려를 정복하고 내정까지 좌지우지한다면 국왕까지는 인정한다 해도 그늘의 권력자까지 배려하지는 않을 게 뻔하다. 따라서 최우는 낙동강 오리알이 될 자신의 운명을 바꾸어보고자 했던 것이다. 결국 최우는 강화도 정부에서 죽을 때까지 권좌를 유지했으니 개인적으로 천도의 보람은 있었다. 그러나 고려의 국토와 백성들은 그 천도 때문에 다시 한 번 큰 화를 입게 된다.

무모한 항쟁

설사 강화도 천도가 항쟁을 준비하기 위한 것이었다고 해도, 국토와 백성을 버리고 싸우자는 격이니 그것을 항쟁이라고 할 수는 없다. 무엇보다도, 항복은 비록 굴욕적인 것이지만 일단 항복을 했으면 자신의 처지와 역할에 충실해야만 실익이라도 거둘 수 있다. 치욕을 씻고 복수를 꾀하는 것은 그다음의 수순이다.● 그런데 항복을 해놓고 나서 항쟁을 하겠다는 고려의 의도는 대체 어떻게 보아야 할까? 고려 정부는 과연 일관된 정책과 노선이 있었을까?

몽골은 고려의 그런 비상식적인 처사가 눈에 거슬렸다. 천도 두 달 뒤인 1232년 9월에 살리타는 개경으로 환도하라고 요구했다. 물론 강화도 망명 정권은 응하지 않았다. 이리하여 허망하게 전쟁이 재개되었다.

살리타는 이참에 아예 고려를 완전히 제압하고자 강화도를 공격하는 대신 분풀이 삼아 한반도 전역을 유린하기로 마음먹었다. 지난번에는 충청도까지만 왔던 몽골군이 경상도까지 내려온 것은 그 때문이다. 그러나 살리타 개인에게는 불행한 선택이었다. 그 과정에서 고려의 승려 김윤후金允侯가 처인성(지금의 용인)에서 살리타를 화살로 쏘아 죽이는 개가를 올렸기 때문이다. 하지만 그 대신 고려는 대구 부근의 부인사에 소장되어 있던 초조대장경이 불타 없어지는 참극을 당했으니 적장의 목숨과 맞바꾼 것치고는 혹독한 대가였다.●●

● 그런 점에서 강화도 천도를 반대한 참지정사 유승단(俞升旦, 1168~1232)은 냉철하고 현실적인 안목을 가진 인물이었다. 그는 몽골에 사대하는 게 어쩔 수 없는 일이라고 주장했는데, 이는 당시로서는 현명한 판단이었다. 결과적으로도 고려는 몽골의 속국이 되지만, 이길 수 없는 전쟁을 고집하는 게 기백 있는 태도인 것은 아니었다. 게다가 유승단은 강화도로 천도하면 "변방의 백성들은 다 죽고 노약자는 노예가 될 것"이라고 말했는데, 설령 개경 귀족으로서의 기득권을 염두에 둔 발언이라 하더라도 백번 옳은 주장이었다.

관을 대신한 민 무능한 데다 강화도로 도망쳐버린 정부가 할 일을 대신한 것은 고려 백성들이다. 천민인 부곡민들이 대몽 항쟁에 앞장섰으며, 여기서 승려 김윤후는 적장 살리타를 활로 쏘아 죽이는 쾌거를 올렸다. 이렇게 전란을 맞아 정부는 도망치고 백성이 싸우는 현상은 나중에 임진왜란이나 조선 말 의병운동에서도 나타난다. 지금은 기념비만 오롯이 남았다.

●● 살리타가 죽자 고려인 중에서 가장 크게 걱정한 사람은 홍복원(洪福源, 1206~1258)이었을 것이다. 그는 살리타의 1차 침략 때 아버지와 함께 몽골에 투항한 이후 내내 고려를 배반하고 몽골에 협력했다. 1차전의 결과로 몽골이 관장하게 된 북부 40개 성을 지휘하면서 그는 2차전에서도 몽골군의 앞잡이 노릇을 했는데, 몽골군이 철수한 뒤 반란을 일으켰다가 실패하고 몽골로 달아났다. 그 뒤 그는 몽골이 고려를 침략할 때마다 매번 참전했으며, 후손까지도 랴오둥과 만주를 본거지로 삼고 고려왕조와 대립했다. 오늘날로 치면 매국노인 셈인데, 나중에 몽골이 고려를 지배하게 되면서 그와 같은 친원파들이 우후죽순으로 생겨나게 된다.

그러나 비상식적이고 무모한 항쟁을 선택한 탓에 고려가 치러야 할 고통은 아직 끝나지 않았다. 다만 당시 몽골의 입장에서 더 중요한 중국 정복이 진행되고 있었기에 고려에 대한 응징이 유보되었을 뿐이다. 과연 1234년 금을 완전히 멸망시킨 뒤 이듬해에 몽골은 다시 고려를 침략했다. 고려 정부의 의도가 다 드러났으므로 이번에는 예전과 달리 일체의 요구 조건 없이 처음부터 다짜고짜 파상 공세를 취했다. 기간도 전보다 훨씬 긴 5년간이었으니 고려로서는 건국 이래 최대의 국난이었다.

고려 각지에서 군민이 합세해 거세게 저항했으나 몽골군은 속도만 조금 느려졌을 뿐 거침없이 한반도 전역을 유린했다. 평안도와 함경도는 물론 경기도, 충청도, 경상도, 전라도에 이르기까지 그들의 말발굽이 닿지 않은 곳이 없었다(마침 그 무렵 바투의 유럽 원정군은 러시아와 동유럽의 도시들을 짓밟고 있었으므로, 유라시아 대륙의 서쪽 끝에서 동쪽 끝까지 몽골군에 초토화되는 시기였다).

문화재의 측면에서 볼 때 이 3차전으로 고려는 하나의 문화재를 새로 만들었고 다른 한 문화재를 잃었다. 불타 없어진 초조대장경을 대신해 새로 대장경을 조판하기 시작했고(현재 해인사에 보관된 팔만대장경이 그것이다), 최대의 사찰인 경주 황룡사가 불타 무너졌다. 그러나 황룡사와 더불어 동양 최대의 목탑이었던 9층탑과 대종, 장육상이 녹아 없어진 것을 팔만대장경이 생긴 것으로 만회할 수 있을까?

이 지경이 되자 그동안 전란에 대해 모르쇠로 버티던 강화도 정부도 더 이상 견딜 수 없었다. 1238년 말에 고종은 사신을 보내 재차 항복의 의사를 밝혔다. 몽골 측은 국왕이 직접 입조할 것과 개경으로 환도할 것을 요구 조건으로 내세워 철군했다. 문제는 고려 정부가 발등에 떨어진 불만 끄는 데 급급할 뿐 여전히 항복의 자세를 취하지 않았다는 점이다. 그것을 고려의 기상이나 기개로 보기는 어렵다. 중국의 한족 왕조에 대해서는 지극정성으로 사대하면서도 북방 이민족 왕조에 대해서만 막무가내로 버틴 것이니까.

몽골의 응징이 곧 뒤따르지 않은 것은 순전히 몽골 내부의 문제 때문이었다. 1241년에 오고타이가 죽자 몽골 제국의 중앙정부에서는 제위 계승권을 놓고 혼란과 내분이 빚어졌다. 우여곡절 끝에 1246년 구유크가 제위를 계승한 뒤 바로 이듬해에 다시 고려

잃은 보물과 얻은 보물　몽골 침략으로 고려는 신라시대의 거찰인 황룡사를 잃었고, 팔만대장경을 얻었다. 사진은 대장경을 보관하고 있는 합천 해인사의 장경각이다. 한 보물을 잃고 다른 보물을 만든 셈인데, 황룡사와 대장경을 맞바꾼 큰 손실이다. 더구나 전란의 와중에 불력으로 외적의 침략을 막겠다는 생각으로 대장경을 주조한 것은 아무리 13세기의 발상이라 해도 지극히 비현실적이다.

침략이 행해졌으나 곧 구유크가 죽어 철군하는 바람에 큰 피해는 없었다. 하지만 문제가 해결되지 않았으니 전란도 종결되지 않았다. 몽골 황실에게도 이제 강화도에서 20년이나 버티고 있는 고려 정부는 제법 큰 골칫거리가 되었다.

1251년에 제위에 오른 몽케(재위 1251~1259)는 다시 고종의 입조와 개경 환도를 요구했다. 그런데 최우를 계승한 아들 최항(崔沆, ?~1257)은 아버지의 쇠고집을 물려받은 데다 속임수가 능했다. 몽골에 사신을 보내 왕을 강화도에서 내보내겠다고 약속해놓고 막판에 다른 왕족으로 바꿔치기한 것이다.

이에 몽케는 크게 격분했다. 그러나 여전히 정신을 차리지 못하고 국가의 위기와 정권의 위기를 혼동하고 있는 최항은 1253년에 몽골군이 침략해오자 또다시 속임수로 사태를 수습하려 했다. 강화도 맞은편에 임시 궁궐을 마련하고 고종이 마치 뭍으로 나온 것처럼 꾸며 거기서 몽골 사신을 영접하도록 한 것이다. 고종이 강화도에서 나온 것은 그게 처음이기는 했으나 같은 속임수에 두 번 속을 바보는 없다. 결국 이듬해 여름부터 시작된 몽골의 6차 침략은 사상 최대의 피해를 가져온다. 기록에 따르면 "이해에 몽골군에게 사로잡힌 백성은 무려 20만 6800여 명이고 죽은 자는 이루 헤아릴 수 없으며, 몽골군이 지나간 지방은 모두 잿더미로 변했다."라고 되어 있다. 무신 집권자가 저지른 무지한 사기극의 대가는 고려 백성들이 온몸으로 치러야 했다.

국제 사기극으로 백성들을 도탄에 빠뜨렸음에도 뉘우치기는커녕 강화도에서 사치와 향락을 일삼던 최항은 병으로 편안하게 죽었다. 그러나 최항의 서자로 아버지의 지위를 이은 최의崔竩(?~1258)에게는 그런 행운이 없었다. 노비를 어머니로 둔 탓인지 일찍이 '신분 해방'에 눈을 뜬 그는 선비보다 노비를 측근에 두고 중용했으며, 아직 몽골의 전란이 끝나지도 않은 상황에서 권력의 단맛에 탐닉했다. 그렇다면 적이 많을 것은 당연하다. 결국 1258년 김준金俊(?~1268)과 유경柳璥(1211~1289)이 최의의 집을 습격해 그를 암살했다.

이것으로 60년에 걸친 최씨 정권은 끝났다. 김준은 무신이고 유경은 문신이므로 시대의 추세를 고려하면 권력 서열은 김준이 위였다. 그런 탓에 아직 무신 정권의 시대는 종식되지 않았으나, 장

467

기 집권 가문이 사라진 이상 적어도 터무니없는 대몽 항쟁이 더 이상 지속될 이유는 없었다. 이듬해 고종이 몽골과의 타협으로 태자를 대신 입조시키면서 28년에 걸친 무모한 항쟁은 마침내 끝났다.

이렇게 끝날 줄 알았더라면 차라리 고려는 전란의 피해를 입기 전에 진작부터 몽골에 대해 확실한 사대 관계를 취했어야 한다. 처음부터 충분히 예상할 수 있는 결과였다. 다만 권력을 수호하기 위해 무모하게 버틴 무신 정권과 뿌리 깊은 중화사상에 물들어 '오랑캐'에게 무릎 꿇기를 망설인 개경 귀족들이 백성들을 고통에 빠뜨리고 급기야는 나라마저 빼앗긴 결과를 빚은 것이다.

항복의 직접적인 결과는 영토에서 나타났다. 1258년 동북부에서 일어난 반란 세력이 몽골에 투항하자 몽골은 그것을 빌미로 화주和州(지금의 함경남도 영흥)에 쌍성총관부雙城摠管府를 설치해 함경도 땅을 고려로부터 빼앗았다. 또 1269년에는 서경의 반란 세력이 몽골에 투항하자 몽골은 서경에 동녕부東寧府를 두고 평안도 땅도 차지했다. 서경을 중시하라는 왕건의 유시는 애초에 포기한 터였지만, 건국 초부터 늘 관리하는 데 애를 먹었던 북부의 영토를 떼어준 것에 왕과 개경 귀족들은 앓던 이를 뺀 것처럼 시원해하지 않았을까?

후유증 혹은 뒤풀이

마치 종전을 기다리기라도 한 듯이 몽골의 대칸(황제) 몽케와 고려 국왕 고종은 1259년에 죽었다. 그러나 두 사람의 운명은 황제와 왕이라는 신분 차이보다도 컸다. 오히려 고종과 비슷한 삶을 산 인물은 수백 년 뒤에 등장하는 조선의 고종이다. 두 임금이 같은 시호를 받았다는 것은 우연의 일치겠지만 혹시 같은 운명을 암시하는 것은 아닐까? 고려의 고종은 최씨 정권의 꼭두각시로 30년 동안이나 강화도에서 망명 생활을 했고, 조선의 고종은 아버지와 아내에게 휘둘려 허수아비로 지내다가 급기야 러시아 공사관으로 망명했다. 공교롭게도 두 고종 모두 예순일곱 해의 파란만장한 삶을 살았고, 나라를 빼앗긴 설움을 안은 채 죽었다. 그래도 일제 식민지 시대와 달리 몽골 식민지 시대에는 왕실 사직이라도 보존한 것을 감안하면 고려의 고종이 덜 불행했다고나 할까?

고려의 고종이 죽자 몽골에 가 있던 태자가 돌아와 원종元宗(재위 1259~1274)으로 즉위했다. 일단 왕통은 그럭저럭 이었지만 그가 실권을 가진 군주라고 믿는 사람은 아무도 없었다. 더구나 그에게 주어진 특명은 국왕 고유의 나라를 다스리는 임무가 아니라 개경 환도에 불과했다. 왕 자신은 아무런 힘이 없어도 몽골이라는 든든한 배경이 있었다. 최씨 정권을 타도한 뒤에도 무신 집권을 이어가려 한 김준 일당이 소홀히 여긴 것은 바로 그 점이다.

권력의 원천은 무신들이 아니라 몽골이라는 것을 확신한 원종은 즉위 초부터 적극적으로 몽골에 협력했다. 우선 개경 환도를 위해 1268년 개경에 출배도감出排都監이라는 임시 관청을 설치했다. 김준은 당연히 반대하고 나섰다. 그러나 아직 무신의 시대는 끝나지 않았다. 김준과 왕의 사이가 벌어진 틈을 이용해 또 다른 무신인 임연林衍(?~1270)이 김준을 죽이고 집권한 것이다.

물론 임연도 환도할 마음은 털끝만큼도 없었다. 그는 오히려 원종을 폐위하고 원종의 동생을 왕으로 내세웠다. 하지만 고려가 몽골의 지배 아래 들어왔는데도 집권 무신이 국왕을 갈아치울 수 있다고 생각한 것은 크나큰 오산이었다. 몽골로 도망친 원종은 넉 달 만에 당당히 돌아와 복위했고, 임연은 몽골이 문책할 것에 고민하다가 병에 걸려 죽었다. 그의 아들 임유무林惟茂(?~1270)는 멋모르고 아버지의 지위를 물려받았다가 몇 개월도 못 가 원종이 보낸 자객에게 살해당했다. 이것이 무신 정권의 최종적인 몰락이다.

그러나 그 후유증이 남았다. 그래서 막이 내려진 뒤 뒤풀이가 시작된다. 1270년 원종은 마침내 모든 준비를 완료하고 개경 환도를 단행했는데, 40년 만의 환도를 기념한 것은 경축 행사가 아니라 반란이었다. 반란의 주역은 졸지에 우두머리를 잃고 실업자 신세로 전락한 군대, 즉 별초군이다. 창립자이자 총지휘자인 무신 집권자가 사라졌으니 이제 군대는 깡패 조직으로 변했다. 그들이 새로 뽑은 우두머리 배중손裵仲孫(?~1271)은 좌별초, 우별초, 신의군으로 구성된 삼별초를 이끌고 강화도에 남아 반란을 일으켰다.*

● 삼별초는 몽골 침략기에 대몽 항쟁에서 뛰어난 활약을 보였기에 자칫 그들을 우국지사인 것처럼 여길 수 있지만, 사실 그들은 우두머리로 섬기던 무신 집권자가 제거된 데 불만을 품고 폭동을 일으킨 것뿐이다. 삼별초는 원래 창설될 때부터 최우가 친위대로 삼았던 만큼 무신 정권의 사병 조직이나 다름없었다. 또한 그들의 대몽 항쟁도 기본적으로 나라 전체보다는 강화도 정부를 방어하기 위한 것이었을 뿐이므로 호의적 평가를 하기는 어렵다. 그럼에도 그들의 봉기에 고려 민중이 어느 정도 지지를 보낸 것은 몽골에 대한 반감이 작용했기 때문이다.

배중손이 믿는 도끼는 미처 강화도에서 나오지 못한 왕족과 귀족 들이었다. 그들을 인질로 잡아두면 우선 안전을 도모할 수 있고 장기적으로는 권력을 되찾을 수도 있을 터였다. 그러나 그가 왕족인 승화후 온溫을 왕으로 옹립하는 등 부산을 떠는 동안 인질들이 재빨리 육지로 도망쳐 나왔다. 그렇다면 삼별초도 더 이상 강화도에 머물 이유가 없었다.

할 수 없이 삼별초는 배를 타고 멀리 남쪽으로 가서 진도에 근거지를 틀었는데, 그들

무엇을 위한 항전인가　삼별초의 마지막 근거지였던 제주도의 항파두리 항몽 유적이다. 당시 쌓 았던 토성이 부분적으로 남아 있다. 흔히 삼별초는 몽골 침략에 최후까지 항전한 세력으로 알려 져 있지만, 실은 망명정부가 개경으로 환도하게 됨에 따라 실업자가 된 강화도 수비대가 '구조 조 정'에 반대해서 파업을 벌인 것에 불과하다. 동병상련의 심정인 고려 백성들이 그들의 반정부 쿠데 타를 지지해준 덕분에 그들의 허명이 후대에 과대 포장되었다.

이 기세를 떨치는 것은 이때부터다. 선박을 이용한 기동력을 바탕 으로 순식간에 제주도에서 거제도까지 남해상의 섬들을 점령했 다. 옛 장보고가 부럽지 않을 정도였다. 특히 항구들을 장악하고 중앙으로 가는 조운선을 가로막은 것은 개경 정부에 심각한 재정 적 타격을 주었다. 그대로 놔두었다가는 반란이 아니라 또 다른 나라가 건국될 판이었다.

　당시 개경 정부는 장보고 시대에 경주 정부의 심정이 어땠을지 공감했을 것이다. 사실 무기력한 면에서는 개경 정부도 9세기의 경주 정부에 못지않았다. 장보고를 살해한 염장의 역할을 맡은 것 은 몽골군이었다. 고려의 군대가 반란군이었으니 개경 정부로서 는 오로지 몽골군에 의지할 수밖에 없었다. 몰락한 무신들 대신 다시 문신으로 군 사령관이 된 김방경金方慶(1212~1300)은 몽골군의 지원을 받아 1271년 총공세를 펼친 끝에 마침내 진도를 함락하고 배중손을 잡아 죽였다. 이후 삼별초는 김통정金通精(?~1273)을 우두머리로 삼아 근거지를 제주도로 옮기고 저항을 계속하다가 2년 뒤에 완전히 진압되었다.

명백한 반란임에도 불구하고 삼별초의 난이 고려 민중의 지지를 얻은 이유는 백성들 사이에 몽골에 대한 민족적 반감이 컸기 때문이지만 그 밖에도 이유가 더 있다. 당시 백성들은 몽골의 가혹한 징발에 시달렸던 것이다. 무엇을 위한 징발이었을까? 바로 쿠빌라이, 즉 원 세조世祖(재위 1260~1294)가 시도한 일본 정벌이다.

1260년 몽골의 대칸이 된 쿠빌라이는 정복왕조에 머물지 않고 중국식 제국으로 전환하고자 했다. 이민족 왕조로서 장기적인 생존과 발달을 위해서는 옳은 선택이고 역사적으로 검증된 방책이었다. 이를 위해 그는 국호를 중국식 명칭인 원元으로 바꾸고 황제의 시호도 중국식으로 고쳤다(그래서 그는 몽골 제국으로 보면 5대 대칸이지만 원 제국으로 따지면 초대 황제가 된다). 또한 이름만 남아 있던 남송을 멸망시켜 대륙을 통일했다.

원 세조가 된 쿠빌라이는 거기에 만족하지 않고 그전까지의 어느 중화 제국도 이루지 못한 동북아시아 전역의 통일을 시도했다. 바꾸어 말하면 일본마저 정복하겠다는 것이다. 그러나 인천 앞바다의 물살조차 부담스럽게 여겼던 몽골군이 파도가 거친 현해탄을 건너기란 불가능했다. 뱃멀미는 물론이고 당장 병력 수송에 필요한 선박을 건조하는 방법조차 알지 못했다. 원 세조가 생각해낸 수단은 바로 고려를 이용하는 것이었다.

세조는 고려의 합포(지금의 마산)에서 선박을 건조하라고 명했다. 삼별초의 난을 최종적으로 진압한 직후인 1274년, 드디어 몽골군은 남송군과 고려군을 거느리고 현해탄을 건넜다(당시 고려군 사령관은 삼별초 진압을 지휘한 김방경이었다). 무려 900척으로 이루어진 대선단이었으니 선박을 만들고 군량을 조달하고 병력으로도 투입되는 과정에서 고려 백성들의 고통이 얼마나 컸을지 짐작할 수 있다.●

당시 일본의 쇼군인 호조 도키무네는 스물세 살의 청년이었으나 고려의 동업자인 무신들처럼 책임을 회피하려 하지 않았다. 그는 측근들을 데리고 피신하기는커녕 가마쿠라에서 멀리 규슈까지 군대를 보내 원정군에 맞섰다. 하지만 일본과 바쿠후를 구한 것은 군대가 아니었다. 때맞추어 불어온 태풍으로 원정군의 선박들이 부서지는 바람에 원정은 싱겁게 끝났다. 일본 정복의 한을 풀지 못한 원 세조는 1280년 개경에 정동행성征東行省(동쪽, 즉 일본을 정복하기 위한 관청)을 설치하고, 이듬해 무려 14만 명의 병력과 4000척의 함대로 다시 규슈에 상륙했다. 그러나 안타깝게도 또다시 태풍이 불어닥쳐 선박이 200척만 남은 채 모조리 침몰해버렸고 인명 피해도 10만 명에 달했다.●● 그 덕분에 일본은 인도네시아의 자바 섬과 함께 세계 제국 몽골이 정복을 시도했다가 유일하게 실패한 곳으로 기록에 남았다.

삼별초의 난과 일본 원정으로 한바탕 홍역

● 국사 교과서에는 이 원정군을 여몽(麗蒙) 연합군이라고 부르는데, 이것은 심각한 잘못이다. 연합군이라는 말을 쓰려면 고려가 원정을 기획하거나 자의로 참여했어야 할 텐데, 고려는 단지 몽골 측에 징발되어 병선을 제작하고 병력을 제공했을 뿐이기 때문이다. 남의 나라를 침공하는 전쟁에 넣지 않아도 되는 고려의 명칭을 갖다 붙일 이유는 없다. 더구나 몽골이 주도한 전쟁에 고려의 이름자가 앞에 들어가는 것은 상식적으로도 옳지 않다.

●● 두 차례의 태풍으로 국난을 넘긴 덕분에 당시 일본인들은 그 태풍을 신이 내린 바람, 즉 가미카제(神風)라고 불렀다. 1274년의 위기를 넘기자 호조 도키무네는 "신이 일본을 수호하고 있다."라고 하면서 쿠빌라이가 보낸 사신을 처형하기도 했다. 물론 신이 일본을 수호할 리는 만무했으나, 훗날 일본을 통일하게 되는 도요토미 히데요시(豊臣秀吉)는 "일본은 신국(神國)"이라고 주장했으며, 도쿠가와 이에야스(德川家康)도 서양 선교사들이 들여온 그리스도교를 탄압하기 위해 '신국론'을 들먹였다. 그보다 더 충격적인 것은 제2차 세계대전 당시 일본 공군의 자살 특공대를 가미카제라고 불렀다는 사실이다. 일본 군국주의의 뿌리는 이렇게 깊고 오래되었다.

몽골에 맞선 일본　세계를 정복한 몽골군이 쳐들어온다는 소식에 일본 전역이 몸을 떨었다. 그러나 전란을 피해 강화도로 달아난 고려의 무신 정권과 달리 일본의 사무라이들은 과감히 몽골군에 맞섰다. 물론 막강한 몽골 기마병이 온 게 아니기 때문이기도 하지만, 일본이 중국에 사대하지 않고 독자적인 황제(천황)를 모시는 독립국이라는 의식이 있었기에 항전의 자세도 가능했다. 그림은 그 전투 장면인데, 이 선박은 고려 백성들이 건조했다.

을 치른 뒤에야 비로소 모든 뒤풀이가 끝났다. 이제 원에 반대하는 고려 내 세력은 완전히 소탕되었고, 일본 정벌 전쟁에 용병으로 징발될 만큼 고려는 원의 완전한 속국으로 자리 잡았다. 우리 역사상 최초의 이민족 지배기가 시작된 것이다.

황제의 사위들

2차 일본 정벌이 전개되기 1년 전인 1279년에 남송이 멸망함으로써 고려는 사대의 대상을 잃었다. 충심을 바쳐 섬기고 싶은 중국의 한족 왕조는 사라지고 난데없이 오랑캐 몽골을 '모국'으로 받드는 처지가 되었다. 그나마 남송처럼 오랑캐의 손에 멸망한 것보다는 오랑캐의 속국으로라도 존속한 편이 나았다고 할까?

그러나 이민족 지배에 반감을 품은 것은 고려의 백성들이었고 고려 왕실은 불만이 없었다. 왕실의 관점에서는 오히려 원이 고맙기 그지없었다. 그 덕분에 지긋지긋하던 무신 집권을 종식시킬 수 있었으니까. 독립 왕권? 그런 건 바라지도 않는다. 어차피 개국 초부터 주변 강대국들의 연호를 사용해왔고 이민족 왕조들에 반강제로나마 사대해온 처지가 아니었던가? 그런 점에서 고려의 왕들은 개경 귀족들보다 중화사상으로부터 훨씬 자유로운 입장이었다.

1274년 6월, 아버지가 죽었다는 기별을 받고 원의 수도인 대도大都(베이징)를 떠나 고려로 돌아오는 원종의 아들은 왕실의 고난이 아버지 대에서 끝났다는 생각에 후련한 심정이었을 것이다. 사실 그럴 만도 했다. 그는 무려 100년 만에 무신 정권의 영향력 없이 즉위하는 왕이었다. 그러나 그는 바로 지난달에 원 세조의 딸 제국대장공주를 아내로 맞아들였으므로 고려의 왕이기에 앞서 제국의 사위라는 신분이었다. 이제 고려는 원의 부마국이 되었다.

그래서 그는 그전까지의 고려 왕들과 달리 독립국의 왕을 뜻하는 '종宗'의 시호를 받지 못하고 '왕'의 직함만 인정되어 충렬왕忠烈王(재위 1274~1308)으로 역사에 기록된다. 그를 시작으로 공민왕恭愍王(재위 1351~1374)에 이르기까지 일곱 명의 고려 왕들은 모두 세자 시절에 원에서 살면서 몽골식 이름을 얻고 원의 황녀를 아내로 맞아들였다. 더구나 그중 여섯 명은 죽은 뒤에 충忠(충성) 자가 붙은 '왕'의 시호를 받았다(당시 원은 정복국의 왕에게 황녀를 시

● '충 자 항렬'의 여섯 왕들은 모두 태자가 아닌 세자였다. 독립국의 왕위 계승자를 태자(太子)라고 부르니까 세자(世子)는 그보다 한 급 낮은 호칭이다. 그 밖에도 이 시기 고려 왕들은 전 시대와 다른 호칭과 용어 들을 썼다. 이를테면 왕이 자신을 가리킬 때 쓰는 짐(朕)이라는 말도 고(孤)로, 폐하(陛下)도 전하(殿下)로 격하되었다(폐陛란 계단을 뜻하므로 폐하는 독립 군주의 용어지만 전殿은 황궁을 뜻하므로 전하란 황제 휘하에 있는 군주를 가리킨다). 몽골 지배기에만 이런 용어들을 썼다면 지금 우리에게 그렇듯 익숙하게 들리지는 않을 것이다. 그러나 불행히도 조선시대 내내 왕위 계승권자는 태자가 아닌 세자였으며, 왕은 스스로를 고라고 칭했고 신하들은 왕을 전하라고 불렀다. 게다가 조선은 1897년 일본의 괴뢰제국인 대한제국 시절을 제외하고는 독자 연호를 쓴 적이 없다. 이렇게 본다면 한반도는 고려 말 이후 20세기 중반까지 독립국이 아니었던 셈이다.

집보내는 게 관례였으니까 고려만이 원의 부마국이었던 것은 아니다).●

기대와 달리 충렬왕은 즉위 초부터 일본 정벌 뒷바라지에 시달려야 했다. 하지만 사위로서 장인의 뜻을 따르는 것은 당연한 일이니까 감내할 수밖에 없었다. 아닌 게 아니라 재위 기간 중 그는 10여 차례나 원의 황실을 방문할 정도로 정성스럽고 충성스런 사위였다. 중서문하성과 상서성을 합쳐 첨의부僉議府로, 추밀원을 밀직사密直司로, 어사대를 감찰사監察司로 바꾸고 6부를 4사司로 개편한 데는 원의 요구에 따르려는 것만이 아니라 충렬왕의 의지도 있었을 것이다(속국의 처지인 탓에 6부六部라는 명칭도 6조六曹로 격하되었는데, 이 명칭이 조선시대까지 쓰이게 된다). 기관들의 기능은 그대로지만 이름에서 보듯이 성省이 부府로, 원院과 대臺가 사司로 한 급씩 격하된 것은 속국 행정부의 체제임을 말해준다. 게다가 일본 정벌이 포기된 이후에도 정동행성이 계속 남아 고려의 내정에 간섭했다. 부마국임에도 믿을 수 없다는 원의 의도를 보여주는 것이었을까?

어쨌든 충렬왕에게 더 중요한 신분은 고려의 왕보다 황제의 사위였다. 그래서 1297년 아내인 제국대장공주가 죽자 그는 만사에 의욕을 잃었다. 그를 더욱 좌절시킨 것은 그의 아들이었다. 당시 원에 가 있던 세자는 어머니의 부음을 듣고 고려로 귀국하더니 독특한 방식으로 슬픔을 달랬다. 아버지가 아끼는 애첩과 그 배후 세력을 모조리 잡아 죽인 것이다. 세자는 어머니가 마흔 살도 못 되어 죽은 탓이 그들에게 있다고 믿었겠지만, 졸지에 아내와 애인을 모두 잃은 충렬왕은 이듬해 왕위를 아들에게 넘겨주었다. 그는 젊은 시절 원에 있을 때부터 매 사냥에 탐닉했으므로 더욱 왕위에 연연하지 않았을 것이다.

고려 왕위가 보잘것없음을 보여주는 사건은 아버지 충렬왕이 시퍼렇게 살아 있는데도 아들이 왕위에 오른 것이다. 고려 역사상, 아니 한반도 역사상 그런 적은 처음이었다. 정상적인 왕국이 아니었기에 가능한 일이다.

그래도 충렬왕의 아들 충선왕忠宣王(재위 1298, 1308~1313)은 아버지에게 효도는 못했을망정 최소한 아버지처럼 무기력한 인물은 아니었다. 즉위하자마자 그는 사회 전반에 걸친 개혁안을 마련하고 대대적으로 실행하고자 했다. 정방을 폐지하고 한림원을 사림원詞林院으로 고쳐 인사권을 부여한 것이라든가, 귀족과 호족 들의 권력형 비리와 부패를 척결하고자 한 것이 개혁의 골자다. 그러나 원에 사신으로 갔던 자들이 돌아와 출세하는 통로를 차단하고, 새 행정기관들을 신설해 속국 이전의 체제로 돌아가려는 모습을 보인 것은 모국의 제재를 받을 수밖에 없었다. 때마침 아내인 계국대장공주가 질투까지 하는 바람에 충선왕은 개혁의 시동도 제대로 걸지 못한 채 중단하게 된다.** 왕으로 재위한 지 불과 7개월

●● 원의 공주는 충선왕과 왕비 조씨의 금슬이 좋은 것에 불만을 품었는데, 실은 조씨가 먼저 충선왕과 결혼했으니 후처가 전처를 시기한 셈이다(그래도 정실은 엄연히 원의 공주였으므로 거기서 낳은 아들만 세자가 될 수 있었다). 충선왕은 1292년에 고려에서 조씨와 결혼했고, 3년 뒤 원에 가서 계국대장공주를 아내로 맞아들였다. 그러나 귀국하고 나서 충선왕이 조강지처인 조씨와 더 가까이 지내는 것을 보고 공주는 원 황실에 서신을 보내 조씨가 자신을 저주한다고 모함했다. 일개 아녀자의 질투라면 모르겠으되 원 공주의 불평이었기에 문제가 되었다. 결국 조씨는 친정아버지와 함께 옥에 갇혔다가 대도로 압송되었고 충선왕에게까지 불똥이 튀었다. 당시 개경 궁궐에는 조씨가 공주를 저주한다는 익명의 대자보가 나붙었는데, 여기에는 친원파 귀족들의 책동이 있었을 것이다.

만에 그는 원에 소환되었고 충렬왕이 다시 복위되었다. 이렇게 아버지가 아들의 왕위를 이어받은 경우는 세계사적으로도 드물 것이다.

그러나 고려 왕실의 웃지 못할 해프닝은 그 뒤에도 연출된다. 1308년 충렬왕이 죽은 뒤 충선왕은 몽골에서 돌아와 두 번째 왕위에 올랐지만, 겨우 두 달 만에 원으로 돌아가버렸다. 고려 왕은 다시 궐위 상태가 되었다. 더구나 몽골에 간 전임 국왕의 호사스런 해외 생활비를 대느라 국가 재정도 엉망진창이었다. 그래서 고려 정부만이 아니라 원 황실에서도 왕의 귀국을 종용했으나 충선왕은 5년이 지나서야 비로소 잠시 귀국하더니 아들에게 왕위를 물려주는 절차를 밟은 다음 원으로 돌아가 죽을 때까지 귀국하지 않았다.

이쯤 되자 고려 왕위는 권력을 행사하고 누리는 자리가 아니라 성가시고 부담스런 자리가 되었다. 아버지가 떠맡긴 왕위를 영문도 모르고 덥석 받은 충숙왕忠肅王(재위 1313~1330, 1332~1339)은 후회스런 심정이었을 것이다. 그런 그에게 더욱 왕위를 싫게 만드는 사건이 일어난다.

만주의 여러 민족 때문에 늘 골머리를 앓았던 원 황실은 고려가 그들을 제대로 제어하지 못하자 새로운 방책을 구상했다. 만주를 관장하는 별도의 왕, 즉 심양왕瀋陽王을 둔 것이다(심양은 지금의 중국 랴오닝 성의 선양이다). 최초의 심양왕은 바로 1308년 충렬왕이 죽었을 때 귀국하지 않고 버틴 충선왕이었다. 그러나 고려 왕위까지 마다한 그가 심양왕이라고 제대로 맡을 리 없었다. 그는 곧 조카인 연안군 고暠에게 왕위를 물려주었는데, 충숙왕이 고려의 왕위를 잇게 되자 '두 왕' 사이에 마찰이 일어날 것은 불을 보듯 뻔했다.

사실 충숙왕은 아버지처럼 튀는 행동을 하지 않고 원 황실에서 시키는 대로 따르면서 최대한 편하게 재위할 작정이었다. 옷의 색깔로 백성들의 신분을 구별하라는 원의 명령에도 고분고분 따랐고, 사심관을 폐지하라는 지시도 그대로 실천했다. 그러나 심양왕 고가 고려 왕위에 흑심을 품고 황실에 그를 무고하는 사태가 일어나자 충숙왕은 그런 정도의 직무 수행마저도 싫증이 나버렸다. 그런데 그 일로 황실의 소환령을 받아 5년간이나 대도에서 살다가 와보니 더욱 짜증나는 상황이 벌어졌다. 심양왕이 원 황실에 아예 고려라는 국호를 없애고 고려를 원에 합병하자고 제안한 것이다. 왕위에 초연한 것은 할아버지로부터 내려온 내력이 아니던가? 만사가 귀찮아진 충숙왕은 1330년 아들에게 왕위를 넘기고 원으로 가버렸다.•

이렇게 해서 열다섯 살에 왕이 된 충혜왕 忠惠王(재위 1330~1332, 1339~1344)에게는 나라를 다스릴 경륜은커녕 황실의 꼭두각시 역할을 수행할 능력조차 기대할 수 없었다. 나이에 어울리지 않게 주색잡기와 사냥에 빠져 있던 충혜왕은 2년을 재위한 뒤 폐위되었고, 아버지 충숙왕이 복귀했다(또다시 아들의 왕위를 아버지가 이은 사례다). 그리고 충숙왕이 7년 뒤에 죽자 다시 충혜왕이 왕위에 올랐다.

결국 충렬왕부터 충혜왕까지 식민지 시대 네 명의 왕들은 모두 두 번씩이나 왕위에 오르는 진기록을 남겼다. 왕위가 '적성'에 맞지

• 그런 분위기에서는 거의 실현 불가능한 가정이기는 하지만, 만약 당시 고려 왕실에서 정신을 차렸더라면 오늘날 만주는 중국 땅이 되지 않았을지도 모른다. 원은 랴오둥과 한반도 북부까지는 영토화하는 데 성공했으나 중국의 역대 제국들이 그랬듯이 만주까지는 확실히 제압하지 못했다. 그래서 만주의 관할을 고려에 맡긴 것인데, 고려가 만주의 여러 민족을 함께 아우를 만한 역량을 가졌더라면 만주 병합이 가능했을 것이다. 만약 그렇게 되었다면 원이 몰락한 이후 자연스럽게 만주는 한반도와 한 몸이 되었을 터이다. 당시 만주는 원에나, 또 훗날 원을 타도한 명에나 중요한 지역이 아니었다. 그런 점에서 심양왕 제도는 고려가 고구려의 영토적 계승을 현실화할 수 있는 마지막 기회였다.

않았으니 그들 개인적으로도 불운이었겠지만 그런 왕들을 둔 당시 고려 백성들과 그런 기록을 지닌 우리 역사는 더욱 불운했다. 왕실을 둘러싼 해프닝은 그것으로 끝났으나, 이후 충목왕忠穆王(재위 1344~1348)과 충정왕忠定王(재위 1349~1351)도 어린 나이에 왕위에 올라 불과 몇 년 재위했으므로 '충' 자가 들어간 왕 치고 이름값을 한 인물은 하나도 없었던 셈이다.

식민지적 발전 1

일국의 왕실에서 왕위를 장난처럼 주고받았을 정도라면 나라꼴이 어땠을지 충분히 짐작할 만하다. 장장 30년간의 무모한 대몽 항쟁으로 전 국토는 피폐해졌고 또다시 무모한 일본 정벌의 준비로 백성들의 삶은 파탄이 날 지경이 되었다. 그러나 기업은 망해도 사장은 살아남는다는 말은 자본주의 사회의 속설만이 아니다. 왕실이 그랬듯이 고려 사회의 지배층도 나라와 백성의 처지와는 무관하게 멀쩡히 살아남았을 뿐 아니라 오히려 일찍이 없었던 영화를 누렸다. '식민지적 발전'이라는 용어가 성립할 수 있다면 그것을 누린 자들은 바로 그들이다.●

언제나 그렇듯이 선진국의 첨단 유행을 맨 먼저 받아들인 것은 상류층이었다. 식민지 시대가 시작되자 고려 귀족들은 기다렸다는 듯이 앞다투어 몽골식 옷차림을 하고 몽골식 변발을 했다. 게다가 그들은 몽골식 이름

● 원래 식민지 상태에서는 '발전'이라는 말을 쓸 수 없다. 식민지는 기본적으로 모국에 착취의 대상이기 때문이다. 설령 식민지에서 모국의 지도 아래 경제가 성장하고 사회간접 시설이 개발된다고 해도 그것은 식민지를 위해서가 아니라 모국의 착취를 용이하게 하기 위해서다. 일제강점기에 한반도에서 이루어진 모든 변화, 즉 철도, 공장, 토지 개발 등을 '발전'으로 볼 수 없는 이유도 마찬가지다.

을 만들고 몽골어를 한마디라도 배우려 애썼으니, 오늘날 망국적인 외국어 학습 열풍의 원조는 이 시대다.●● 몽골의 속국이 되면서 왕실의 권위가 무너지고 중앙 정치가 실종되었으므로 고려의 상류층은 정치적으로 매우 자유로워졌다. 그 자유가 선진 문화에 대한 맹목적인 수용으로 나타난 것이다. 하지만 그런 문화적 현상을 유발한 더 중요한 배경은 그들의 경제적 위상이 크게 높아졌다는 데 있다. 그들은 이른바 권문세족權門勢族을 이루어 일약 정치와 경제의 주역으로 등장했다.

정치가 허물어지면 그 틈을 노려 득세하는 자들이 생겨나게 마련이다. 권문세족은 몽골 지배기에 위세를 떨쳤으나 그 뿌리는 정치가 제 기능을 못할 무렵, 바로 무신 정권 시대에 이미 싹텄다. 그들이 부를 쌓은 원천은 토지 겸병이었다.

전시과는 앞에서 보았듯이 근본적인 결함(관리들의 토지 세습으로 토지가 부족해지는 현상)이 있지만, 정치가 건강할 때는 그럭저럭 제도를 유지하는 게 가능하다. 공권력으로 수조권이 세습되는 관행을 어느 정도 막을 수 있기 때문이다. 그러나 무신들이 중앙 권력을 장악하고 치부에만 집중하게 되면서 공권력 자체가 혼탁해진 마당에 전시과가 더 이상 유지되기는 어려웠다.

정치가 제 기능을 못하자 세도가들은 각종 편법을 구사해 토지를 겸병하기 시작했다. 그들은 수조지를 사유지로 바꾸었고(그것

●● 몽골 지배기가 오래 지속되면서 이런 상류층의 풍조는 점차 일반에게도 퍼져나갔다. 식민지 시대가 끝나면서 정치와 제도는 바뀌었지만 풍속은 쉽게 바뀌지 않았다. 그래서 이 시대에 도입된 몽골식 풍속, 이른바 '몽골풍'은 조선시대는 물론 오늘날까지도 이어지는 게 꽤 많다. 이를테면 여자들의 족두리, 옷고름에 차는 장도, 신부의 볼에 찍는 연지, 귀에 구멍을 뚫고 귀고리를 다는 풍습 등이 모두 이 시대에 기원을 두고 있다. 몽골인들이 즐겨 마시던 독한 증류주가 수입되어 생겨난 술이 지금도 널리 마시는 소주다. 그 밖에 왕의 밥상을 수라라고 부르는 것, 장사치나 벼슬아치처럼 사람을 가리키는 말에 '치[赤]' 자를 붙이는 것도 몽골풍이다. 심지어 투전 같은 오락이나 줄타기 같은 기예도 몽골에서 도입된 풍속이었다. 문익점(文益漸, 1329~1398)이 원에 갔다가 돌아올 때 붓대 속에 목화씨를 넣어 가지고 오지 않았더라면 백의민족이라는 말도 없었을지 모른다.

귀족이 선도한 몽골풍 사대의 역사가 오랜 고려인들은 언제 몽골에 항전했느냐는 듯이 쉽게 몽골의 풍속을 받아들였다. 그림에서 보듯이 몽골 복식과 풍습이 유행한 것을 '몽골풍'이라고 부르는데, 고려 귀족들이 이 유행을 선도했다. 문화적 측면이라면 남의 문화를 받아들인다고 해서 반드시 나쁘다고 할 수 없겠지만, 친원파 모리배가 득세한 것은 '해방 후' 고려 사회의 치명적인 독소로 남았다.

도 대부분 각종 명목으로 면세 토지로 만들었다), 미약한 양반 가문이나 농민 들이 소유한 토지를 강탈했다. 심지어 하급 관리들이 탈법적으로 토지를 갈취하면, 세도가들은 그것을 무마해주는 대신 헐값으로 토지를 사들이기도 했다. 세도가들만이 아니라 사원에서도 부지런히 한몫을 챙겼다. 이런 식으로 토지가 차츰 세도가들에게 겸병되면서 백성들은 이중 삼중의 불법적 수조권자들 때문에 죽어났고, 국가 재정은 세원 부족에 허덕였다. 당시 민란이 잦았던 데는 이런 이유도 크게 작용했다.

세도가들은 이렇게 긁어모은 토지를 노비나 양민 들에게 경작시키고 생산물을 수취했다. 이것을 '농장農莊'이라고 불렀는데, 그 이름과 달리 목가적인 분위기와는 거리가 멀었다. 대지주의 농장을 경작하는 농민을 전호佃戶라고 불렀다. 이들은 나중에 소작인이라는 더 일반적인 이름으로 바뀌게 된다. 장차 20세기 중반까지 악명을 떨치게 되는 대표적 농민 수탈 구조인 소작제도의 원형은 이 무렵에 형성되었다. 당시 전호들은 농장주에게 신분상으로 예속되어 있었을 뿐 아니라 생산물의 절반에 해당하는 엄청난 소작료를 물어야 했다.

토지를 빼앗긴 양민들은 전호가 되어 궁핍해졌고, 아직 농장에 편입되지 않은 농민들은 한층 과중해진 세 부담에 피폐해졌으며,

신진 관료들은 봉급을 받지 못해 가난해졌다. 이런 총체적인 난국에 고려왕조가 망하지 않고 버텼다면 오히려 그게 더 이상할 지경이었다. 당연히 망했어야 할 고려왕조의 수명을 늘려준 것은 바로 원이었다. 원의 지배를 받으면서 고려는 굳이 '망할 필요가 없는' 왕조, 즉 원의 식민지 지방정권이 되었으니까. 이것도 식민지적 발전이라고 해야 할까?

그런 형편이었으니 식민지 시대에도 문제가 전혀 해결되지 않은 것은 당연했다. 해결되기는커녕 오히려 문제는 더욱 증폭되고 확산되었다. 고려 왕실이 정치의 구심점이 되지 못한다면 고려는 다른 말로 '주인 없는 나라'나 다름없었다. 그래서 농장을 경제적 기반으로 성장한 세도가들은 이내 정치 분야에서도 막강한 영향력을 발휘하게 되었는데, 이들이 권문세족이라고 불리는 신종 '족속'이다. 개국 초기에 호족, 다음에 외척, 그다음에 무신, 또 그다음에 권문세족이 차례로 내정을 좌지우지했으니, 고려는 내내 제대로 된 '왕국'의 면모를 갖추지 못한 것이다. 게다가 처음에 한족의 송, 다음에 거란의 요, 그다음에 여진의 금, 또 그다음에 몽골의 원을 차례로 섬겼으니, 대외적으로도 왕국의 위상이 서지 못했다.

하지만 당대의 지배인인 권문세족은 그런 고민을 할 필요도, 의사도 없었다. 그들은 경제적 부를 독차지하는 데 만족하지 않고 정치에서도 식민지 정권을 장악하고자 했다. 국왕은 황제의 사위일 뿐 실질적인 권력자가 아닐뿐더러 무엇보다 왕 자신이 정치에 관심이 없었으므로 모든 국정을 그들이 맡을 수밖에 없었다.

그래서 권문세족은 공식적인 정치 참여를 위한 통로를 만들었다. 도병마사都兵馬使를 도평의사사都評議使司로 바꾼 게 그것이다. 명칭에서 알 수 있듯이, 도병마사란 원래 변방의 군사 문제를 다루던 회의체였으며, 사안이 발생할 때마다 설치되는 임시적인 성격을 지닌 기관이었다. 그러나 그것을 개편한 도평의사사는 군사 문제만이 아니라 국정 전반을 취급하게 되었고, 회의체가 아닌 집행 기관으로 발전했다. 더 중요한 사실은 구성원이 대폭 늘어 3품 이상의 관리 70~80명이 참가하는 대규모 행정 기구로 확대되었다는 점이다(도평의사사는 조선 초까지 존속하다가 의정부議政府로 바뀌게 된다). 그 구성원 대부분이 권문세족들로 채워졌음은 말할 것도 없다.

무신 정권에게서 배운 수법일까? 권문세족은 고위 관직을 독점하고, 서로 혼맥을 통해 끈끈한 이해관계를 유지하면서, 과거보다는 음서를 통해 지위와 기득권을 대물림하는 등 철저한 '문민독재'로 일관했다. 당대에는 그런 권력형 부조리가 큰 문제였으리라. 그러나 후대의 관점에서 그보다 더 큰 문제는 그들로 인해 나쁜 역사적 선례가 만들어졌다는 점이다. 20세기 일제강점기 친일파의 수백 년 조상이 바로 그들이기 때문이다.

당연한 일이지만 권문세족들은 적극적인 친원파親元派였다.[•] 그들은 정동행성과 같은 원의 고려 지배 기관에 접촉해 연고를 맺으려 했고, 심지어 원의 고관들과 혼맥을 구축하기도 했다. 원래 원이 고려에 귀족 집안의 처녀를 '공물'로 요구했다. 귀족들은 처음에 마지못해 요구에 응했으나 권문세족들이 득세하면서부터는 오히려 그게 원의 지배층과 인연을 맺는 좋은 통로가 되었다. 운이 좋아 자기 집안의 딸이 원 황실의 첩실로라도 들

● 여기서 권문세족과 무신 정권기 이전까지 고려 사회의 지배층으로 군림한 전통적인 개경 귀족의 차이를 짚고 넘어갈 필요가 있겠다. 물론 권문세족들 중에는 개경 귀족 출신도 많았으니까 양자는 상당 부분 겹치기도 한다. 그러나 두 집단의 큰 차이는 개경 귀족이 유학을 숭상한 반면, 권문세족은 그렇지 않았고 오히려 불교와 깊은 인연을 맺고 있었다는 점이다(이는 권문세족이 토지 겸병으로 농장을 늘려나가는 과정에서 사원 세력과 결탁하는 경우가 많았기 때문일 것이다). 그랬기에 권문세족은 개경 귀족과 달리 중국의 한족 왕조에 대한 향수를 느끼지 않고 거부감 없이 원의 지배를 받아들일 수 있었던 것이다.

어가게 되면 그 가문 전체가 크게 뜰 수 있었다. 단기간에 집안을 일으키는 데는 가장 효과적인 수단이었을 것이다.

그러나 권문세족에게는 치명적인 약점이 있었다. 원과 공동 운명체이므로 미래도 함께할 수밖에 없다는 것이다. 물론 원이 영원히 고려를 지배한다면 권문세족의 미래도 영원히 보장될 것이다. 당시 그들은 그러리라고 굳게 믿었겠지만(일제강점기에도 많은 사람이 식민지 지배가 끝나지 않으리라고 믿었다), 머잖아 몽골은 중국 대륙에서 밀려나 고향으로 돌아가면서 아울러 한반도를 죄던 손아귀도 놓게 된다. 그 뒤 권문세족에게 눌려 있던 신진 사대부新進士大夫 세력이 개혁을 주도하고 새 왕조를 세우게 된다. 그렇다면 장차 새 시대를 주도할 세력이 물밑에서 자라난 것도 또 하나의 식민지적 발전이라고 할 수 있을까?

식민지적 발전 2

몽골 지배기가 남긴 '혜택'은 새 시대의 주역을 탄생시킨 것 이외에 문화적인 측면에서도 찾을 수 있다. 건국 초부터 고려는 여러 이민족 국가의 간섭과 지휘를 받았고 때로는 자발적이거나 반강제로 그들을 섬겼지만, 몽골 지배 이전까지 정식으로 이민족의 지배를 받은 적은 없었다. 처음으로 속국의 신세를 경험하면서 고려인들, 특히 지각 있는 지식인들은 새삼 고려라는 나라의 정체성에 대해 진지하게 생각하기 시작했다.

고려의 상류층은 자발적으로 몽골풍을 따랐고 백성들도 대부분 몽골 지배를 현실로 받아들였으나, 상당수 지식인은 원에 사대하는 풍조를 못마땅하게 여겼다. 언뜻 보면 그런 비판적 자세는 자못 민족적이고 애국적인 것처럼 생각되기도 한다(실제로 많은 역사가가 몽골 지배기에 민족적이고 자주적인 의식이 싹텄다고 말한다). 물론 어느 정도 사실이지만 그런 측면만 있는 것은 아니다.

그들이 민족의식 때문에 몽골을 거부했다면 사대 자체를 거부했어야 한다. 하지만 고려는 그전에도 송·요·금에 사대한 적이 있었고, 특히 송에 대한 사대에 관해서는 왕이나 관료, 지식인 들이 전혀 거부감을 갖지 않았다. 그렇다면 몽골 지배기에 지식인들이 반감을 보인 것은 민족주의나 애국심보다 사대의 대상이 중국의 한족 왕조가 아니라 오랑캐인 몽골이었기 때문이다.

그랬기에 1290년 안향安珦(1243~1306)이 원에 가서 주희의 저서들을 필사해 가지고 돌아왔을 때, 그리고 20년 뒤 그의 제자 백이정白頤正(1247~1323)이 주자학 교과서들과 《주자가례朱子家禮》를 가져왔을 때 고려의 지식인들은 열광적인 반응을 보였다.• 주희가 유교적 예법을 총정리한 《주자가례》는 그동안 주로 추상적인 이념으로만 전해지던 주자학을 구체적이고 실천적으로 소개하는 문헌이었으므로 학자들만이 아니라 일반 백성에게도 먹힐 수 있었다. 오늘날에도 익숙한 관혼상제冠婚喪祭의 유교적 예법이 한반도에 널리 보급되는 데는 《주자가례》의 도입이 결정적인 역할을 했다. 이렇게 싹이 튼 고려의 주자학은 곧 성리학性理學으로 업그레이드되면서 나중에는 조선왕조를 건국하는 데 이념적으로 크게

• 그 덕분에 안향은 후대의 역사가들에 의해 한반도 최초의 주자학자로 기록되었으나, 주자학을 처음으로 도입한 공로 이외에 주자학의 발전에 크게 기여한 것은 없다. 그에 비해 백이정은 주자학을 연구하고 널리 보급하는 데 필생을 바쳤고, 이제현(李齊賢, 1287~1367)과 이색(李穡, 1328~1396)으로 이어지는 고려 말 유학자들의 최대 계파를 일구었다. 안향과 백이정은 조선시대에도 존경과 추앙을 받았으나, 한국 최초의 서원인 경북 영주의 소수서원(紹修書院)에 안향이 배향된 것에 비해, 백이정은 임진왜란으로 서원 건립이 취소되는 바람에 마땅한 역사적 대우를 받지 못했다.

기여하게 된다(중국의 경우 주자학은 성리학의 일부였으나 조선에서는 유독 주자학만 성리학으로 인정되는데, 그 이유는 2권에서 살펴보자).

주자학에 열광한 것은 고려의 지식인들만이 아니라 중국의 한족 지식인들도 마찬가지였다. 그런 점에서 고려가 주자학을 수입한 통로가 원이라는 것은 아이러니지만 당시에는 중국에 한족 왕조 자체가 없었기에 그럴 수 있었다. 사실 원 세조가 적극적인 한화 정책을 펼치지 않았다면 주자학도 그렇게 빛을 볼 수 없었을 것이다. 순수한 철학 자체만으로 보면 별 문제가 없지만, 정치 이데올로기의 측면에서 보면 주자학은 화이華夷, 즉 중화 세계와 오랑캐 세계를 명확히 구분하려 했기 때문이다(원은 중국 대륙을 현실적으로 지배하고 있었던 탓에 주자학의 그런 정치철학적 측면을 간과했을지도 모른다). 왜 그랬을까? 그것은 당시 중국의 사정과 긴밀하게 맞물려 있다.

정신사적으로 보면 중국 한족 제국들의 역사는 곧 유학 이념의 발달사와 일치한다. 옛 주나라 시절에 유학의 근본이념이 싹텄고, 춘추전국시대에 유학이 체계화되었으며, 한 제국 때는 유학을 공식 이데올로기로 채택했고, 당 시절에는 과거제를 도입해 유학 제국을 이루고자 했다. 하지만 당은 결국 귀족 지배체제의 한계를 벗어나지 못했고, 완벽한 유학 제국은 송대에 이르러 완성되었다. 그런데 문제는 송이 역대 제국들 가운데 가장 물리적으로 허약했다는 점이다. 이 점은 유학 이념의 정치철학적 한계를 말해주는 것이었지만, 거란과 여진의 '오랑캐들'에 의해 나라가 짓밟히는 상황을 목도한 주희는 엉뚱하게도 그 이유를 낡은 유학의 문제점에서 찾았다.

아닌 게 아니라 유학은 탄생한 지 2000년 가까이 지나도록 늘

첨단 학문을 배우자 비중화 세계인 원을 통해 중화 이데올로기가 수입된 것은 아이러니다. 일종의 '식민지적 발전'인 셈인데, 당시 중국마저도 원의 지배하에 있었으므로 그럴 수밖에 없었다. 신흥 유학인 주자학이 도입되자 충렬왕은 전통적인 국립대학이던 국자감을 성균관이라는 이름으로 바꾸었다. 사진은 오늘날 개성에 남아 있는 성균관의 모습인데, 공민왕 때 지은 것이다.

과거의 경전에만 매달려왔을 뿐 근본적인 변화를 꾀한 적이 없었다. 그래서 주희는 공자가 유학을 체계화한 이래 가장 큰 학문적 변혁을 시도하는데, 그 결과물이 바로 주자학이다(그래서 주자학을 신유학新儒學이라고도 부른다).

그러나 알고 보면 주자학은 중화사상에 철학의 옷을 입혀 세련되게 포장했을 뿐 전통적인 유학의 이념에서 크게 벗어난 게 없다. 천하의 중심은 중화 세계이며, 사방의 이적夷狄(오랑캐)들이 중화 세계를 중심으로 받들고 사대하는 게 우주의 질서이자 조화다. 주희는 그 중심을 이理로, 주변을 기氣로 지칭하면서 화이론을 이기론으로 교묘하게 대체했다. 지금은 기가 승한 시대, 즉 오랑캐가 지배하는 세상인데, 이것은 우주의 질서가 깨진 결과다. 따라서 결국 근본인 이로 돌아갈 것이다. 바꾸어 말해 한족의 세상으로 복귀하게 된다는 것이다. 주희는 남송 시대에 살았으므로 한족 세상이 몰락한 이유를 이데올로기로 해명해야 했다. 그 결과가 바로 이기론이었다.

그렇다면 식민지 시대 고려의 지식인들에게 주자학이 왜 크게 다가갔는지 자명해진다. 몽골 오랑캐가 지배하는 이 세상은 우주의 질서와 자연의 조화가 무너졌음을 말해준다. 우주와 자연은 조만간 본래의 질서와 조화를 회복할 테고, 결국 오랑캐는 중화 세계를 끝내 지배하지 못하고 오랑캐의 고향으로 물러가 주어진 본래의 역할(중화 세계의 주변이라는 역할)을 수행하게 될 것이다.

중국의 한족 제국에 늘 사대의 충정을 바쳤던 고려의 '반체제' 지식인들에게 이보다 더 매력적인 사상이 또 있을까? 그래서 이 사상은 짧게는 공민왕의 개혁에, 길게는 조선왕조의 성립에, 더 길게는 오늘날까지 유학 이념이 전 사회에 강력한 힘을 발휘하는 데 결정적으로 기여했다.

유학의 도입을 문화적 측면에서의 식민지적 발전이라고 한다면, 이와 비슷한 발전은 역사 분야에서도 찾을 수 있다. 비록 논리는 다르지만 역사에서도 몽골 지배에 반대하면서 자주적인 외피를 쓴 '발전'이 있었다. 무신 정권기에 활동한 이규보의《동명왕편東明王篇》이 그 선구이며, 몽골 지배기에 간행된 일연一然(1206~1289)의《삼국유사》와 이승휴李承休(1224~1300)의《제왕운기帝王韻記》가 그 마무리이자 완성에 해당한다.

〈동명왕편〉은 미완성으로 끝나지 않았다면 제목이 달라졌을 것이다.《동국이상국집東國李相國集》이라는 이규보의 개인 문집에 실린 이 영웅 서사시는 고구려의 건국자인 주몽(동명왕)의 탄생과 생애, 업적, 그리고 그의 아들 유리왕의 시대까지를 다루고 있다. 이규보는 시로 고구려 역사 전체를 서술하려 했을 텐데, 후속 작업은 이루어지지 않았다. 고구려의 역사는 김부식의 《삼국사기》에서 서술했지만 이규보는 그 공식 역사서에서 생략된 고구려의 전사前史에 주목했다. 천제의 아들이자 주몽의 아버지인 해모수를 과감히 역사적 인물로 취급하고 있다는 점에서 〈동명왕편〉은 후대에 자주적인 민족의식이 표출되었다는 평가를 받기도 한다.

주몽의 시대는 고려 말보다 1300년이나 앞서므로 이규보도 '참고 문헌'이 없었다면 그런 시를 쓸 수 없었을 것이다. 이규보가 직접 밝힌 참고 문헌은 고려 초에 편찬된 것으로 알려진 《구삼국사舊三國史》인데, 오늘날에는 전하지 않는다. 이것으로 미루어보면 이규보의 시대까지 고대 삼국에 관한 비공식 역사서들이 일부 전해졌던 듯하다. 이런 참고서들이 있는데 그는 왜 정식 역사서를 서술할 마음을 먹지 않았을까? 물론 그는 역사가가 아니라 문인이었고, 역사서는 사사로이 쓰는 게 아니라 정부에서 공식적으로 편찬하는 것이었다. 하지만 당시에는 역사가와 문인의 차이가 별로 없었으며, 일찍이 최치원도 그랬듯이 비공식 역사서 정도는 개인이 얼마든지 쓸 수 있었다. 그렇게 보면 이규보는 김부식의 유학적 사관에 도전하기보다 《삼국사기》를 보완하려는 의도를 가졌을 것이다.

이 점은 단군신화를 처음으로 다룬 《삼국유사》와 《제왕운기》에서 더욱 분명하게 드러난다. 두 문헌은 《삼국사기》에서 누락된 옛 기록들을 많이 수록했다는 점에서 문헌적 가치가 높지만, 후대의 역사학자들이 주장하는 것처럼 '몽골 지배에 저항한 자주적 민족의식의 발로'라고 보기는 어렵다. 《삼국유사》는 유사遺事라는 제목에서 보듯이 《삼국사기》에서 누락된 내용을 보완한다는 의미로 저술된 책이며, 《제왕운기》는 문신 집안 출신의 지은이가 무신 정권기에 실추된 왕권을 끌어올리기 위해 지은 책이다. 바꾸어 말하면 두 문헌 모두 《삼국사기》의 권위에 정면으로 도전하려 한 게 아니라 그 사대주의 정신을 충실히 계승하고 있다. 예를 들면 《삼국유사》에서는 전권에 걸쳐 중국 황제의 연호를 사용하고 있으며, 《제왕운기》에서는 심지어 원 황실의 지지를 고려 왕실의 영광이라며 칭송하는 대목도 나온다.

다른 나라의 지배를 받고 있는 식민지 시대에 우리 역사의 유구함과 자주성을 강조하고 싶은 심정은 충분히 이해할 수 있는 일이다. 하지만 그 유구함은 어디까지나 사실에 바탕을 두어야 하며, 자주성 역시 참된 것이어야 한다. 일연과 이승휴의 노력 덕분에 우리 역사는 고조선이 포함되어 2000년이나 늘었다. 그래서 이른바 '반만 년 역사'라는 말이 생겼지만, 그것이 신화를 무리하게 역사 속으로 끌어들인 결과라면, 혹은 민족의식이나 자주의식보다 사대주의에서 비롯된 결과라면 결코 달갑지 않은 '역사 왜곡'이다.●

그러나 그 시기의 더 큰 문제는 따로 있었다. 그것은 바로 몽골 지배기 식민지적 발전의 수혜자들인 신진 사대부 세력과 주자학 사상이 고려를 타도하고 새 왕조를 수립하는 주체와 이념이 된다는 사실이다.

● 이런 사례는 우리 역사상 또 다른 이민족 지배기였던 20세기 일제강점기에도 볼 수 있다. 이 시기에는 중국에 대한 사대주의가 아니라 항일의 과제가 왜곡된 민족주의적 역사의식을 낳았다. 그 과정에서 우리 역사가 더욱 늘어나 반만 년에서 1만 년이 되었다. 1911년에 계연수가 엮은 《환단고기(桓檀古記)》에 따르면, 단군 이전에 환국(桓國) 시대가 5000년가량 지속되었고, 과거에 중국의 여러 나라가 우리 민족에게 조공을 바쳤다고 한다. '위대한 역사'를 부각시켜 민족의식을 고취하려는 시도는 뭐라 할 수 없지만, 이를 위해 역사를 왜곡한다면 민족의식은커녕 식민지적 콤플렉스를 조장하는 결과를 빚게 된다.

18장

해방, 재건, 그리고 멸망

개혁의 실패가 부른 몰락

권문세족의 태생적 결함은 머잖아 현실로 드러났다. 그들은 원과 공동 운명체였으니 몰락도 원과 함께할 수밖에 없었다.

13세기 중반에 접어들어 원은 급작스럽게 힘을 잃기 시작한다. 세조 이래 원 황실은 한화 정책에 열심이었으나 북방 민족이 한족으로 탈바꿈할 수는 없었고 유목 문명이 농경 문명을 흡수하는 데는 한계가 있었다. 더구나 일찍부터 제위의 세습제가 발달한 한족 왕조들과 달리 몽골의 관습에는 제위 계승을 위한 고정된 제도가 없었으므로 황제가 죽을 때마다 권력 다툼이 심했다. 장기 집권한 세조 이후 14세기 후반까지 70여 년 동안 즉위한 황제만도 10명에 이르렀다. 게다가 경제에 어두웠던 원 황실은 국가 재정을 제대로 운영하지 못했고 사치를 일삼았다.

나라가 망하려면 여러 가지 일이 겹치게 마련이다. 제국의 상층부가 약화되는 것과 동시에 하부에서도 제국의 몰락을 재촉하는 사건이 발생했다. 한족이 들고일어난 것이다. 나름대로 정성을 들인 한화 정책에도 불구하고 몽골의 한족 지배는 몽골 중심주의에서 크게 벗어나지 못했다.* 오랜 기간의 인종 차별에 불만이 높았던 한족은 제국의 통치가 느슨해진 틈을 타 각지에서 봉기하기 시작했다.

선두 주자는 남중국에서 일어난 홍건적이었다. 시대의 분위기에 편승해 순식간에 반원反元 항쟁의 핵심으로 성장한 홍건적의 우두머리 주원장朱元璋(1328~1398)은 먼저 난징을 손에 넣어 강남을 장악한 뒤 북벌을 감행했다. 마침내 1368년에 대도가 함락되면서 몽골족은 100여 년간의 중국 지배를 끝내고 고향인 몽골 초원으로 달아났다.

* 제국은 인종 차별 정책을 취했는데, 한족은 최하층이었다. 서열 1위가 몽골인인 것은 당연하지만 2위도 한족이 아닌 색목인(중앙아시아인, 아랍인)이었다. 이 두 인종이 지배층이었고, 피지배층이 한인이었다. 당시 한인이란 전통적인 한족만이 아니라 금이 지배하던 북중국의 여진, 거란, 고려인을 아우르는 명칭이었다. 최하층은 몽골에 끝까지 저항한 남송인, 즉 남인이었다. 인구 비례로 보면 지배층은 100만 명 정도인 데 비해 피지배층은 7000만 명이나 되었다. 이렇게 인구 비례가 불균형했으니 몽골 중심주의는 어쩔 수 없었을 것이다.

원 황실의 명에 따라 어린 조카 충정왕을 대신해 1351년 왕위에 오른 공민왕은 어린 시절 대도에 머물 때부터 제국이 쇠퇴하는 기미를 알아차렸던 듯하다. 즉위 이듬해 몽골식 옷차림과 변발을 금지했기 때문이다. 그것을 방아쇠로 삼아 그는 곧바로 개혁을 추진했다.

아직 멸망하지 않은 원을 목표로 삼을 수는 없으므로 개혁의 대상은 국내의 친원파 기득권층, 즉 권문세족이었다. 공민왕은 정방을 대폭 개편해 그들의 정치적 영향력을 축소하고, 전민변정도감田民辨正都監을 설치해 그들이 불법으로 빼앗은 토지를 원래

난세의 문화 군주　원이 패망할 조짐을 알아챈 공민왕은 즉각 고려 사회의 대대적인 수술을 입안하고 실행에 옮겼다. 공민왕은 정치적 감각이 뛰어난 데다 위 그림 〈천산대렵도〉에서 보듯이 예술에도 조예가 깊었다. 이런 군주가 암살된 것은 늘 개혁이 좌절되고 인물이 제거되는 우리 역사의 고질적인 병폐다.

소유자에게 돌려주는 혁신적인 조치를 실행했다(전민변정도감은 1269년 원종 때 처음 설치된 이래 사안이 있을 때마다 임시로 설치되었는데, 공민왕 때는 세 차례나 이루어졌다). 그러나 손 놓고 기득권을 빼앗긴다면 기득권층이라는 명색이 초라하다. 게다가 원의 쇠퇴가 국내 친원파에게 피부로 전해지기까지는 어느 정도 시간이 걸렸다. 권세가들은 공민왕의 개혁에 거세게 반발했고, 심지어 반란까지 꾀했다.

그 기세에 공민왕은 잠시 관망하는 태도를 취했으나 1356년에는 2차 개혁에 나섰다. 원 황실과 혼맥을 구축하고 세도를 부리던 골수 친원파 기철奇轍(?~1356)이 반란을 꾀한 것은 오히려 공민왕에게 좋은 계기가 되었다. 기씨 집안을 처단한 것을 기화로 공민왕은 정동행성을 폐지하고, 100년간이나 존속하던 쌍성총관부를 제거했다. 나아가 몽골식 관제를 고려의 옛 관제로 되돌리고 원의 연호마저 폐지함으로써 개혁의 성격이 반원에 있음을 천명했다(첨의부도 다시 중서문하성과 상서성으로 복귀했다).

그러나 2차 개혁은 절반의 성공에 그쳤다. 권세가들의 저항도 저항이려니와 공민왕이 지원한 개혁의 주도 세력이 왕실 외척이라는 한계가 있었기 때문이다. 게다가 중국 대륙을 휩쓸고 있는 홍건적이 개경까지 침략해오는 바람에 개혁의 환경도 좋지 않았다. 그래서 공민왕은 홍건적의 침략이 다소 가라앉은 뒤 곧바로 3차 개혁을 시도하는데, 이번에는 신분상 가장 진보적인 성향을 지닌 개혁 주체를 기용한다. 바로 노비를 어머니로 둔 신돈辛旽(?~1371)이라는 승려였다.

기철의 세력을 제거하는 데 공을 세운 측근 무신 김원명金元命(?~1370)의 추천으로 신돈을 알게 된 공민왕은 마침내 개혁의 리더를 발견했다고 믿었다. 그가 직접 밝힌 신돈에 대한 평가는 이렇다. "도道를 얻어 욕심이 없으며 미천하여 친당親黨이 없으니 큰 일을 맡길 만하다." 욕심이 없다는 것은 승려의 장점이고, 친당이 없다는 것은 노비 출신의 장점이다. 즉 공민왕은 노비 출신의 승려라는 신돈의 보잘것없는 신분을 오히려 후하게 평가한 것인데,

신분이라는 요소로 중용을 결정할 만큼 당시 공민왕의 처지가 절박했음을 말해준다. 하기는, 권문세족이 득시글거리는 데다 홍건적의 침략으로 신흥 무장 세력마저 발흥하고 있는 고려의 상황에서 개혁을 추진하려면 믿고 의지할 사람이 신돈 같은 신분밖에 없었을 것이다.•

과연 1365년 신돈은 임용되자마자 인사권을 장악하고 권력의 기반을 다진 다음 곧바로 대대적인 개혁에 나섰다. 그 대상은 단연 권문세족이었다. 그는 우선 권문세족의 의결 기구인 도평의사사의 권한을 축소하고 국정의 모든 결정권을 궁궐 안으로 가져왔다. 이것으로 권세가들은 일단 정치적 영향력에서 큰 타격을 입었다. 그다음 개혁 조치는 전민변정도감을 설치해 권문세족의 경제적 기반을 해체하는 것이었다. 공민왕의 1차 개혁에서도 시도된 조치였지만 이번에는 신돈 자신이 판사로 참여해 직접 토지 심사를 맡았으니 그 강도가 예전에 비할 바가 아니었다. 권문세족이 불법으로 찬탈한 토지는 농민들에게 반환되었다. 그 덕분에 신돈은 백성들에게서 "성인이 나타났다."라는 칭송까지 들었다.

그러나 단지 기득권층을 제압하는 게 개혁의 궁극적인 목적은 아니다. 개혁이 장기적으로 성공하려면 사회의 새로운 주도층을 만들어내야 한다. 신돈이 낙점한 신흥 세력은 바로 사대부들이었다. 1367년, 그는 성균관成均館을 새로 짓고(성균관은 충렬왕 때 처음 설치되었으나 당시에는 기존의 학교들을 모아 성균관이라고 이름 지은 정

• 1365년 공민왕은 사랑하던 아내 노국대장공주를 잃고 실의에 빠져 신돈에게 개혁을 맡겼다는 설이 있는데, 이것을 완전히 사실로 믿기는 어렵다. 앞서 두 차례의 개혁에서 공민왕의 성향을 충분히 읽을 수 있기 때문이다. 어쨌든 당시 신돈에 대한 공민왕의 신임은 대단히 두터웠던 듯하다. 신돈은 중국에 권왕(權王)으로 알려졌고, 관료들에게는 영공(令公)이라고 불렸으며, 행차할 때는 국왕에 버금가는 예우를 받았다. 그러나 정작 불교계에서는 푸대접을 받았다. 당대에 고승으로 이름이 높았던 보우(普愚, 1301~1382)는 그를 '요사스런 승려'라고 혹평했다. 이로 미루어보아 신돈은 공민왕이 말한 것처럼 '친당'이 없는 독자적인 인물이었던 게 확실하다.

도였다) 공자를 '천하의 스승'이라 칭하면서 유학자들을 적극적으로 발탁했다. 그들이 바로 신흥 학문인 주자학을 숭상하는 유학자들, 즉 신진 사대부들이다(공식적으로는 그들을 신진 사류新進士類라고 부르는데, 여기서는 조선과의 연관성을 기해 사대부로 통일하기로 하자).

승려의 신분으로 유학을 공식 이념으로 채택했다는 것은 신돈에게 독자적 세력이 없기에 가능했을 것이다. 사실 그가 개혁의 대표로 발탁된 이유도 그 때문이었으니 신돈의 의도는 충분히 읽을 수 있다. 그러나 그런 그의 장점은 오히려 그의 몰락과 개혁의 실패를 불러온다.

우선 권문세족의 저항이 만만찮았다. 신돈의 급진적인 개혁에 권세가들은 조직적으로 저항했다. 심지어 그를 천거한 김원명까지 그들에게 합류했다. 그래도 새로운 개혁 세력이 튼튼했다면 그들의 반동은 성공하지 못했을 것이다. 하지만 유학 중에서도 가장 보수적인 주자학을 공부한 신진 사대부들이 불교 승려인 그에게 온전히 충심으로 대할 리 없었다. 1367년 신돈이 처첩을 거느리고 아이까지 낳자 오히려 그들은 신돈의 사생활을 집중적으로 성토하고 나섰다.

탁월한 정치적 감각과 참신한 독자 노선이 무기였던 신돈은 위기가 닥치자 급속히 방향 감각을 잃었다. 갑자기 보수적인 자세로 돌아선 게 그 증거다. 권문세족의 집요한 저항에 그는 서경 천도를 계획하고 충숙왕 때 이미 폐지된 사심관을 부활해 맞불을 놓으려 했으나, 그것은 표방한 개혁에 걸맞지 않는 수구적인 방책이었다.

결국 그 대응책들이 실패하면서 신돈은 최대의 지지자인 공민왕의 신임마저 잃고 말았다. 1371년 그는 역모 혐의로 처형당했다. 그것으로 공민왕의 개혁, 아울러 고려 최후의 몸부림도 물거품으로 돌아갔다. 모든 탈출구가 꽉 막힌 채 고려는 몰락을 눈앞에 두고 있었다.

수구와 진보

신돈이 실각의 조짐을 보이던 1368년에 중국에서 주원장은 몽골을 북쪽으로 내몰고 실로 오랜만에 한족 제국인 명明을 세웠다. 그리고 신돈이 처형된 뒤 고려의 권력은 다시 권문세족이 장악했다. 이 두 가지 사건은 신흥국 명과 식민지에서 갓 해방된 고려의 관계가 장차 순조롭지 않을 것임을 예고하고 있었다.

애초부터 반원을 내세웠던 공민왕은 명의 등장이 반갑기만 했다. 그래서 그는 주원장이 명 태조太祖(재위 1368~1398)가 되자 곧바로 사신을 보내 축하하면서 명을 섬기겠다는 의사를 전했다(식민지에서 해방되자마자 또 다른 모국을 찾는 격이다). 명 태조는 공민왕의 책봉문과 달력을 고려에 보냈고, 공민왕은 명의 연호를 사용함으로써 새로운 사대 관계가 설정되었다. 원래부터 고려의 차세대를 주도할 세력이 신진 사대부의 유학 세력이라고 본 공민왕이었으므로 유학의 영원한 고향인 중국의 한족 왕조에 접근하는 것은 이념적으로도 일관된 태도였다. 게다가 공민왕은 원의 잔당인 동녕부를 공략해 랴오둥으로 내몰고 한반도 북부를 수복함으로써 영토적인 이득도 거두었다.

공민왕의 놀라운 순발력에, 시대의 변화를 감지하지 못한 채 여전히 친원을 고수하고 있던 권문세족은 당황할 수밖에 없었다. 때마침 신돈이 공동의 적으로 등장하지 않았더라면, 그들은 그때 공민왕에게 배척당하고 제거되었을지도 모른다. 그러나 신돈이 실각한 뒤 먼저 제거된 것은 권문세족이 아니라 공민왕이었다.

그간의 모든 개혁이 미완성으로 끝난 이유가 개혁 주도 세력이 부재하거나 부실했기 때문이라고 본 공민왕의 판단은 옳았다. 그래서 그는 1372년에 자제위子弟衛라는 기관을 설치했는데, 좋은 가문 출신의 젊은이들을 모아 장차 개혁을 이끌 인재로 양성하려는 취지였다. 하지만 그것은 개혁만이 아니라 공민왕 자신의 목숨을 끊는 결과를 빚었다. 자제위 소속의 홍륜이라는 자가 공민왕의 후궁과 간통을 저지르자 공민왕은 이 사건을 무마하기 위해 밀고자인 환관 최만생을 죽이려다가 그만 홍륜과 결탁한 최만생에게 살해당하고 만 것이다.

권문세족은 손도 안 대고 코를 푼 셈이다. 그들의 대표인 이인임李仁任(?~1388)은 열 살짜리 우왕禑王(재위 1374~1388)*을 옹립하고 재빨리 권력을 장악한 다음 역사의 시계추를 되돌리는 작업에 착수했다. 공민왕이 일구어놓은 명과의 사대 관계를 취소하고 멀리 고비 사막 북쪽으로 도망친 원의 잔당(북원)에 접근한 것이다. 때마침 얼마 전에 공민왕의 독단적인 동녕부 정벌로 고려에 회의적이었던 명은 더욱 태도가 싸늘해졌다.

이인임 일파의 시대착오적인 자세를 집요하게 물고 늘어진 것은 명에 앞서 고려 내의 신진 사대부였다. 그 대변인 격인 정몽주鄭夢周

● 조선 초에 정도전이 편찬한 《고려사(高麗史)》에는 우왕이 신돈의 아들이라고 기록되어 있으나, 이는 고려왕조의 격을 낮추기 위한 역사 조작일 가능성이 짙다(《고려사》는 공민왕의 자제위도 음행을 일삼는 문제 있는 집단으로 왜곡하고 있다). 후사가 없었던 공민왕은 신돈을 제거한 뒤 전에 신돈이 소개한 여자와의 사이에서 낳은 아들이 있음을 공표하고 그 아이를 궁중으로 데려와 후계자로 교육시켰는데, 그가 바로 우왕이다. 물론 그 여자가 신돈의 첩이었을 가능성도 전혀 없는 것은 아니지만 만약 그랬다면 공민왕이 굳이 그 아들을 후사로 삼지는 않았을 것이다.

신이 된 장군　왜구 토벌로 국민적 영웅이 되었고 이성계에게 억울하게 죽임을 당한 탓에 후대에까지 숱한 설화와 무속 신앙의 주인공이 되었다. 그림은 무속에서 신으로 추앙하는 최영 장군신의 모습이다. 최영이 높은 인기를 누린 것은 이성계의 쿠데타가 민간의 지지를 얻지 못했기 때문일 터이다.

(1337~1392)와, 이색의 제자로서 그와 친교가 두터웠던 정도전鄭道傳(1342~1398)은 친원 정책에 반대하다 귀양까지 가면서도 친명親明의 의지를 굽히지 않았다.

바야흐로 고려의 권력 구도는 수구 대 진보로 나뉘었다(친명 노선을 진보라고 부르기는 곤란하지만 당시로서는 진보에 속했다). 인물로 볼 때는 권문세족 대 신진 사대부의 대립이었고, 외교적으로는 친원 대 친명, 종교적으로는 불교 대 유교의 대립이었다.

왕권이 사실상 실종된 상황에서 두 세력이 다툼을 벌인다면 가장 중요한 요소는 물리력일 것이다. 그 점에서 수구 세력은 훨씬 앞섰다. 홍건적 토벌로 전국적 인기를 누리고 있는 데다 시중의 자리에까지 오른 최영崔瑩(1316~1388)이 바로 그들의 편이었기 때문이다. 그러나 여기에는 큰 변수가 될 만한 인물이 하나 있었다. 바로 최영과 더불어 개경에까지 침략한 홍건적을 물리치는 데 공을 세웠을 뿐 아니라 왜구 토벌의 전문가인 신흥 무장 이성계李成桂(1335~1408)다.[*]

사실 가문의 배경으로 보면 이성계는 친원과 반원에 양다리를 걸칠 수도 있었다. 그의 조상은 대대로 원의 벼슬을 지냈으며, 그의 아버지 이자춘은 쌍성총관부 소속 장수로 있다가 1356년 고려가 쌍성총관부를 공격했을 때 고려 측으로 변절해 공을 세운 적이 있었다. 그러므로 이성계는 아버지 때부터 비로소 정식 고려 백성이 된 셈이니 고려왕조에 대한 각별한 애국심이 있을 리 없었다.

양손에 떡을 쥐고 망설이던 이성계가 노선을 결정하게 된 계기는 상관인 최영과의 갈등에서 비롯되었다. 당시에는 그도 몰랐겠지만, 그 사적인 갈등은 최영에 대적할 만한 물리력을 물색하던 사대부 세력의 이해관계와 맞물리면서 새 왕조의 건국이라는 원대한 계획으로 이어지게 된다.

구국의 쿠데타?

원을 몰아낸 명과 친원파가 장악한 고려, 반대 방향으로 치닫고 있는 두 나라의 관계는 결국 영토 분쟁으로 번졌다. 갑자기 웬 영토 분쟁일까? 여기에는 가깝게는 100년, 멀게는 고려의 개국 초기부터 수백 년간에 달하는 긴 역사가 관련되어 있다.

우선 명은 원을 정복한 만큼 원의 옛 영토를 차지할 권리가 있다고 주장했다. 그것은 정당한 주장이니까 고려로서도 반대할 이유가 없다. 그런데 문제는 원의 그 옛 영토 중에 고려의 영토가 포함되어 있다는 점이다. 바로 쌍성총관부와 동녕부에 속했던 땅이 쟁점 지역이다.

앞에서 보았듯이 원의 지배가 시작된 이래 함경도와 평안도는 원이 설치한 그 두 기관의 관할이었다. 물론 그전까지 고려의 영

● 북쪽에서 침략하는 홍건적과 남쪽에서 약탈하는 왜구는 당시 고려의 최대 골칫거리였다. 그런데 홍건적은 중국 내 반원 운동에서 발생했지만 왜구는 왜 출현한 걸까? 사실 왜구는 삼국시대부터 한반도 남해안을 침략했으니까 낯선 존재는 아니다. 하지만 고려 말에 특히 왜구가 극성을 부린 데는 일본 내의 사정이 관련되어 있다. 1333년, 가마쿠라 바쿠후가 붕괴하면서 일본에서는 그 뒤를 이은 무로마치 바쿠후와 천황 세력이 각각 별도의 천황을 옹립하면서 치열한 내전을 벌였다. 이때부터 일본은 약 60년 동안 남북조시대라고 불리는 분열기에 접어든다. 중앙 권력이 안정되지 못한 혼란기를 틈타 왜구의 수와 규모가 크게 늘어났다. 왜구들은 한반도만이 아니라 중국 동해안까지 휩쓸고 다니며 약탈을 일삼았는데, 기록에 따르면 우왕의 치세 14년간만 해도 왜구가 고려를 침략한 것은 무려 378회였다.

토였던 것을 원이 강탈한 결과다. 그랬기에 공민왕도 아무런 '죄의식' 없이 쌍성총관부와 동녕부를 공격했던 것이다. 하지만 그것은 고려의 생각일 뿐이고 명 측에서 보면 달라진다. 어쨌거나 원대에 한반도 북부는 원의 영토였고 명은 원을 대체한 제국이므로 그 지역에 대한 소유권을 주장할 권리가 있다는 것이다.

게다가 문제가 이렇게 복잡해진 이유는 역사에서도 찾을 수 있다. 엄밀히 말하면 그 지역은 고려의 영토라고 단정할 수 없다. 고려는 개국 초부터 한반도 북부 압록강과 두만강 유역을 확실히 영토화하지 못했으며, 중기에는 윤관이 개척한 9성을 여진에 반환할 정도로 그 지역에 대한 소유 의식이 약했다. 급기야 몽골 지배기에는 아예 그 지역을 포기해버렸다.* 왕건의 유시에도 불구하고 고려왕조가 고구려를 계승했다는 주장이 허구임을 보여주는 증거다.

● 가까이 보면 원이 이 지역을 영토화한 탓에 이런 문제가 발생한 것이지만, 조금 더 멀리 보면 고려 초기에 여러 차례 정벌과 영토 확장이 있었음에도 불구하고 이 지역을 고려의 영토로 만들지 못한 탓이기도 하다. 그런데 더 멀리 보면 신라의 삼국 통일이 영토적으로 미완성인 것을 근본적인 원인이라고 볼 수도 있다. 7세기 이후 신라의 영토가 대동강 이남으로 제한되면서 한반도 북부는 늘 소유권이 확실치 않았다. 하지만 한반도 전체로 보면 또 달라진다. 고대 삼국이 탄생한 이래 고려 말까지 한반도 왕조들은 1400년에 걸쳐 꾸준히 영토를 확장했다. 이렇게 관점을 어디에 두느냐에 따라 역사적 해석이 달라질 수 있다.

그러나 고려 정부도 못난 조상만 탓할 자격은 없었다. 몽골이 물러가고 난 뒤에까지 친원파가 득세하는 사태가 없었더라면 명도 굳이 영토를 문제 삼지는 않았을 테니까. 고려와의 관계가 악화되면서 명은 드디어 그 영토 문제를 전면에 부각시킨다(땅 자체에 대한 욕심보다는 고려 정부의 기를 꺾겠다는 의도다). 1387년에 철령(강원도 북부의 고개) 이북의 땅에 철령위鐵嶺衛를 설치하겠다고 통고한 것이다. 쉽게 말하면 원이 관할하던 한반도 북부를 명에 반환하라는 것이다.

노환으로 정계에서 물러난 이인임에 뒤이어 고려의 권좌를 차지한 최영은 당연히 결사반대다. 수구적인 친원파의 성향을 가진 데다 홍건적이라면 이를 갈았으니, 그가 명의 고압적인 요구에 반발한 것은 당연했다. 게다가 명을 세운 주원장은 바로 홍건적의 두목이 아닌가? 당시 명은 신생국에 불과했으므로 최영은 명이 머잖아 명실상부한 중국의 통일 왕조로 자리 잡게 되리라고는 생각하지 않았을 것이다.

최영이 보기에는, '근본'도 없는 홍건적 두목이 세운 나라가 원을 몰아낸 것만 해도 용납할 수 없는데, 고려에 압력까지 가하는 행위는 참을 수 없는 치욕이었다(실제로 주원장은 중국 역대 제국의 건국자들 가운데 가장 한미한 신분의 인물이다). 그래서 그가 내세운 대응책은 너무도 과감하고 대담했다. 놀랍게도 한반도 북부를 확실히 영토화하는 것을 넘어 내친김에 랴오둥까지 정벌하자는 전략이었기 때문이다.

그러나 최고 권력자인 데다 일흔이 넘은 자신이 직접 원정에 나서기는 어렵고 또 굳이 그렇게 하지 않아도 된다. 적임자가 있으니까. 그 적임자가 바로 이성계였다. 최영은 자신이 최고 사령관인 8도도통사를 맡아 우왕과 함께 서경에 머물면서 원정을 총지휘하기로 하고, 이성계를 우군도통사로, 조민수曺敏修(?~1390)를 좌군도통사로 임명했다.

졸지에 해결사로 나서게 된 이성계는 곤혹스러웠다. 마음으로야 그도 자신의 고향인 화령(영흥)이 있는 철령 이북의 땅을 명에 내주고 싶지 않았다. 하지만 그렇다고 해서 랴오둥을 정벌하라는 최영의 강경책은 지나치다 못해 황당할 정도였다. 일단 그는 그 전략이 무모하다는 점을 조목조목 논리적으로 반박했다. 약소국이 강대국을 치는 격이고, 그 틈을 타 왜구가 침범할 우려가 있으며, 농번기에다 장마철인 여름에 군대를 움직이면 농사를 망칠 뿐 아니라 전염병에 걸릴 수 있다는 게 그의 논지다. 그러나 최영의 의지는 논리로 설득되지 않을 만큼 단호했다.* 일단 상관의 명령에 따라 군대를 이끌고 북진 길에 올랐으나 이성계의 심경은 착잡하기 그지없었다.

● 원정이 무리라는 것을 최영이 과연 진짜로 몰랐을까? 당시 최영과 이성계 모두 홍건적과 왜구의 토벌로 이름이 높았으나. 떠오르는 해는 최영보다 스무 살이나 젊은 이성계였다. 이성계는 이미 1383년부터 정도전과 교류하고 있었으므로 최영은 이성계를 제거하지 않으면 신진 사대부 세력에게 나라를 빼앗길지 모른다고 여겼을 것이다. 그렇다면 무리한 랴오둥 정벌은 좋은 기회가 된다. 이성계와 정도전 역시 그 점을 알았기에 원정을 반대했을 것이다.

1388년 5월, 압록강 하류의 작은 섬 위화도에 이른 이성계는 중대한 결심을 한다. 대외적으로는 10만 대군이라고 허풍을 쳤지만, 실은 전 병력을 합쳐도 5만 명에 불과한 데다 여기까지 오는 도중에도 이미 도망병들이 속출했다. 게다가 때마침 큰비가 내려 더 이상 진군하기도 어려웠다. 그런데도 서경에 있는 최영과 우왕은 현지 사정을 고려하지 않고 독촉과 채근만 거듭했다. 그를 사지에 몰아넣으려는 최영의 속셈은 불을 보듯 뻔하다. 과연 최영은 랴오둥 정벌에 뜻이 있는 걸까, 아니면 정적의 제거에 더 큰 비중을 두고 있는 걸까? 결국 이성계는 조민수와 함께 회군을 결정했다. 이것이 조선 건국의 발단이 된 위화도 회군이다.

이성계의 입장에서는 구국의 결단이겠으나 최영이 보기에는 명령 불복종이자 반역이다. 랴오둥 정벌군이 말머리를 돌렸다는 소식을 들은 최영은 개경으로 급히 내려가 방어 태세를 갖추었다. 사기가 떨어져 진군할 수 없다던 이성계의 보고는 거짓이었던 모양이다. 갈 때는 느렸어도 돌아오는 속도는 무척 빨랐으니까. 순식간에 개경에 도착한 반란군은 최영의 방어군을 손쉽게 무찌르

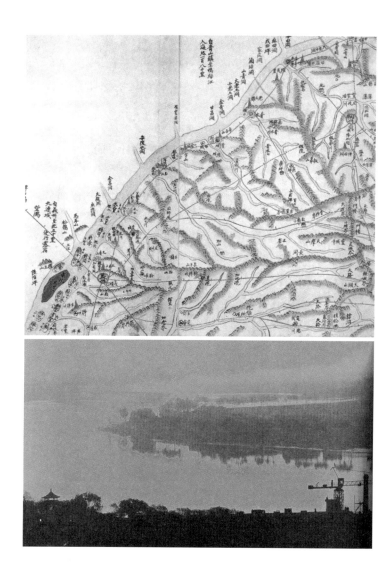

역사적 결정이 내려진 섬   위화도는 압록강 하구의 작은 섬으로, 현재 북한의 영토다. 강을 마저 건너면 랴오둥이고 말머리를 돌려 강을 되건너면 조선이었으니 이성계가 고민하기에는 적절한 장소였다. 섬의 작은 면적으로 보아 이성계와 조민수는 전 병력을 강 뒤편에 둔 채 수뇌부만 이 섬으로 와서 대책을 숙의했을 것이다. 위 지도에 붉게 표시된 부분이 위화도이고, 아래 사진은 오늘날 위화도의 모습이다.

● 최영은 자신의 고향인 고봉(지금의 고양)에 유배되었다가 개경에서 멀리 떨어진 합포로 옮겨져 목숨은 건지는 듯했으나 곧 개경으로 압송되어 처형당했다. 비록 시대착오적이고 수구적인 대세관을 가지고 있기는 했지만 청렴하고 올곧은 삶을 살았기에 그는 오늘날 이성계보다 인기 있는 '위인'이 되었다(이성계도 조선을 세운 뒤 1396년에 최영에게 무민武愍이라는 시호를 내려 그의 넋을 기렸다). 지금도 매년 단옷날에는 부산의 사당에서 최영장군제가 열리며, 무속인들은 그를 신으로 받들어 모시기도 한다. 고양에 있는 그의 묘는 풀이 자라지 않아 적분(赤墳)이라 불리는데, 그 이유는 청렴함 때문일까, 아니면 그가 품은 한 때문일까?

고 개경을 장악했다.

반란군이 정부군으로 바뀐 뒤 이성계는 일단 최대의 적인 최영을 유배시켰다.● 그러고 나서는 우왕을 폐위시켰는데, 후임 왕에 관해서는 조민수와 의견이 엇갈렸다. 이성계는 다른 왕족 중에서 발탁하려 했으나 조민수와 이색은 우왕의 아들을 주장했다. 어차피 왕권이 유명무실해진 마당에 왕위는 별로 중요하지 않다. 이성계의 양보로 우왕의 여덟 살짜리 아들이 창왕昌王(재위 1388~1389)으로 왕위에 올랐다.

개혁이냐, 건국이냐

이색이 창왕의 옹립에 영향력을 행사했다는 것은 쿠데타 세력이 사대부와 손을 맞잡았다는 것을 뜻한다. 쿠데타가 성공하자 기득권층인 권문세족은 최영과 운명을 함께했고(여기에는 중국에서 원이 재기할 가능성이 희박해졌다는 점도 배경이 되었다), 사대부 세력은 즉각 이성계와 조민수에게 접근해 '신군부'와 인연을 맺으려 들었다. 그동안 물리력이 취약해 권력을 장악하지 못한 그들이 이제 한풀이를 할 때가 온 것이다.

하지만 사대부는 동질적인 세력이 아니었다. 권문세족이 집권하던 시기에 그들은 공동의 적을 앞에 두고 친명반원親明反元을 모토로 통일전선을 구축할 수 있었으나, 이제 세상이 달라졌으니 저마다 색깔을 드러내기 시작했다. 개혁이라는 대의에서는 모두가 같은 색깔이지만 개혁의 범위와 속도에 관해서는 다양한 스펙트럼이 형성되었다.

얼마 안 가 사대부들은 온건파와 급진파로 나뉘었다. 주목할 것은 창왕의 옹립을 두고 이성계와 조민수의 의견이 엇갈렸다는 점이다.

조민수와 이색의 의견이 받아들여진 데서 보듯이 아직까지 주도 세력은 온건파였다. 존경을 받는 학자이자 관료였던 이색과 그에게서 당대 최고의 주자학자라는 평가를 받았던 정몽주가 대표다. 하지만 급진파에는 미완의 대기大器가 브레인으로 속해 있었다. 바로 정도전이다.** 유배 생활의 끝 무렵인 1383년에 그는 함경도에 있던 이성계의 막사로 찾아가 세상사를 논한 적이 있는데, 그 만남은 정도전이 일찍부터 이성계를 새 시대의 지도자로 점찍고 있었음을 말해준다. 두 사람은 고려 사회의 전반적인 문제점을 성토하면서 쉽게 친해졌을 테고, 일곱 살 터울이니 자연스럽게 호형호제를 했을 법하다. 혹시 그 자리에서 그들은 고려왕조를 무너뜨릴 쿠데타를 구상했던 건 아닐까? 정도전은 브레인, 이성계는 물리력을 담당하기로 역할 분담을 결의하지 않았을까?

쿠데타 성공 이후 더욱 사이가 돈독해진 정도전과 이성계에게 조준趙浚(1346~1405)이

** 정도전은 엘리트 코스를 걸은 정몽주에 비해 한참 뒤졌다. 두 사람은 1384년에 명에 사신으로 동행한 적이 있는데, 정도전은 정몽주가 거느린 서장관(書狀官, 문서 담당자)의 지위였다. 당시는 명과 고려의 관계가 최악이었고 그전에 보낸 사신조차 명 황실에서 투옥하는 바람에 누구도 사신으로 가기를 꺼렸으나 정몽주는 과감히 사신을 자임해 두 나라의 관계를 개선하는 외교적 성과를 거두었는데, 여기에는 명 황실에 올리는 보고서를 작성한 정도전의 탁월한 문장력이 단단히 한몫을 했다(당시 명 태조는 정도전의 표문을 보고 감동을 받았다고 한다). 그러나 당시까지는 찰떡궁합이었던 두 사람은 곧 다른 배를 타게 된다. 주자학자답게 중국 한족 왕조에 대한 전통적인 사대주의에 젖어 있던 정몽주에 비해, 정도전은 현실적인 대세관을 지니고 있었다.

라는 또 하나의 인물이 찾아왔다. 그는 문신이었으나 왜구 토벌로 제법 이름이 알려진 인물이었다. 게다가 쿠데타 이전부터 우왕의 폐위를 도모할 만큼 대담하고 급진적인 성향이었으니 이성계의 진영이 여러모로 마음에 맞았을 것이다. 이렇게 해서 급진파 삼총 사가 탄생했다.

조준의 영입은 예상외의 성과를 가져왔다. 오래전부터 고려 사 회의 모순이 토지제도에 있다고 본 그는 전제 개혁안을 제출했다. 그의 개혁안은 사망 후에도 토지를 국가에 반납하지 않는 수조권 제도의 해묵은 폐단을 지적한 것이었는데, 내용으로 보면 옳기는 해도 그다지 참신한 점은 없었다. 하지만 마침 적절한 시점에 공 론화된 덕분에 상당한 파괴력을 보였다.

무신 정권과 권문세족의 오랜 지배가 끝난 뒤에 전국의 토지는 거의 다 임자가 정해져 있었다. 토지가 부족해 새 관리는커녕 기 존의 관리에게조차 봉급을 줄 게 없었다. 공민왕이 전민변정도감 에 열을 올린 이유도 그 때문이었다. 하지만 이제 기득권층이 불 법으로 소유한 토지를 교통정리 하는 정도의 조치로는 아무런 성 과도 기대할 수 없었다. 기존의 모든 토지 소유관계를 무효화하고 밑그림부터 새로 그려야만 토지제도와 국가 재정의 문제점을 개 선할 수 있었다. 새 나라가 서야만 한다는 생각은 여기서 무르익 었다.

예상대로 기득권층은 물론 신진 사대부들조차 조준의 전제 개 혁안에 반대했다. 비양심적인 자들은 이미 가질 만큼 가졌으니 당 연히 반대였으나 양심적인 자들도 개혁의 속도가 지나치게 빠르 다는 점을 지적했다. 하지만 급진파 삼총사가 보기에 그것은 개혁 도 하기 전에 개혁 피로증을 걱정하는 격이었다. 조준의 개혁안에 반대 상소가 잇따르자 이성계는 준비해둔 칼을 꺼내들었다. 당시 시중은 이색이었고 이성계는 부총리 격인 수시중守侍中이었지만 권력과 물리력을 장악했으므로 시중은커녕 국왕도 두렵지 않았다. 이성계는 반대 세력의 핵인 조민수를 탄핵해 유배를 보낸 다음 창왕을 폐위해버렸다. 이렇듯 준비된 수순이 일사불란하게 실행에 옮겨질 수 있었던 것은 삼총사의 탁월한 팀워크 덕분이었다.

아직 새 왕조를 선언하기에는 시기상조라고 여긴 이성계는 일단 왕위를 이을 왕족을 물색했다. 그런데 어지간히도 마땅한 후보가 없었던 모양이다. 무려 200년 전의 왕인 신종의 7대손을 찾아내 왕위에 앉혔으니까. 그 덕분에 마흔다섯 살의 중늙은이로 즉위한 공양왕恭讓王(재위 1389~1392)은 자신이 고려왕조의 마지막 왕이 되리라는 것을 충분히 짐작했을 것이다. 국왕으로서 그의 업무는 이제 시중에 오른 이성계의 비위를 맞추고 개혁 삼총사의 제안을 인준하는 것뿐이었다. 그 첫 업무가 하필 유배된 우왕과 창왕의 처형장에 사인을 한 것이라서 기분은 무척 언짢았을 것이다.

이로써 급진파는 원하던 모든 일을 뜻대로 이루었다. 남은 과제는, 아니 과제라기보다 절차라고 할 두 가지는 온건파를 제거하는 것과 새 왕조를 건국하는 것이다. 친명이라는 대외 노선과 개혁이라는 대내 정책에서 급진파와 온건파는 목표가 같았으나, 권력을 장악한 급진파는 이미 '개혁'의 범위를 넘어섰다. 개혁 삼총사는 어느새 '건국 삼총사'로 바뀌었다. 따라서 그들은 이제 개혁을 주장하는 세력을 오히려 제거해야만 했다.

일이 되려고 그랬는지 때마침 그 과제를 쉽게 이룰 수 있는 계기가 생겼다. 최영의 조카인 김저金佇(?~1389)가 유배 중이던 우왕을 비밀리에 만나 이성계를 암살하라는 지령을 받은 것이다. 그러나 함께 거사하기로 한 곽충보郭忠輔(?~1403)가 밀고하는 바람에 계획은 실패로 돌아가고 김저는 형장의 이슬로 사라졌다(이성계의 심복인 곽충보는 조선 건국 후 개국공신이 되었으니, 사람의 목숨이 한 끝 차이로 갈라지는 난세였다). 없는 구실도 만들어야 할 판에 호박이 넝쿨째 굴러든 격이었다. 삼총사는 우왕의 장인이자 전제 개혁안을 반대하는 대표 격인 이림李琳(?~1391)에게 그 사건에 연루되었다는 혐의를 씌워 투옥했다.

건국의 또 다른 계기는 중국에서 왔다. 명에 파견되어 있던 무신 윤이尹彝와 이초李初가 1390년 5월 명 황실에 야릇한 보고를 올린 것이다. 내용인즉슨 공양왕은 고려 왕실의 후손이 아니며 이성계의 인척이라는 것, 그리고 이성계가 장차 명을 침공할 의도를 품고 있다는 것이다. 물론 사실이 아닌 허위 보고였지만 가뜩이나 '신군부' 정권을 바라보는 명의 눈길이 곱지 않아 전전긍긍하던 삼총사가 그대로 덮어둘 리 없었다.

개경에서는 곧 대대적인 숙청이 벌어졌다. 온건파의 태두인 이색을 비롯해 이숭인李崇仁(1347~1392), 변안렬邊安烈(?~1390), 우현보禹玄寶(1333~1400) 등이 유배되었다. 이것으로 사태가 종결되었더라면 그때 곧바로 조선이 건국되었을 것이다. 그러나 명에서 그 보고를 무고로 결론짓고 윤이와 이초를 유배 보내는 선에서 사건을 매듭짓자 사태는 다시 한 번 반전되었다. 숙청된 인물들이 복직되고 숙청을 주도한 정도전이 오히려 유배된 것이다.

급진파는 정권을 장악한 이후 최대의 위기를 맞았다. 그러나 위기는 곧 기회다. 궁지에 몰린 이성계는 마지막 패를 꺼낼 때라고 판단했다. 그것은 단단히 틀어쥐고 있는 군사력이다. 이제 힘으로 왕권을 장악할 수밖에 없다.

하지만 먼저 해둘 조치가 있었다. 그것은 이미 재가가 난 조준의 전제 개혁안을 하루빨리 시행하는 일이다. 정치적으로 긴박한 상황에서도 온건파를 포함한 기득권층의 경제적 기반을 해체한 것은 과연 새 왕조를 개창할 만한 지도자로서의 냉정하고 침착한 태도였다. 그 결과가 1391년의 과전법科田法인데, 정치와 권력의 문제에만 온 신경을 집중하고 있던 온건파는 미처 의식하지 못하는 사이에 치명타를 입었다(과전법은 고려 말에 제정되었으나 조선의 토지제도로 기능하므로 그 내용에 관해서는 2권에서 살펴보기로 하자). 이제 다음 수순은 말할 것도 없이 왕권을 장악하는 것인데, 거기에는 마지막 장애물이 있었다. 바로 이성계 바로 밑 직급인 수시중으로 있는 정몽주였다.●

어느덧 온건파 최후의 보루로 남은 정몽주는 신군부가 왕위마저 찬탈하려는 기색을 감지하고, 그것을 저지하는 일을 자신의 사명으로 여겼다. 이미 공공연하게 왕조 교체가 운위되고 있는 상황에서 그는 한사코 왕조는 그대로 두고 개혁으로써 혼란을 바로잡으려는 자세로 일관했다. 그래서 1391년에 이성계의 브레인인 정도전과 심복인 남은南誾 (1354~1398)을 유배시키는 데까지는 성공했으나, 이 무렵이면 그도 혼자 힘으로는 역부족이라고 느끼지 않았을까?

한때 개혁의 동지였던 이성계가 해주에서 사냥하다가 말에서 떨어져 다치는 사건이 생기자 정몽주는 그가 개경을 비운 지금이 건국 삼총사를 제거할 마지막 기회라고 믿었다. 그러나 이성계에게

● 고려 말 왕들과의 관련성에서 볼 때도 정몽주가 마지막 장애물이라는 점은 명백하다. 공민왕이 살해된 뒤 우왕은 권문세족의 대표인 이인임이 옹립했고, 다음 창왕은 신진 사대부의 온건파 대표인 이색이 옹립했다. 그리고 정몽주는 공양왕의 옹립에 찬성했다. 이 과정은 고려의 중앙 권력이 낡은 세력에서 새 세력으로 단계적으로 이동하는 흐름을 보여준다. 창왕 때 이인임이 실각하고 공양왕 때 이색이 몰락했으니 정몽주는 그다음이 자기 차례라는 것을 예감하지 않았을까?

충신의 피 마지막까지 고려를 구하기 위해 애쓴 정몽주는 이 선죽교에서 이방원이 보낸 자객에게 피살되었다. 이미 고려 왕실은 사망 선고를 받았으므로 설사 정몽주가 죽지 않았다 해도 고려의 멸망은 막을 수 없었을 것이다. 그래도 '신군부'에 용감히 맞선 그의 저항은 1979년 쿠데타 세력의 꼭두각시가 되었다가 이후에도 내내 침묵하다가 죽은 어느 대통령을 부끄럽게 만든다.

는 이방원李芳遠(1367~1422)이라는 아들이 있었다. 비록 다섯째 아들이지만 아버지처럼 장차 왕위를 꿈꾸는 스물다섯 살의 야심 찬 이방원은 급히 아버지에게 전갈을 보내 개경으로 돌아오게 했다.

이성계가 불편한 몸을 이끌고 돌아온 보람은 매우 컸다. 이방원은 문병을 핑계로 정세를 엿보러 온 정몽주가 귀가할 때 자객 조영규趙英珪(?~1395)를 보내 선죽교에서 그를 살해했다. 이 사건에는 이성계의 지시가 있었을지도 모르지만 그 가능성은 크지 않다. 그간 많은 피를 손에 묻힌 이성계였지만 만약 자신이 직접 나서야 했다면 오랫동안 우의를 다져온 정몽주를 그렇듯 단호하게 죽이기로 결정하지는 못했을 것이다.

이제 새 왕조의 건국으로 향하는 도정에서 모든 장애물이 사라졌다. 1392년 7월, 드디어 이성계는 공양왕을 퇴출시키고 군신들의 추대 형식으로 왕위에 올랐다. 아직은 고려라는 국호를 그대로 두고 굳이 왕조 교체를 선언하지는 않았으나(조선이라는 국호가 채택된 것은 그 이듬해다), 고려 건국 이래 처음으로 왕실의 성이 바뀌었으니 누구도 곧 새 나라가 세워질 것을 의심하지 않았다.

| 연표 |

한국사	세계사

기원전		

기원전

30000 30000~10000년경　황해가 바다로 바뀜.
공주 석장리 유적

5000 5000년경　서울 암사동 유적

2333　단군조선의 건국

1122년경　기자조선의 성립
1100~200년경　중국으로부터 청동기 도
1000 입, 춘추전국시대의 여러 제후국과
교역

400년경　진국(辰國 : 청동기시대의 부족
국가)의 이주민, 일본에 진출
300 300년경　중국으로부터 철기 전래

218　한반도계의 창해역사(滄海力士),
진시황의 암살 기도

세계사:

10000년경　신석기 혁명(농업 혁명)

7000년경　최초의 도시 예리코 건설

3500년경　메소포타미아에서 문자 문명
발생

1500년경　중국, 갑골문자 사용
1121　무왕이 주나라 건국

770　주의 동천, 춘추시대 시작
639　아시리아의 오리엔트 세계 통일
500년경　인도에서 불교, 중국에서 유교
발생
334　알렉산드로스의 동방 원정
300년경　한반도 도래인의 영향으로 일
본에서 야요이 문명 시작
221　진시황이 중국을 통일함

202　한 고조가 중국을 재통일함

515

연표

한국사	세계사

200

208 이 무렵부터 일본이 신라를 자주 침략(왜구의 원조)

220 중국, 한의 멸망(분열기의 시작)

244 위의 유주 자사 관구검이 고구려 침략

247 고구려, 평양으로 천도(지금의 평양 이 아니라 압록강 부근)

260 백제 고이왕이 중앙 관직 제정

265 중국, 위에서 진(晉)으로 왕조 교체
271 세계 최초로 중국에서 나침반 사용
285 일본에 유교 전래
286 로마 제국의 동서 분할

300 **300** 고구려, 창조리의 쿠데타로 미천왕 즉위

313 고구려 미천왕, 낙랑을 최종적으로 정복

313 로마의 콘스탄티누스가 밀라노 칙 령으로 그리스도교 공인
316 진의 멸망, 5호16국 시대 시작

319 고구려, 랴오둥의 모용씨 정권과 분쟁 시작

320 인도, 굽타 왕조 성립
325 니케아 공의회로 그리스도교 통합

330 현존하는 가장 오래된 저수지인 김 제 벽골제 조성

330 콘스탄티노플의 건설, 로마의 천도 (동로마 제국 성립)

356 신라, 내물왕 즉위(이후 신라 왕실 은 912년까지 김씨로 고정됨)
360 백제의 역사서 《서기》 편찬 시작
369 백제, 칠지도 제작
371 백제의 침략으로 고구려 고국원왕 전사
372 고구려, 전진으로부터 불교 도입 (한반도 최초)
375 백제의 왕인이 일본에 《천자문》 전 래

375 게르만 민족대이동 시작

377 신라, 전진에 사신 파견(신라 최초 로 중국과 교류)

한국사	세계사
	800 프랑크의 샤를마뉴가 로마 황제 대 관식을 치름 **800**
	812 아헨 조약(동서 로마 화해)
	817 프랑크 제국의 분할
830 발해 선왕의 죽음으로 전성기 끝남	
839 신라 장보고가 청해진 장군으로 임 명됨	**840** 위구르 제국 멸망
	843 베르됭 조약(프랑스와 독일의 기원)
846 신라 장보고가 염장에게 피살	
	847 일본의 승려 엔닌이 《입당구법순 례행기》 저술
	850
	867 유럽에서 동서 교회의 완전 분립
	875 당, 황소의 난 발발
	882 키예프 공국 성립(러시아 제국의 기 원)
885 신라 최치원이 당에서 금의환향	
889 견훤과 양견이 지방에서 거병	
892 견훤이 후백제 건국	
894 신라 최치원이 시무 10조의 개혁 안을 올렸으나 결국 실패	
	900
901 궁예가 태봉(후고구려) 건국	
	907 당의 절도사 주전충이 당을 멸망시 키고 후량 건국(5대10국 시대 시작)
	910 클뤼니 수도원 창립
912 신라 왕실, 김씨에서 박씨로 바뀜	
	916 거란국 성립
918 왕건이 쿠데타로 후고구려 접수하 고 고려 건국	
926 발해, 거란의 침략으로 멸망	**923** 중국, 후량에서 후당으로 교체
927 견훤의 궁성 침략으로 신라 왕실, 박씨에서 김씨로 복귀	
933 왕건이 후당에게서 작위를 받음	
936 왕건을 신라와 후백제를 접수하여 후삼국 통일을 완성함	**936** 중국, 후당에서 후진으로 교체. 거 란국이 요로 개칭

한국사	세계사
945 고려, 왕자의 난	
	947 중국, 후진에서 후한으로 교체
950	
	952 중국, 후한에서 후주로 교체
956 광종이 노비안검법 시행	
958 광종이 쌍기의 건의로 과거제 실시	
960 광종이 관등과 관복 제정	**960** 후주의 절도사 조광윤이 송 건국
	962 독일의 오토 1세가 로마 교황청에서 대관식을 치름(신성 로마 제국 시작)
976 경종이 관리 급료제도로 전시과 시행	**979** 송, 중국 대륙 통일
982 최승로가 시무 28조의 개혁안 제출	**987** 프랑스에 카페 왕조 성립
	988 키예프의 블라디미르가 동방정교로 개종
993 요의 소손녕이 고려 침략. 서희의 외교로 평화조약 체결	
1000	
	1004 요와 송, 전연의 맹약 체결
1009 강조의 쿠데타 발발	
1010 요의 2차 침략	
1011 초조대장경 조판 시작	
1018 요의 3차 침략. 강감찬의 구주대첩	**1018** 가즈니 공국, 인도 침략(인도의 이슬람화)
1020 요와 강화(송 - 요 - 고려의 삼각 국제 질서 성립)	**1025** 영국의 크누트 왕이 그리스도교로 개종
1047 최충이 문하시중에 임명됨(고려의 유학화 정책)	
1050	
	1055 셀주크튀르크, 바그다드 입성
	1066 윌리엄 1세의 영국 정복
	1069 송, 왕안석의 신법 개혁 시작
1076 경정전시과 시행	**1076** 카노사의 굴욕

한국사	세계사
	1096　로마 교황 우르바누스 2세가 십 　　　 자군 선동
	1099　십자군, 예루살렘 왕국 건설
1102　해동통보 주조	1115　여진, 금 건국
1107　윤관이 동북부의 여진을 정벌하 　　　 고 9성 축조(2년 뒤 여진에 반환)	
1122~1126　이자겸이 사실상의 왕으로 　　　 군림	1122　보름스 협약으로 교황과 황제 타 　　　 협
1124　송의 사신 서긍이 《고려도경》 저 　　　 술	
	1125　금, 요를 정복하고 랴오둥의 주인 　　　 이 됨
	1127　정강의 변(북송이 멸망하고 남송 　　　 이 건국됨)
1135　묘청의 난 발발	
1145　김부식이 《삼국사기》 편찬	
	1152　영국의 헨리 2세가 프랑스의 앙 　　　 주 영토 획득
1170　정중부의 난(무신 정권 수립)	
1176　망이-망소이의 난	1177　송, 주희의 주자학(나중에 성리학) 　　　 성립
1179　경대승의 도방정치 시작	1190　십자군, 독일기사단 창건
	1192　일본, 가마쿠라 바쿠후 성립(바쿠 　　　 후 시대 개막)
1196　최충헌이 이의민을 죽이고 최씨 　　　 정권 수립	
	1204　십자군, 콘스탄티노플에 라틴 제 　　　 국 수립(1260년까지 존속)
	1206　몽골의 테무진이 몽골을 통일하 　　　 고 칭기즈 칸이 됨. 인도에 델리 술 　　　 탄 왕조 성립

1100

1150

1200

한국사	세계사
	1215 영국에서 마그나카르타 성립
1225 몽골 사신 제구유가 귀국 길에 피살	**1227** 칭기즈 칸이 서하를 정복
1231 몽골의 고려 침략	
1232 무신 집권자 최우가 강화도로 천도(이후 1270년까지 강화도 망명정부 존속)	**1234** 몽골, 금 정복
	1235 몽골의 오고타이 칸이 유럽을 공격하기로 결정
	1240 몽골군, 러시아 정복
1250	**1251** 몽골 제국 분열
	1254 신성 로마 제국, 대공위 시대
	1258 몽골군, 아바스 왕조 멸망
1269 최초의 전민변정도감 설치	**1267** 토마스 아퀴나스, 《신학대전》 저술
1270 개경 환도, 삼별초의 난 발생	
	1271 쿠빌라이가 몽골의 국호를 원으로 개칭(중국화 시작)
	1274 원, 일본 원정 실패
1285 일연이 《삼국유사》 저술	**1292** '최초의 근대인' 단테가 《신곡》을 완성
	1295 영국에서 최초의 의회(모델 의회) 성립
	1299 오스만튀르크 제국 창건
1300	**1302** 프랑스 삼부회 소집
	1309 아비뇽 교황청 성립
1310 충선왕이 원 황실에 의해 심양왕으로 책봉	
	1328 프랑스, 발루아 왕조 출범
	1336 일본, 무로마치 바쿠후 성립
	1337~1452 영국과 프랑스의 백년전쟁

한국사	세계사
	1347~1350 페스트로 유럽 인구의 3분의 1 사망
	1349 싱가포르에 중국인 이주
	1350
1352 공민왕, 몽골식 변발 금지	
1357 왜구가 개경까지 침략해 조운에 큰 장애 발생	
1360 북부에서 홍건적 침략이 활발해짐(최영과 이성계, 왜구와 홍건적 토벌로 국민적 인기 획득)	
1365 공민왕, 신돈을 개혁의 대표로 임명	1368 주원장이 명을 건국(원은 북원으로 쫓겨남)
1369 원의 연호를 버리고 명에 접근하기 시작	1369 티무르 제국 성립
1377 최무선이 화통도감에서 화약 제작	1377 교회 대분열
1381 권문세족의 대표 이인임이 집권	1383 영국의 위클리프가 성서를 영어로 번역
1384 온건파 신진 사대부의 대표 정몽주가 친명 노선 확립	
1388 급진파 신진 사대부의 대표 이성계가 위화도 회군으로 집권	1390
1391 이성계 일파, 전제 개혁안 제출(과전법 시행)	1391 북원 멸망
1392 정몽주 피살. 이성계 일파가 조선 건국	

고려대학교 박물관 〈척경입비도〉

국립경주박물관 이차돈 순교비

국립중앙박물관 낙랑 금제교구·〈금궤도〉·광개토대왕릉비 탁본·진흥왕 순수비·청자 참
외 모양 병·청자 상감 모란무늬 매병·〈천산대렵도〉

문화재청 수로왕릉·몽촌토성·미추왕릉·전등사·공주 공산성·충주고구려비·분황사·신
라 태종무열왕릉비·단석산 신선사 마애불상군·낙화암·임존성·원성왕릉·관촉사 은
진미륵불·강화 석릉·항파두리성

부여 삼충사 계백

서울시 '서울두드림길' 사이트 아차산성

여주군청 서희 묘

용산전쟁기념관 안시성전투 기록화·귀주대첩 기록화

위키백과 왕건

중국 위키백과 장회태자 묘 사신도(일부)·견당선 상상도·송나라 과거장

권태균 오녀산성·문무왕 해중릉·불국사·오늘날 위화도

백유선 감은사 터·황룡사 목탑터·포석정·강화 고려 궁궐터·처인성비·해인사 장경각

찾아보기

종횡무진 한국사 1

1판 1쇄 발행일 2001년 8월 17일
개정판 1쇄 발행일 2015년 4월 13일
8쇄 발행일 2022년 11월 7일

지은이 남경태

발행인 김학원
발행처 (주)휴머니스트출판그룹
출판등록 제313-2007-000007호(2007년 1월 5일)
주소 (03991) 서울시 마포구 동교로23길 76(연남동)
전화 02-335-4422 **팩스** 02-334-3427
저자·독자 서비스 humanist@humanistbooks.com
홈페이지 www.humanistbooks.com
유튜브 youtube.com/user/humanistma **포스트** post.naver.com/hmcv
페이스북 facebook.com/hmcv2001 **인스타그램** @humanist_insta

편집주간 황서현 **편집** 최윤영 임미영 이영란 **디자인** 김태형 최우영 박인규
지도 임근선 **용지** 화인페이퍼 **인쇄** 청아디앤피 **제본** 민성사

ⓒ 남경태, 2015

ISBN 978-89-5862-782-1 04900